Le droit douanier sénégalais

Collection **Études africaines**

dirigée par Denis Pryen et son équipe

Forte de plus de mille titres publiés à ce jour, la collection « Études africaines » fait peau neuve. Elle présentera toujours les essais généraux qui ont fait son succès, mais se déclinera désormais également par séries thématiques : droit, économie, politique, sociologie, etc.

Dernières parutions

TAMA (Jean-Nazaire), *L'odyssée du constitutionnalisme en Afrique*, 2015.

NDAW (Colonel Abdoulaye Aziz), *Sécurité pour l'émergence du Sénégal*, 2015.

MATSIEGUI MBOULA (Fortuné), *Les élections politiques au Gabon, De 1990 à 2011*, 2015.

DOUI-WAWAYE (Augustin Jérémie), *L'insécurité en République centrafricaine. Quel rôle pour le droit international ?*, 2015.

TABEZI PENE-MAGU (Bernard-Gustave), *Valoriser l'expérience dans l'enseignement administratif, Manuel de psychologie et des sciences de l'éducation en République du Congo*, 2015.

DOGBEH (Septime), *Marketing et action commerciale*, 2015.

TOUNKARA (Sidy), LOLO (Chadon Adam Chantal) et MAVOUNGOU-PEMBA (Pénélope-Natacha) (dir.), *Les réalités et les défis d'une renaissance africaine*, 2015.

ENGUÉLÉGUÉLÉ (Stéphane), *États, corruption et blanchiment. Sénégal-Cameroun*, 2015.

ZACKA (Jimi), *Fonctions et défis du pasteur dans l'Afrique contemporaine*, 2015.

TOUNKARA (Aly), *Femmes et discriminations au Mali*, 2015.

MFOUTOU (Jean-Alexis), *Ecologie sociale et langue française en Afrique noire*, 2015.

DANGNOSSI (Issaka), *La Cour pénale internationale à l'épreuve de la répression en Afrique. Des préjugés aux réalités*, 2015.

SANGARE (Louis), *Les défis de l'industrialisation des communautés économiques régionales africaines à l'heure de la mondialisation*, 2015.

AMBOULOU (Hygin Didace), *Le droit des marchés financiers dans l'espace OHADA*, 2015.

LAMINE SYLLA (Mamadou), *Pour mieux amarrer l'Afrique noire à l'économie mondialisée*, 2015.

PODA (Baimanai Angelain), *La mise sur le marché et la distribution du médicament en Afrique noire francophone, Réflexions à partir des exemples du Burkina Faso et du Sénégal*, 2015.

MAKALA NZENGU (Patrick), *Le conseil agricole rural de gestion et développement à la base en RDC*, 2015.

MALICK FAYE

Le droit douanier sénégalais

Préface de Isaac Yankhoba Ndiaye

L'Harmattan

5-7, rue de l'École-Polytechnique, 75005 Paris

http://www.harmattan.fr
diffusion.harmattan@wanadoo.fr
harmattan1@wanadoo.fr

ISBN : 978-2-343-05788-0
EAN : 9782343057880

Sommaire

Dédicaces

Je dédie ce travail à :

- *Mon Père Bara Amadou Lamine Faye, pour tout ce qu'il m'a apporté depuis ma plus tendre enfance. Merci pour l'éducation que vous m'avez donnée. Merci pour votre encadrement, votre soutien et vos encouragements à persévérer dans les études. Merci pour tout ce que vous avez fait pour la famille. Que Dieu vous garde aussi longtemps que possible ;*
- *Ma Mère Fatou Bâ, pour son affection, son soutien indéfectible, sa patience et le courage dont elle fait preuve. Que Dieu vous garde encore ;*
- *Mon Épouse Aby Dione, pour sa patience et sa compréhension. Merci pour tes encouragements ;*
- *Mes filles Fatou, Bintou et Aissatou, pour leur avoir privé de l'affection qu'elles auraient dû recevoir d'un père pris par les contraintes de la recherche.*
- *Mes frères et sœurs, pour leur compréhension et leur assistance dans tous les domaines de la vie ;*
- *Mes neveux, nièces et belles-sœurs ;*
- *Daouda Samb et son épouse Aissatou Diouf, Abdoulaye Diagne, Famara Ibrahima Sylla, Mbaye Ndiaye, Abdoulaye Fall, Babacar Mbaye ainsi que mes camarades de promotion de l'Université Cheikh Anta Diop de Dakar et de l'École Nationale d'Administration ;*
- *Tout le personnel du Bureau des douanes de Dakar-Yoff où j'ai eu l'occasion de terminer la rédaction de cette thèse ;*
- *Toutes les autorités de l'Administration des Douanes ainsi que le personnel.*
- *Mon regretté Youssouf Sama.*

Remerciements

Je voudrais, par l'occasion que m'offre la rédaction de cette présente thèse, rendre grâce à **Dieu Le Tout-Puissant** et **à son Prophète (PSL)** qui m'ont permis d'accomplir ce modeste travail et remercier très vivement les personnes dont les noms suivent.

Il s'agit :

- De mon Directeur de thèse, le Professeur Isaac Yankhoba Ndiaye pour avoir accepté de diriger mes travaux, pour s'être montré disponible en dépit de ses multiples charges et pour son soutien indéfectible. Monsieur le Professeur, c'est avec vos conseils, orientations, observations et surtout votre disponibilité que ce travail doit le meilleur de ce qu'il contient ;
- Du Professeur Amadou Faye dont les observations pertinentes, corrections et suggestions, m'ont été d'un apport considérable ;
- Du Professeur Ndiaw Diouf pour ses encouragements, ses conseils et sa disponibilité ;
- Des professeurs Abdoulaye Sakho, Alassane Kanté, et Amadou Tidiane Ndiaye pour avoir accepté de participer à ce jury.
- Du Professeur Jean Pannier pour la documentation mise à ma disposition et le grand intérêt accordé à ce travail.
- De tous ceux qui, grâce à des relectures ou à des discussions souvent passionnantes et éclairées, m'ont permis d'avancer dans la bonne direction.

PRÉFACE

Le droit douanier est resté longtemps méconnu, essentiellement pour avoir été toujours présenté sous une physionomie négative et réductrice. C'est certainement en raison de la spécificité de la matière empreinte d'ésotérisme et imprégnée de discordances par rapport à ce qui est généralement connu et admis : le droit positif.

Monsieur Malick Faye aurait pu solliciter l'autonomie dont la discipline pouvait se prévaloir à plusieurs égards ; il a choisi de se situer sur le terrain de l'explication et de la démonstration.

L'analyse a pour point de départ la diversité, l'étendue et l'importance des missions attribuées à la Douane. Celle-ci, dans des pays comme le nôtre, constitue un support essentiel dans la politique de développement ; sa vitalité est, en cela, facteur de progrès

Les particularismes du droit douanier ont souvent été imputés à ce prétexte avéré.

L'auteur, dans une démarche à double détente, est parvenu à l'idée de la nécessité du dépassement de ce modèle soumis à des influences internes et exogènes.

Dans son aspect répressif qui est le plus visible, le droit douanier a eu souvent tendance à s'éloigner du conformisme du droit commun ; il lui faut aujourd'hui un retour vers l'orthodoxie en adaptant ses dispositions aux exigences des droits fondamentaux, du droit communautaire et du droit international.

Dans ses autres variantes, le droit douanier peut encore garder certaines de ses spécificités dés l'instant qu'elles ne sont pas sources de déséquilibre disproportionné. C'est notamment le cas en matière de garantie des créances ou encore responsabilité administrative et civile. Le nouveau code des douanes issu de la loi n° 2014-10-du 28 février2014 n'a pas ignoré quelques unes de ses préoccupations ; il se présente sous une figure plus souple accompagnée d'une transparence certaine ; mais l'auteur démontre aussi qu'il s'agit en réalité d'une réforme inachevée, car il subsiste quelques discordances qui ne rendent pas encore totalement avantageuse l'appréciation que l'on doit se faire du droit douanier.

Mais ce qui demeure, c'est que l'ouvrage de Monsieur Malick Faye est assurément une œuvre utile ; il informe et il instruit. Il est donc déjà source d'inspiration pour tous ceux qui veulent contribuer à l'éclat du droit douanier.

Isaac Yankhoba Ndiaye
Agrégé des Facultés de droit
Professeur titulaire des Universités
Vice- président du Conseil constitutionnel

Avertissement

L'université n'entend donner aucune approbation ni improbation aux opinions émises dans cette thèse ; ces opinions doivent être considérées comme propres à leur auteur.

Sigles et abreviations

A.A.	Annales Africaines
AJDA	Actualité Juridique de Droit Administratif
APIX	Agence de Promotion des Investissements et Grands Travaux
Ass. Plen.	Assemblée plénière
AUS	Acte Uniforme portant droit des Sûretés
BCEAO	Banque Centrale des États de l'Afrique de l'Ouest
CA	Cour d'appel
CC	Conseil constitutionnel
CCJA	Cour Commune de Justice et d'Arbitrage
CD	Code des Douanes
CE	Conseil d'État
CEDEAO	Communauté économique des États de l'Afrique de l'Ouest
CEDH	Cour Européenne des Droits de l'Homme
CEE	Communauté Économique Européenne
Ch. reun.	Chambres réunies
Civ.	Cour de cassation, chambre civile
CJCE	Cour de Justice des Communautés Européennes
COA	Code des Obligations de l'Administration
COCC	Code des Obligations Civiles et Commerciales
Com.	Cour de cassation, chambre commerciale
CP	Code Pénal
CPP	Code de Procédure Pénale
Crim.	Cour de cassation, chambre criminelle
D	Dalloz
EDCE	Études et Documents du Conseil d'État
EDJA	Éditions Juridiques Africaines
GAINDE	Gestion Automatisée des Informations douanières et des Échanges
GAJA	Grands Arrêts de la Jurisprudence Administrative
GATT	General Agreement on Tariffs and Trade
JCP	Juris-Classeur Périodique

JORS	Journal officiel de la République du Sénégal
LGDJ	Librairie Générale de Droit et de Jurisprudence
NPA	Nouvelle Politique Agricole
NPE	Nouvelle Politique Économique
NPI	Nouvelle Politique Industrielle
OHADA	Organisation pour l'Harmonisation du Droit des Affaires en Afrique
OMC	Organisation Mondiale du Commerce
OMD	Objectifs du Millénaire pour le Développement
OMD	Organisation Mondiale des Douanes
ONU	Organisation des Nations Unies
OP.CIT	Opus Citatum
PUF	Presse Universitaire de France
RDP	Revue du Droit Public
Rev. Trim. Sanit. Soc.	Revue Trimestrielle Sanitaire et Sociale
R.T.D. Civ	Revue Trimestrielle de Droit civil
R.T.D. Com	Revue Trimestrielle de Droit commercial
RCA	Revue Responsabilité Civile et Assurances
RSC	Revue de Science Criminelle et de droit pénal
RSD	Revue sénégalaise de droit
RSDA	Revue Sénégalaise de Droit des Affaires
SGBS	Société Générale de Banques au Sénégal
SNDJ	Service National de Douane Judiciaire
TC	Tribunal des conflits
TEC	Tarif Extérieur Commun
TIC	Technologies de l'Information et de la Communication
T.R.	Tribunal Régional
TVA	Taxe sur la Valeur Ajoutée
UEMOA	Union Économique et Monétaire Ouest Africaine

Introduction

Le droit positif est une notion qui suscite peu de discussion; c'est qu'il existe en la matière une unanimité presque parfaite. Derrière la variété des formules, on retrouve, en effet, une identité de contenu et de signification.

Le droit positif désigne l'ensemble des règles en vigueur dans un État donné, à un moment donné. Il s'agit d'un droit vivant, en ce sens qu'il évolue en fonction des mutations de la société[1]. C'est le droit tel qu'il est réellement établi, de manière variable, dans chaque État[2] ; la notion de droit positif détermine que les règles de droit reposent sur la volonté du législateur; elles sont établies dans le cadre d'une société donnée sous l'autorité de l'État[3].

Bien souvent, le droit positif est opposé au droit naturel[4], bien que ne participant pas de la même dynamique. Le droit naturel reste de l'ordre de l'idéal juridique, de ce qui devrait être en conformité avec les exigences de l'humanité et de la justice. C'est en réalité une conception idéaliste du droit.

Le droit positif par contre, renvoie au corps de règles que la société a posé pour régir les rapports de ses membres, quelle que soit la nature de ces rapports.

C'est ce qui explique l'étendue de son contenu. Le droit positif englobe ainsi le droit constitutionnel, les traités internationaux, le droit communautaire, le droit civil, le droit pénal, le droit administratif etc. La place du droit douanier n'y est donc pas usurpée.

Mais, le droit douanier est généralement perçu sous une figure peu positive : soit il est présenté comme une discipline spécifique et dérogatoire, soit il est identifié par des éléments marginaux. Mais bien souvent, s'il a mauvaise presse, c'est surtout parce qu'il est méconnu.

---

1 Jean Carbonnier : Droit civil. Introduction : Les personnes, la famille, l'enfant, le couple. Édition PUF Volume 1 1955, 1956. P74 et s.

2 Jean-Luc Aubert, Éric Savaux : Introduction au droit et thèmes fondamentaux du droit civil 14[éme] édition Sirey 2012 p22 et s.

3 V.Lacoste-Marty, I. Politis : Introduction au droit édition ellipses 2007 p.25 et s.

4 V.Lacoste-Marty, I Polis op cit p. 24.

Réfléchir sur le droit douanier postule, en effet, de circonscrire la notion qu'elle véhicule. À cet égard, l'histoire peut servir de support pour éclairer la récente réforme intervenue en la matière[5]

À l'origine, le droit douanier a pu être présenté comme l'ensemble des règles dont l'application rentre dans les attributions exclusives de l'Administration des douanes.

Cette conception « organique » a le mérite de la simplicité, mais l'assimilation qu'elle pratique entre le droit douanier et le « droit des Douanes » doit la faire rejeter, dans la mesure où les douaniers sont, dans tous les pays, investis de tâches variées qui mettent en jeu des règles tout à fait étrangères à leur vocation principale[6].

Le droit douanier embrasse en effet d'autres réglementations qui, bien que ne figurant pas dans le code des douanes, sont indispensables à la bonne fin des opérations de commerce international, telles que les réglementations sanitaires, phytosanitaires, les normes techniques, la législation des changes, et dont on admet aisément qu'elles font partie de l'orbite du droit douanier.

La Douane présente de multiples aspects, reflets de la diversité de ses missions définies et enrichies au cours de son histoire. Elle constitue, sans conteste, une administration au caractère régalien très affirmé, dotée de moyens d'action particuliers sur le plan juridique, notamment par l'étendue des pouvoirs de contrainte dont elle dispose et des sanctions prononcées à l'encontre des fraudeurs, au cœur d'un arsenal répressif spécifique et particulièrement efficace .

---

5 Loi 2014-10 du 28 février 2014 portant code des douanes, JORS n° 6787 du samedi 26 avril 2014.

6 Voir Christophe Soulard : Guide pratique du Contentieux Douanier édition Lexis Nexis. SA. Litec 2008 p. 48. En France, parallèlement à ses activités fiscales et économiques, l'administration des douanes s'est vu confier, en raison de sa présence permanente à la frontière et de l'efficacité de ses techniques d'intervention, un nombre impressionnant de missions très diverses. Pour s'en tenir aux plus importantes, on peut citer le contrôle de la réglementation sur les temps de conduite et de repos des transporteurs routiers, le contrôle sur la réglementation sur les vignes et sur le vin, le contrôle de l'assurance-automobile, la lutte contre le trafic de stupéfiants, le contrôle du respect des normes de sécurité applicables à certains produits importés, la surveillance des mouvements transfrontaliers de déchets toxiques, le contrôle des échanges portant sur des espèces animales et végétales menacées d'extinction, le contrôle de l'importation de matériels de guerre, la lutte contre l'immigration clandestine et le terrorisme, la protection de la propriété intellectuelle, la lutte contre le travail clandestin, le contrôle de l'exportation des œuvres d'art et des trésors nationaux. On relèvera également que l'attribution, à l'administration des douanes, de cet ensemble de missions aussi nombreuses que variées n'implique pas que ses agents disposent, pour les accomplir, de pouvoirs prévus par le Code des douanes. En effet, ces pouvoirs n'ont été généralement institués qu'en vue de la recherche et de la constatation des infractions prévues par le Code des douanes. Ainsi l'article 1695 du Code général des impôts prévoit-il que la TVA sur les marchandises importées d'États tiers à l'Union européenne est perçue « comme en matière de douane ».

L'Administration des douanes exerce la police économique des frontières.

Ce pouvoir de surveillance et de contrôle est constitué d'un ensemble de prérogatives qui ne sont propres qu'à la douane, parce qu'il prend en considération le type de fraude qui est l'objet de son exercice.

Il s'agit d'abord d'une délinquance dite astucieuse, qui suppose des moyens élaborés.

Cette délinquance, aujourd'hui enfin considérée pour son importance, a souvent, par le passé, rebuté les magistrats pourtant en charge de la réprimer, puisque faisant appel à des connaissances techniques approfondies et subtiles[7].

Il s'agit, ensuite, d'une activité de fraude le plus souvent économique qui suppose donc, pour sa découverte et sa répression, la possibilité d'appréhender les documents de toute sorte, y compris comptables, susceptibles de constituer une preuve.

Il s'agit, en dernier lieu, d'une activité de fraude qui postule le franchissement d'une frontière, c'est-à-dire l'entrée sur le territoire douanier, défini par l'article 2 du code des douanes « comme le territoire de la République du Sénégal ainsi que ses eaux territoriales.

Des zones franches, soustraites à tout ou partie de la réglementation douanière, peuvent être constituées par la loi dans le territoire douanier ».

Il faut d'ailleurs relever, à cet égard, que cette notion de territoire douanier a beaucoup évolué, du fait de l'entrée en vigueur du code communautaire des douanes[8].

L'établissement du marché commun s'est fixé comme objectif, entre autres, la cohérence des systèmes internes de taxation, l'égalité de traitement des opérateurs économiques et l'amélioration du rendement de la fiscalité indirecte intérieure.

La suppression des droits de douane dans les échanges entre le Sénégal et les autres pays membres de l'Union constitue le second volet de l'influence spontanée du droit communautaire sur la fiscalité douanière nationale[9].

En effet, les échanges intracommunautaires ont institué un régime tarifaire préférentiel transitoire au sein de l'UEMOA et son mode de financement. Aussi, le régime des échanges entre les pays membres est caractérisé par une franchise totale des droits et taxes d'entrée pour les produits de consommation, de l'artisanat traditionnel et les produits industriels originaires des pays membres de l'union. Une liste des produits agréés est fixée et mise à jour régulièrement par les décisions du Conseil des ministres.

7 Jean-Marc Fédida : Le contentieux Douanier. Que sais-je édition PUF 2001. p. 10 et s.

8 Règlement 09-2001 du 09 novembre 2001 portant adoption du code des douanes de l'UEMOA. Cf. www.Uemoa.int ou UEMOA.org

9 Règlement n° 05-99 portant valeur en douane des marchandises.

Le régime vise un approfondissement de l'intégration et une véritable libéralisation des échanges entre les pays membres. Il vise aussi la création d'un environnement propice pour les entreprises établies dans le territoire de l'Union.

La réalité de ses objectifs passe par une compatibilité des législations fiscales nationales d'où l'adoption par la commission de normes communautaires visant l'harmonisation des législations fiscales[10].

Les directives[11] font l'objet d'une transposition progressive dans le droit national, et à ce jour, deux au moins ont été intégrées dans le droit financier national sénégalais[12].

La pénétration du système juridique sénégalais par les normes fiscales internationales laisse apparaître ainsi une influence programmée à travers un système commun de la taxe sur la valeur ajoutée et un rapprochement des droits d'accises[13].

En ce qui concerne le système commun de la TVA[14], l'harmonisation des fiscalités intérieures indirectes est nécessaire pour une fiscalité des échanges intra communautaires car son absence favorise la concurrence fiscale.

Le Sénégal a aligné sa TVA sur celle communautaire. C'est la raison pour laquelle le système fiscal national a intégré les modifications du taux et des exonérations en matière de TVA.

La douane chargée de la liquidation[15] des droits et taxes à l'importation des marchandises, de l'application des mesures du commerce extérieur et des

---

10 Article 2 de l'acte additionnel N° 4/96 instituant un régime préférentiel transitoire au sein de l'UEMOA et son mode de financement.

11 Norme par laquelle une autorité disposant d'un pouvoir d'appréciation se fixe à elle-même, ou prescrit à une autre autorité une ligne de conduite dans l'exercice de ce pouvoir. V. instruction, cadre, programme. Cf. Vocabulaire juridique. Gérard Cornu Association Henri Capitant PUF 8eme édition 2007 p312.

12 Directive n° 06/2009/CM/UEMOA portant lois de finances au sein de l'UEMOA; Directive n° 07/2009/CM/UEMOA portant règlement général sur la comptabilité publique au sein de l'UEMOA.V. sur ces questions : Mayacine Diagne. De l'influence du droit Communautaire Africain sur les Finances Publiques ssénégalaises. Mélanges Africains, Droit Économique Africain. Finances Publiques Fiscalité et Douane. E.D.J.A. 1er édition nov. 2011 p. 173 et s.

13 Directive N° 03/2009/CM/UEMOA portant modification de la directive N° 03/98/CM/UMOA du 22 décembre 1998 portant harmonisation des législations des États membres en matière de droits d'accises.

14 La taxe sur la valeur ajoutée.

15 La liquidation consiste à déterminer le montant des droits et taxes à payer sur les marchandises importées. Au Sénégal, le recouvrement de ces droits et taxes est dévolu au Trésor public, alors que la douane s'occupe de la liquidation des droits et taxes. Dans certains pays comme la France et dans beaucoup de pays africains, à l'exception du Mali et du Sénégal, la douane liquide et recouvre en même temps les droits et taxes. Cependant, il faut préciser que l'article 20 de la directive n° 07/2009 /CM/UEMOA portant Règlement général sur la comptabilité publique au sein de l'UEMOA fait évoluer la fonction des administrations financières qui était circonscrite, à l'origine, à la liquidation des recettes fiscales vers le recouvrement de ces recettes fiscales. En effet, aux termes de cette disposition « Les comptables des administrations financières des impôts et

changes et de la lutte contre la fraude, a très tôt constitué une des principales sources de recettes pour le budget de l'État du Sénégal indépendant. La fiscalité douanière est un instrument de protection de l'économie nationale pour le développement des activités de production.

L'accomplissement de ces missions capitales pour l'État naissant ne devait pas être compromis, notamment par une interruption d'activités des services de la Douane

La militarisation de la douane en 1969 n'a pas occulté un tel aspect parce qu'elle aboutit à anéantir toutes velléités d'actions syndicales[16].

---

des Douanes sont des fonctionnaires ou agents ayant qualité de comptables de deniers et de valeurs et chargés en particulier du recouvrement d'impôts, de droits, de redevances et de recettes diverses, ainsi que des pénalités fiscales et des frais de poursuites dans les conditions fixées par le Code général des impôts, le Code des douanes, le Code du domaine de l'État, ainsi que les lois et règlements.

Les comptables des administrations financières peuvent être organisés en réseaux de postes comptables comprenant des comptables supérieurs ou subordonnés, principaux ou secondaires, distincts du Trésor dans les conditions fixées par les réglementations nationales. Il faut noter que la directive est entrée en vigueur depuis le 1er janvier 2012.

Les opérations des comptables des administrations financières sont centralisées dans les écritures du Trésor ».

16 Cf. décision Conseil Constitutionnel Affaire N° 2/c/2013. En l'espèce par arrêt du 14/02/2013, la Chambre administrative de la Cour Suprême, statuant en matière d'excès de pouvoir a d'une part, saisi le Conseil constitutionnel d'une exception d'inconstitutionnalité visant l'article 8 de la loi n° 69-34 du 30 Octobre 1969 relative au statut du personnel des Douanes. Et, d'autre part, décidé de surseoir à statuer sur le recours en annulation pour excès de pouvoir formé par Pape Djidiam Diop, inspecteur des Douanes, contre la décision n° 724/MEF/DGD/BF du 16 Décembre 2011 lui infligeant 30 jours d'arrêt de rigueur pour participation à une réunion publique en rapport avec des activités de nature syndicale, prise de position susceptible de jeter le discrédit sur les institutions. Le Conseil Constitutionnel dans sa décision précitée, affirme que « … Considérant que l'article 25 1 in fine de la Constitution dispose que : le travailleur peut adhérer à un syndicat et défendre ses droits par l'action syndicale; que le même texte ajoute dans l'aliéna 4 : Le droit de grève est reconnu. Il s'exerce dans le cadre des lois qui le régissent. Il ne peut en aucun cas ni porter atteinte à la liberté de travail, ni mettre l'entreprise en péril

Considérant que la liberté syndicale permet au travailleur de défendre ses intérêts professionnels, que le droit de grève constitue le moyen ultime du travailleur dans l'exercice de ses droits syndicaux;

Considérant toutefois que ni la liberté syndicale, ni le droit de grève ne sont absolus, qu'en disposant qu'ils s'exercent dans le cadre prévu par la loi, le constituant a entendu affirmer que le droit de grève ainsi que la liberté syndicale ont des limites résultant de la nécessaire conciliation entre la défense des intérêts professionnels dont la grève est un moyen et la préservation de l'intérêt général auquel la grève peut porter atteinte;

Considérant que l'article 8 alinéa 2 du Pacte International relatif aux droits économiques, sociaux et culturels du 16 décembre 1966 ratifié par le Sénégal le 13 février 1978 se situe dans cette perspective lorsqu'il précise que la garantie constitutionnelle du droit de grève « n'empêche pas de soumettre à des restrictions légales l'exercice de ce droit par les membres des Forces Armées, de la Police ou de la Fonction publique »;

Considérant par ailleurs que l'Organisation internationale du Travail indique : « Les fonctionnaires de l'Administration et du pouvoir judiciaire exercent des fonctions d'autorité au nom de l'État; leur droit de recourir à la grève peut faire l'objet de restrictions, telle que la suspension ou l'interdiction » (336éme rapport, cas n° 2383);

Ce double rôle d'alimentation du Trésor public et de protection de l'économie s'est poursuivi et consolidé dans les années 70[17].

La fiscalité douanière s'est, au fur et mesure, adaptée à ce cadre puisque plusieurs régimes tarifaires se sont succédés dont le point commun est d'assurer une augmentation des recettes douanières par la hausse de la fiscalité nominale d'entrée.

Il y a là une diversité d'attributions, dont chacune met en jeu ses règles propres (droit maritime, droit fiscal commun…) et condamne la définition du droit douanier par référence à l'Administration des douanes[18].

La fonction du droit douanier est donc aujourd'hui fondamentalement ambivalente, ce qui explique la difficulté d'en donner une définition théorique réellement satisfaisante.

En fait, dans les pays comme le nôtre, la Douane est un véritable vecteur de développement par sa contribution décisive dans le budget de l'État[19].

Et c'est par le droit qu'elle réalise les missions qui lui sont assignées.

C'est donc, finalement, le droit au service de l'économie qui traduit le mieux le rôle que la Douane est appelée à jouer pour le développement du pays.

On comprend alors déjà mieux pourquoi certaines matières, récemment théorisées, continuent à brouiller la recherche d'un site de positionnement du droit douanier, soit à l'intérieur d'une discipline répertoriée ou à sa périphérie. En l'occurrence, cela renvoie presque naturellement au droit économique[20].

Considérant que sur la liberté syndicale, l'Organisation Internationale du Travail (OIT) précise que :

« L'interdiction du droit de grève aux travailleurs des douanes, fonctionnaires exerçant des fonctions d'autorités au nom de l'État n'est pas contraire aux principes de la liberté syndicale » (304 ème rapport, cas 1719);

Considérant qu'il apparaît ainsi que ni la liberté syndicale, ni le droit de grève ne peuvent avoir une portée absolue; que le législateur est habilité à limiter ou à interdire leur exercice notamment en cas d'impérieuse nécessité;

Considérant que le personnel des Douanes, corps paramilitaire, assure une mission de service public qui ne peut s'accommoder d'interruption volontaire de nature à mettre en péril le fonctionnement de l'État; que l'intérêt général est donc à même de justifier l'interdiction par le législateur du droit de grève et du droit syndical au personnel des douanes ».

17 Le système fiscal, largement marqué par une protection de l'industrie locale, a évolué vers une libéralisation dés la fin des années 1970.

18 Claude J. Berr, Introduction au droit Douanier, Nouvelle édition, Economica, 2008 p. 2 et s.

19 Cf. Interview accordée au Directeur Général des Douanes. Mouhamadou Makhtar Cissé, journal le soleil du mercredi 11 et jeudi 12 janvier 2012. « Comparées à 2010, les recettes douanières nettes ont connu une progression de 37,8 milliards de francs Cfa en valeur absolue, soit plus de 9 % en valeur relative, en passant de 437,5 à 475,3 milliards de francs Cfa ».

20 Gerard Farjat : Pour un droit économique, 1ère édition, PUF, 2004; adde, J. F. Renuci, Le droit pénal économique, Masson/Armand Colin, 1995 p. 52et s.

Aujourd'hui en effet, l'ensemble des règles du droit douanier présente les caractères habituellement reconnus aux règles du droit économique, même si cette notion est loin de faire l'unanimité parmi les juristes.

Sous cette réserve, on peut faire remarquer que le droit économique vise avant tout à organiser l'activité économique d'ensemble d'un pays ou d'une communauté[21] suivant un certain modèle (libéral, dirigiste, etc.).

Il peut donc s'exercer dans n'importe quel domaine du droit (fiscalité, concurrence) à l'exclusion bien entendu des relations purement privées et familiales.

À ce titre, on peut relever que de nombreux régimes économiques peuvent être concédés de plein droit aux usagers. Mais la réglementation douanière qui fixe les conditions et les effets de cet octroi est, elle-même, le reflet d'une appréciation économique de l'opportunité de l'opération prévue. L'analyse des mutations des règles douanières révèle aussi le rôle de plus en plus prégnant de l'économie dans les changements du système juridique et administratif. Les missions de la Douane étant de plus en plus orientées vers la facilitation et la sécurisation du commerce international, cette évolution, largement liée à la mondialisation des échanges, a fait du droit douanier un véritable droit de régulation, autrement dit une catégorie du droit économique.

Le droit douanier entretient, de longue date, des relations étroites avec l'économie, ce qui en fait une branche du droit public de l'économie[22]. Selon le professeur P. Delvolvé[23], le droit public de l'économie peut être défini comme l'ensemble des règles « applicables aux interventions des personnes publiques dans l'économie et aux organes de cette intervention… ou le droit de l'intervention publique en matière économique ». Le droit public n'est autre chose qu'un droit de police administrative[24]. Cette parenté ancienne entre le droit douanier et le droit public économique justifie que certains auteurs[25] parlent aujourd'hui même de droit douanier économique pour marquer une certaine autonomie du droit douanier.

---

21 Claude Berr, op. cit. p. 4, et 5.

22 Sébastien Jeannard : Les transformations de l'ordonnancement juridique douanier, Lextenso éditions. LGDJ 2011 P.7 et 11.

23 P. Delvolvé, Droit public de l'économie, Dalloz, coll. Précis, 1998, p.16.

24 G. Vedel « Le droit économique existe-t-il? » in Mélanges offerts à Pierre Vigreux, PUSS, 1981, p. 767; G. Farjat « la notion de droit économique », Archives de philosophie du droit 1992, tome 37, p. 27-62. Cette observation peut parfaitement s'appliquer au droit douanier. Ce dernier est fréquemment présenté comme un droit de police administrative. Il permettrait à l'État de contrôler les importations et les exportations afin de protéger les intérêts des entreprises installées sur le territoire national. Le professeur Berr note à cet égard que les règles douanières permettent à l'Administration d'assurer le contrôle « des flux de marchandises entrant sur le territoire déterminé ou en sortant (CL-J. Berr, introduction au droit douanier, 2ème éd., Economica, 2008, p.13.) F. Puaux relève lui aussi que le droit douanier présente « un double visage. (…). La douane alimente le budget de l'État par des ressources (fiscales) et a pour mission de protéger l'espace économique du pays. C'est ainsi que le droit douanier constitue l'une des premières manifestations de la souveraineté (…) et des prérogatives de puissance publique. (F. Puaux, « La douane et les organisations internationales », RFFP, n° 3, 1983, p.21.

25 Claude Berr et Henri Trémeau op. cit. P. 78 et s.

Toutefois, évoquer l'autonomie d'une branche du droit est une question délicate, car la notion est imprécise. . Il n'existe, en effet, aucun critère qui permet en réalité d'affirmer de façon définitive qu'une branche du droit est dotée d'une totale autonomie.

C'est nécessairement à partir du commun que l'on peut envisager la recherche d'un droit autonome.

L'autonomie reste encore en quête de sens.

Dans une définition radicale, un droit autonome serait une matière qui trouve en elle-même sa propre source de règles, qui ne dépend d'aucun autre droit pour déterminer le contenu et le sens de ses solutions. Mais on conviendra qu'une telle définition renvoie à un concept qui n'est ni praticable, ni utile pour caractériser les divisions disciplinaires du droit; En effet, tous les droits spéciaux, même ceux qui accusent le particularisme le plus fort, sont soumis, d'une façon ou d'une autre, à plusieurs éléments d'hétéronomie, au sommet desquels on retrouve le droit constitutionnel en tant que norme supérieure.

Au sens faible, l'autonomie est synonyme de particularité, de spécificité; il suffirait qu'un droit se distingue d'une manière suffisamment marquée du droit commun pour que son autonomie soit acquise, surtout lorsqu'elle se traduit par un code.

Réduite alors au simple particularisme d'un domaine juridique, l'autonomie serait un facteur de parcellisation croissante et démesurée; ainsi comprise, l'autonomie serait contagieuse; la reconnaître quelque part, c'est l'admettre partout[26].Le résultat reste le même que sous le premier terme : le concept est vidé de son sens puisque chaque droit qui se distingue d'un autre est, par définition, autonome alors même qu'il ne constitue aucunement un corps complet de règles, et qu'il est par conséquent contraint d'en emprunter à d'autres domaines.

C'est pourquoi, il y a certainement une voie médiane entre l'autonomie absolue, assimilée à un vase clos et étanche, synonyme de cloisonnement, et l'autonomie abusive déduite d'une simple particularité.

L'autonomie aurait alors deux variantes. Elle apparaît d'abord toutes les fois que l'application à une matière de principes généraux et de méthodes de raisonnement empruntés purement et simplement à une discipline existante conduit à des inexactitudes; elle apparaît ensuite quand la matière considérée, bien que ne mettant apparemment en œuvre que des principes et méthodes empruntés à des branches existantes, en fait une sorte de combinaison chimique ayant un caractère de nouveauté.

En d'autres termes, l'autonomie devrait être appréciée en fonction de son objet et sa logique intrinsèque.

Quant à la notion de droit commun, surtout dans sa formule latine jus commune, elle est apparemment auréolée du prestige de l'histoire, et semble aussi

---

26 Grua, les divisions du droit, RTD, civ 1993,59.

ancienne que le droit lui-même. Pourtant, il n'en est rien, car cette notion n'est vraiment utilisée par le droit savant qu'au XII siècle, d'abord en Italie.

À l'origine, le jus commune visait le droit de tous les hommes, tandis que le jus civile constitue le droit particulier d'un peuple et ne régit que les relations entre citoyens.

Ce n'est que lors de la première glose médiévale que le jus commune est assimilé au droit naturel et au droit des gens, par opposition au jus civile qui est un droit d'exception.

En France, le jus commune n'a pas la même signification et une incertitude pèse toujours sur le sens de l'expression « droit commun » au moyen âge, où elle revêt une physionomie polysémique que C.-J. De Ferrière définit comme le droit » : qui est contenu dans les Ordonnances de nos rois, et ensuite, ce qui est dans les Lois romaines pour les pays de droit écrit, et chaque Coutume dans l'étendue de son ressort pour les pays de droit Coutumier ».

Par la suite, une mutation a dû s'opérer en raison de l'unification du droit sur le territoire national.

Le concept de droit commun ne pouvait se maintenir qu'en se métamorphosant en abstraction. Une chose est de se demander quel corps de règles appliquer sur un territoire donné ou comment compléter un corps de règles incomplet, autre chose est de diviser, à l'intérieur d'un même système, le droit en matières et de se demander si l'une d'entre elles doit servir de matrice aux autres en les nourrissant de ses principes et règles.

Le droit commun dans le premier cas joue un rôle de complément ou d'unification; dans le second cas, il est l'affirmation d'une philosophie et d'une politique dominante aspirant à régir toutes les situations et relations juridiques du pays, mais inadaptée à certaines d'entre elles.

Mais quelle que soit l'option retenue, la dialectique entre le droit commun et les lois spéciales subsiste : ne trouve t-on pas dans le droit civil, souvent qualifié droit commun, des dispositions spéciales et que parmi celles-ci certaines sont générales; d'autre part, si les lois spéciales ont principalement pour but de déroger au droit commun, elles peuvent également participer à la création d'un droit commun nouveau.

C'est donc finalement admettre que l'autonomie à partir d 'un droit spécial ne permet, en aucun cas, de se départir du droit commun; c'est à la limite le schéma de l'arbre et de la branche qui rend compte dans la même mesure de la complexité des relations entre les disciplines juridiques.

Ainsi, on aurait pu encore rester sur ce débat toujours en suspens, mais il a été choisi une autre option celle mettant en relief la problématique de l'étude.[27]

---

27 Cf. infra.

de vérifier, au-delà de l'efficacité avérée du droit douanier, sa compatibilité avec l'essentiel du droit positif.

Le droit douanier est un droit complexe qui, pour être correctement appréhendé, exige de convoquer d'autres droits tels que le droit pénal, le droit fiscal ou encore le droit administratif. C'est un droit à la frontière du public et du privé[28]. La diversité des sources du droit douanier rend la définition difficile. Toutefois, il faut constater que le droit douanier est quand même une matière qui renferme des particularités certaines.

Elles sont multiformes. On peut en relever au moins trois séries : les personnes visées, les règles applicables et l'extrême rigueur dans la répression.

Tout d'abord, le droit douanier a vocation à s'appliquer non seulement aux professionnels des échanges internationaux, c'est-à-dire les opérateurs du commerce extérieur et les entreprises importatrices, mais aussi aux particuliers qui, de retour d'un voyage, peuvent importer des marchandises diverses devant faire l'objet d'une déclaration en douane.

Par ailleurs, le droit douanier porte, sur l'application des règles douanières traditionnelles concernant l'origine[29], l'espèce[30]et la valeur[31] des marchandises importées ou exportées. Il englobe aussi des législations et réglementations

---

28 Michel Bouvier : La Douane : Un nouveau Droit une Nouvelle Gouvernance. Préface de l'ouvrage de Sébastien Jeannard : Les Transformations de l'Ordonnancement Juridique Douanier en France Tome 52 édition L.G.D.J 2011

29 **Article 17** du code des douanes : « 1- A l'importation, les droits de douane sont perçus suivant l'origine des marchandises.
2- Le pays d'origine d'un produit est celui où ce produit a été récolté, extrait du sol ou fabriqué. Lorsque le produit a été fabriqué dans plusieurs pays, le pays d'origine du produit est celui où a eu lieu la transformation la plus substantielle ou la dernière transformation substantielle.
3-Les règles de détermination de l'origine communautaire des marchandises sont fixées par les dispositions communautaires.
4-Toutefois des règles particulières de détermination de l'origine peuvent être fixées par des conventions et accords internationaux.
5-Les produits importés ne bénéficient du traitement préférentiel lié à leur origine que s'il est régulièrement justifié de cette origine et du transport direct depuis le pays d'origine jusqu'au pays d'importation.
6-Un arrêté du Ministre chargé des finances, après consultation des Ministres concernés, précise, en tant que de besoin, les conditions dans lesquelles les justifications d'origine ou de transport direct doivent être produites.
7-Le pays de provenance est celui où les marchandises ont été expédiées en droiture à destination du territoire douanier »

30 **Article 15** du code des douanes « 1-L'espèce d'une marchandise est la dénomination qui lui attribuée par le tarif des douanes.
2-Sans préjudice des règles générales d'interprétation du Système harmonisé de désignation et de codification des marchandises, une décision du Directeur général des douanes détermine en tant que de besoin la position tarifaire dans laquelle doivent être classées notamment les marchandises qui ne sont pas spécifiquement désignées dans la nomenclature ou qui sont susceptibles d'être rangées dans plusieurs positions »

31 Article 18 du code des douanes : « 1- A l'importation, la valeur en douane des marchandises, pour la perception des droits et taxes, est la valeur transactionnelle telle que prévue par

non proprement douanières, relatives notamment à la défense de l'environnement, à la protection de la santé publique et de la moralité publique, à la protection de la propriété industrielle, etc.

Enfin, le contentieux douanier se présente essentiellement sous une forme répressive plus accentuée que celle du droit pénal qui lui sert de support.

En effet, les différentes phases d'un dossier contentieux douanier font appel à un ensemble de règles exorbitantes du droit commun, depuis la constatation des infractions jusqu'à la résolution du litige,

Profondément renouvelé en France à la Révolution de 1830, le droit douanier relève de principes spécifiques et s'applique à un territoire particulier[32].

Les systèmes douaniers connaissent des mécanismes et des règles particuliers destinés à favoriser le développement des échanges (zones franches, entrepôts douaniers...) tout en conservant un ensemble de spécificités (dédouanement, mise en libre pratique, régimes de transit, admission temporaire, valeur en douane, système déclaratif, origine, nature, tarification, sanctions...).

Le paradoxe est de constater que la place du droit douanier est aujourd'hui relativement peu significative dans les enseignements juridiques, alors même que l'économie n'a jamais été aussi ouverte, que les flux commerciaux ont atteint des dimensions majeures[33].

Pour autant, il semble difficile de passer sous silence certains événements qui ont conditionné et déterminé les changements de perspectives de la Douane et du droit douanier.

---

les règles pertinentes de l'Accord sur la mise en œuvre de l'article VII du GATT dénommé Code d'évaluation de l'Organisation Mondiale du Commerce (OMC)

2-Toutefois, lorsque la valeur en douane ne peut être déterminée selon les dispositions de l'aliéna 1 ci-dessus, il doit être fait application des méthodes de substitution ci-dessus et conformément, aux règles de l'Accord sur la mise en œuvre de l'article VII du GATT :

-valeur transactionnelle de marchandises identiques;

-valeur transactionnelle de marchandises similaires;

-valeur de la valeur déductive;

-méthode de la valeur calculée;

Méthode du dernier recours.

Ces différentes méthodes s'appliquent, conformément aux dispositions pertinentes du Règlement communautaire et aux textes subséquents.

3-En tant que de besoin, les modalités d'application des aliénas 1et 2 du présent article sont précisées par décision du Directeur général des douanes ».

32 M. Torrelli, La frontière et le droit international : Actes du colloque les Alpes-Maritimes et la frontière de 1860 à nos jours, Centre d'histoire du droit, 1990.UNSA. V. aussi B. Domingo, Douane, frontière et sécurité, R.I. crim., pol. tech/1998, nota. P.488.

33 Selon l'OMC, le seul commerce mondial des produits manufacturés totalisait, en 2010, 9962 milliards de dollars US, celui des combustibles et des produits des industries extractives, 3026 milliards de dollars US, celui des produits agricoles 1362 milliards de dollars US, le volume des exportations et des importations atteignait les 18 100 milliards de dollars US dont les deux tiers au titre des produits manufacturés. La Chine est le premier exportateur et les États-Unis le premier pays importateur, T. Yassui, Étude de l'environnement douanier 2012, Document de recherche de l'OMD, n° 23, juin 2012, OMD.

Le droit douanier a été, en effet, fortement marqué par son histoire qu'il convient, à ce titre, de rappeler.

En France, ce droit est né dans un contexte de protectionnisme accru : les règles du droit douanier se singularisent par une grande sévérité afin de faire face aux contrebandiers[34].

Ainsi, des sanctions inhumaines comme le marquage et le fouet étaient-elles édictées pour sanctionner le non-paiement de l'impôt sur le sel (la gabelle) qui constituait une source essentielle du trésor royal.

À la révolution de 1791, plusieurs réformes aboutirent à la mise en place d'un nouveau tarif (loi du 15 mars 1791), à la création de la régie des douanes (loi du 1er mai 1791) et à l'adoption de nouvelles dispositions législatives douanières.

Ce dispositif fut maintenu pour lutter contre les grands courants de fraude pendant le blocus continental et les guerres d'empires.

L'essentiel de ces dispositions a été transposé au Sénégal à travers le décret de 1932[35].

C'est seulement en 1974 que le Sénégal s'est doté d'un code des douanes, avec la loi 74-48 du 17 juillet 1974[36], sans pour autant opérer de profonds changements.

Par la suite, l'environnement de l'époque marqué par la Nouvelle Politique Économique (NPE) et la Nouvelle Politique Agricole (NPA), dans un contexte de libéralisation, a poussé le législateur à adopter un nouveau code des douanes à travers la loi 87-47 du 28 décembre 1987[37], abrogeant et remplaçant la loi 74-48 du 17 juillet 1974.

Ce texte a apporté quelques innovations axées sur le rétablissement de l'orthodoxie douanière à travers une meilleure régulation de l'économie.

En effet, le développement des échanges commerciaux a engendré une nouvelle forme de fraude. C'est pourquoi l'Administration des douanes devait adapter ses structures au nouvel environnement économique en prenant en compte l'orientation et la sélectivité des contrôles ainsi que la revitalisation de la fonction de renseignements[38].

Sur le plan du contentieux aussi, il fallait renforcer le catalogue répressif pour mieux lutter contre la fraude avec notamment la prise en compte des

---

34 Sur cette question, voir Boubacar Camara : le contentieux douanier au Sénégal. Réflexion sur la place du juge dans le traitement des infractions. Thèse doctorat en droit Université Pierre Mendes France Grenoble II 2005. P.9

35 Décret français n° 09.03.1932, après les codes douaniers de 1828, 1848, 1865. Il faut noter que les premières présences de la Douane au Sénégal remontent en 1819.

36 Journal Officiel de la République du Sénégal (JORS), n° 4375 du 26 août 1974.

37 Journal Officiel de la République du Sénégal (JORS), n° 5229 du 16 avril 1988.

38 Cf. Boubacar Camara op. cit. p.10 et s. ; Voir aussi Jacques Birame Faye ;''Réflexions sur le nouveau code des douanes'', RDS N° 24 novembre 1988, pp. 27-30.

infractions à la réglementation des changes, le trafic de drogue et des stupéfiants[39] et la volonté de lutter contre la fraude dite « intellectuelle »[40].

En plus de la réforme tarifaire de 1986,[41] la douane a connu d'autres évolutions déterminantes quant à sa physionomie.

Cette première réforme traduit cependant une volonté ferme du législateur de restaurer l'orthodoxie douanière pour une meilleure régulation de l'économie.

Pour ce faire, il a été consacré un renforcement de l'autorité de l'administration des douanes, le recentrage du contentieux douanier pour mieux lutter contre la fraude.

Depuis lors, le code des douanes a conservé sa rigueur à travers ses règles organisant la recherche, la constatation, la qualification et la sanction des infractions douanières.

L'administration des douanes est davantage appréhendée sous ce regard. Elle est, en effet, souvent perçue comme un service qui refuserait d'engager une démarche contractuelle ou de dialogue vis-à-vis des usagers.

Dans cette perspective, la Douane serait uniquement préoccupée par le souci de liquider les droits et taxes obligatoires en mettant en œuvre des prérogatives de puissance publique, de réprimer la fraude aux impôts douaniers et de lutter contre la contrebande.

Telle peut être résumée à grands traits l'image caricaturale et dépassée de la Douane[42].

Cette sévérité héritée du droit français a subsisté aux nombreuses critiques des partisans d'un droit douanier adapté au nouveau paysage politique et économique, tant national qu'international.

Il reste vrai que la Douane se présente sous de multiples aspects, reflets de la diversité de ses missions définies et enrichies au cours de son histoire.

Elle constitue, sans conteste, une administration au caractère régalien très affirmé, dotée de moyens d'action particuliers sur le plan juridique, notamment par l'étendue des pouvoirs de contrainte dont elle dispose et des sanctions prononcées à l'encontre des fraudeurs, au cœur d'un arsenal répressif spécifique et particulièrement efficace .

39 À titre illustratif rien qu'au mois de mars 2014 les unités de la Direction des Opérations douanières de la Direction Générale des douanes ont effectuées une saisie globale de 538,6 kg de chanvre indien, d'une valeur de trente deux millions trois cent seize mille (32.316.000) francs CFA. Cf. Compte rendu saisie n° 178/DGD/DOD/BSM du 08 avril 2014.

40 Cette fraude dite « intellectuelle » constitue le plus souvent les sous-évaluations des marchandises avec notamment l'utilisation de faux documents.

41 Dans le sillage de la nouvelle politique industrielle (NPI) caractérisée par une importante baisse des droits de porte pour les intrants de l'industrie locale.

42 Contrat ou Répression : un enjeu pour la douane du 21ème siècle. Rapport FONDAFIP : Association pour la Fondation Internationale de Finances Publiques. Paris juin 2009.

Puisant ses racines dans un passé où la principale préoccupation des souverains était d'alimenter le trésor de l'État, elle a gardé de ses origines une forte coloration fiscale et répressive.

L'efficacité de la protection du territoire douanier contre les agissements frauduleux des trafiquants a toujours semblé justifier l'octroi aux agents des douanes de pouvoirs de polices étendus[43].

Mais cette présentation figée est dépassée. On ne saurait réduire le droit douanier aux règles qui gouvernent le paiement des taxes dues lors du passage des marchandises à la frontière et qui permettent de punir les fraudeurs.

La notion est devenue tributaire à la fois de ses fonctions et de son contenu[44].

---

43 Cf. chapitre III de la loi du 28 décembre 1987 portant code des douanes sénégalaises.

44 On peut donc songer à un autre rattachement, voisin mais plus formel : pourquoi ne pas simplement définir le droit douanier comme l'ensemble des règles qui figure dans le Code des douanes? Peu importe de ce point de vue que, depuis 2001, coexistent le Code des douanes communautaire et le Code des douanes national. La seule démarche rationnelle consiste donc à rechercher ce qui se rattache à la vocation même du droit douanier, encore que cette recherche soit elle-même fort délicate car des incertitudes et des ambiguïtés règnent précisément de nos jours sur ce sujet.
Traditionnellement, en effet, on pouvait affirmer que le droit douanier avait pour vocation majeure d'assurer, au nom des doctrines économiques en l'honneur encore à la veille de la Seconde Guerre mondiale, la protection d'un État contre la concurrence des produits étrangers, et cela grâce à un arsenal de techniques propres et bien éprouvées (droits de douane, prohibitions, restrictions quantitatives, contingentements, etc.).
On sait que le développement et la diversification des échanges commerciaux internationaux, fruits de la mondialisation des économies, ont entraîné la condamnation définitive du protectionnisme, au moins de celui qui s'exerçait sous ses formes les plus voyantes. Le G.A.T.T. (Accord général sur les tarifs douaniers et le commerce, devenu Organisation Mondiale du Commerce en 1995) symbolise depuis 1948 la volonté de la plupart des États (à l'exception jusqu'à leur renouveau idéologique, des États de l'Est) d'abolir les obstacles au commerce international. À prendre à la lettre l'idéologie libérale ; « laissez faire, laissez passer », les douaniers auraient dû disparaître depuis longtemps et le droit douanier, privé de sa justification essentielle. Il convient toutefois de nuancer.
En effet, si les États ne doivent plus être protectionnistes, rien ne les empêche de se protéger. Le G.A.T.T. lui-même n'a jamais interdit l'usage des droits de douane, dés lors qu'ils sont raisonnables et non discriminatoires (clause de la nation la plus favorisée). Aussi bien la nécessité d'encadrer sur le plan juridique des politiques douanières officiellement libérales n'a-t-elle nullement disparu et le droit douanier continue-t-il à trouver une part de son fondement dans l'idée, somme toute classique, de protection économique.
Il n'en doit pas moins, et c'est là le second aspect de sa vocation contemporaine, se mettre résolument au service du libéralisme quand cela est nécessaire, c'est-à-dire favoriser le développement du commerce international dans le respect des règles qui le gouvernent. Il y sera spécialement invité dans le cadre des entités, de plus en plus nombreuses, que sont les Zones de libre-échange ou les unions douanières, dont les participants souhaitent abolir entre eux les entraves douanières, c'est-à-dire pratiquer un authentique libre-échange, mais n'entendent pas renoncer à leur protection à l'égard des États tiers.
Dans ce registre, l'Union européenne illustre très bien le paradoxe du droit douanier actuel. S'il appartient à celui, en l'espèce, de mettre en œuvre la protection de produits communautaires contre les importations de produits tiers. Il doit tout autant assurer la liberté des

Au fur et à mesure que s'opérait la libéralisation des échanges internationaux, la Douane sénégalaise s'est vue investie d'un rôle économique original.

Il s'agit désormais pour elle, en particulier, de favoriser les activités économiques et de veiller à ce qu'elles ne soient pas victimes d'agressions commerciales déloyales.

Il en résulte une profonde modification des rapports qui s'établissent entre l'administration et les opérateurs économiques.

Et même si on exclut la réforme tarifaire de 1986[45], la Douane a connu d'autres évolutions déterminantes quant à sa physionomie.

En 1994, la création de l'Union Économique et Monétaire Ouest Africaine[46] permet l'établissement d'un marché commun, le renforcement de la compétitivité des activités économiques et financières des États membres dans le cadre d'un marché ouvert et concurrentiel d'un environnement juridique rationalisé et harmonisé.

Ensuite, c'est l'entrée en vigueur du Tarif Extérieur Commun de l'UEMOA le 1er janvier 2000[47].

Aujourd'hui, dans le cadre de ses charges, la Douane sénégalaise exerce quatre missions : une mission fiscale, une mission économique, une mission de sécurisation et de facilitation de la chaîne logistique internationale et enfin une mission communautaire.

La mission fiscale consiste à la liquidation des recettes douanières et non douanières, fiscales et budgétaires. Il s'agit de la perception des droits de douane inscrits au tarif douanier[48].

échanges à l'intérieur du territoire de l'Union car il ne suffit pas, on s'en doute, de décider d'abolir les frontières intercommunautaires pour que disparaissent toutes les difficultés liées aux opérations de commerce entre États membres. Que le droit douanier n'ait pas réussi à voir fixées avec précision ses propres frontières (ou ne l'ait pas souhaité) n'est paradoxal qu'en apparence. Bastion avancé de la souveraineté étatique, il occupe une place à part dans l'arsenal juridique, ne serait-ce que par les liens qu'il entretient avec la politique extérieure des États. Faut-il rappeler que, d'un point de vue étymologique, le terme de « Douane » n'est que l'hériter du mot persan (turc, affirment certains) « Divan », qui désignait le gouvernement du sultan et son pouvoir absolu ?

45 Dans le sillage de la nouvelle politique industrielle (NPI) caractérisée par une importante baisse des droits de porte pour les intrants de l'industrie locale.

46 La création de l'UEMOA en 1994 est consécutive à la volonté des États membre de l'UMOA de prendre en compte l'aspect économique. L'achèvement de l'intégration économique se fera à travers une évolution normative et institutionnelle de l'UMOA vers l'UEMOA avec le traité constitutif portant création de l'UEMOA.

47 Règlement 02/97/CM/ UEMOA du 28 novembre 1997. Le Tarif Extérieur Commun de l'UEMOA institue une fiscalité applicable aux produits non originaires des pays membres. Cette fiscalité au taux de 0 à 20 % de la valeur CAF (coût Assurance Fret) dépend de la catégorie de produits. Des études sont en cours pour un TEC au sein de la CEDEAO, une autre organisation sous régionale regroupant tous les pays membres de l'UEMOA et sept autres pays de l'Afrique de l'Ouest.

48 Une nomenclature tarifaire est définie comme une liste exhaustive de produits de toute nature énumérés dans un certain ordre. Ses caractéristiques dépendent étroitement des

Ces droits sont des impôts indirects exigibles à l'importation comme à l'exportation[49].

Pour la liquidation des recettes non douanières, la Douane s'est vue confier, à côté des droits de porte, la liquidation de taxes et autres prélèvements pour le compte d'autres administrations[50].

Économiquement, il s'agit de la protection de l'économie nationale, de l'élaboration d'informations statistiques et de l'impulsion de l'activité économique par le biais de mécanismes de suspension de droits.

La Douane assure la surveillance des échanges extérieurs[51]. Pour cela, les marchandises qui franchissent la frontière sont assujetties à des droits et taxes dont les taux sont modulés de manière à rendre les produits locaux compétitifs[52].

Elle veille également au respect des pratiques commerciales loyales (lutte contre le dumping).

En élaborant les statistiques douanières, l'Administration des douanes permet aux opérateurs économiques de procéder à des études de marché et aux pouvoirs publics de disposer d'informations précises sur le commerce extérieur.

Dans le cadre de l'impulsion de l'activité économique par le biais de mécanismes de suspension de droits, la Douane contribue au dynamisme de l'activité économique nationale en facilitant les échanges. Il s'agit de faire bénéficier aux opérateurs économiques des avantages liés aux régimes douaniers économiques ou aux régimes particuliers[53].

---

autorités chargées de l'élaborer. La création d'un conseil de coopération douanière devenu organisation mondiale des douanes depuis la création de l'organisation mondiale du commerce, chargé de gérer la convention et de l'adapter périodiquement au besoin du commerce international, allait permettre au système de fonctionner normalement pendant une trentaine d'années. Toutefois, l'internationalisation des échanges commerciaux et l'importance de multiples autres classifications des marchandises visant des fins non douanières (statistiques, par exemple) imposaient une réforme en profondeur de la convention de Bruxelles, reforme concrétisée par l'entrée en vigueur, le 1er janvier 1988, de la convention internationale sur le Système Harmonisé de désignation et de codification des marchandises (SH). Fruit d'un travail d'experts sans précédent en pareil domaine, le système harmonisé apparaît pour l'essentiel comme une réforme générale de la nomenclature précédente inspirée par le souci de simplifier la tâche des opérateurs économiques et de faciliter l'usage des moyens modernes de gestion informatisés. Ce tarif a été appliqué au Sénégal jusqu'à l'entrée en vigueur du tarif extérieur commun de l'UEMOA.

49 Cf. article 11 de la loi du 28 Décembre 1987 portant code des douanes sénégalaises

50 Il s'agit par exemple de la taxe sur la valeur ajoutée, du Conseil sénégalais des chargeurs, du fonds pastoral etc.

51 Cf. Chapitre 7 de la loi précitée.

52 Article 4 de la loi précitée.

53 Les régimes économiques sont des mécanismes d'incitation économiques désignés sous le vocable de régimes suspensifs. Il s'agit des avantages accordés pour le dédouanement des marchandises importées, destinées à favoriser le développement de certaines activités économiques. À travers ces mécanismes, l'État cherche à renforcer la capacité

Dans sa mission communautaire, la Douane sénégalaise participe activement à la promotion des actions de développement communautaire (au niveau des organismes d'intégration). Enfin, la Douane est un acteur dynamique dans la sécurisation et la facilitation de la chaîne logistique internationale.

Parallèlement, elle apporte son concours à d'autres administrations[54].

Ainsi, la Douane procède à la liquidation de la TVA et des autres taxes intérieures pour le compte de la Direction Générale des Impôts et Domaines. Pour le Ministère de la santé publique, l'Administration des douanes est chargée de faire respecter les règles de circulation et la commercialisation de certains produits pharmaceutiques ou issus du règne végétal ou animal (Police sanitaire et de salubrité ; lutte contre le trafic illicite des organes).

Pour le Ministère de l'Environnement, la Douane apporte son concours à l'exercice de la police phytosanitaire mais aussi dans la lutte contre les déchets et produits dangereux. Pour le Ministère du commerce, la Douane veille au respect des règles de qualité, de conditionnement, de métrologie et de marquage. Pour le Ministère de la culture, la douane participe à la protection de la propriété littéraire et artistique.

Pour le Ministère de l'industrie, des mines et de l'artisanat, la douane participe à la protection de la propriété industrielle ; c'est ainsi qu'elle s'oppose aux pratiques commerciales déloyales (contrefaçon, fausses marques de fabrique), à la promotion de l'industrie ; la douane contribue à la compétitivité des entreprises en facilitant les échanges extérieurs. Enfin, la Douane concourt, au même titre que d'autres administrations (Police, Gendarmerie et Eaux et Forêts), à la lutte contre le blanchiment des revenus illicites, à la protection des espèces menacées d'extinction, à la lutte contre le trafic illicite des stupéfiants.

Les missions qui sont dévolues à la Douane se sont donc accrues dans un contexte de libéralisation du commerce marqué par l'avènement de l'économie de marché.

---

concurrentielle des entreprises sénégalaises sur les marchés internationaux par la mise en œuvre de mécanismes variables selon l'activité considérée (suspension des droits et taxes) et dont les effets ne sont définitivement acquis que si la marchandise a rempli certaines obligations également variables selon les régimes concernés. Aussi peut-on considérer que la nature du régime économique douanier met l'accent sur la finalité économique des mécanismes mis en jeu. En dépit de la complexité et de la diversité de ces régimes, on peut retenir la classification suivante :

-Les régimes économiques douaniers ouverts aux activités de transformation.

-Les régimes économiques douaniers ouverts aux activités de commerce et de transport. Cf. Claude Berr et Henri Tremeau : Le Droit Douanier communautaire et national, Paris édition Economica, 2004 p 252 et s. Voir aussi Jean-Baptiste Diouf : Guide de procédures de dédouanement. Édition de l'Import/Export 2009 p 67 et s. Voir aussi Code des douanes du Sénégal, articles 154 à 251.

54 Cf. site de la direction générale des douanes : www.douanes.sn

La mondialisation et la globalisation des échanges d'une part, le développement des technologies de l'information et de la communication (TIC) et la prise en charge des concepts de rapidité, de sureté et de sécurité dans les échanges d'autre part, ont requis une adaptation des moyens et un renforcement des capacités des ressources matérielles et humaines.

C'est ainsi que dans le souci d'accélérer les procédures de dédouanement, l'Administration des douanes s'est lancée depuis trois années dans la dématérialisation des procédures douanières.

La nouvelle procédure est entrée en vigueur conformément à l'arrêté n° 06942 du 02 août 2010 portant dématérialisation des procédures et des formalités du commerce extérieur. Pour sa mise en œuvre, cet arrêté est complété par plusieurs notes de service[55].

Ainsi à travers un protocole d'accord signé le 23 novembre 2012, l'APIX[56] bras technologique de création d'entreprises, s'est engagée aux cotés de GAINDE 2000[57], qui devra à court terme réduire les délais à 24 h.

La dématérialisation des formalités offre un environnement sans papier.

---

55 Note de service n° 0450/DGD/DRCI/BRD/ du 17 avril 2012 relative aux formalités de dédouanement et procédures dématérialisées; Note de service n° 01557/DGD/DFPE-DRCI/BRD du 12 juillet 2010 portant procédures dématérialisées relatives à certaines opérations; Note de service n° 01781/DGD/DFPE-DRCI/BRD du 10 août 2012 portant procédures dématérialisées relatives à l'enlèvement des marchandises.

56 Agence pour la Promotion de l'Investissement et des grands travaux. Avec le programme d'Ajustement à Moyen et Long Terme (P.A.M.L.T), il fallait revoir le Code des investissements qui dans la pratique accordait une large protection aux industries implantées au Sénégal et de ce fait n'avait pas favorisé chez elles la compétitivité. L'État du fait de ces avantages concédés avait enregistré un important manque à gagner sur les recettes. Pour remédier à cette situation, un nouveau dispositif légal et réglementaire a été mis en place par les autorités. Il s'agit de la loi n° 2004-06 du 06/02/2004 portant le nouveau code des investissements et dont les modalités d'application ont été définies dans le Décret 2004-627 du 07/05/2004 et la circulaire N° 53/M.E.F du 11/05/2004 relative au régime de suspension de la T.V.A et du crédit d'impôts pour les investissements. Il s'agit d'un régime d'exonération pour tous les matériels et matériaux nécessaires à la réalisation de l'Investissement agréé; avec une T.V.A suspendue qui est due, à la fin de l'Investissement au moment ou commence l'exploitation.

57 Voir. Jean Baptiste Diouf : Douanes et Echanges, éditions sénégalaises de l'import/Export 2009 p. 131 et s. Il faut préciser que la douane a informatisé ses procédures de dédouanement depuis 1990 avec le système GAINDE (Gestion Automatisée des Informations Douanières et des Échanges). Le système comporte un ordinateur central qui conserve en mémoire tous les éléments de la réglementation douanière nécessaires à l'exécution des tâches dont il a la charge. Ces tâches concernent essentiellement le traitement en temps réel des déclarations sommaires (manifestes); déclarations en détail. Il s'agit de l'enregistrement des manifestes et de toutes les opérations liées à celui-ci (rectification – reconditionnement-apurement). Pour les déclarations en détail, il s'agit :
a) de la recevabilité formelle des déclarations en détail;
b) de l'enregistrement des déclarations en détail;
c) du calcul des valeurs en douane à déclarer;
d) de la liquidation des droits et taxes exigibles par référence au tarif enregistré;

Elle permet aux différents acteurs, quel que soit l'endroit où ils se trouvent, de mener des formalités sur la base d'échanges de documents et de données, par voie électronique.

Les intervenants de la chaîne disposent d'informations en temps réel qui leur permettent d'effectuer des opérations de dédouanement. Les opérateurs vont ainsi bénéficier de délais de traitement et d'enlèvement beaucoup plus rapides des marchandises importées.

Ainsi, en intégrant et en réglementant les procédures dématérialisées de dédouanement des marchandises, les modes de constatation des infractions douanières ont été aussi dématérialisés, avec la création de procès-verbaux électroniques.

Ce passage du support papier vers le support électronique engendre une modification totale de la manière dont les usagers dédouanent les marchandises.

---

e) de l'information des déclarants et des services douaniers ou autres administrations concernées quant aux documents exigibles en vertu des réglementations applicables pour le dédouanement des marchandises ;
f) de la sélection des déclarations en instance de vérification ;
g) du paiement de la créance douanière.
À cette fonction de base, s'ajoute l'accomplissement des tâches diverses effectuées en « temps différé » tels que :
- l'édition d'états récapitulatifs des marchandises non déclarées dans les délais ;
- la confection des sommiers de régimes suspensifs ;
- l'état des déclarations non traitées ;
- les prises en charge sur support magnétique des éléments d'informations statistiques ;
- la fourniture, sur demande des usagers, d'informations, concernant certains points de leurs opérations de dédouanement.
La remise à niveau du système d'information de la Direction Générale des Douanes comporte un volet particulièrement sensible, c'est la facilitation des opérations commerciales. Pour renforcer les procédures simplifiées déjà mises en œuvre, l'intégration par l'application informatique douanière du logiciel ORBUS a été retenue comme une orientation de gestion fondamentale dans le schéma directeur de la Direction Générale de Douanes. Le couple GAINDE/ORBUS 2000 est une option réelle de modernisation par le biais des nouvelles technologies de l'information et de la communication. En effet, il a été constaté que pour réaliser une opération de dédouanement de marchandises au Sénégal, le coût imputable aux formalités administratives était totalement incompatible avec les contraintes de célérité et d'allégement des charges. La collecte des documents devant permettre le dédouanement proprement dit, relève d'un véritable parcours du combattant dont la conséquence immédiate est le renchérissement inutile des échanges commerciaux. L'interaction entre ORBUS 2000 et GAINDE vise donc trois objectifs précis : affiner la sélectivité des contrôles douaniers grâce à une anticipation des formalités préalables au dédouanement à travers la collecte électronique des documents justificatifs de l'opération commerciale ; accélérer le traitement des déclarations en détail grâce à la disponibilité en ligne des documents joints ; faciliter et sécuriser le paiement des droits et taxes exigibles grâce à la mise en place d'une plate-forme de règlement électronique. La douane pourra alors, sans crainte, s'engager vers la dématérialisation de ses procédures, c'est-à-dire vers le dédouanement sans papier.

Par conséquent, l'Administration des douanes va inéluctablement faire face à de nouvelles infractions liées à ces technologies de l'information et de la communication[58].

L'actualité récente fournit de nombreux exemples d'intrusions illicites et de graves atteintes aux données contenues dans le matériel informatique. Il n'est pas possible à l'heure actuelle de faire l'impasse sur la multiplication des comportements répréhensibles jusque là ignorés et sur les problèmes nouveaux générés par ce phénomène[59].

C'est pour ces raisons que le nouveau code a prévu un troisième délit pour sanctionner toutes les pratiques illicites opérées dans le système informatique douanier (article 392 du Code des douanes).

Il ne fait pas de doute que cette volonté de l'Administration de réprimer les délits « informatiques » risque de rencontrer d'énormes difficultés dans la pratique du fait du caractère incorporel du corps du délit. Mais ces difficultés ne sont pas propres au droit douanier. Elles sont inhérentes à la criminalité dite informatique.[60]

---

58 Voir Alioune Dione. Le droit douanier à l'épreuve des réseaux informatiques, édition ITCIS 01-01-2008. Adde Pape Assane Touré : Le Traitement de la Cybercriminalité devant le juge, l'exemple du Sénégal édition Harmattan 2014 p. 40 et s. Au Sénégal jusqu'à l'adoption de la loi 2008-11 du 25 janvier 2008 portant sur la cybercriminalité, aucune des modifications de l'édifice pénal n'a véritablement procédé d'une stratégie globale d'appréhension des particularités de la criminalité liée aux TIC. L'exigence d'une démarche globale de modernisation des instruments de répression devant l'autorité judiciaire était devenue un enjeu de politique criminelle. Il s'agit pour la répression pénale de s'adapter aux évolutions de la criminalité. De nos jours, les systèmes, équipements et logiciels que constituent les TIC disposent d'une extraordinaire capacité de traitement, de stockage et de communication de l'information et des connaissances. La rapidité et l'instantanéité de circulation de l'information à travers les réseaux numériques sont devenues un véritable phénomène des temps modernes. Le passage à la société de l'information s'est accompagné d'une multiplication des agissements répréhensibles ayant pour cible les technologies numériques de l'information et de la communication dans leurs éléments matériels.

Les rédacteurs de la loi portant sur la cybercriminalité ont ainsi introduit dans l'architecture pénale de nouveaux instruments de répression. L'article 1er de cette loi a inséré, après l'article 431-6 du Code pénal, un nouveau titre III intitulé : « Des infractions liées aux technologies de l'information et de la communication » (article 431-7 à 431-65). V. sur la question, Rapport de la Commission des lois, de la décentralisation, du travail et des droits humains de l'Assemblée nationale du Sénégal, sur le projet de loi sur la Cybercriminalité.

59 V. Ndiaw Diouf, infractions en relation avec les nouvelles technologies de l'information et procédure pénale : l'inadaptation des réponses nationales face à un phénomène de dimension internationale. Revue sénégalaises de Droit des Affaires (RSDA), N° 2-3-4.2003-2004, p.59 et s. Y. Mayaud, Ratio legis et incrimination, RSC 1983. P.598. A. Bertrand, la criminalité informatique, introduction-typologie générale, Expertises, mai 1984, n° 62 juin 1984, n° 63.

60 Certains auteurs français ont tenté de tracer les contours d'une théorie générale de l'information en mettant l'accent sur l'information elle-même et pas nécessairement sur son support. L'information apparaît, à leurs yeux malgré son caractère immatériel comme un bien susceptible d'appropriation. V. par exemple Catala, Esquisse d'une théorie juridique de l'information D.1984.Chron. p.97 et s.

Il est admis maintenant, malgré les réserves de certains auteurs[61], qu'il y'a des agissements dont l'outil informatique n'est que l'instrument[62] et qui s'accommodent mal avec les modalités classiques de répression.

En effet, on ne peut pas sans risque de porter atteinte au principe de la légalité en étendant considérablement la définition des éléments constitutifs de l'infraction, utiliser les qualifications pénales traditionnelles pour réprimer des actes tels que l'accès dans le système informatique d'autrui[63].

L'impossibilité d'opérer une transposition pure et simple s'explique aisément : la plupart des incriminations sont créées pour protéger la propriété des objets corporels et non des objets incorporels tels que l'information[64].

Les mêmes observations peuvent être faites lorsqu'il s'agit d'apporter les preuves de l'infraction. En effet, du fait de l'immatérialité de l'objet, la preuve de l'infraction peut s'avérer difficile dans la pratique. Il en est de même de la localisation des personnes responsables et de la saisie du corps du délit.

Il reste, malgré ces obstacles, que la dématérialisation constitue un pas important vers la modernisation de l'Administration des douanes.

Grâce à la célérité qu'elle apporte aux opérations de dédouanement et la transparence qu'elle imprime à l'action administrative, cette nouvelle méthode de travail permettra au Sénégal d'améliorer sa place au regard des indicateurs internationaux de mesure de performance.

Actuellement, l'Administration douanière est confrontée à la difficile recherche d'un équilibre entre facilitation des échanges et garantie de la sécurité publique.

Une administration partenaire des entreprises, « une Douane de service », qui se doit d'être concurrentielle et de maintenir les parts du « marché douanier » sur le territoire tout en demeurant une administration de contrôle, garante de la sécurité des personnes et des marchandises.

Aussi le droit douanier s'attache-t-il à établir de nouveaux types de relations avec les acteurs du commerce international fondés sur les engagements contractuels personnalisés et évolutifs.

Quant aux procédures douanières, traditionnellement formalistes et lourdes, elles ont bénéficié de la modernisation des techniques de transmission de l'information et ont permis d'accélérer le dédouanement des marchandises.[65]

---

61 V. Francilon, Les crimes informatiques et d'autres crimes dans le domaine de la technologie informatique en France, Revue inter. Dr. Pen 1993p.191.

62 V. U. Sieber, Les crimes informatiques et d'autres crimes dans le domaine de la technologie informatique R I DP 1993p.63.

63 V. Ndiaw Diouf. op cit. p 59 et s.

64 V. Ndiaw Diouf. op cit. p 59 et s.

65 La version récente du GAINDE 2010 intègre les systèmes de collecte électronique de documents (ORBUS) et de paiement électronique (CORUS) ainsi que d'autres services qui permettent à l'administration des douanes d'accélérer l'exécution de ses tâches quotidiennes dans les grands centres de dédouanement à travers le pays, d'accompagner la

À ces impératifs encourageants, font écho d'autres préoccupations auxquelles la Douane contemporaine a dû faire face.

Aux formes classiques de délinquance, telles que la contrebande ou les fausses déclarations, sont venues s'ajouter de nouvelles menaces d'une autre ampleur favorisées par la mondialisation des échanges. Il en va ainsi de la contrefaçon, du trafic des stupéfiants, en somme de la criminalité transnationale organisée.

Le droit douanier s'enrichit ainsi chaque jour de nouvelles dispositions, édictées tant par les organisations internationales[66] que par les autorités nationales.

La matière devient ainsi plus complexe en même temps qu'elle s'enrichit et justifie l'intérêt que les praticiens et les juristes y portent de plus en plus fréquemment.

La politique douanière contemporaine s'oriente vers de nouvelles missions, inspirées davantage que dans le passé par des considérations économiques.

Le législateur douanier a pris une claire conscience du fait que les entreprises productrices, auxquelles les pouvoirs publics demandent de plus en plus d'efforts sur les marchés extérieurs, devaient se voir offrir des formules nouvelles de relations avec leurs fournisseurs ou leurs clients étrangers.

Il convenait donc, dans cette perspective, de forger les moyens juridiques adéquats pour faciliter le traitement de marchandises destinées à des opérations industrielles, commerciales ou de transport.

C'est cette philosophie qui a certainement justifié la récente réforme du 28 février 2014 portant nouveau Code des douanes[67].

L'idée est de mettre l'action de la Douane en adéquation avec la vie commerciale internationale, avide de liberté, mais soumise aux impératifs légitimes de protection d'intérêts de plus en plus divers : ceux des entreprises qui attendent de la réglementation douanière qu'elle s'adapte à la mondialisation, et ceux des États qui doivent assurer la sécurité des citoyens contre les menaces de tous ordres qui guettent leur vie quotidienne.

Les lignes directrices mises en œuvre dans le cadre de la réforme tournent essentiellement autour de l'adaptation du dispositif juridique douanier aux enjeux contemporains, avec la promotion d'un instrument en harmonie avec les multiples défis des douanes modernes.

La transparence dans l'action du service des Douanes, le renforcement de la sécurité et de la lutte contre toutes les formes de fraudes, le renforcement

---

politique économique en termes de réponses efficaces aux enjeux et d'anticipation sur la mise en application de la vision des autorités.

66 Cf. règlements communautaires de l'UEMOA sur la matière douanière des États membres.

67 Loi 2014-10-du 28 février 2014, Journal Officiel de la République du Sénégal (JORS) n° 6787 du Samedi, 26 Avril 2014.

de la compétitivité de l'entreprise; l'adaptation du code des douanes par rapport aux normes internationales et communautaires et enfin l'aménagement des règles du contentieux douanier ont été les principales préoccupations du législateur.

Sur le premier point, une plus grande importance a été accordée à la garantie des libertés individuelles et des droits de l'homme.

Ainsi, en matière de visite domiciliaire, la présence de l'officier de police judicaire ou du chef de la circonscription administrative, d'un officier municipal, du président de communauté rurale, ou du chef de village ou du délégué de quartier est obligatoire.

En l'absence de ces autorités, les agents habilités à faire la visite domiciliaire ne peuvent y procéder qu'avec l'accord exprès de l'occupant des lieux ou à défaut, qu'avec l'autorisation expresse du Directeur général des Douanes ou de son représentant habilité[68].

Cette obligation relative à la présence d'un officier de police judiciaire a été étendue en matière de contrôle des voyageurs et de leurs bagages en cas de refus du voyageur d'ouvrir ses bagages.

Pour les personnes soupçonnées d'avoir dissimulé dans leur organisme des substances stupéfiantes, les agents des douanes doivent désormais recourir à un examen médical[69].

S'agissant des biens appartenant aux personnes et mis en dépôt par l'Administration des Douanes, en cas de détérioration, d'altération, de déperdition, ou de disparition, il est reconnu aux propriétaires la possibilité d'engager la responsabilité de l'Administration des Douanes, en cas de faute prouvée[70].

Toujours, dans le but de garantir les libertés individuelles et les droits des citoyens, toute personne a le droit d'exercer un recours devant le Directeur général des douanes contre les décisions relatives à l'application de la législation

68 Article 33 du code des douanes communautaire; article 53 du code des douanes du Sénégal

69 Article 46 du code des douanes « 1) Lorsque des indices sérieux laissant présumer qu'une personne transporte des drogues dissimulées dans son organisme, les officiers de police judiciaire et les fonctionnaires de douanes habilités à constater l'infraction peuvent saisir les services médicaux en vue de soumettre la personne mise en cause à des examens médicaux de dépistage.

2) Le refus de toute personne présumée transporter des drogues dans son organisme, de se soumettre à l'examen médical de dépistage, est puni d'un emprisonnement de trois (03) mois à un (01) an et d'une amende de 500.000 à 3.000.000 francs, ou de l'une de ces deux peines seulement.

3) Des décisions du Directeur général des douanes déterminent les modalités de mise en œuvre de cette procédure ».

70 Article 254/1 du code des douanes : « Les marchandises en dépôt de douane y demeurent aux risques des propriétaires, sauf si la preuve est établie que leur détérioration, altération, déperdition, ou disparition est imputable à l'Administration des douanes qui en avait la garde exclusive... ».

douanière prises par les autorités douanières et qui la concernent directement et personnellement[71].

Parallèlement, le renforcement de la sécurité et de la lutte contre la fraude dans toutes ses formes a été aussi l'une des préoccupations du législateur. Sous ce registre, de nouvelles techniques de lutte contre le trafic illicite de drogue ont été introduites dans le code des douanes.

Il en est ainsi des techniques de livraison surveillée[72], de l'infiltration[73] et de l'incitation à la vente de marchandises de fraude[74].

Le recours aux nouvelles technologies de l'information pour commettre des infractions liées aux manipulations frauduleuses du système informatique douanier a été aussi pris en compte par le législateur.

C'est le lieu de rappeler que les données et informations douanières sur support papier sont en voie d'être supplantées par l'information sur support électronique avec la mise en place d'un système informatique de dédouanement (GAINDE), renforcé par la dématérialisation des procédures douanières.

Le renforcement de la compétitivité des entreprises sénégalaises sur le plan international a été aussi pris en compte dans la réforme. Il s'est traduit par une modernisation des régimes économiques douaniers, permettant ainsi

---

71 Articles 414 et 415 du code des douanes.

72 Cette technique signifie que les agents des douanes habilités par leur ministre de tutelle peuvent, aux fins de constater les infractions liées au trafic illicite de drogue, procéder à la surveillance de l'acheminement des stupéfiants ou la surveillance de personnes contre lesquelles il existe un ou plusieurs indices permettant de les soupçonner d'être les auteurs d'un délit ou d'y avoir participé comme complices ou intéressés. Elle peut se dérouler sur l'ensemble du territoire national après en avoir informé le Directeur général des douanes ou l'un de ses représentants habilités et sauf opposition de celui-ci.

73 L'infiltration consiste, pour un agent des douanes spécialement habilité dans des conditions fixées par décret, agissant sous la responsabilité d'un agent de hiérarchie A chargé de coordonner l'opération, à surveiller des personnes suspectées de commettre une infraction relative à un trafic illicite de drogue, en se faisant passer, auprès de ces personnes, comme un de leurs coauteurs, complices ou intéressés à la fraude. L'agent des douanes est à cette fin autorisé à faire usage d'une identité d'emprunt et à peut acheter par exemple des substances, lorsque de tels actes n'ont d'autre but que le démantèlement des trafics de stupéfiants.
Cette loi consacre, en quelque sorte, la « provocation légitime » qui était source de controverse jurisprudentielle en France (Cass. Crim., 16 mai 1994, non publié : à propos d'un agent des douanes qui, s'étant déclaré consommateur, avait provoqué la vente de stupéfiants par un trafiquant). Décision citée par Vincent Carpentier dans son ouvrage, Guide pratique du Contentieux Douanier, Litec 1996, p.186.

74 L'incitation à la vente illicite de marchandises frauduleuses permet à l'agent des douanes intervenant directement ou par l'intermédiaire d'une personne agissant conformément à ses instructions à inciter la personne détentrice de la marchandise frauduleuse à vendre les marchandises prohibées détenues frauduleusement. Toutefois il n'est pas tenu pénalement responsable de l'achat, lorsque de tels actes n'ont d'autre but que le démantèlement des trafics.

aujourd'hui à la Douane d'affirmer sa vocation économique à côté de sa mission de protection de l'économie[75].

En effet, la législation douanière étant affectée dans ses fondements par la prolifération des normes internationales et communautaires, le nouveau code devait s'adapter à ces normes.

La question récurrente du réaménagement des règles du contentieux douanier a été aussi au cœur de la réforme. De ce point de vue, l'objectif du législateur était d'instituer une relation plus équilibrée entre la nécessaire préservation des intérêts de l'État et le respect des droits des citoyens.

Ainsi contrairement à l'ancienne loi 87-47 du 28 décembre, le renversement de la charge de la preuve est désormais limité aux seules infractions flagrantes.

À cette énumération, il faut ajouter l'augmentation du seuil à partir duquel le juge doit délivrer mandat de dépôt. La possibilité lui est aussi offerte aujourd'hui de retenir des circonstances atténuantes dans certains cas.

Enfin, la rigueur et l'immuabilité des pénalités douanières ont été ramenées à des proportions raisonnables.

En somme, la réforme intervenue témoigne d'une volonté de rénovation, d'harmonisation et de réduction de certains des aspects les plus exorbitants de la matière douanière.

Toutefois, il y a lieu de signaler que les politiques communautaires mises en place tardent à prendre le même élan.

L'observation des différentes dispositions prévues par l'UEMOA dans la matière douanière permet de constater l'absence d'une réglementation commune du contentieux[76].

En effet, le code des douanes communautaire impose à tous les opérateurs économiques des obligations identiques, quel que soit le lieu où ils accomplissent leurs formalités douanières. Mais toute violation de ces obligations est traitée par chaque État selon les règles de procédure et de fond qui lui sont propres.

---

75 Ces régimes douaniers sont des mécanismes d'incitation économique. Dans le nouveau code des douanes leur gamme a été élargie, avec la création de nouveaux régimes tels que : l'entrepôt spécial de produits pétroliers ; l'entrepôt spécial de produits énergétiques ; le régime de la transformation pour la mise à la consommation ; le cabotage ; la consignation pour les produits pétroliers. L'entrepôt de stockage est désormais ouvert aux entreprises commerciales tout comme la possibilité de domicilier les opérations au niveau d'un seul bureau de douane. En outre certaines entreprises peuvent bénéficier de procédures simplifiées à travers une convention signée avec la Douane.

76 V. Ndiaw Diouf, La place du droit pénal dans le droit communautaire, Nouvelles Annales Africaines, n° 1, 2006, p.78 et s ; V. aussi Doudou Ndoye, Le Traité relatif à l'OHADA, la constitution Sénégalaise et les principes du droit processuel, Revue EDJA, n° 22, juillet-septembre 1994.

À l'heure actuelle de la construction communautaire, le droit répressif douanier demeure « un îlot national ». Malgré les tentatives répétées de la commission de l'UEMOA en vue d'obtenir des États membres une vision commune de la question du contentieux, celui-ci demeure, pour le moment, hors du champ de l'harmonisation[77].

Sur ce point, le droit sénégalais reste encore éloigné du droit français.

En France, le droit pénal douanier a depuis quelques temps subi des mutations profondes. La répression a pris de nouvelles figures.

Dans le but de réduire les particularismes de ce droit pénal spécial, les circonstances atténuantes sont désormais admises, et il n'est plus interdit au juge de « relaxer sur l'intention »[78] et la jurisprudence s'est orientée vers la même direction[79].

Par contre, le Conseil constitutionnel, en dépit des questions prioritaires de constitutionnalité[80], a été moins protecteur, en raison des règles d'accès à son prétoire réservé à certains saisissants constitutionnellement désignés.

Mais ce sont surtout les sources extranationales qui ont constitué le véritable facteur de renouvellement du droit répressif douanier. Il s'agit principalement du droit conventionnel européen.

Sur le plan de la procédure répressive douanière, la Convention européenne[81] a eu une influence certaine en permettant aux justiciables de déposer des requêtes devant une autre instance que le juge national, obligée d'appliquer le droit conventionnel dès la première instance[82].

---

77 ISSA-SAYEGH (J), Réflexions et suggestions sur la mise en conformité du droit interne des États-parties avec les Actes uniformes de l'OHADA et réciproquement, www.ohada.com. M. Mahouve, Le système pénal de l'OHADA ou l'uniformisation à mi-chemin, Penant n° 846, janvier-mars 2004; J-A.Ndiaye, l'OHADA et la problématique de l'harmonisation du droit pénal des affaires, Bull. d'information de la Cour Suprême n° 3, décembre 2011, p.79, www.ohada.com; Haguenau-Moizard (C), Vers une harmonisation communautaire du droit pénal? RTDE, 2006.377.

78 Loi du 29 décembre 1977, J.O. du 13 Décembre 1977 p.8667, confirmée par la loi du 8 juillet 1987 J.O. Annexe au P.V du 9 Juin 1987; abrogation de l'alinéa 2 de l'article 369 du code des douanes français.

79 La pratique des rapports annuels de la Cour de cassation constitue dans cet esprit un vecteur important d'information du législateur.

80 Christine Maugue, et Jacques-Henri Stahl, La question prioritaire de constitutionnalité, Dalloz, 2é édition 2013page10 et s

81 03 septembre 1953 entrée en vigueur

82 L'impact présente une double facette, d'un côté, il donne au juge national un élément supplémentaire, de l'autre, il permet à la juridiction européenne de prendre connaissance d'un droit spécial, parfois en contradiction flagrante avec le droit positif. Sur ce point voir. M. Delmas-Marty :" La matière pénale au sens de la CEDH, flou du droit pénal"; Rev. sc. crim 1987, p.819-CEDH, 24 février 1994, Aff.3/1993/398/476 B. C/France : JCP 1995, II, 22 372, note S.N. Frommel, Voir aussi, J. Rideau, J. F. Renuci" Dualité de la protection juridictionnelle européenne des droits fondamentaux atout et faiblesse de la sauvegarde des droits de l'homme? " : Justices, 1997, p.95.

L'autorité attachée aux décisions européennes permet bien souvent de produire la mise en conformité du droit dénoncé.

Les organes chargés de vérifier l'application de la Convention européenne par les parties contractantes exercent une influence considérable sur le droit interne substantiel et formel.

Source extranationale d'application directe plus ancienne, le droit communautaire joue un rôle capital dans la mise en conformité de la matière pénale douanière avec le droit positif, même s'il n'est pas un système spécifique de protection des droits de l'homme.

Il reste que la politique douanière contemporaine s'oriente vers de nouvelles missions, inspirées davantage que dans le passé par des considérations économiques. La mondialisation se construisant essentiellement autour de phénomènes économiques, il est significatif de constater que le droit douanier essaie de se recomposer en fonction de ces phénomènes.

En dépit de cette profonde évolution, le droit douanier est demeuré constant dans ses particularismes.

Il faudrait en effet manquer de réalisme pour affirmer que le droit douanier, animé pendant plusieurs siècles par le souci du protectionnisme économique, a réussi à opérer d'ores et déjà un revirement complet de ses tendances classiques[83].

Les résultats positifs constamment atteints par l'Administration des douanes attestent de l'efficacité des moyens d'action. C'est certainement ce qui justifie, ici et là, des îlots de résistance.

Mais un état des lieux s'avère nécessaire, même s'il peut paraître relativement prématuré d'opérer une appréciation critique sur une nouvelle législation.

« Le droit positif à l'épreuve du droit douanier », tend alors à rechercher les situations juridiques qui peuvent dériver du contact entre le droit douanier et les autres disciplines.

La réflexion peut suggérer a priori plusieurs interrogations.

Comment le droit positif réagit-il devant l'emprise du droit douanier? Comment se manifeste la vitalité du droit douanier?

Quels sont les enjeux que sous-tendent les particularismes du droit douanier?

Le droit douanier est-il confiné dans son territoire pour y régner presque en souverain?

Quelle articulation peut-on mettre en perspective entre l'efficacité économique et l'orthodoxie juridique?

---

83 Claude Berr et Henri Termeau, op. cit. p. 78 et s.

Il s'agit d'autant d'interrogations qui laissent présager un doute sur une cohabitation harmonieuse.

En définitive, l'étude devrait permettre de vérifier, au-delà de l'efficacité avérée du droit douanier, sa compatibilité avec l'essentiel du droit positif. En d'autres termes, il s'agit de discuter de la question de savoir si le droit douanier, quelle que puisse être sa finalité, peut s'éloigner de l'orthodoxie, notamment face aux normes internationales, communautaires et nationales.

Dans cette perspective, la méthode reste essentiellement documentaire à travers l'analyse des normes, de la jurisprudence et de la doctrine. Et, afin d'affiner l'étude, une approche comparative et prospective sera privilégiée.

Le contentieux douanier sénégalais[84] a déjà fait l'objet d'une réflexion remarquée, notamment sur la place du juge dans les infractions.

Notre étude a pour ambition d'élargir le propos en prenant en charge l'ensemble des relations que le droit douanier entretient avec le droit positif. Le souci serait de mettre en relief les aspects du contentieux qui peuvent paraître singuliers à certains égards, et le cas échéant, de se prononcer sur leur pertinence ou leur utilité.

Sous ce registre, il faut alors rechercher un certain équilibre qui devrait pouvoir se décliner vers deux directions.

Il est facile de convenir que le droit douanier est principalement marqué par son aspect répressif. C'est une option qui n'a jamais été sérieusement remise en cause. C'est que dans les pays comme le nôtre, la Douane n'est pas encore parvenu à se départir de ses origines. Pour le trésor public, la recherche effrénée de recettes constitue un des éléments du sésame. La lutte contre la fraude douanière dans toutes ses formes participe de cette dynamique. Or c'est le droit pénal qui lui sert de relais. C'est aussi dans cette discipline qu'il y'a le plus d'interrogations, voire de contestations à telle enseigne que même l'autorité judiciaire en fait écho. Dés lors il peut s'avérer légitime de se demander quelle est la réaction du droit pénal face cette inclinaison. Il y a lieu, par la suite, de mettre en débat le droit douanier dans le droit pénal **(Première partie)**.

Parallèlement, l'Administration des douanes bénéficie de moyens adéquats susceptibles de lui permettre de récupérer facilement ce qui lui est dû, même si dans le cadre de l'exercice de ses missions, elle peut être amenée à réparer les dommages causés à autrui. C'est ainsi reconnaître que le droit douanier dépasse les frontières du droit pénal : c'est donc le droit douanier hors du droit pénal **(Deuxième partie)**.

---

84 Cf. Boubacar Camara, « le contentieux douanier au Sénégal. Réflexions sur la place du juge dans le traitement des infractions douanières ». Thèse, Université Pierre Mendes France Grenoble II 30 mai 2005 op cit.

PREMIÈRE PARTIE

Le droit douanier dans le droit pénal

Le droit douanier n'a pas une place usurpée dans le droit pénal. Parler de droit « douanier » et non de simple réglementation douanière suggère que l'on est en présence d'une véritable branche du droit, c'est-à-dire d'un ensemble autonome et cohérent de normes issues d'une inspiration commune, dotées de caractéristiques propres lui conférant un particularisme indiscutable. De ce point de vue, les autres branches du droit comme le droit du travail ou le droit commercial peuvent revendiquer le titre de branches du droit à part entière. La situation est donc nette en matière douanière, dans la mesure où le droit douanier ne se prive pas d'emprunter certains de ses concepts et certaines de ses techniques à d'autres disciplines du droit. La notion de droit douanier est donc aujourd'hui fondamentalement ambivalente, ce qui explique la difficulté d'en donner une définition réellement satisfaisante. Comme le propose le Professeur BERRON, on peut définir le droit douanier comme : « l'ensemble des règles dont l'application rentre dans les attributions exclusives de l'administration des douanes »[1] Si certains auteurs[2] rejettent cette définition organique comme trop restrictive et simple au regard de la variété des règles appliquées par l'administration des douanes. Il faut cependant relever qu'elle revêt un grand intérêt.

D'un point de vue criminologique, l'infraction douanière revêt une originalité certaine, tantôt proche de la criminalité de droit commun en ce qu'elle suppose la mise en œuvre de moyens matériels dédiés et une organisation souvent en réseau, tantôt proche du droit fiscal, voire du droit civil dans les litiges

---

1 Cf Claude J. Berr : Introduction au droit douanier, Nouvelle édition Economica 2008, p. 2.

2 Cf. C. J. Berr ''Dualité de juridictions et unité du droit douanier'' : RFD adm.1990, p. 842 ; Voir aussi Sébastien Rideau-Valentini : Contribution à l'étude des particularismes de la matière pénale douanière. Thèse, droit privé et science criminelle. Université de Nice-Sophia Antipolis février 1999 p. 13, 14, 15.

entre opérateurs économiques et administration des douanes en cas de désaccord portant par exemple sur l'origine, l'espèce, la valeur des marchandises .

Le droit douanier demeure ainsi à la croisée de diverses disciplines du droit. L'étude des mécanismes des poursuites et des sanctions renvoie cependant principalement au droit pénal interne.

Parler de droit douanier signifie donc que l'on considère son rattachement au droit pénal.

Le droit pénal est défini comme « l'ensemble des règles juridiques qui organisent la réaction de l'État vis-à-vis des infractions et des délinquants ou comme le droit de l'infraction et de la réaction sociale qu'elle engendre ou encore comme l'ensemble des normes juridiques qui réglementent le recours de l'État à la sanction pénale ».[3]

Ces définitions incluent à la fois les règles de droit pénal de fond et les règles de procédure pénale.

Ce lien entre le droit douanier et le droit pénal général ne doit pas toutefois dissimuler que le droit douanier présente un particularisme certain. Par rapport au droit pénal commun, le droit pénal douanier s'est toujours caractérisé par deux éléments essentiels.

D'abord, le droit douanier a une conception essentiellement matérielle de l'infraction, ce qui rend ambiguë la matière. D'ailleurs, c'est pourquoi le traitement qui est réservé à l'infraction oscille entre deux pôles : d'une part le droit pénal et la procédure pénale, d'autre part le droit fiscal. Encore faut-il observer que la doctrine et la jurisprudence affirment avec constance que les peines pécuniaires elles-mêmes (amendes et confiscation) loin de n'avoir qu'une fonction réparatrice des intérêts du trésor, ont également une fonction répressive. Il y a autant d'éléments qui donnent à l'infraction douanière une physionomie particulière dans son appréhension **(Titre 1)**.

Ensuite, le droit pénal douanier, dans un souci d'efficacité répressive, se caractérise par la relative facilité avec laquelle il permet de poursuivre, en dehors des auteurs matériels d'une infraction, ceux qui, de près ou de loin, ont été intéressés à la fraude. Une telle démarche aboutit à une certaine neutralisation des mécanismes de la responsabilité pénale de droit commun **(Titre 2)**.

---

3 Merle Roger, André Vitu, Traité de droit criminel. Problèmes généraux de la science criminelle. Tome 1, Droit pénal général. Cujas, 7éme édition, 1997.

TITRE 1

L'APPRÉHENSION DE L'INFRACTION DOUANIÈRE

Dans le contentieux douanier, comme en droit commun, la base des poursuites repose sur la commission d'une infraction, prévue par la loi conformément au principe de légalité posé par l'article 4 du code pénal[4].

Cependant, on ne trouve ni dans le code pénal, ni dans le code des contraventions, une définition générale de l'infraction mais seulement des définitions particulières à propos de telle ou telle infraction retenue par ces codes. Il est toutefois assez facile d'avoir une vue synthétique et juridique de l'infraction.

On peut définir cette notion comme toute action ou omission prévue et réprimée par la loi pénale. Cette définition générique de l'infraction a été reprise par le code des douanes en son article 300. Ce texte dispose : « On entend par infraction douanière toute action, omission, ou toute abstention qui viole les lois ou règlements et qui est passible d'une peine prévue par le code ».[5]

Cette similitude avec le droit pénal général ne doit pas pour autant cacher cette particularité de l'infraction douanière. Celle-ci revêt une acception relativement large.

Le terme infraction douanière tel qu'il est utilisé par le code des douanes suggère que toutes les violations de la loi douanière constituent des agissements pénalement répréhensibles.

Cette conception large trouve son explication dans le droit douanier français, plus précisément dans l'ancien régime, à une période ou n'était pas faite la distinction nette entre la répression proprement dite et la réparation[6].

---

4 Article 4 du code pénal : « Nul crime, nul délit, nulle contravention ne peuvent être punis de peines qui n'étaient pas prévues par la loi ou le règlement avant qu'ils fussent commis ».

5 Article 300 de la loi 2014-10 du 28 février 2014.

6 Dans l'ancien régime en France, le contentieux douanier ne connaissait qu'une forme de sanction, qui est pénale. Or les fiscalistes distinguent ce qui relève de l'irrégularité

Ce serait aussi, semble-t-il, en raison de la spécificité de la fraude douanière. Celle-ci, en effet, suscite peu de réprobation populaire. Il est inconsciemment admis que l'appropriation illégitime de biens privés est bien plus grave que celle de biens publics, que l'atteinte aux intérêts particuliers doit être considéré comme plus infamant que l'atteinte aux intérêts de la collectivité, d'où l'adage : « Voler l'État n'est pas voler », oubliant ainsi les torts causés au trésor public, donc à la collectivité. Par ailleurs, l'administration des douanes est appelée, du fait de sa position aux frontières, à appliquer diverses législations et réglementations qui lui sont formellement étrangères.

Or, aujourd'hui que la fraude douanière est devenue plus « technique » parce que reposant sur des procédés ingénieux, et compte tenu de l'ampleur de la mondialisation des échanges, le droit douanier aurait certainement oscillé s'il n'avait comme seul recours que les dispositions du droit pénal classique.

Devant défendre l'économie nationale en toutes circonstances, il a semblé nécessaire au droit douanier de pouvoir parfois s'affranchir des fondamentaux du droit pénal. C'est ce que reflète la physionomie de l'infraction douanière **(Chapitre1)** tout en affectant dans le même temps la constatation de celle –ci et les sanctions encourues **(Chapitre2)**.

---

proprement dite et mérite un redressement ou une sanction administrative et ce qui est du ressort de la fraude fiscale, qui justifie une véritable peine.

CHAPITRE I

La physionomie de l'infraction douanière

Qu'elle définisse les diverses incriminations et les sanctions particulières qui leur sont attachées ou qu'elle fixe les règles générales leur étant applicables, la loi pénale poursuit toujours le même objet : la détermination des infractions et des sanctions. Définir les caractères juridiques propres de l'infraction, c'est donc en même temps donner la définition matérielle de la loi pénale. En droit commun, le code pénal distingue trois séries d'infractions classées suivant leur degré de gravité en crimes, délits et contraventions.

Mais le régime juridique d'une infraction n'est pas toujours complètement défini par son rattachement à l'une de ces trois catégories. Certaines infractions sont en effet soumises, en raison de leur nature particulière, à des règles spécifiques qui les distinguent de la masse, il en est ainsi des infractions douanières. Telles qu'elles se présentent à celui qui découvre le code des douanes, les infractions douanières apparaissent dans une grande diversité.

En France, depuis la loi du 17 décembre 1814 supprimant les crimes en matière douanière en raison de l'indulgence dont faisaient montre les jurés à l'égard des contrebandiers, disposition qui a été reprise dans le droit douanier sénégalais, le droit douanier ne comprend plus que deux catégories d'infractions : les délits et les contraventions. Même ainsi entendue, cette conception de l'infraction douanière présente une certaine singularité au niveau de ses éléments constitutifs. Deux d'entre eux sont décisifs **(section 1)**, et le dernier occupe une place résiduelle **(section2)**.

Section 1 : Les éléments constitutifs décisifs : l'élément matériel et l'élément légal

Le fait générateur de la responsabilité pénale est l'existence d'un comportement qui viole la loi pénale ou, en d'autres termes, d'une infraction.

La doctrine classique[7] enseigne que l'infraction comporte trois éléments : l'élément matériel, l'élément légal et l'élément moral. Cette trilogie connaît une exception en matière douanière car l'infraction douanière dans ses composantes ne connaît que deux éléments : un élément matériel **(Paragraphe 1)** et un élément légal **(Paragraphe 2)**.

Paragraphe 1 : L'élément matériel : support de l'application de la loi douanière

Il n'existe pas d'infraction sans activité matérielle. Le droit pénal des sociétés démocratiques ne saurait incriminer une simple intention criminelle qui n'est pas concrétisée par une manifestation extérieure. Une infraction est nécessairement définie comme une action, une manière d'agir, un fait que l'on a pu autrefois désigner sous l'expression imagée de « corps du délit ». Le principe selon lequel un acte matériel est nécessaire dans la commission d'une infraction ne souffre d'aucune exception. L'élément matériel de l'infraction considéré comme élément constitutif de celle-ci, ne doit pas être confondu avec les conditions préalables.[8]

En droit pénal général, la règle selon laquelle : « pas d'infraction sans activité matérielle », trouve toute son application. L'élément matériel de l'infraction douanière peut prendre des formes variées. En effet, les textes d'incrimination sont de plus en plus nombreux en droit douanier à telle enseigne qu'on peut parler d'« inflation pénale » de sorte que les simples particuliers ont des difficultés à suivre les multiples évolutions législatives et réglementaires et ne peuvent avoir une parfaite connaissance du droit en vigueur.

En matière douanière, la première préoccupation du législateur s'est traduite par l'adoption d'un système de responsabilité dérogatoire du droit

---

7 Frédéric Desportes et Francis Le Gunehec, Droit pénal Général, 11[éme] édition 2004 p. 387 et s. Jean Pradel, Droit pénal Général, 19[éme] édition CUJAS, 2012 p. 308 et s ; Emmanuel Dreyer : Droit pénal général, 2é édition Lexis Nexis 2012 p.137 et s. Michele-Laure Rassat, Cours magistral, Droit pénal général, 2[éme] édition 2006 p. 271, 272 et s. Roger Merlé et André Vitu, Droit pénal Général, 7ème édition CUJAS, 1997 p. 504 et s.

8 Les conditions préalables peuvent être définies comme « le domaine dans lequel l'infraction peut se commettre et n'ont aucun caractère illicite alors que les éléments constitutifs sont les divers aspects de l'acte incriminé ». L'article 383 du code pénal donne un éclairage sur cette question. Dans l'abus de confiance, ce texte prévoit à côté des éléments constitutifs, des conditions préalables (contrat violé, remise volontaire et précaire, l'objet de la remise et une mise en demeure). La remise de la chose en vertu d'un contrat (de droit civil ou commercial) constitue la condition préalable tandis que le détournement est l'acte constitutif. Deux intérêts pratiques s'attachent à cette distinction. Au point de vue de la compétence territoriale en droit interne et en droit international, la condition préalable n'a en principe aucun intérêt puisque par exemple l'abus de confiance est réalisé non pas au lieu de la remise de la chose, mais au lieu du détournement. Au point de vue des modes de preuve, la preuve des conditions préalables ne peut être rapportée que selon les modes admis par la discipline dont elles relèvent.

commun. La matière douanière s'est longtemps distinguée par la structure matérielle des infractions douanières. Même si la qualification dépend du comportement (action ou omission), des circonstances de la marchandise en cause (prohibée ou licite), on note toujours la prépondérance accordée à l'élément matériel.

L'explication est à la fois historique et pratique :

Historique d'abord, car en France, les rédacteurs du code des douanes de 1791, inspirés par les règles de la ferme générale[9], se sont plus préoccupés de prévoir des modes de perception des droits et taxes, et des sanctions, que de se référer aux principes généraux du droit commun.

L'administration des douanes a toujours maintenu cette conception essentiellement matérielle des infractions malgré les réformes apportées dans le contentieux douanier français.

Pratique ensuite, en ce qu'il s'agit surtout d'être efficace et rapide dans la protection de l'économie nationale en faisant cesser le trouble causé au Trésor public et à la société de manière générale.

En matière douanière, si la rédaction des articles qualifiant les infractions douanières diffère profondément de celle du code pénal, c'est que ce dernier s'intéresse aux personnes tandis que le code des douanes s'attache aux situations matérielles. C'est l'irrégularité formelle qui détermine l'infraction : en d'autres termes, ce droit répressif s'adresse moins aux personnes qu'aux choses : il est réel et non personnel[10].

En effet, l'application du droit douanier suppose l'intervention d'une administration douanière lors de l'introduction de marchandises sur le territoire douanier ou lors de leur sortie. Le contrôle des marchandises demeure l'instrument fondamental de la mise en œuvre du droit douanier.

Ce droit étant formaliste par nature, le contrôle s'exerce sur un ensemble de formalités à respecter avant l'introduction ou la sortie des marchandises du territoire douanier. La première obligation qui pèse sur les importateurs et exportateurs consiste ainsi dans la conduite des marchandises en douane[11].

---

9 La ferme générale, sous l'Ancien Régime en France, était une compagnie de financiers, privée et privilégiée, chargée de la collecte des impôts indirects entre 1726 et 1790. L'établissement de la Ferme générale était l'aboutissement d'un mouvement de concentration de fermes qui avait débuté sous le régime d'Henri IV avec la création en 1958 par le duc de Sully d'une seule ferme au lieu de cinq dans les provinces dites des cinq Grosses Fermes, soumises aux droits du roi. Puis cela conduisait à la Ferme générale regroupant toutes les fermes en 1726. Les agents chargés du recouvrement de l'impôt sont appelés les fermiers généraux. Cf. http://fr.wikipedia. org/wiki/Ferme générale.

10 F. Urbino-Soulier, « L'évolution de la jurisprudence de la chambre criminelle de la cour de cassation sur l'application des dispositions répressives du code des douanes », Gaz. Pal.1987.1.750.

11 La conduite en douane est cette obligation légale (article 79 du code des douanes) imposée aux importateurs de marchandises de passer par la route la plus directe, dite route

Cette obligation de conduite incombe à tous ceux qui importent par voie terrestre, maritime et aérienne[12]. Selon l'article 393 du code des douanes, tout acte qui a pour but d'éluder matériellement cette conduite en douane constitue une contrebande. « La contrebande s'entend par des importations ou exportations en dehors des bureaux ainsi que toute violation des dispositions légales

---

légale, désignée par arrêté du Ministre chargé des finances. Cette règle s'applique aussi en matière de transport maritime et aérien. La mise en douane signifie cette obligation de déposer le manifeste ou déclaration sommaire entre les mains des agents de l'unité la plus proche pour leur permettre d'exercer les contrôles utiles.

12 Les règles de conduite et de mise en douane sont une obligation à respecter pour chaque importateur aussi bien par voie maritime, terrestre et aérienne comme en disposent les articles 75 et s. 79 et s. et 81 et s.
Article 62 :
« 1. Les marchandises arrivant par voie maritime doivent être inscrites sur le manifeste ou état général du chargement du navire.
2. Le manifeste doit être daté et signé par le capitaine du navire ou son représentant. Il doit comporter des indications suffisantes pour établir l'espèce la qualité et les prohibitions éventuelles relatives aux marchandises, notamment : le nombre des colis, leurs marques et numéros desdits colis ; la nature des marchandises et les lieux de chargement et de destination.
3. Le Directeur général des douanes peut en tant que de besoin, modifier la liste desdites indications
4. Il est interdit de présenter comme unité, dans le même manifeste, plusieurs colis fermés réunis de quelque manière que ce soit. »
Aujourd'hui avec le nouveau code des douanes et dans le cadre de la dématérialisation des procédures douanières, le manifeste peut se présenter sur support papier ou électronique. Pour le manifeste électronique, l'article 69 dispose que : « Le capitaine d'un navire arrivé dans la zone maritime du rayon des douanes doit, à la première réquisition du service des douanes :
Mettre les agents des douanes en mesure de consulter utilement le manifeste électronique ;
Soumettre si possible, le manifeste électronique au visa des agents des douanes qui se rendent à bord.
L'article 70 dispose : « Le capitaine du navire ou son représentant doit, quarante huit (48) heures avant l'arrivée du navire, télécharger le manifeste électronique dans la plate-forme à cet effet.
Au plus tard, vingt quatre (24) heures après l'arrivée du navire et sous peine de sanctions requises par l'administration des douanes, le capitaine du navire ou son représentant doit enregistrer le manifeste CARGO dans le système de dédouanement du service des douanes.
En cas d'inaction du consignataire au-delà d'un délai de trente six (36) heures après l'arrivée du navire, la plate-forme de téléchargement transfère automatiquement le manifeste dans le système de dédouanement, pour enregistrement. Les demandes de transfert peuvent être effectuées avant l'arrivée du navire, dans les conditions fixées par décision du Directeur général des douanes ».
Article 79 dispose « 1. Toutes les marchandises importées par les frontières terrestres doivent être aussitôt conduites au plus proche bureau ou poste de Douane par la route la plus directe, dite route légale, désignée par arrêté du Ministre chargé des Finances.
2. Elles ne peuvent être introduites dans les maisons ou autres bâtiments avant d'avoir été conduites au bureau ou poste de douane ; elles ne peuvent dépasser ceux-ci sans permis.
Article 81
« 1. Les aéronefs qui effectuent un parcours international doivent, pour franchir la frontière, suivre la route aérienne qui leur est imposée.
2. Ils ne peuvent se poser que sur les aéroports douaniers sauf cas de force majeure dûment justifié ».

ou réglementaires relatives à la détention et au transport des marchandises à l'intérieur du territoire douanier »[13].

La cour d'appel de Dakar, dans l'affaire Douane contre Abdou Rajack Ndiaye, l'a rappelé en ces termes : « Tout détenteur de marchandises frauduleusement soustraites par lui en pays étranger peut être réputé contrebandier dès lors qu'il les introduit sur le territoire douanier sénégalais en violation des dispositions légales et réglementaires relatives à leur détention et à leur transport »[14] .

En outre, la marchandise conduite au bureau des douanes doit faire l'objet d'une déclaration en détail. La déclaration en détail est l'acte juridique par lequel le déclarant s'engage sous peine de droit à placer ses marchandises dans un régime douanier bien déterminé[15]. Ce principe ne souffre d'aucune dérogation même pour les déclarations effectuées par voie électronique[16].

Aux termes de l'article 396 du code des douanes, toute importation ou exportation effectuée sans cette formalité constitue une importation ou exportation sans déclaration. En effet, l'importation sans déclaration est définie aux termes de l'article précité comme : « des importations ou exportations par les bureaux de douane sans déclaration en détail ou sous le couvert d'une déclaration en détail non applicable aux marchandises présentées ».

Dans le registre des importations et exportations sans déclaration, le code considère les soustractions ou substitutions des marchandises placées sous douane ou le défaut de dépôt dans le délai imparti des déclarations complémentaires comme des importations ou exportations sans déclaration.

Afin d'assurer une répression efficace, et compte tenu du caractère de l'infraction douanière, le législateur a réputé certains agissements comme des

13 Article 393 du code des douanes.

14 Cour d'appel de Dakar du 19 avril 1971/Douane/c Abdou Rajack Ndiaye. Dans cette affaire le sieur Abdou Rajack Ndiaye a été interpellé par les agents des douanes en service à la brigade de Tambacounda dans un train en provenance du Mali transportant des montres d'origine étrangère destinées en Côte d'Ivoire et pour lesquelles il exhibait un acquit à caution de Bamako levé pour la Cote d'Ivoire ainsi qu'un passavant de circulation. Interrogé sur la présence sur le territoire sénégalais de cette marchandise destinée à la cote d'Ivoire, le prévenu répondit qu'étant souffrant à Bamako, il avait décidé de venir au Sénégal pour y subir des soins plus efficaces. La cour d'appel a rejeté cet argument en estimant que « son état de santé ne lui permettait pas de déférer à cette obligation pendant le temps d'arrêt du train ; mais qu'en l'état du dossier cette explication est une pure allégation et ne présente absolument pas le caractère irrésistible de la force majeure. La Cour l'a ainsi condamné à 18 mois de prison ainsi qu'à une amende douanière de 9 750 000 francs avec confiscation des marchandises du fait de l'acte matériel d'introduction frauduleuse de marchandises étrangères sur le territoire sénégalais ».

15 Article 110/1 du code des douanes : « Toutes les marchandises importées ou exportées doivent faire l'objet d'une déclaration en détail leur assignant un régime douanier ».

16 Dans le cadre de la dématérialisation des procédures douanières, l'article 113 du code des douanes prévoit désormais la possibilité d'une déclaration en détail sur support électronique.

importations sans déclaration. Ainsi sont assimilés à des importations sans déclaration [17]:

- les marchandises déclarées pour le transport avec emprunt du territoire étranger ou de la mer, pour l'exportation temporaire ou pour l'obtention d'un passavant de circulation dans le rayon, en cas de non représentation ou de différence dans la nature ou l'espèce entre lesdites marchandises et celles présentées au départ ;
- les objets prohibés ou fortement taxés à l'entrée ou passibles de taxes intérieures découverts à bord des navires se trouvant dans les limites des ports et rades de commerce indépendamment des objets régulièrement manifestés ou composant la cargaison et des provisions de bord dûment représentées avant visite ;
- les marchandises prohibées découvertes à bord des navires de moins de 500 tonneaux de jauge nette naviguant ou se trouvant à l'ancre dans la zone maritime du rayon des douanes ;
- les colis excédant le nombre déclaré ;
- toute infraction aux dispositions de l'article 21, aliéna 3 du présent code ainsi que le fait d'avoir obtenu ou tenté d'obtenir la délivrance de l'un des titres visés à l'article 21, aliéna 3 précité, soit par contrefaçon de sceaux publics, soit par fausses déclarations ou par tous moyens frauduleux ;
- toute fausse déclaration ayant pour but ou pour effet d'éluder l'application des mesures de prohibition ;
- les fausses déclarations dans l'espèce, la valeur ou l'origine des marchandises ou dans la désignation du destinataire réel ou de l'expéditeur réel lorsque ces infractions ont été commises à l'aide de factures, certificats ou tous autres documents faux, inexacts, incomplets ou non applicables ;
- les fausses déclarations ou manœuvres ayant pour but ou pour effet d'obtenir en tout ou partie un remboursement, une exonération, un droit réduit, ou un avantage quelconque attaché à l'importation ou à l'exportation ;
- le fait d'établir, de faire établir, de procurer ou d'utiliser une facture, un certificat ou tout autre document entaché de faux permettant d'obtenir ou de faire obtenir indûment, au Sénégal ou dans un pays étranger, le bénéfice d'un régime préférentiel prévu soit par un traité ou un accord international, soit par une disposition de la loi interne, en faveur de marchandises sortant du territoire douanier sénégalais ou y entrant ;
- le débarquement en fraude des objets visés à l'article 397 paragraphe 2 du code des douanes ;

17 Article 396, 397, 398, 399, 400.

- l'immatriculation dans les séries normales d'automobiles, de motocyclettes ou d'aéronefs sans accomplissement préalable des formalités douanières ;
- le détournement de marchandises prohibées ou non de leur destination privilégiée ;
- le détournement de produits pétroliers d'une destination privilégiée au point de vue fiscal ;
- toute infraction aux dispositions soit législatives, soit réglementaires portant prohibition d'exportation ou de réexportation ou bien subordonnant l'exportation ou la réexportation au paiement de droits, de taxes ou à l'accomplissement de formalités particulières lorsque la fraude a été commise ou tentée lors du passage par les bureaux et qu'elle n'est pas spécialement réprimée par une autre disposition du Code.

Dans le cas où les marchandises ayant été exportées par dérogation à une prohibition de sortie à destination d'un pays déterminé, sont après arrivées dans ce pays, réexpédiées dans un pays tiers, l'exportateur est passible des peines de l'exportation sans déclaration, s'il est établi que cette réexpédition a été effectuée sur ses instructions, à son instigation ou avec sa complicité, ou encore s'il est démontré qu'il en a tiré profit ou qu'il avait connaissance de la réexpédition projetée au moment de l'exportation.

En ce qui concerne la contrebande, elle est définie par l'article 393 du code des douanes comme : « les importations ou des exportations en dehors des unités de dédouanement ainsi que de toute violation des dispositions légales ou réglementaires relatives à la détention et au transport des marchandises à l'intérieur du territoire douanier ». Sont aussi considérées comme contrebande :

- les violations des dispositions légales et réglementaires relatives à la détention et au transport des marchandises à l'intérieur du territoire douanier ;
- les transbordements frauduleux ;
- les versements frauduleux sauf exception ;
- les irrégularités relevées lors du transport de marchandises expédiées sous régime suspensif ;
- sont aussi considérées comme contrebande malgré le passage par un bureau, les importations avec dissimulation des marchandises dans des cachettes spécialement aménagées ou endroits qui ne sont pas normalement destinées à les recevoir

On aura compris après présentation des différents actes matériels pouvant donner naissance à une infraction douanière que le législateur a une conception essentiellement matérialiste de l'infraction douanière, laquelle n'existe souvent qu'en fonction d'un comportement objectif, par le jeu d'assimilations ou de présomptions légales[18].

---

18 Pannier J., *Les abus de la présomption de contrebande du Code des douanes. « Droit pénal »*, juin 2009. Etude 12.

Comment concilier cette conception purement matérielle avec la tentative ? En d'autres termes quelle est la place de la tentative dans les infractions douanières ?

Comme en droit pénal général, le délinquant douanier animé d'une intention d'arriver à son but aura parfois accompli les actes matériels nécessaires à la consommation de l'infraction mais n'atteindra pas le résultat attendu.

Ainsi, aux termes de l'article 384 du code des douanes : « Toute tentative de délit douanier est considérée comme le délit lui-même. La tentative s'entend par un début d'exécution qui a été suspendu ou a manqué son but ou son effet par des circonstances indépendantes de la volonté de son auteur »[19].

Le commencement d'exécution qui caractérise la tentative punissable est généralement distingué des actes préparatoires qui échappent à toute sanction[20]. Le code des douanes va plus loin : les simples « actes préparatoires » deviennent des infractions consommées dans certains cas.

L'article 397 al. 2 du code des douanes qualifie ainsi d'importation sans déclaration : « Les objets prohibés ou fortement taxés à l'entrée ou passibles de taxes intérieures découverts à bord des navires se trouvant dans les limites des ports et rades de commerce indépendamment des objets régulièrement manifestés ou composant la cargaison et des provisions de bord dûment représentées avant visite ».

Par ailleurs, on remarque une généralisation et un bouleversement de la tentative par le code des douanes. Or, le code pénal prévoit en son article 3 que : « les tentatives de délit ne sont considérées comme délits que dans les cas déterminés par une disposition spéciale de la loi ».

Dans la tentative, la jurisprudence et la doctrine ont toujours pris en compte le désistement volontaire s'il est spontané, indépendamment de toute circonstance extérieure au délinquant[21]. Dans un tel cas, des problèmes d'application se posent au juge en ce sens que l'article 347/1du code des douanes lui interdit d'excuser les contrevenants sur l'intention.

Cependant, aujourd'hui cette interdiction semble être atténuée par le même texte qui donne la possibilité d'accorder des circonstances atténuantes en matière douanière. Toutefois, il est important de souligner que cette possibilité n'intervient que dans des cas limitativement énumérés par l'article 347/2 du même code.

En effet, pour l'appréciation du désistement volontaire, le juge est obligé d'analyser l'intention du délinquant pour savoir si le désistement est volontaire ou non. La question qui se pose est de savoir comment ce désistement

---

19 Article 2 du code pénal

20 Frédéric Desportes et Francis Le Gunehec, Droit pénal Général 11ème édition Economica, 2004 p. 402 et s. Merlé et Vitu droit pénal général, 7ème édition CUJAS 1997 p. 628 et s. Jean Pradel Droit pénal général, 19ème édition CUJAS, 2012 p. 380 et s.

21 Crim.9 mai 1979, B., n° 168.

volontaire peut recevoir une bonne application en cas de tentative d'un délit douanier ?

La question posée, il faut répondre de façon positive, car l'interdiction qui est faite au juge par l'article 347/1 ne peut concerner que les infractions entièrement consommées dont le résultat est obtenu, alors que dans la tentative, l'infraction n'est pas encore consommée, il ne s'agit que d'un début d'exécution devant permettre au juge de conserver son pouvoir d'appréciation.

On comprend dés lors que l'élément matériel d'une infraction douanière puisse prendre des formes variées rendant ainsi complexes les règles de qualification. Cette qualification renvoie à l'existence d'un texte légal ou réglementaire édictant une obligation ou une interdiction.

Paragraphe 2 : L'hétérogénéité de l'élément légal

Aujourd'hui, les parlements ont vu leurs compétences réduites sur beaucoup de parties du droit privé. Toutefois, ils conservent encore, pour l'essentiel, leur souveraineté sur le droit pénal.

Le droit de créer des infractions et de les punir est en effet l'un des attributs essentiels de la souveraineté. Faire la loi, c'est d'abord être en mesure de faire respecter les valeurs fondamentales qui constituent le socle de la communauté nationale. Même si l'influence du droit international ne cesse de croître, le droit pénal semble avoir encore de beaux jours devant lui.

Les sources du droit pénal restent pour le moment essentiellement nationales.

L'étude des sources du droit pénal est indissociable de celles du principe de légalité des délits et des peines proclamé par l'article 8 de la déclaration des droits de l'homme et du citoyen de 1789 et de l'article7 de la charte africaine des droits de l'homme et des peuples de 1982.

En droit interne, ce principe est repris par l'article 9 alinéa 1 de la constitution sénégalaise et de l'article 4 du code pénal.

D'un point de vue formel, le principe a longtemps signifié que seule la loi, expression de la volonté générale, pouvait déterminer les infractions et les peines leur étant applicables. À cet égard, il a perdu beaucoup de sa vigueur ou de sa rigidité originelle. À la loi, qui reste la source principale du droit pénal, s'est ajouté le règlement.

Mais, comme à ses origines, le principe demeure essentiellement dirigé contre le pouvoir arbitraire du juge. Loi et règlement sont donc en principe, les deux seules sources du droit pénal.

D'un point de vue matériel, le principe de légalité exprime « la conformité au droit », « la régularité juridique »[22]. Ce second aspect du principe prend aujourd'hui une importance considérable avec l'affirmation sans cesse plus

22 Vedel G. et Delvové P., droit administratif, t.1, PUF, 1992, p.444.

forte de la prééminence du droit. Il ne suffit pas que des textes soient adoptés par des institutions démocratiques pour répondre eux-mêmes aux exigences de la société démocratique. Il est impératif qu'ils soient conformes à l'ordonnancement juridique et que le contrôle de leur conformité puisse être effectivement assuré. Cette exigence proclamée par la cour européenne des droits de l'homme[23] n'est certes pas propre au droit pénal ; mais elle s'impose aussi au droit pénal douanier avec une application particulière, justifiant nombre de dispositions spécifiques.

En effet, les incriminations et les sanctions en matière douanière se trouvent dans plusieurs textes épars constituant en même temps des sources de la légalité. Il en est ainsi des arrêtés et notes de service qui fixent les conditions de séjour de certaines marchandises dans les régimes économiques douaniers, des décisions administratives dans le cadre que leur reconnaît le code des douanes, des avis aux importateurs et exportateurs pris sur le fondement de la réglementation douanière, des circulaires[24] etc.

Cette hétérogénéité des sources se justifie par la pluralité des valeurs protégées pour la réalisation de la politique douanière. Le droit douanier est en effet constitué de différents instruments juridiques. Il en est ainsi notamment des textes relatifs aux normes techniques concernant certaines marchandises, à la lutte contre la contrefaçon, qui est aujourd'hui érigée dans le nouveau code des douanes en délit de première classe par l'article 390[25], à la protection des consommateurs etc.

En réalité, il serait souhaitable que le principe de légalité en matière douanière arrive à déterminer les agissements répréhensibles et les peines applicables. Le respect d'une incrimination et une peine préalablement définies s'impose. Quant à la source légale ou non, il faut distinguer entre l'incrimination et la sanction pour la protection de la liberté individuelle[26].

---

23 CEDH, 24 avril 1990, D 1990, p.353, note Pradel. cf. infra n° 225.

24 Voir sur cette question C. Bluman, l'application des circulaires administratives par le juge judiciaire, AJDA 1972, p. 263 et s. Pradel, Droit pénal général édition CUJAS, 2012 p.225. Les circulaires sont des instructions de service écrites par une autorité supérieure à des agents subordonnés, ou, si l'on préfère de simples règles de conduite administrative. Dans le principe, les circulaires n'ont aucune valeur aux yeux des juges. Il est en effet de règle traditionnelle qu'une circulaire ne saurait servir de base à une incrimination et donc à une poursuite.

25 L'érection de la contrefaçon comme délit douanier dans le nouveau code des douanes risque de poser des problèmes d'application dans nos pays où l'essentiel de nos produits proviennent des importations. La lutte contre la contrefaçon, même si aujourd'hui, elle demeure une exigence de l'Organisation Mondiale des Douanes et de l'Organisation Mondiale du Commerce n'est pas une tâche aisée pour les Administrations des douanes des pays sous-développés qui ne sont pas assez outillés pour détecter les produits contrefaisants.

26 Michèle- Laure Rassat, Cours magistral Droit Pénal Général, 2ème Edition ellipses, 2006 p.125 et s. « Cette exigence résulte de l'application du principe de la textualité exprimé sous la forme d'un adage latin : Nullum Crime nullapoena sine lege invité au XIXème siècle par l'Allemand Feuerbach et est, de plus, fort imparfaite puisqu'elle ne paraît

Le principe de textualité, fondement du principe de légalité en matière pénale, a pour corollaire la non-rétroactivité consacrée par plusieurs instruments juridiques[27].

On déduit de cet ensemble de textes deux règles à peu près clairement établies, quoiqu'avec quelques incertitudes quant à leur portée : tout texte plus sévère ne s'applique qu'aux infractions commises après son entrée en vigueur, qu'on a traduit en parlant d'un principe de non-rétroactivité de la loi ; tout texte plus clément peut s'appliquer aux infractions antérieurement commises et non définitivement jugées qu'on a appelé rétroactivité de la loi pénale plus douce. Contrairement au droit pénal général où le principe a été posé de façon claire, en droit douanier, le code des douanes dans sa partie contentieuse ne contient aucune disposition consacrant expressément ce principe fondamental du droit criminel[28].

La question se pose alors de savoir si le droit pénal douanier n'a pas voulu déroger à ce principe. En d'autres termes les lois pénales plus douces peuvent-elles rétroagir en matière douanière ?

A priori, il est possible de considérer que devant l'absence de précision dans la loi spéciale (le droit douanier), le recours au droit commun (loi générale) s'impose. Une telle interprétation pourrait par ailleurs se prévaloir de l'article 11 du code des douanes : « lorsque l'acte instituant ou modifiant des mesures douanières ou fiscales le prévoit par une disposition expresse, les marchandises que l'on justifie avoir été expédiées directement à destination du territoire douanier, avant la date d'expiration de cet acte, sont admises au régime antérieur plus favorable, lorsqu'elles sont déclarées pour la consommation sans avoir été placées en entrepôt ou constituées en dépôt.

Les justifications doivent résulter des derniers titres de transport créés avant la date d'application de l'acte susvisé à destination directe ou exclusive d'une localité du territoire douanier ».

Mais cette règle, dite clause transitoire, même si elle semble affirmer le principe de la non-rétroactivité en matière douanière, demeure soumise à l'appréciation souveraine de l'Administration des douanes. Il s'en suit toute une série de conséquences.

La règle de droit perd en sécurité ce qu'elle gagne en souplesse : grâce à son pouvoir d'appréciation, l'Administration des douanes détermine la portée

---

subordonner à la textualité que la détermination des incriminations et des peines alors que c'est sur l'ensemble de la répression que le principe doit s'appliquer »

27 Article 11 de la déclaration universelle des droits de l'homme article 7 de la convention européenne des droits de l'homme et 15 du pacte international relatif aux droits civils et politiques de l'ONU, article 8 de la déclaration des droits de l'homme et du citoyen. Ce principe a été repris par la constitution sénégalaise article 9 al. 1er et l'article 4 du code pénal sénégalais.

28 L'article 426 du code des douanes définit l'infraction à la législation des changes.

de la règle. Or en l'occurrence, la règle vise la protection des droits individuels et la sécurité des situations juridiques.

Finalement, il nous paraît difficilement justifiable que le caractère spécial du droit douanier puisse légitimer l'absence d'un tel principe aussi fondamental.

Sous réserve de ces observations, il reste que le droit douanier ne compte que deux catégories d'infractions : les contraventions et les délits[29].

Héritage de la France, cette dualité du régime juridique des infractions est maintenue par le législateur sénégalais. Ainsi, pour la qualification des infractions le code des douanes procède par assimilation et par exception. La qualification des délits relève de l'assimilation.

C'est ainsi que de nombreux articles du code réputent faits de contrebande ou d'importation sans déclaration un certain nombre d'opérations irrégulières quant aux conditions de transport, de circulation ou de détention de marchandises. À cet effet, les articles 390 et 391 distinguent deux classes de délits : le délit de première classe et celui de seconde classe.

Cependant il faut signaler que le nouveau code des douanes a créé un troisième délit[30] pour protéger le système informatique douanier GAINDE[31].

---

29 La loi française du 17 Décembre 1814 a supprimé les infractions qualifiées de crimes en matière douanière, en raison de l'indulgence dont les jurés faisaient montre à l'égard des contrebandiers.

30 Article 392 du code des douanes :
1. « Est puni de la confiscation des moyens ayant servi à commettre l'infraction, d'une amende de 10.000.000 à 20.000.000 de francs et d'un emprisonnement de cinq (05) à dix (10) ans, quiconque :- accède ou tente d'accéder frauduleusement à tout ou partie du système informatique douanier ;- se maintient ou tente de se maintenir frauduleusement dans tout ou partie du système informatique douanier ;- entrave ou fausse ou tente d'entraver ou de fausser le fonctionnement du système informatique douanier ;- introduit ou tente d'introduire frauduleusement des données dans le système informatique douanier ;- intercepte ou tente d'intercepter frauduleusement par des moyens techniques des données informatiques lors de leur transmission non publique à destination, en provenance ou à l'intérieur du système informatique douanier ;- endommage ou tente d'endommager, efface ou tente d'effacer, détériore ou tente de détériorer, altère ou tente d'altérer, modifie ou tente de modifier, frauduleusement des données douanières informatisées ;- produit ou fabrique un ensemble de données numérisées par l'introduction, l'effacement ou la suppression frauduleuse de données informatisées stockées, traitées ou transmises par le système informatique douanier, engendrant des données contrefaites, dans l'intention qu'elles soient prises en compte ou utilisées à des fins légales comme si elles étaient originales ;- obtient frauduleusement, pour soi-même ou pour autrui, un avantage quelconque, par l'introduction, l'altération, l'effacement ou la suppression de données informatisées ou par toute forme d'atteinte au fonctionnement du système informatique douanier.
2. Est puni des mêmes peines, celui qui se procure ou tente de se procurer frauduleusement, pour soi-même ou pour autrui, un avantage quelconque en s'introduisant dans le système informatique douanier.
3. Dans les cas de récidive ou de commission en bande organisée, les peines prévues à l'alinéa 1 du présent article sont doublés.

31 Gestion Automatisée des Informations Douanières et des Échanges. Le système est crée depuis 1990 pour moderniser les structures douanières face au nouvel environnement de dédouanement.

La qualification des contraventions relève de la seconde méthode résiduelle par rapport aux délits Ainsi les articles 385 et suivants du code qualifient de contraventions les irrégularités qui ne sont pas plus sévèrement réprimées par ledit code.

À ce titre, le code des douanes distingue cinq classes de contraventions reparties suivant leur degré de gravité[32]. Cependant, aucune disposition du code des douanes n'expose les critères sur lesquels cette distinction est fondée.

Il reste que le droit douanier opère une distinction dans la qualification, selon que la marchandise est prohibée ou fortement taxée[33].

---

32 Articles 385, 386, 387, 388 et 389 : Ces articles répriment respectivement les contraventions de première, deuxième, troisième, quatrième et cinquième classe

33 Selon l'article 21 du code des douanes : « sont considérées comme prohibées toutes marchandises dont l'importation ou l'exportation est interdite à quelque titre que ce soit, ou soumise à des restrictions, à des règles de qualité ou de conditionnement ou à des formalités particulières

Lorsque l'importation ou l'exportation n'est permise que sur présentation d'une autorisation, licence, certificat, ou tous autres documents, la marchandise est prohibée si elle n'est pas accompagnée d'un titre régulier, ou si elle est présentée sous le couvert d'un titre non applicable.

Tous titres portant autorisation d'importation (licences, ou autres titres analogues) ne peuvent en aucun cas, faire l'objet d'un prêt, d'une vente, d'une cession et, d'une manière générale, d'une transaction quelconque de la part des titulaires auxquels ils ont été nominativement accordés »

Le sens douanier de l'expression « prohibé » est donc diffèrent du sens courant qui signifie interdiction, puisqu'il couvre des marchandises dont l'importation ou l'exportation ne sont pas interdites mais seulement subordonnée à certaines conditions. Il peut s'agir d'un médicament dont l'importation est subordonnée à une autorisation de la pharmacie nationale. Le paragraphe 2 du même article précise que, lorsque l'importation ou l'exportation n'est permise que sur présentation d'une autorisation, licence, certificat, etc., la marchandise est prohibée si elle n'est pas accompagnée d'un titre régulier ou si elle est présentée sous le couvert d'un titre non applicable.

Par « formalités particulières », il faut entendre les formalités autres que l'obligation de passage en douane et de déclarer.

Une marchandise fortement taxée est une marchandise dont le taux de droit de douane inscrit au tarif extérieur commun est égal à 20 %. À ce titre il faut préciser que le règlement n° 2-97 du 28 novembre 1997 a adopté un tarif extérieur commun de l'UEMOA. Ce règlement qui est entré en vigueur en 2000 a mis sur pied un TEC basé sur la catégorisation des produits. En effet, le tarif extérieur de l'UEMOA a été élaboré d'une part à partir d'un critère principal unanimement accepté sur le plan international, à savoir le degré de transformation des marchandises et, d'autre part, à travers des critères accessoires répondant à des besoins communautaires : Il s'agit du caractère social du produit, de la nécessité de protéger la production communautaire, de la volonté d'ouvrir le marché de l'union à la concurrence et à la nécessité d'acquérir des intrants au moindre coût. Sur cette base les produits ont été classés comme suit : **Catégorie** 0 : biens sociaux essentiels, objet d'une liste limitative (médicaments, préservatifs, livres, journaux,) etc. : Droit de douane 0 % ; **Catégorie** 1 : (biens de première nécessité, matière première de base, biens d'équipement, intrants spécifiques). Droit de douane 5 % ; Catégorie 2 : intrants et produits intermédiaires : Droits de douane : 10 % ; **Catégorie** 3 : biens de consommation finale et tous autres produits non repris ailleurs : de Droits de douane de 20 %.

En droit commun, si la contravention est définie comme l'infraction que les lois punissent de peines de police, c'est-à-dire d'un emprisonnement d'un jour à un mois et d'une amende n'excédant pas 20 000 francs ; la contravention douanière quant à elle est passible de sanctions plus lourdes que celles du droit pénal général.

À titre d'exemple, alors qu'en matière de circulation automobile, le « refus d'obtempérer aux injonctions des préposés à la circulation ou le fait de troubler celle-ci » est seulement passible d'une amende à l'exclusion de toute peine de prison, en matière douanière, le refus pour tout conducteur de moyen de transport de se soumettre aux injonctions des agents des douanes est qualifié par l'article 389 du code des douanes d'opposition aux fonctions (contravention de cinquième classe).

À ce titre, l'opposition aux fonctions est sanctionnée d'une amende de 200.000 à 1.000.000 de francs CFA, sans préjudice de l'application des dispositions des articles 185, 186, 187, et196 du code pénal[34]. Il s'agit ici d'une pénalité par référence car le code des douanes renvoie au code pénal en lui empruntant ses peines privatives de liberté. S'agissant des délits douaniers, le principe de qualification est posé par les articles 390 et 391 du code des douanes. Pour qu'une infraction soit qualifiée de délit douanier, il faut :

- qu'elle constitue un acte de contrebande ou une importation ou exportation sans déclaration ;
- qu'elle se rapporte à des marchandises de la catégorie de celles qui sont prohibées ou fortement taxées.

---

34 Les articles 185, 186,187 et 196 sont prévus par la section IV du code pénal sénégalais intitulée : Résistance, Désobéissance et Autres Manquements envers l'Autorité Publique.
Article 185 « Toute attaque, toute résistance avec violence et voies de fait envers les officiers ministériels, les gardes forestiers, la force publique, les préposés à la perception des taxes et des contributions, les porteurs de contraintes, les préposés des douanes, les séquestres, les officiers ou agents de la police administrative ou judiciaire, agissant pour l'exécution des lois, des ordres ou ordonnances de l'autorité publique, des mandats de justice ou jugements, est qualifié de délit de rébellion » ;
Article 186 : « Si la rébellion a été commise par plus de trois personnes, les coupables seront punis d'un emprisonnement de deux à cinq ans.
Les coupables pourront être privés des droits mentionnés à l'article 34 pendant cinq ans au moins et dix ans au plus » ;
Article 187 : « Si la rébellion a été commise par moins de trois personnes, les coupables sont punis d'un emprisonnement de six mois à deux ans et d'une amende de 20.000 à 50.000 francs ; ou de l'une de ces peines seulement. » ;
Article 196 : « L'outrage fait par des gestes ou des menaces écrites ou dessins non rendus publics ou encore par envoi d'objets quelconques dans la même intention et visant tout officier ministériel ou agent dépositaire de la force publique ou tout citoyen chargé d'un ministère de service publique dans l'exercice ou à l'occasion de l'exercice de ses fonctions sera puni d'un emprisonnement d'un mois à trois mois et d'une amende de 20.000 à 50.000 francs ou de l'une de ces deux peines seulement ».

Les délits de première classe prévus par l'article 390 peuvent être soit des faits de contrebande soit des faits d'importation ou d'exportation sans déclaration de marchandises prohibées ou soumises à des taxes intérieures de sortie. Pour que la contrebande soit qualifiée de délits de deuxième classe, il faut qu'elle soit effectuée avec des moyens de transport, dans le cas contraire elle reste un délit de première classe.

Les importations ou exportations sans déclaration quant à elles deviennent délits de deuxième classe lorsque la valeur des marchandises de fraude est égale ou supérieure à 5.000.000francs, si cette valeur fait moins, elles restent des délits de première classe.

Les délits de première classe sont passibles :

- d'un emprisonnement de 3 mois à 3 ans ;
- d'une confiscation[35] de l'objet de fraude, des objets servant à masquer la fraude ;
- d'une amende égale à valeur de l'objet de fraude sur le marché intérieur.
- Les délits de deuxième classe sont passibles :
- d'un emprisonnement de 6 mois à 5 ans ;
- de la confiscation de l'objet de la fraude, des objets servant à masquer la fraude ;
- d'une amende égale au montant de la valeur sur le marché intérieur des objets confisqués.

Cependant il faut préciser que le chapitre VII de la partie contentieuse intitulé : « dispositions répressives » dans sa section I relative à la classification des infractions douanières et peines principales ne contient pas toutes les infractions prévues dans le code des douanes. En effet, font l'objet de dispositions particulières figurant dans le Titre XIV du même code les dispositions spéciales relatives aux infractions à la règlementation des changes.

35 Il faut distinguer entre la confiscation et la saisie. La saisie est une voie d'exécution mise à la disposition de l'Administration des douanes pour mettre la main sur des marchandises frauduleuses. Elle a un caractère de rétention provisoire, alors que la confiscation attribue à la douane la propriété de l'objet saisi par une décision de justice. La douane saisit, le tribunal confisque. La confiscation est prononcée contre l'objet de fraude et non contre le contrevenant.

Le législateur à travers les articles 426[36] et 427[37]du code des douanes donne habilitation à l'administration des douanes de pouvoir constater, poursuivre et réprimer les infractions à la réglementation des changes[38]. Il faut noter cependant que les sanctions applicables à la réglementation des changes sont prévues par les articles 3 et 19 de l'ordonnance n° 94-29 du 28 février 1994 relative au contentieux des infractions au contrôle des changes ratifié par la loi n° 94-54 du 27 mai 1994, qui d'ailleurs fait l'objet d'une disposition communautaire[39]Aujourd'hui, ce texte est abrogé et remplacé par la loi 2014-12-du 28 février 2014.

L'importance des innovations introduites par cette nouvelle réglementation justifie de citer l'essentiel de l'exposé des motifs : « En effet, la loi n° 94-54 du 27 mai 1994 portant ratification de l'ordonnance n° 94-29 du 28 février 1994 relative au contentieux des infractions au contrôle des changes a été adoptée antérieurement à l'entrée en vigueur, le 1er février 1999, du Règlement communautaire n° 09/98/CM/UEMOA du 20 décembre 1998 relatif aux relations financières extérieures des États membres de l'UEMOA. Au demeurant, ce texte a été abrogé et remplacé par le Règlement n° 09/2010/CM/UEMOA adopté par le Conseil des Ministres de l'Union, le 1er octobre 2010, dans le cadre de la réforme institutionnelle de l'UEMOA et de la BCEA0.

Par ailleurs, l'évaluation de la mise en œuvre des ces lois précitées a mis en exergue des préoccupations relatives à l'interprétation et à l'application de certaines dispositions ; notamment celles portant sur la constatation des infractions et leur répression.

Les dispositions afférentes aux sanctions pénales sont rarement appliquées en raison de leur complexité. En particulier, il est prévu à l'encontre des personnes morales coupables d'infractions, outre des sanctions pécuniaires, des peines visant la restriction ou la cessation d'activités.

---

36 Article 426 du code des douanes « Est considérée comme infraction à la législation des changes toute violation des dispositions relatives aux relations financières avec l'étranger telles que prévues par l'UEMOA, notamment celles concernant les obligations de déclaration ou de rapatriement, ainsi que le non respect des procédures prescrites et les formalités ou justificatifs exigés ».
En vertu des dispositions légales relatives aux relations financières avec l'étranger, les infractions réprimées sont, sauf dispositions contraires, constatées, poursuivies, jugées et les peines infligées exécutées selon les règles applicables aux infractions à la réglementation douanière telles que définies par le code des douanes ».

37 Article 427 du code des douanes : « La poursuite des infractions en matière de change ne peut être exercée que sur plainte du Ministre chargé des finances ou de l'un de ses représentants habilités à cet effet ».

38 Pannier J., *Droit pénal douanier et des changes : l'application de la loi dans le temps,* Rev. sc. crim., 1991, N° 2, p. 296.

39 Règlement n° 09/ CM/U.E.M.O.A du 20/12/1998 relatif aux relations financières extérieures des États membres de l'U.E.M.OA, modifié par le règlement 09/2010/CM UEMOA.

Il a été également noté l'absence de sanctions explicites à l'encontre des intermédiaires habilités (banques et intermédiaires agréés de change manuel) et des entreprises (commerciales et industrielles), en cas de refus de communication des informations requises par les autorités chargées de veiller au respect des dispositions de la réglementation des relations financières extérieures.

En outre, il a été relevé que les décrets devant préciser les modalités d'application de la loi susvisée, n'ont pas été pris dans la plupart des pays ».

Sur la base de ces constats, les principales innovations ci-après, visent à renforcer l'efficacité de la législation en la matière[40].

---

40 La définition de l'infraction à la réglementation des relations financières extérieures a été complétée, notamment pour prendre en compte les tentatives d'infractions et les incitations à l'infraction, qui sont également sanctionnées par la présente loi. L'article 2 de la présente loi dispose « Constitue une infraction à la réglementation des relations financières extérieures, toute violation des dispositions du Règlement n° 09/2010/CM/UEMOA, en date du 1er octobre 2010, relatif aux relations financières extérieures des États membres de l'Union Économique et Monétaire Ouest Africaine (UEMOA), commise notamment dans les cas suivants :
l'inexécution des obligations de déclaration ;
l'inobservation des procédures prescrites ou des formalités exigées ;
le défaut de production des autorisations requises ;
le non respect des conditions dont ces autorisations sont assorties.
Constituent également une infraction à la réglementation des relations financières extérieures, l'entente ou la participation à une association en vue de commettre un acte constitutif de l'infraction définie à l'aliéna premier. L'association pour commettre ledit acte, la tentative de le perpétrer, la complicité, l'incitation ou le conseil apporté à une personne physique ou morale, en vue de commettre ledit acte ou d'en faciliter la commission.
S'agissant de la constatation des infractions à la réglementation des relations financières extérieures, les agents de la BCEAO ont été ajoutés à la liste des personnes habilitées à constater lesdites infractions, afin de renforcer les bases légales nécessaires à l'accomplissement de leur mission. L'article 6 de la présente loi dispose « Sont habilités à constater les infractions à la réglementation des relations financières extérieures, les agents désignés ci-après :
les agents des douanes ;
les agents de la Direction chargée des Finances extérieures assermentés ;
les autres agents de l'État assermentés, spécialement désignés par le Ministre des Finances ;
les officiers de police judicaire ;
Les agents de la Banque Centrale des États de l'Afrique de l'Ouest (BCEAO) ou Banque Centrale assermentés ou désignés dans les conditions visées à l'article 11.
Les procès-verbaux de constatation établis par les agents visés aux points 1,2 et 3 ci-dessus sont transmis au Ministre chargé des Finances dans un délai de trente (30) jours, pour suite à donner. Les procès – verbaux constatant les infractions commises par les établissements de crédit sont communiqués, par le Ministre des Finances, à la Banque Centrale pour examen et sanction, à prendre par elle ou par la commission bancaire de l'UEMOA, conformément aux dispositions de la loi portant réglementation bancaire. Pour la recherche des infractions à la réglementation des relations financières extérieures, les agents visés aux points 1, 2,3 de l'article 6 de la présente loi, sont habilités à effectuer des visites domiciliaires, dans les conditions prévues par les lois et règlements en vigueur au Sénégal. À cette fin, les agents visés aux points 2et 3 de l'article 6 de la présente loi sont accompagnés d'un officier de police judiciaire (Art 7).

On voit nettement donc que le délit douanier, par sa nature et par sa sanction, se distingue largement du délit de droit commun.

Alors que le délit de droit commun est puni de peines correctionnelles, c'est-à-dire d'un emprisonnement n'excédant pas 10 ans[41] ; le délit douanier, quant à lui, est particulier dans la mesure où ses peines privatives de liberté sont moins sévères que les peines de droit commun, et ses peines pécuniaires souvent plus élevées que celles du droit pénal.

La situation est d'autant plus particulière que la classification des délits et contraventions en matière douanière, repose sur la nature, prohibée ou non, de la marchandise. Lorsque l'on connaît l'idée que la législation douanière se fait de la notion de marchandise prohibée ou fortement taxée, et que l'on sait qu'il suffit d'un arrêté ministériel pour déterminer la liste desdites marchandises, on conviendra que l'on est rarement allé aussi loin dans la liberté prise avec les principes du droit pénal . Il est facile alors de comprendre les récriminations légitimes des opérateurs économiques.

En ce qui concerne les sanctions, il a été procédé à une distinction entre les sanctions applicables aux personnes physiques et celles encourues par les personnes morales. En effet, sous réserve des dispositions des articles 45 et 46 de la présente loi, les personnes physiques qui se sont rendues coupables ou complices d'une infraction à la réglementation des relations financières extérieures, sont punies d'une peine d'emprisonnement d'un (01) an à cinq (05) ans et d'une amende dont le montant minimum est le quintuple de ladite somme ou de ladite valeur (art20/1).
Sous réserve des dispositions des articles 45 et 46 de la présente loi, les personnes morales autres que les établissements de crédit pour le compte ou au bénéfice desquelles une infraction à la réglementation des relations financières extérieures a été commise par l'un de leurs organes ou représentants sont punies d'une amende dont le montant minimum correspond à la somme ou valeur sur laquelle a porté l'infraction et dont le maximum est le quintuple de ladite somme ou de ladite valeur, sans préjudice de l'application de l'aliéna premier du présent article auxdits représentants comme auteurs ou complices des mêmes faits (Art20/2).
Les sanctions applicables aux établissements de crédit, pour toutes infractions aux dispositions de la réglementation des relations financières extérieures, sont prises par la BCEAO ou la Commission Bancaire de l' (UEMOA) conformément aux dispositions de la loi portant réglementation bancaire, notamment en ses articles 76,77, 78,80, et 83, sans préjudice de l'application de l'aliéna premier du présent article aux membres des organes ou aux représentants comme auteurs ou complices des mêmes faits (Art20/3).
La tentative d'infraction à la réglementation des relations financières extérieures est punie des mêmes peines que celles prévues à l'article 20 de la présente loi (Art21).

41 Article 33 du code pénal « La durée de la peine d'emprisonnement sera supérieure à un mois sans dépasser dix ans, sauf les cas de récidive ou ceux pour lesquels la loi aura déterminé d'autres limites.
La peine à un jour d'emprisonnement est de vingt-quatre heures et celle à un mois est de trente jours.
L'amende est supérieure à 20.000francs ».

Le caractère résiduel de l'élément intentionnel participe aussi de cette liberté[42].

Section 2 : Une place résiduelle laissée à l'élément intentionnel

En matière douanière, l'élément intentionnel a toujours été réduit à sa plus simple expression sous le couvert de la loi elle-même **(Paragraphe 1)**.

Mais aujourd'hui cette question a fait l'objet d'une évolution timide dans le nouveau code des douanes **(Paragraphe 2).**

Paragraphe 1 : Un fondement textuel

En droit pénal général, les législations primitives[43] étaient strictement objectives : dès qu'un acte répréhensible était matériellement commis, la sanction était appliquée quel que soit l'état d'esprit de son auteur. Aujourd'hui, le droit pénal est devenu sanctionnateur et ré adaptateur.

Il suppose, une fois prouvée la matérialité des faits, que l'on démontre leur accomplissement avec une volonté consciente et éclairée. Certains auteurs soutiennent contrairement en droit administratif que : « la responsabilité pénale sans faute est une absurdité »[44].

La faute ou élément moral stricto sensu est, par définition même, un facteur psychologique donc plus difficile à définir que l'élément matériel de l'infraction. Il existe depuis plusieurs décennies une controverse doctrinale[45] quant au contenu de cette notion.

« Si la subtilité et le raffinement y ont trouvé leur compte, il est permis de se demander si la complexité qui en a résulté n'a pas jeté sur toute cette matière un voile »[46] .

Sans vouloir schématiser, il est possible de retenir que l'élément moral peut se présenter sous diverses formes qu'il ya lieu de relever pour une meilleure appréciation de la situation en droit douanier.

---

42 Elisabeth Natarel, « Pour une modernisation de l'encadrement juridique de nos échanges commerciaux : L'indispensable réforme du code des douanes français. CREPPEM/Espace Europe, Université de Grenoble. Dalloz 2008 ; RTD.com p.485.

43 Villey, De l'intention, de l'ignorance, de l'erreur et de la bonne foi en matière pénale, in la France judiciaire, 1876, p.1 et 313 ; Laborde-Lacoste, De la responsabilité pénale dans les rapports avec la responsabilité morale, th., Paris, 1911, Bordeaux, 1918 ; Griffon, De l'intention en droit pénal, th., Paris, 1911 ; Levasseur, Étude de l'élément moral de l'infraction, in Travaux du Colloque de science criminelle de Toulouse sur la « confrontation de la théorie générale de la responsabilité pénale avec les données de la criminologie », Dalloz, 1969 p.719 et s. ; R. Merle, Rapport de synthèse, La culpabilité devant les sciences humaines et sociales, R.S.C. 1976, p.29 et s.

44 Pinatel, La théorie pénale de l'intention devant les sciences de l'homme, Mélanges Lebret, 1968, p.181.

45 Jeandidier, Wilfrid. Droit pénal des affaires. Précis Dalloz, 3 édition, 1998 p.264 et s

46 Jeandidier, Wilfrid op. Cit p. 264 et s.

En droit commun, les infractions se ramènent à deux attitudes : il peut s'agir d'une infraction intentionnelle ou d'une infraction non intentionnelle.

Dans les infractions intentionnelles, l'intention criminelle peut être définie comme la tension vers un but antisocial[47]. Ici le délinquant a non seulement conscience du caractère illicite de son acte (dol général), mais il a aussi la volonté d'accomplir l'acte prohibé et d'atteindre un résultat dommageable. En d'autres termes, l'agent veut non seulement l'acte mais aussi les conséquences de celui-ci. On peut donc dire que l'intention, c'est « l'avoir fait exprès »[48]. C'est par exemple l'ouvrier qui, sur un échafaudage, jette une pierre sur la tête d'un de ses ennemis qui passe à proximité. L'affirmation du caractère intentionnel de l'infraction relève du texte d'incrimination qui emploie souvent des termes non équivoques en visant un fait accompli sciemment, volontairement, à dessein, avec connaissance, frauduleusement, de mauvaise foi… Mais il existe plusieurs degrés dans l'intention criminelle.

Tout d'abord il y'a le dol spécial. On appelle dol spécial, la recherche d'un but particulier. Dans ce cas, la loi exige une forme particulière d'intention criminelle. Par exemple dans le vol la loi requiert pour la répression du délinquant un dol spécial : c'est l'animus domini[49]. Selon la loi pour être coupable de vol, il ne suffit pas d'appréhender la chose d'autrui, de savoir que la chose appartient à autrui et que celui-ci n'a pas donné son consentement, mais il faut avoir également la volonté de s'ériger en propriétaire.

Ce dol spécial, élément constitutif particulier de l'infraction, devra être distinctement établi par le ministère public pour que la qualification de vol puisse être retenue. À défaut de cette preuve, la personne poursuivie ne pourra pas faire l'objet d'une condamnation sur la base de la qualification pour laquelle le dol spécial est exigé par la loi.

La doctrine[50] enseigne que les textes qui incriminent ainsi un but particulier dérogent à la règle selon laquelle le mobile est indifférent. Selon d'autres auteurs[51], c'est une erreur, car but particulier et mobile ne se confondent pas. Le but particulier visé par la loi est quelque chose d'objectif commun à tous les délinquants qui se livrent à l'infraction en cause. Exemple dans l'abus de biens sociaux, tous les dirigeants qui abusent des biens de leur société cherchent à se procurer un profit personnel. Au contraire le mobile est une notion subjective propre à chacun d'eux : chaque dirigeant commettant un abus de biens sociaux

---

47 Michéle-Laure Rassat. Droit pénal général 2^{éme}éditionellipses 2006 p336 et s.
48 Jean Claude Soyer : Droit pénal et procédure pénale. L.G.D.J 1984 6^{éme} édition p 99 n° 157.
49 L'animus domini : c'est l'intention de se comporter en propriétaire
50 Stefani, Levasseur et Bouloc, Droit pénal général n° 261.
51 Michéle-Laure Rassat. Op.339 cit p.336 et s.

agit comme il le fait avec un mobile qui lui est propre (permettre le développement d'une autre entreprise, faire davantage de bénéfices etc.)[52].

À côté du dol spécial, il faut faire place au dol indéterminé, au dol praeter intentionnel et au dol éventuel.

Dans le dol indéterminé, l'agent a voulu causer un préjudice à autrui, par exemple lui porter des coups, mais sans poursuivre au départ un objectif précis. Il ne savait pas à l'avance s'il voulait blesser ou tuer la victime. La loi règle ce problème en tenant compte de la gravité du résultat produit. À dire vrai, le dol indéterminé est considéré comme un dol déterminé[53].

Contrairement au dol indéterminé, le dol praeter intentionnel est plus précis. L'agent avait une volonté criminelle bien déterminée, il cherchait un résultat bien précis, mais il se trouve qu'indépendamment de sa volonté le résultat atteint a été plus grave que celui voulu. L'exemple classique est celui de l'individu qui voulait molester une personne et qui finalement la tue. Doit-on dans ce cas tenir compte de l'intention ou du résultat? En droit français, il existe une solution légale particulière dans l'exemple que nous venons de citer puisque le Code pénal prévoit une infraction particulière d'homicide praeter intentionnel à l'égard de celui qui tue, alors qu'il ne voulait qu'exercer des violences volontaires. La loi retient dans ce cas des peines intermédiaires, moins sévères que celles des violences volontaires.

En droit sénégalais, on peut trouver un bel exemple dans l'article 299 al 1 du code pénal. Selon ce texte, si les violences ou privations, commises sur un enfant de moins de 15 ans ont occasionné la mort sans intention de la donner, son auteur encourt non la peine des travaux forcés à perpétuité prévue par l'article 289 du code pénal pour le meurtre mais la peine des travaux forcés à temps de 10 à 20 ans. Le délinquant est donc puni moins sévèrement que l'auteur d'un meurtre mais plus sévèrement que l'auteur d'un délit de coups et blessures volontaires. En ce qui concerne le dol éventuel, il faut retenir que c'est l'hypothèse ou le sujet ne veut pas arriver au résultat dommageable, mais n'écarte pas sa réalisation. C'est le cas par exemple de l'automobiliste qui brûle un feu rouge et tue un piéton.

---

52 Sur cette distinction subtile entre mobile et but particulier, on pourra encore consulter l'article 890 Acte Uniforme droit des sociétés. Ce texte réprime la présentation ou la publication des états financiers de synthèse inexacts. Le dirigeant social ne tombe sous le coup de la loi que s'il a agi dans le but de dissimuler la véritable situation de la société. Ce but particulier doit être distingué du mobile qui pourrait animer le délinquant au moment des faits. Le dirigeant est donc mal fondé à invoquer qu'en agissant comme il l'a fait, il a voulu sauvegarder l'intérêt social. Peu importe aussi qu'il ait agi dans un but de fraude fiscal. Ce mobile n'a aucune influence sur l'existence de l'infraction. Le droit pénal s'applique dès l'instant que le dirigeant a voulu par ses agissements dissimuler la véritable situation de la société.

53 Voir les articles 294 à 296 du code pénal relatifs aux coups et blessures volontaires. Ces textes proportionnent le taux de la peine à l'étendue du préjudice éprouvé par la victime.

S'agissant maintenant de la faute non intentionnelle ou faute d'imprudence ou faute pénale, ici, contrairement à la faute intentionnelle ; l'agent pénal a consciemment un comportement anormal par rapport à celui qu'il devait avoir dans l'activité à laquelle il se livre, mais il ne recherche, ce faisant, aucun résultat dommageable. L'agent veut son acte mais il n'a pas voulu les conséquences dommageables qui vont en résulter. C'est le maçon qui, sur son échafaudage, jongle avec des pierres en sorte qu'il tombe une sur la tête d'un passant.MM.Conte et Maistre du Chambon opposent la faute intentionnelle qui est « tension de la volonté » à l'imprudence qui est la volonté non tendue… un relâchement de la vigilance »[54]. La faute dite non intentionnelle est définie avec le maximum de précision, dans les aspects divers qu'elle est susceptible de revêtir, dans le cadre de l'homicide dite involontaire, le fait de causer la mort d'une personne par « maladresse, imprudence, inattention, négligence ou manquement à une obligation de sécurité ou de prudence imposée par la loi ou le règlement ». L'existence chez un agent d'une faute d'imprudence a toujours été interprétée in abstracto c'est-à-dire par référence à la situation d'une personne raisonnable placée dans les mêmes circonstances. Les peines de l'homicide et des blessures par imprudence sont prévues par l'article 307 du code pénal[55].

Enfin, il y'a lieu de relever que la faute contraventionnelle entre dans la catégorie des infractions non intentionnelles.

La faute contraventionnelle est, de son essence, de même nature que la faute d'imprévoyance. C'est toujours une imprudence ou une inobservation des règles. L'existence de l'élément moral est déduite de la constatation des faits reprochés à l'agent pénal (ne pas respecter un signal « stop » ou circuler en sens interdit). En premier lieu, la faute contraventionnelle est toujours présumée. Le Ministère public, qui doit en principe prouver l'existence de tous les éléments constitutifs des infractions qu'il poursuit et donc l'élément moral des infractions intentionnelles ou non intentionnelles, est ici dispensé de cette preuve.

En second lieu, et une fois les faits constatés, la personne poursuivie ne peut se dégager de la présomption d'élément moral qui pèse sur elle en prouvant sa bonne foi. Elle ne peut être relaxée que sur la preuve d'un cas de force majeure : la personne qui circule dans un sens interdit ne s'exonère pas de

---

54 PH. Conte. Et Mestre du Chambon. Droit pénal général 2ème édition Masson/Armand Colin, Paris. P.202 ets.

55 Article 307 du code pénal : « Quiconque, par maladresse, imprudence, inattention, négligence ou inobservation des règlements, aura commis involontairement un homicide ou des blessures, ou en aura été involontairement la cause, sera puni d'un emprisonnement de six mois à cinq ans et d'une amende de 20.000 à 300.000 francs. Lorsqu'il y aura eu délit de fuite, les peines prévues au présent article seront doublées et ne pourront être assorties du bénéfice du sursis ».

sa responsabilité pénale en prouvant qu'elle n'a pas vu le panneau (absence de faute)[56] ; elle ne pourra éventuellement se décharger qu'en établissant qu'il avait été arraché (force majeure)[57]. L'élément moral est donc ici très ténu. Certains auteurs en avaient conclu que la contravention était une infraction sans élément moral qu'ils qualifiaient d'infraction matérielle et qui existerait du seul fait de la constatation de l'accomplissement matérielle des faits[58]. Cette solution semble être retenue en droit positif si on se réfère à la jurisprudence[59]. Mais selon la doctrine[60], si ces infractions étaient dénuées d'élément moral, rien n'empêcherait qu'on puisse les porter à la charge des mineurs, des déments ou des personnes contraintes. Or il n'en est rien, la Chambre criminelle indiquant même dans ces domaines que « toute infraction, même non intentionnelle, suppose en effet que son auteur ait agi avec intelligence et volonté »[61].

À la lumière de cette analyse, il ressort que l'élément moral de l'infraction pénale est très flou du fait de la variété de ses différentes formes.

Au-delà de ces difficultés, il ya lieu de retenir, en droit commun, que l'infraction pénale suppose la réunion de trois éléments cumulatifs : un élément légal, un élément matériel et un élément moral. Mais en droit pénal douanier, l'élément intentionnel occupe une place ténue qui repose sur un fondement textuel.

L'ancien article 265[62] du code des douanes disposait : « Le juge ne peut excuser les contrevenants sur l'intention… ». Manifestement, ce texte s'éloignait de l'orthodoxie du droit pénal.

En effet, dans cette matière, l'élément moral de l'infraction est important pour asseoir la responsabilité de l'auteur. Or, en matière douanière, les délits sont dits matériels et consommés quelle que soit l'intention de l'auteur.

Mis à part les cas particuliers comme l'opposition à la fonction qui doit être prouvée conformément au droit commun par l'accusation, le droit pénal douanier détermine l'intention à partir de la seule constatation du fait matériel. Il en est ainsi des délits de contrebande et d'importation sans déclaration ainsi que des délits assimilés sur lesquels repose l'essentiel de la répression douanière.

---

56 Ch. Réun. . 21 janv. 1886, s. 188.1.140 ; Crim. 30 mars 1922, s. 1922.1.332 ; 5 mai 1934, D.H. 1934.334 ; 27 avril 1938, S. 1938.1.76. 30 D2C. 1953. B.360.

57 Crim. 16 nov.1866, D. 1866.1.87.

58 Hauriou note S.1897.3.113 ; Schmidr, L'élément intentionnel en matière de contraventions, Rev. Pénit. 1932.387.

59 Qui déclarent qu'« il suffit que le fait soit matériellement constaté », Crim. 22 fév. 1844, B.59, 16 juillet.1898, S.1900.1.109 ; 7 mars 1918, S. 1921, B 247 ; 17 déc. 1925, D.H. 1926.53. 8 NOV. 1951 ? b.288. 22 JANVIER. 1964 ? b.24.

60 Michéle-Laure Rassat. Op.cit. p 348.

61 Crim. 13 déc. 1956, n° 55-05.772. Laboube. D. 1957.349, note M. Patin.

62 Actuel 347 du nouveau code des douanes.

L'intention entendue comme la conscience, la connaissance de participer à l'infraction, ne peut donc être invoquée en matière de délit et de contravention douaniers.

Le droit douanier s'est toujours distingué par la structuration de ces deux infractions. C'est que dès l'origine, les rédacteurs du code français des douanes se sont plus préoccupés du paiement des droits et taxes que des principes généraux du droit pénal.

L'article 265 du code des douanes sénégalais ne fait donc que traduire cette orientation d'une autre époque.

Le législateur sénégalais a été inspiré par son homologue français de 1791. Et il s'agissait, en l'occurrence, d'un souci d'efficacité pratique dans la répression des infractions douanières.

Cela s'explique parce que l'infraction douanière est fugace, difficile à saisir. Les fraudeurs disposent de moyens ingénieux pour contourner la réglementation. Enfin, il y a lieu de signaler que la majorité des infractions douanières se commettent dans une grande discrétion. La lutte contre la fraude devait s'adapter à ces caractéristiques.

Ce sont donc là les particularités de la matière qui constituent les supports des moyens légaux accordés à l'administration des douanes pour rechercher, constater et sanctionner efficacement sans indulgence, ni complaisance, les infractions. On peut d'ailleurs, au plan sociologique, relever l'impunité généralement accordée aux fraudeurs par les populations, car « on n'a jamais vu un fraudeur poursuivi par la clameur publique »[63].

C'est dans toutes ces considérations que réside, assurément, le prétexte de la sévérité de la loi pénale douanière.

Mais aujourd'hui peut-on encore se complaire de cette situation qui favorise les résultats de l'action douanière au détriment de la protection des droits des personnes poursuivies ?

Le contexte a certainement changé[64]. Une adaptation s'avère, peut-être, nécessaire. C'est certainement ce que traduit la timide évolution récemment constatée.

---

63 Pierre Nazario ' Les infractions douanières. Le rôle moderne des douanes' : formation E.N.M 1974. Cette notion est fondée à partir de la notion de flagrance de l'article 45 du code de procédure pénale.

64 En France comme ailleurs, la Douane est une administration financière qui connait de profonds changements en modifiant sa philosophie et ses valeurs traditionnelles pour épouser une attitude plus entrepreneuriale. Intégrée dans un environnement marchand. La douane change e nature ; elle se présente et se structure comme une administration de services. Les missions de la Douane étant de plus en plus orientées vers la facilitation et la sécurisation du commerce international, cette évolution, largement liée à la mondialisation des échanges, a fait du droit douanier un véritable droit de la régulation, autrement dit une catégorie du droit économique. Ainsi, les normes ont – elles gagné en clarté et en intelligibilité, les droits de la défense se sont-ils renforcés, quant aux pouvoirs des juges,

Paragraphe 2 : une évolution timide

Il faut préciser d'abord que l'évolution attendue ne s'est pas réalisée dans le sens voulu : l'élément intentionnel demeure toujours exclu dans la définition de l'infraction douanière.

En effet, l'article 347 nouveau du code des douanes dispose : « Sous réserve de l'alinéa 2 du présent article, les contrevenants ne peuvent bénéficier d'aucune excuse sur l'intention... » Mais au-delà de cette « déception » pour certains, il reste que la réforme de l'article 265 a apporté des innovations substantielles qu'il est nécessaire de décliner pour mieux les apprécier.

Cette évolution a déjà eu lieu en droit français, sous l'influence du droit européen des droits de l'homme[65]. Il n'est pas inutile de la retracer brièvement.

Mis à part les quelques cas particuliers tels que l'opposition aux fonctions qui doit être prouvé conformément au droit commun par l'accusation, le droit pénal douanier détermine l'intention coupable à partir de la seule constatation du fait matériel prévu par la loi pénale spéciale. Ce dispositif douanier consolide la structure incriminante plus encore peut être que toute autre infraction[66]. Dès lors, le procédé de la présomption réalise un renversement de la charge de la preuve très favorable à la partie poursuivante[67]. Dans le code des douanes français, l'article 418 prévoyait, à l'époque d'avoir à prouver le seul fait matériel pour en déduire la culpabilité de l'auteur. Garraud estimait, pour sa part, que « la faute est inséparable du fait matériel. Elle est présumée par la loi, qui ne punit pas un simple fait matériel, mais un fait matériel d'où résulte nécessairement une faute »[68]. De ce fait, l'ordre judiciaire est lié, lui aussi, par ces présomptions, en abandonnant toute forme de discussion judiciaire, visant à établir la bonne foi du détenteur responsable de plein droit de la marchandise. L'objectif est connu : lutter contre l'introduction de marchandises en contrebande en offrant des moyens matériels et juridiques puissants à l'Administration chargée de découvrir cette fraude.

Jusqu'en 1977, le code des douanes français comportait des dispositions du droit révolutionnaire de 1790. Dans un titre intitulé « défenses faites aux juges », il était interdit aux tribunaux d'excuser les contrevenants sur l'intention. La réforme est venue abroger les articles 371 et 372 du code des douanes

---

ceux – ci n'ont cessé de se développer afin de garantir le contrôle de la mise en œuvre des pouvoirs de la douane, d'améliorer l'appréciation du caractère de gravité de la fraude et de moduler les sanctions. (Michel BOUVIER : La Douane : un nouveau Droit, une nouvelle gouvernance. Préface ouvrage Sébastien Jeannard op cit p 13). C'est certainement dans ce contexte qu'est intervenue la réforme sur l'élément intentionnel en France

65 Convention européenne des droits de l'homme du 03 septembre 1950.

66 Sébastien Rideau- Valentini. Op. cit p. 44.

67 J.Patarin « Le particularisme de la théorie des preuves en droit pénal » ; in Aspects de l'autonomie du droit pénal. Librairie Dalloz, 1956. N° 18, p.33.

68 R. Garraud Instruction criminelle et procédure pénal, T, II, n° 479 et s, p.252.

français interdisant aux juges de donner contre les contraintes « aucunes défenses ou surséances ».

La loi du 29 décembre 1977[69] incarne ainsi la volonté du législateur français de réformer la nature de la plupart des infractions douanières se passant de tout élément intentionnel. Sans se livrer à une analyse de l'œuvre parlementaire français, il semble nécessaire d'indiquer certaines composantes clés de cette loi. Une jurisprudence de la Cour de cassation donne le sentiment que les juges ont tenté d'atténuer l'effet de la présomption en envisageant une cause d'exonération fondée sur la force majeure[70]. Plus précisément, il s'agissait de la part des magistrats de s'octroyer, au mépris des textes en vigueur, un pouvoir souverain pour apprécier le fait douanier dans ses dimensions intentionnelles. Cette jurisprudence participe d'un mouvement plus vaste de contestation des archaïsmes du droit pénal douanier. Poussé par cette tendance, le législateur français devait modifier le texte de l'article 369 du code des douanes. La rédaction initiale de la disposition douanière était ainsi formulée « il (les juges) leur est expressément défendu d'excuser les contrevenants sur l'intention ». Dans le but de réduire les particularismes de ce droit pénal spécial, le législateur avait fait preuve d'un souci d'harmoniser le droit pénal douanier avec le droit pénal commun en introduisant la notion de circonstances atténuantes.

Il a fallu attendre la loi du 08 juillet 1987[71] pour que disparaissent tous les autres vestiges du code des douanes.

En effet, avec l'abrogation de l'article 369 al 2 du code des douanes, les tribunaux peuvent désormais « relaxer faute d'intention », et à condition qu'il s'agisse de marchandises saisies mais « qui ne sont pas prohibées au titre de la règlementation douanière ». Ils peuvent en donner mainlevée avant de juger définitivement le tout, moyennant caution solvable ou consignation de la valeur (article 369 al. 3). Il faut préciser que le délinquant ne peut échapper à la sanction que s'il démontre qu'il a agi de bonne foi[72].

Cette réforme permit à la juridiction saisie de prendre en considération les données personnelles à chaque prévenu afin de personnaliser la peine appliquée avec l'auteur de l'infraction[73]. Ce sont alors les juridictions répressives qui eurent à assurer la réception de l'admission d'un élément intentionnel dans le droit répressif douanier. Ainsi, la preuve de la bonne foi dépendrait

---

69 Loi n° 77-1453 du 29 décembre 1977 accordant des garanties de procédure aux contribuables en matière fiscale et douanière, J.C.P. 1978, Ed. G, I -2892 ; Cl. J. Berr, G. VIGNAL. Les réformes relatives au contentieux (1986-1987), J.C.P., Ed. E, 1988, II-15 126.

70 Crim 11 octobre 1972 : Bull. crim. n° 280.

71 Loi n° 87-502 du 8 juillet modifiant les procédures fiscales et douanières, JORF du 9 juillet 1987 ; J.C.P., 1987, III-60 388.

72 En droit français l'appréciation de la bonne foi relève du pouvoir souverain des juges du fond. Voir Cass. Crim1^er^oct 1990 Bull. crim n° 3224 p.812.

73 F. Urbino-Soulier, « L'aspect nouveau du droit répressif douanier » : Journ. Not. 1991.2. Art 60348, p.1262.

de l'article qui prévoit les poursuites douanières. Dans le cas où l'intention frauduleuse est démontrée à partir de la constatation des éléments matériels, le prévenu pourrait démonter sa bonne foi.

Dans les hypothèses où il revenait à l'accusation de prouver les éléments constitutifs, le prévenu aurait un rôle plus négligeant en attendant que sa mauvaise foi soit démontrée. Il restait alors à la jurisprudence de caractériser la bonne foi de nature à exonérer l'auteur des faits douaniers querellés. L'appréciation de la bonne foi exige une analyse particulière qui tient en compte autant les faits de la cause, que la personnalité des délinquants réclamant le bénéfice de l'élément intentionnel.

Cette loi, il faut le rappeler, s'inscrit dans une démarche d'amélioration des relations entre l'Administration fiscale et le contribuable. S'attachant, selon son intitulé même, à « accorder des garanties de procédure en matière fiscale douanière », elle est en fait principalement consacrée à la réforme du régime de répression des infractions fiscales et douanières, ainsi qu'à la modification des conditions d'exercice de la procédure gracieuse et du droit de transaction[74]. En France, cette réforme engagée témoigne d'une volonté de rénovation, d'harmonisation et de réduction de certains des aspects les plus exorbitants du contentieux douanier.

Il s'agissait plus précisément pour le législateur de 1987 d'approfondir un travail entamé en 1977 et qui s'articulait autour de quatre grands thèmes : préserver la liberté individuelle, réformer les pénalités, améliorer le dialogue entre les administrations et les usagers et offrir à ces derniers des garanties nouvelles. Il suit en cela l'inspiration exprimée dans le rapport de la Commission Aicardi chargée d'étudier les moyens de simplifier et d'améliorer les rapports entre les citoyens et les administrations fiscale et douanière[75]. Cet objectif passe nécessairement par un rééquilibrage des pouvoirs entre l'Administration et le juge, fondé sur une nouvelle définition des peines encourues.

Au Sénégal, il faut noter que le droit douanier n'a pas connu l'évolution du droit français. Il faut cependant relever que le législateur s'en est fortement inspiré. Mais l'élément intentionnel n'est toujours pas une condition d'existence de l'infraction douanière, sous réserve de l'article 376/c : « ceux qui ont sciemment, soit couvert les agissements des fraudeurs ou tenté de leur procurer l'impunité, soit acheté ou détenu, même en dehors du rayon des marchandises provenant d'un délit de contrebande ou d'importation sans déclaration… ».

Il ne s'agit là que d'une dérogation partielle dont on ne peut se satisfaire. Il est peut-être opportun d'envisager une solution globale qui puisse tenir

---

74 Elisabeth Natarel. Op. cit 262 et s.

75 Cf. Rapport de la Commission M. Aicardi, Paris, la Documentation Française, juillet 1986. Coll. Des rapports officiels, p.7.

compte à la fois de l'intérêt général, que défend à coup sûr le droit douanier, et les intérêts des personnes poursuivies.

Le principe de la protection des droits de la défense semble être malmené du fait de la quasi absence de l'élément intentionnel dans les infractions douanières. Or ce principe est placé au cœur du procès pénal dans les États démocratiques. Il est un contrepoids nécessaire à l'accusation et aux pouvoirs inquisitoriaux des juges et des enquêteurs, non seulement pour protéger la personne « accusée », mais également pour favoriser la recherche de la vérité et asseoir la crédibilité de la justice.

C'est cet équilibre quelque peu difficile que le législateur cherche certainement à assurer dans l'article 347 du nouveau code des douanes. Ce texte exclut l'élément intentionnel de l'infraction et dans le même temps, il permet au juge de retenir les circonstances atténuantes.

Il convient à ce stade de la réflexion de garder à l'esprit que l'intention n'a rien à voir avec les circonstances atténuantes même si ces deux éléments présentent un aspect subjectif très marqué. Les circonstances atténuantes, en règle générale, sont laissées à la discrétion du magistrat et entraînent une diminution de la peine encourue dans les proportions prévues par la loi.

Sur cette question, le code des douanes a fortement limité le pouvoir d'appréciation du juge. Celui-ci ne peut retenir les circonstances atténuantes que dans les cas visés à l'article 347/2. Il faut préciser que le juge qui décide de prononcer cette mesure, le fait dans un cadre limitativement déterminé par la loi : il ne peut que :

- « libérer les contrevenants de la confiscation des moyens de transport. Ces dispositions ne sont toutefois pas applicables dans les cas où les actes de contrebande ou assimilés ont été commis par dissimulation dans des cachettes spécialement aménagées ou dans des cavités ou espaces vides qui ne sont pas normalement destinés au logement des marchandises ;
- libérer les contrevenants de la confiscation des objets ayant servi à masquer la fraude ;
- dispenser les prévenus des sanctions privatives de liberté prévues par le présent code, ordonner qu'il soit sursis à l'exécution de celles-ci, décider que la condamnation ne soit pas mentionnée au bulletin n° 2 du casier judiciaire ».
- L'introduction de l'élément intentionnel comme élément de la faute pénale devrait, à notre avis, être un des critères fondamentaux de qualification de l'infraction.

Une fois caractérisés les faits qui méritent d'être pénalement sanctionnés, il convient alors d'identifier les comportements qui ne résultent que d'une imprudence, d'une négligence ou méconnaissance des règles douanières qui sont complexes.

Dès lors, les incriminations douanières doivent être imputées à un individu, animé d'une conscience d'enfreindre la loi pénale douanière.

Pour établir l'élément moral, il convient de procéder à un examen des faits et de la personnalité du délinquant.

La proposition de faire de l'élément intentionnel une condition de l'infraction douanière a pour but de restituer à l'autorité judiciaire son pouvoir d'appréciation, avec certainement moins de condamnations.

Malheureusement notre point de vue n'a pas encore rencontré l'adhésion du législateur sans doute pour des raisons fondées sur l'efficacité dans la répression, et on doit le regretter.

Le débat sur la place de l'intention dans les infractions douanières reste toujours ouvert. Il n'est pas étranger à la constatation et à la répression des infractions douanières.

CHAPITRE II

La constatation et la sanction de l'infraction douanière

Constater une infraction signifie rassembler les preuves matérielles d'une infraction. En droit commun, la constatation des infractions incombe aux autorités de police judiciaire sous le contrôle de la chambre d'accusation.

Par dérogation à l'article 14[76] du code de procédure pénale sénégalais, le code des douanes en son article 301 prévoit que : la mission de recherche et de constatation des infractions douanières appartient à titre principal aux fonctionnaires de l'administration des douanes qui bénéficient du concours des agents assermentés de la force publique (police et gendarmerie nationale) et des agents des autres administrations habilitées à constater des infractions à la

---

76 Article 14 du code de procédure pénale : « La police judiciaire est chargée, suivant les distinctions établies au présent titre, de rechercher et de constater les infractions à la loi pénale, d'en rassembler les preuves et d'en rechercher les auteurs, tant qu'une information n'est pas ouverte.
Lorsqu'une information est ouverte, elle exécute les délégations des juridictions d'instruction et défère à leurs réquisitions »
Article 301 du code des douanes : « La mission de recherche et de constatation des infractions en matière douanière relève à titre principal de la compétence des inspecteurs et officiers, contrôleurs et sous-officiers et d'une manière générale des agents de l'administration des douanes.
Toutefois, les agents assermentés de la force publique et des autres administrations habilités à constater des infractions à la loi, peuvent apporter leur concours à l'administration des douanes conformément aux conditions et limites fixées par le présent code ;
Les agents assermentés visés ci-dessus sont :
-les officiers, sous-officiers et gendarmes de la gendarmerie nationale,
-les agents de la sûreté nationale,
-les agents des Eaux et Forêts et chasses,
-les agents des parcs nationaux
-et d'une manière générale tous les fonctionnaires assermentés ».

loi (Eaux et forêts, Contrôle économique, Service d'hygiène, Parcs nationaux etc.).

La constatation de l'infraction douanière **(Section 1)** aboutit généralement à sa sanction **(Section 2)**.

Section 1 : La constatation de l'infraction douanière

Comme en matière pénale où la liberté de la preuve est consacrée, en matière douanière, les infractions peuvent être prouvées par toutes les voies de droit. Cette liberté de preuve résulte de l'article 321 : « Tous délits et contraventions prévus par la législation douanière peuvent être poursuivis et prouvés par toutes les voies de droit alors même qu'aucune saisie n'aurait pu être effectuée dans le rayon des douanes ou hors de ce rayon ou que les marchandises ayant fait l'objet d'une déclaration n'auraient donné lieu à aucune observation.

À cet effet, il peut être valablement fait état, à titre de preuve, des renseignements, certificats, procès-verbaux et autres documents fournis ou établis par les autorités des pays étrangers ».

Ainsi, la liberté de preuve reste donc le principe.

Mais dans la pratique, l'administration des douanes a plutôt recours au procès-verbal **(Paragraphe 1)**, essentiellement en raison de sa force probante **(Paragraphe 2)**.

Paragraphe 1 : Le procès-verbal

La doctrine douanière présente le procès-verbal comme l'acte permettant à la fois de relater les constatations faites par le service et de fournir la preuve de l'infraction. En raison de la diversité des opérations douanières pouvant être consignées dans cet acte procédural, le droit pénal douanier distingue dans la procédure de constatation des infractions douanières deux types de procès-verbaux qu'il faut présenter **(A)** avant de voir comment ils peuvent être annulés **(B)**.

A) Une dualité des procès verbaux

Elle revoie au procès- verbal de saisie (1) et à celui de constat (2).

1) Le procès-verbal de saisie

Pendant longtemps, les procès-verbaux ont été faits sous forme orale : l'agent verbalisateur faisait son exposé devant le juge et en affirmait, sous serment, la sincérité[77]. À cette époque, on estimait normal que la parole de deux agents soit difficile à réfuter que les constatations d'un seul.

---

77 Claude J. Berr Henri Trémau. Le Droit douanier, Communautaire et national, 6ème édition Economica 2004. p.531.

L'appellation procès-verbal de saisie tire son nom du fait que son utilisation entraine toujours une saisie de marchandises ou de moyens de transport. Toutefois en cas d'infraction flagrante, même non suivie de saisie, un procès-verbal de saisie doit être rédigé. C'est le cas même lorsqu'une infraction flagrante ressort d'enquêtes ou de contrôles effectués auprès du prévenu, ou lorsque qu'on constate des cas d'oppositions aux fonctions par exemple (Contravention de cinquième classe).

La situation de flagrance requiert la rédaction d'une procédure de saisie, même si l'infraction n'a pas trait directement à une marchandise. Ce qui caractérise le procès-verbal de saisie, c'est avant tout le formalisme complexe qui entoure sa rédaction. Ces formalités sont relatives aux circonstances de leur rédaction ainsi qu'à leurs énonciations.

S'agissant des circonstances de leur rédaction, le procès-verbal de saisie peut être rédigé au lieu de dépôt des objets saisis, au lieu de la constatation de l'infraction, ainsi qu'au siège de la brigade de gendarmerie, au bureau d'un fonctionnaire des finances ou à la mairie du lieu de la saisie et même dans une maison si la saisie y a été opérée.

En cas de procès-verbal rédigé lors d'une visite domiciliaire, le code des douanes exige désormais la présence d'un officier de police judiciaire (Article 53 du code des douanes)[78]. Alors que dans l'ancien code (Article 42), sa présence n'était nécessaire que dans certaines conditions : « s'il y a refus

78 Article 53 du nouveau code : « Pour la recherche des marchandises détenues frauduleusement dans le rayon des douanes ainsi que la recherche en tous lieux des marchandises soumises aux dispositions de l'article 280 du présent code, les agents des douanes désignés à l'alinéa 5 du présent article peuvent procéder à des visites en tous lieux, même privés, où les marchandises et documents se rapportant à ces délits sont susceptibles d'être détenus et procéder à leur saisie.
Ils sont accompagnés d'un officier de police judiciaire ou à défaut, du Chef de la circonscription administrative, d'un officier municipal, du Président de communauté rurale, du Chef de village ou du délégué de quartier ». Voir également l'article 21 al 2 du code de procédure pénale qui dispose : « Les fonctionnaires et agents des administrations et services auxquels certains pouvoirs de police judiciaire sont attribués par des textes spéciaux, exercent ces pouvoirs dans les conditions et limites fixées par ces textes. Dans tous les cas, ils peuvent suivre les choses qui constituent le corps de l'infraction dans les lieux où elles ont été transportées et peuvent les mettre sous séquestre. Ils ne peuvent cependant pénétrer dans les maisons, ateliers, bâtiments, cours adjacentes et enclos qu'en présence d'un officier de police judiciaire qui ne peut se refuser à les accompagner et signer le procès-verbal de l'opération à laquelle il a assisté. Pour l'accomplissement de leur mandat, ils peuvent requérir main-forte des services de police ou de gendarmerie. Les procès-verbaux dans tous les cas doivent être adressés dans les huit jours, soit au parquet du tribunal régional dans le ressort duquel l'infraction a été commise, ou au délégué du Procureur de la République prés le tribunal départemental ou au président de cette dernière juridiction exerçant les fonctions de ministère public en application de l'article 37, soit au parquet de la juridiction où le corps de l'infraction a été gardé. Une copie certifiée conforme des procès-verbaux est en outre envoyée au Procureur de la République dans tous les cas où il n'est pas saisi de la procédure ».

d'ouverture des portes, les agents des douanes peuvent ouvrir celle-ci en présence soit d'un officier de police judiciaire, soit du Président du Conseil rural ou du Chef de Village, soit du Délégué de quartier dans les grandes agglomérations »[79].

Ainsi aux termes de l'article 308 : « L'officier de police judiciaire ou le représentant de l'autorité administrative ou locale intervenu dans les conditions prévues à l'article 53.5 b ci-dessus n'est pas tenu d'assister à la rédaction du procès-verbal ». Cette disposition reste maintenue dans la nouvelle rédaction.

Quant aux énonciations, le procès-verbal de saisie doit énoncer la date et la cause de la saisie, la déclaration qui est faite au prévenu, les noms, qualité et demeure des saisissants et de la personne chargée des poursuites, la nature des objets saisis et leur quantité, la présence du prévenu pour la description des objets saisis, ou la sommation qui lui a été faite d'y assister, ce qui confère au procès-verbal son caractère contradictoire, le nom et la qualité du gardien, le lieu de la rédaction et l'heure de sa clôture, l'infraction qui est relevée et sa qualification.

Si le prévenu est présent, le procès-verbal énonce qu'il lui en a été donné lecture, qu'il a accepté de le signer et qu'il a reçu copie.

S'il est absent, ou s'il a refusé de signer, une copie est affichée dans les vingt-quatre heures à la porte du bureau ou du poste de douane, ou de la mairie du lieu de rédaction du procès-verbal.

Ces formalités sont obligatoires à peine de nullité du procès-verbal de saisie. Cette procédure de saisie a fait l'objet de vives critiques en raison notamment du fait que les biens confisqués peuvent ne pas appartenir aux auteurs présumés de l'infraction constatée.[80]

Ainsi, en dehors des cas prévus aux articles 301 à 311 du code des douanes, c'est le procès-verbal de constat qui doit être utilisé pour constater les manquements à la règlementation douanière.

2) Le procès-verbal de constat

Le code des douanes en son article 312 détermine de façon limitative les cas dans lesquels un procès-verbal de constat doit être rédigé :

- La consignation des résultats de recherches et contrôles effectués dans les conditions prévues à l'article 54 du code des douanes ;

---

79 Pannier J., *Le contentieux douanier des visites domiciliaires,* Gaz. Pal., 25-26 novembre 2009, p.11.

80 Y.et M. Famchon « De la retenue préventive, lors de la constatation d'une infraction par les agents des douanes, des objets affectés à la sureté des pénalités », Gaz. Pal. 1986. 1.doctrine. P.15.

Cass. Com., 22 juillet 1986, JCP, 1987, II, 20 855, note Pannier J. ; Cass. Crim., 6 Avril 1987, Gaz. Pal., 1988.2. 573, note Pannier J.

- La saisie des documents opérés à l'occasion des contrôles et recherches ;
- L'enregistrement du résultat des enquêtes et interrogatoires effectués par les agents des douanes notamment les déclarations ou aveux faits par les prévenus ou témoins lorsque aucune saisie de marchandise n'est opérée.

Le législateur douanier a limité ce formalisme à quelques procédures. En effet, le procès-verbal de constat est utilisé pour constater les infractions non flagrantes, c'est-à-dire celles qui en général ne donnent pas lieu à une saisie de marchandises.

Contrairement au procès-verbal de saisie qui peut être rédigé par tous les agents assermentés visés à l'article 301 du code des douanes, le procès-verbal de constat ne peut être rédigé que par les agents des douanes assermentés. Comme les procès-verbaux de saisie, à peine de nullité, ces procès-verbaux de constat doivent mentionner obligatoirement :

- La date et le lieu des contrôles ou des enquêtes ;
- La nature des constatations et des renseignements recueillis ;
- Les documents saisis qui doivent être cotés, paraphés et annexés au procès-verbal ;
- les noms, grade et résidence administrative des agents ayant verbalisé.

Les procès verbaux mentionnent que les date et lieu de rédaction ont été portés à la connaissance des personnes contrôlées et que ces dernières ont reçu sommation d'assister à cette rédaction.

Lorsque les personnes sont présentes à la rédaction, le procès-verbal de constat énonce qu'il leur en a été donné lecture et qu'elles ont été invitées à le signer.

La mention du refus de signer doit figurer au procès-verbal.

En vérité, le procès-verbal de constat est comme le procès-verbal d'enquête préliminaire dressé par les officiers de police judiciaire pour les infractions non flagrantes.

Certes, une des premières actions à mettre en place dans ce domaine consisterait à repenser l'allocation des tâches douanières de façon à rationaliser la rédaction des procès-verbaux de constat. En effet, la loi permet aux agents des douanes dans un procès-verbal de constat de faire des interrogatoires et de recueillir des aveux, or les agents des douanes n'ont reçu aucune formation allant dans ce sens.

La conduite de l'interrogatoire en vue de recueillir des aveux est une mesure contraignante encadrée par le législateur nécessitant l'intervention d'un juge, en l'espèce le juge d'instruction. C'est pourquoi, en France, la loi 99-515, du 23 juin 1999, relative au renforcement de l'efficacité de la procédure pénale a inséré dans le code de procédure pénale français un article 28-1, qui attribue des prérogatives judiciaires à l'administration des douanes[81], ce qui n'existe pas encore en droit sénégalais. La douane sénégalaise n'a pas encore un corps des officiers de police judiciaire chargé des enquêtes.

En application de cette disposition, certains agents des douanes de catégorie A et B spécialement habilités peuvent désormais effectuer des enquêtes judiciaires qui leur sont confiées par le procureur de la république ou par le juge d'instruction.

Au Sénégal aucune disposition dans le code des douanes n'encadre cette procédure des interrogatoires exercée par les agents des douanes dans le cadre de l'établissement des procès-verbaux de constat. Elle échappe complètement au pouvoir de contrôle du juge, ce qui sans doute porte atteinte aux droits de la défense.

L'examen des nullités des procès-verbaux pourra nous édifier sur cette question.

B) La nullité des procès-verbaux

Le législateur a posé un ensemble de formalités légales qui entourent la rédaction des procès-verbaux dont l'inobservation entraîne la nullité.

La nullité est l'acte tendant à sanctionner le non-respect d'un acte ou d'une condition posée par la loi. D'où l'adage : « il n'y a pas de nullité sans texte et il n'y pas de nullité au-delà des textes ». Le régime des nullités tel qu'il est consacré par le code de procédure pénale distingue deux catégories de nullités : les nullités textuelles et les nullités substantielles.

Les nullités textuelles sont celles qui sont expressément prévues par le législateur, c'est- à- dire lorsque celui-ci précise qu'une formalité est essentielle, obligatoire « sous peine de nullités ».

---

81 Les modalités d'application de cette loi figurent aux articles R. 15-33-1 à R. 15-33-23 du même code, qui ont eux-mêmes fait l'objet d'une circulaire de la direction des affaires criminelles, en date du 30 décembre 2004. Ce cadre juridique a été renforcé par la loi du 9 mars 2004 portant adaptation de la justice aux évolutions de la criminalité, qui a étendu le champ de compétence et facilité le mode de saisine de la douane judiciaire en permettant au procureur de la république de lui confier une enquête à la suite d'une constatation d'un service douanier.
Le service national de douane judiciaire (SNDJ) est créé par un arrêté du 5 décembre 2002 et regroupe l'ensemble des agents de douanes habilités à effectuer des enquêtes judiciaires appelés en pratique « officiers de douane judiciaire ». Il s'agit d'un service à compétence nationale rattaché directement au directeur général des douanes et placé sous la direction administrative d'un magistrat. Ce magistrat « délégué aux missions judiciaires de la douane » est la seule autorité habilitée à recevoir les soit-transmis pour enquête et les commissions rogatoires. Il désigne les enquêteurs en charge des dossiers d'enquête, veille au respect des délais d'exécution et s'assure de la transmission des procédures judiciaires aux magistrats.

Ces nullités sont prévues par le code des douanes aux articles 302 à 304. Elles sont relatives à quelques saisies particulières, notamment les saisies suite à une visite domiciliaire.

Ces nullités textuelles présentent l'avantage de connaître d'avance ce qui est interdit par le législateur et limitent le pouvoir d'interprétation du juge dans l'appréciation des procès-verbaux. Le professeur Jean Pradel[82] soutient que l'avantage est : « de savoir à l'avance ce que la loi considère comme essentiel, il exclut toute interprétation du juge et donc tout arbitraire de sa part ».

Il faut relever que les cas de nullités sont limitativement énumérés par le code des douanes, ce qui nous conduit à affirmer que le juge ne peut annuler un procès-verbal que lorsque l'acte a été établi au mépris des règles gouvernant la rédaction des procès-verbaux de saisie ou de constat. Même si le code des douanes ne prévoit pas expressément d'autres nullités, rien n'interdit cependant au juge dans l'appréciation des procès-verbaux de douane de vérifier les cas de nullités substantielles.

Les nullités substantielles, qui ne sont pas formulées explicitement par un texte, concernent des règles fondamentales, justifiant que leur violation soit sanctionnée par la nullité de l'acte de procédure. L'existence de ces nullités est d'offrir aux juges la possibilité de sanctionner la violation des principes touchant au respect des droits de la défense.[83]

Cependant, en droit commun, cette nullité n'est admise, que lorsque la violation de la règle fait grief ; d'où l'adage « pas de nullité sans grief ».

En matière douanière, il est encore plus difficile d'annuler les procès-verbaux de douane pour non-respect des dispositions substantielles prévues par le code de procédure pénale.[84]

---

82 Jean Pradel, Droit pénal général, 18ème édition, CUJAS, 2010 p.241 et s.

83 Aux termes de l'article 9 de la constitution du 22 janvier 2001 : « La défense est un droit absolu dans tous les étapes de la procédure » et l'article 66 du code de procédure pénale dispose « qu'il y a nullité en cas de violation des droits de la défense ».
Merle, A. Vitu, op. cit. p.549 ; J-P. Brouillard « Les nullités de procédure : des procédures pénales et civiles comparées » : D. 1996, chon. p. 98.

84 Tribunal régional Hors classe de Dakar, Décision n° 16206 du 12 avril 1999, Ministère public, Administration des Douanes/Tampasse Faye, Ramzi Saleh. Dans cette affaire les prévenus sont poursuivis pour tentative d'exportation frauduleuse de fonds à l'étranger et défaut d'autorisation. Par l'organe de leurs conseils, ils ont plaidé et déposé des écritures tendant à faire annuler le procès-verbal de saisie. Les prévenus ont excipé de ce que le procès-verbal n'a pas été signé par les saisissants et n'énonce pas leur nom, qualité et demeure ni ceux de la personne chargée des poursuites. Le tribunal a rejeté cette exception au motif que, « certes l'article 222 de ce texte dispose que les procès-verbaux de saisie énoncent la personne chargée des poursuites… Ils doivent être signés à peine de nullité par les saisissants. Cependant, l'article 220.3.b, in fine, précise qu'il s'agit de tous les agents qui sont intervenus dans la saisie et la capture. Les mentions du procès-verbal révèlent que Faye a été arrêté fortuitement au cours d'une opération de sécurisation. À l'analyse, ce sont le commandant de la Brigade de Hann et son adjoint Diallo qui ont officié pour le contrôle, la saisie et l'interrogatoire. Ils ont donc décliné leur nom, qualité et demeure, et précisé que

Cette nullité en matière douanière est souvent sanctionnée par le retrait de cet acte et non par la nullité de toute la procédure qui aurait pour effet d'empêcher le juge de statuer sur le fond de l'affaire.

En effet dans l'affaire opposant le sieur Adel Korban à l'Administration des douanes, le juge en rejetant les exceptions soulevées par la défense relatives à la violation des droits de la défense avançait entre autres motifs que les « prévenu ne prouvent que l'inobservation des délais a nui à leurs intérêts »[85].

---

le chargé des poursuites est le chef du bureau des Douanes de Dakar-Extérieur. Il est vrai que le nom de ce dernier n'est pas mentionné. Cependant, cette autorité est suffisamment identifiée ou, en tout cas, identifiable ». Les prévenus ont aussi soutenu que les saisissants n'ont pas déposé les marchandises et les moyens de transport saisis ni conduit les délinquants au bureau du Receveur-poursuivant. Les plaignants ont soutenu que le gardien est bien indiqué, en l'occurrence le Chef de la Subdivision de Dakar-Extérieur. L'article 220-3c fait obligation aux agents de déposer les marchandises et les moyens de transport saisis et de conduire les délinquants au bureau du receveur-poursuivant. Le tribunal a aussi rejeté cette exception au motif : « Cette disposition, dont rien n'indique qu'elle consacre une formalité substantielle, n'est pas prévue à peine de nullité. Les prévenus n'ont invoqué aucun préjudice résultant de sa méconnaissance. D'ailleurs, la formalité a été respectée.

Voir aussi Cour d'Appel de Dakar arrêt n° 247 du 30-09-2003. Ministère public-Administration des Douanes/Alioune Badara, Ababacar Thiam et autres : poursuivis pour Association de malfaiteurs, infraction à la loi sur les hydrocarbures et complicité de tromperie sur la nature et la qualité d'un produit, faux et usage de faux en écriture de Commerce, importation sans déclaration. Courant avril 2003 la Division des Investigations Criminelles (DIC) a démantelé un réseau de trafic de carburant sous-douane ;

Les mis en cause arrêtés ont été inculpés des chefs d'accusation susvisés et placés sous mandat de dépôt. Les conseils des inculpés ont estimé que le procès verbal de constat n° AC/2003 de la douane doit être déclaré nul, car ne précisant pas que le sieur Mokhtar Sarr était présent ou absent lors de la rédaction. Le tribunal a rejeté cette exception au motif que : « A la lecture de cette pièce dressée par les agents des douanes on peut relever la mention suivante : « Et pour procéder aux fins du présent rédigé de suite, déclarons à Monsieur Mokthar Sarr présent, à Messieurs Ababacar Thiam et Bassirou Diéye absents, qu'ils seront cités à comparaître », qu'ainsi les formalités prescrites par les articles le 3,220 à 228 et 230 du Code des douanes n'ont pas été omises ; que dés lors conformément à l'article 234 dudit code, aucune nullité ne peut être admise contre le procès-verbal susvisé ».

85 Ministère public et Administration des Douanes contre le sieur Korban et autres, décision rendue par le tribunal correctionnel de Dakar en date du 11 novembre 1993. Cette décision a fait l'objet d'un appel en date du 25 Mai 1994.

Dans cette affaire les sieurs AdelKorban et autres ont été poursuivis devant le tribunal correctionnel par plainte déposée par l'administration des douanes et accompagnée par des procès-verbaux de constat n° 24/BEC/IGE du 22 septembre 19990 ; n° 55/BEC/IGE du 26 Décembre 1990 ; n° 56/ BEC/IGE du 2 Janvier 1991 ; n° 57/BEC/IGE/ du 2 janvier 1991.

L'administration des douanes à la suite d'un contrôle à postériori sur les déclarations de réexportation (R300) a constaté que Adel Korban, avec la complicité des autres Co-prévenus avait frauduleusement introduit et commercialisé diverses marchandises qui se trouvaient en entrepôts fictifs dans le territoire national, donc en suspension des droits et taxes : il s'agit de beurre, eaux minérales, produits de pâtisserie, levure fraiche… représentant 1.174.804 colis d'un poids total de 13.180406 kg et d'une valeur de 3.648.219.000 frs. Ces marchandises n'ont jamais été réexportées au Mali comme déclarées, mais mises à la consommation au Sénégal sans que les droits et taxes en douane aient été acquittés.

Cette solution n'est pas celle de la cour d'appel de Dakar qui, dans sa décision du 25 mai 1994, décida d'annuler certains actes pris en violation des articles 101 et 105 du code de procédure pénale, tirés du non-respect des droits de la défense. La contestation de la validité des actes procéduraux douaniers revêtus de leur force probatoire renforcée est également soumise à un mécanisme original qui déroge encore au droit commun.

La procédure d'inscription de faux du droit douanier constitue un mécanisme particulier. Quelles sont alors les conséquences de l'annulation d'un procès-verbal de constat ou de saisie?

La force probante[86] des procès-verbaux de douane explique sans doute le régime particulier des nullités qui prévaut en la matière. Selon l'article 316 du code des douanes, « les tribunaux ne peuvent admettre contre les procès-verbaux de douane d'autres nullités que celles résultant de l'omission des formalités prescrites par les articles 38, 301 à 310 et 312 ci-dessus ».

Ainsi, le procès-verbal douanier annulé subit une dégradation de sa valeur juridique. Les procès-verbaux nuls en la forme ne valent que comme témoignages écrits. Il s'agit là d'une réduction par conversion : les procès-verbaux nuls ne valent que comme témoignages écrits.

En cas de nullité des procès-verbaux, les moyens probatoires sont alors ceux que l'on rencontre plus classiquement dans la procédure de droit commun, notamment la liberté de la preuve en matière pénale.

Le Professeur Berr abonde dans le même sens lorsqu'il écrit que « la nullité du procès-verbal de douane n'est pas en elle-même de nature à mettre obstacle à la poursuite de l'action entreprise par la douane. Elle impose seulement à l'administration de rapporter la preuve de l'infraction selon les

---

Ces faits constitutifs de fraude douanière relative au transport de marchandises expédiées sous régime suspensif correspondent au délit de contrebande de complicité et d'intérêt à la fraude prévu par les articles 393 , 376 et 384 du code des douanes et réprimé par l'article 391 du même code.

Devant les premiers juges, les conseils des prévenus avaient sollicité du tribunal l'annulation de tous les actes de procédure qui ont été pris en violation des dispositions des articles 101 à105 du code de procédure pénale, de déclarer nuls les procès-verbaux de douane qui ont été pris en violation des articles 311, 306, 312 et 316 du code des douanes. À l'appui de leurs prétentions, les requérants faisaient observer que le juge d'instruction a violé les droits de la défense en ne respectant pas les obligations prescrites par les articles 101 et suivants du code de procédure pénale. Le premier juge en rejetant ces exceptions soulevées par la défense affirme :

- d'une part que celles – ci doivent être appréciées conformément aux dispositions des articles 168 CPP et 316 CD ;
- d'autre part que les prévenus ne prouvent ni n'offrent de prouver que l'inobservation des délais prévus par l'article 161 CPP a nui à leurs intérêts. Ce qui n'a pas été la position de la cour d'appel qui dans sa décision du 25 mai a soutenu que les procès-verbaux ont été pris en violation des articles 101 et suivants du code de procédure pénale et a infirmé la décision du premier juge.

86 Cf. paragraphe 2 infra.

modes ordinaires, l'essentiel restant, ici comme ailleurs, l'intime conviction du juge ».[87]

Le juge retrouve ainsi tous ses pouvoirs d'appréciation des procès-verbaux comme en droit commun.

La question fondamentale en matière de nullité est celle de son étendue. Dès l'instant qu'un acte est considéré comme nul, il est retiré de la procédure mais le reste demeure valable[88].

La jurisprudence française[89] a une position très nuancée sur cette question. Restent valables selon la jurisprudence, les constatations régulièrement faites, indépendamment des constations faites en violation des règles prescrites.

Toutefois, lorsqu'il existe entre les actes une relation telle que les premiers ont eu pour effet, soit de permettre de réaliser les secondes, sera retiré de la procédure l'acte lui-même mais également toutes les mesures qui en découlent car elles n'ont pu être mises en œuvre qu'en raison de la présence antérieure d'un acte nul[90]. La jurisprudence française se réfère à la notion de « support nécessaire ».

Si ce support est nul, les mesures consécutives dont il constitue le support sont aussi nulles. Il s'agit, en quelle que sorte, de l'application du principe : « L'accessoire suit le principal ».

Dans le droit pénal douanier, les procès-verbaux ne sont dotés d'autorité qu'à une double condition : celle de leur régularité et celle de leur sincérité. Il s'agit de deux exigences fondamentales protectrices des droits de la défense dont la violation entraine la nullité. Quelle est la position de la jurisprudence Sénégalaise ?

À notre connaissance, trois décisions ont été rendues sur la question. Les deux premières portent sur le défaut de signature, la troisième est relative à une signature portée sur les procès-verbaux par des personnes non habilitées[91].

---

87 Claude Berr.Henri Trémau, *Le Droit Douanier Communautaire et national,* 7^{éme} édition Économica 2006, p.539.

88 Pannier J., *Les nullités de procédure en matière douanière*, Gaz. Pal., 1989, 1. Doct.131.

89 Cass.Crim., 21 janvier 1985, Crémieux : « Ne constituent pas une nullité de l'information au sens de l'article 334-2 du Code des douanes,, ni le défaut de sommation d'assister à la rédaction d'un procès-verbal, ni le défaut de lecture du contenu de ce dernier, par les agents verbalisateurs, aux délinquants verbalisés ou à leurs représentants, dès lors que ceux-ci ont signé ledit procès-verbal le jour mentionné à l'acte après l'avoir lu, en avoir modifié le contexte, sans émettre d'observations ou de contestations ».

90 Cass. Crim., 26 janvier 2000, Bull. Crim n° 46, Droit pénal 2000, comm n° 95 : « La nullité du placement en garde à vue n'affecte pas la mise en examen, si le prononcé de celle-ci se fonde sur des indices établis indépendamment du placement en garde à vue ».

91 1) Ministère Public et l'Administration des Douanes/ Tampasse Faye, Ramzi Saleh : Jugement n° 1620 du parquet. Flagrants Délits du 12 Avril 1999. Prévenus devant le tribunal régional de Dakar de tentative d'exportation frauduleuse de fonds à l'étranger, défaut d'obtention d'autorisation de transfert de fonds à l'étranger et inobservation des formalités et conditions exigées à cet effet.

Dans l'affaire Ministère public et la douane contre Tampasse Faye, les avocats du prévenu soutenaient que : « le procès-verbal de douane n'avait pas été signé par les saisissants et n'énonçait pas leur nom, qualité et demeure ni celui de la personne chargée des poursuites ».

Dans l'affaire opposant aussi le Ministère public et la Douane contre Ahmed Chaoui et Ibrahima Maréga, cette exception était soulevée en ces termes : « Les prévenus ont, par l'organe de leurs conseils, soutenu qu'en violation de l'article 222 du code des douanes, le procès-verbal de saisie n'avait pas été signé par tous les saisissants qui sont au nombre de douze (12) mais seulement par huit (8) d'entre eux ».

Ces exceptions ont été rejetées par le juge en application des dispositions de l'article 222 du code des douanes[92] : « Attendu que l'article 222 n'exige point de signature du procès-verbal de saisie par tous les saisissants ».

De même, l'exception tirée de la qualité des signataires a été soulevée dans l'affaire le Ministère Public et la Douane contre le sieur Adel Korban. Poursuivi pour plusieurs infractions douanières, le prévenu avait soulevé in limine litis des exceptions de nullité contre les procès-verbaux de douane dont certains ont été signés par des personnes non habilitées.

En l'espèce, dans ce dossier relatif à une importation en contrebande reprochée au Sieur Adel Korban, l'Administration des douanes avait travaillé en collaboration avec Abdourahmane Dia, inspecteur d'État qui a signé le procès-verbal. La défense a considéré ce procès-verbal nul car ayant été signé par une personne qui n'a pas la qualité.

Le juge déclara alors cette exception comme mal fondée en application de l'article 220 du code des douanes qui dispose [93] : « les agents assermentés de la force publique et les autres administrations habilités à constater des infractions à la loi douanière peuvent apporter leur concours à l'administration des douanes conformément aux conditions et limites fixées par le présent code ».

À la lecture de ces quelques décisions, il apparaît que les procès-verbaux constituent, aux mains de la douane, une arme redoutable qui n'a pas son équivalent dans les autres administrations. En témoigne la force probante que la loi attache à ces procès-verbaux.

---

2) Ministère public et Administration des Douanes/ Ahmed Chaoui et Ibrahima Marega : Jugement N° 480et N° 085/2001 du parquet. Flagrants délit du 31 Janvier 2001. Prévenus devant la barre du tribunal régional de Dakar de faux et usage de faux en écritures privées, contrebande et importation sans déclaration.

3) Ministère Public et Administration des douanes / AdelKorban et Autres. Arrêt N° 298. Prévenus devant la cour d'appel de Dakar en son audience du 25 mai 1994 ; d'importation sans déclaration et complicité.

92 Article 304 du nouveau code des douanes.

93 Article 301 du nouveau code des douanes.

Paragraphe 2 : La force probante des procès-verbaux

Comme en droit pénal général, le procès-verbal est le mode habituel de constatations des infractions douanières.

L'importance du procès-verbal résulte du fait qu'il constitue la base des poursuites en justice des infractions douanières. Il interrompt la prescription de l'action en répression. En effet, le souci de faciliter l'administration de la preuve lors de la constatation d'infractions réputées fugaces, a conduit le législateur à conférer aux procès-verbaux de douane une autorité supérieure à celle émanant d'autres administrations.

Cette force probante n'est pas systématique car elle varie selon que le procès-verbal est rédigé par plusieurs agents ou par un seul agent.

En effet, aux termes de l'article 314 du code des douanes : « Les procès-verbaux de douane rédigés par deux agents des douanes et les procès-verbaux constatant des infractions douanières rédigés par deux agents assermentés parmi ceux visés à l'article 301 du présent code font foi jusqu'à inscription de faux des constatations matérielles qu'ils relatent.

Ils ne font foi que jusqu'à preuve contraire de l'exactitude et de la sincérité des aveux et déclarations qu'ils rapportent ».

L'alinéa 1 de l'article 315 du même code ajoute : « Les procès-verbaux de douane rédigés par un seul agent assermenté visé à l'article 301 du présent code font foi jusqu'à preuve contraire ».

La loi douanière ne fait donc aucune distinction entre les procès-verbaux de saisie et les procès-verbaux de constat concernant leur force probante devant les tribunaux. Il convient de souligner que la force attachée aux procès-verbaux de douane ressemble à une vérité absolue. En cela, le droit douanier s'écarte fortement des règles du droit commun.

En effet, aux termes de l'article 417 du code de procédure pénale : « Sauf dans les cas où la loi dispose autrement, les procès-verbaux et les rapports constatant les délits ne valent qu'à titre de simples renseignements ».

Cette extraordinaire différence avec le droit pénal appelle deux remarques.

Si l'on veut considérer le caractère matériel des infractions douanières, la force probante des procès-verbaux doit être uniquement limitée aux procès-verbaux de saisie qui ont pour but de constater des infractions flagrantes.

Sur le plan de l'orthodoxie juridique, et suivant les règles qui gouvernent la procédure pénale, rien ne justifie que l'on donne aux procès-verbaux de constat une grande force probante.

À titre d'exemple, la retenue douanière[94] obéit à un certain formalisme : les différentes étapes de cette retenue doivent être mentionnées dans un

94 La retenue douanière est une mesure administrative prévue par l'article 220 du code des douanes qui prévoit « la capture des prévenus » en cas de flagrant délit ; qu'elle est applicable à tous les délits douaniers flagrants sans distinction selon leur gravité ; qu'elle autorise

procès-verbal de constat afin de permettre à l'autorité judiciaire de vérifier si la privation de liberté s'est déroulée dans les conditions compatibles avec le respect de la dignité humaine.

Ici, l'intérêt d'accorder une force probante aux procès-verbaux de constat ne se justifie pas, car il ne s'agit là que de simples actes de police judiciaire qui ne doivent pas remettre en cause le principe de la loyauté de la preuve et le principe du contradictoire. Cette force probatoire explique sans nul doute le régime spécial des nullités prévues par le législateur en la matière.

Par ailleurs, on peut relever que les constatations matérielles font foi jusqu'à inscription de faux. Les constations matérielles visent, notamment, le lieu où l'infraction a été constatée, la nature des marchandises, les circonstances dans lesquelles une arrestation a été opérée. En réalité il s'agit des constatations qui tombent sous le sens des verbalisateurs, mais non aux déductions qu'ils pourraient en tirer, encore moins à leurs simples impressions.

Mais le procès-verbal, pour valoir jusqu'à inscription de faux, doit être régulièrement signé par deux agents des douanes.

---

l'interrogatoire d'une personne placée en retenue douanière par les agents des douanes. Cette mesure est aussi prévue par l'article 77 de la loi N° 94-63 du 22 août 1994 sur les prix, la concurrence et le contentieux économique qui dispose : « Sous réserve des pouvoirs propres des officiers de police judiciaire en cas de flagrant délit, l'agent verbalisateur habilité en vertu de l'article 51, ayant au moins le grade de contrôleur ou un grade équivalent, peut requérir la détention du mis en cause ».

En France, la décision du conseil constitutionnel intervenue le 22 septembre 2010 (N° 2010 QPC : JO 23 septembre 2010, p.17291) a considéré que « la conciliation entre, d'une part, la prévention des atteintes à l'ordre public et la recherche des auteurs d'infractions et, d'autre part, l'exercice des libertés constitutionnellement garanties ne peut être regardée comme équilibrée ». Dés lors, les sages concluent à la contrariété des articles 9 et 16 de la déclaration de 1789 du 3° de l'article 323 du Code des douanes. Le professeur Casia abonde dans le même sens lorsqu'il écrit que les gardes à vue « particulières » ne sont plus conformes à la constitution » (D.2010. P.1949). Désormais avec cette décision, la personne retenue pour infraction douanière peut demander la présence d'un avocat dés les premières heures de la retenue. Il faut préciser que l'article 323/3 du code des douanes ne permet pas à la personne retenue contre sa volonté de bénéficier de l'assistance effective d'un avocat pendant la phase d'interrogatoire ; qu'une telle restriction aux droits de la défense est imposée de façon générale sans considération des circonstances particulières, susceptibles de la justifier pour rassembler ou conserver les preuves ou assurer la protection des personnes ; qu'au demeurant, la personne en retenue douanière ne reçoit pas la notification de son droit de garder le silence.

En droit Sénégalais, en l'absence d'une telle décision, il faut s'en tenir aux textes et décider que la retenue douanière n'est pas une garde à vue pour deux raisons : premièrement suivant les dispositions de l'article 55 du code de procédure pénale, la garde à vue relève de la compétence d'un officier de police judiciaire, deuxièmement, à la lecture de l'article 21 al 2 du code de procédure pénale, il ressort clairement que les douaniers ont des prérogatives de police judiciaire mais n'ont pas la qualité d'officiers de police judiciaire.

Sur cette question, voir aussi Pannier J., *La retenue douanière en « question* », Décision n° 2010-32, QPC du 22 septembre 2010, Gaz. Pal. 10-12 octobre 2010.

Concernant les « aveux et déclarations », le législateur a prévu une atténuation de la force probante puisque, revêtus uniquement de la force probante des procès-verbaux de droit commun.

Ainsi, le justiciable qui entend combattre un procès-verbal de douane doit s'inscrire en faux. Il s'agit d'une procédure particulière, périlleuse et spécialement encadrée par le code des douanes en son article 317.

Le professeur P. Nazario soutenait à ce sujet : « Nous avons une petite procédure douanière bien à nous qui est semée de chausse-trappes et de déchéances à tous les coins, si bien qu'il est assez difficile de s'inscrire en faux d'une manière efficace contre les procès-verbaux »[95].

Cette voie de recours contre les procès-verbaux de douane est spécifique en plusieurs points. Cette spécificité résulte de l'article 317 du code des douanes qui prévoit : une déclaration par écrit, en personne ou par un fondé de pouvoir spécial. Au plus tard à l'audience indiquée par la sommation de comparaître devant le tribunal qui doit connaître de l'infraction, le dépôt au greffe du tribunal dans les cinq jours suivant des moyens de faux et des noms et qualités des témoins qu'il veut faire entendre .

Le moyen de défense doit être présenté in limine litis, avant toute défense au fond.

Le non-respect de ces conditions posées par l'article 317 du code des douanes est frappé par la déchéance de l'inscription de faux.

Pourtant, la jurisprudence a une lecture différente de ce formalisme contraignant.

Dans l'affaire Bertrand Touly, des agents des douanes ont été poursuivis pour association de malfaiteurs, corruption, détention de drogue, complicité, tentative d'extorsion de fonds et atteinte à l'administration de la justice.

Devant la barre du tribunal, Touly invoque que le procès-verbal de saisie constitue un faux. À l'argument ainsi développé, les prévenus s'opposent catégoriquement en se fondant sur l'article 235 du code des douanes.

Cette exception est jugée mal fondée par le tribunal au motif : « que sur le second moyen de la nullité des poursuites tiré de la violation de l'article 317du code des douanes, il importe de relever que les formalités prévues par le code des douanes ne sont admises que dans le cadre de la procédure d'inscription de faux alors que, les prévenus Abdou Khadre Kébé et Pape Massiré Gueye Thiam sont poursuivis sur le fondement des articles 131[96] et suivants du code pénal qui n'imposent pas un tel formalisme ».

---

95 P. Nazario, op. cit, p.47.

96 Article 131 du code pénal « Sera puni de la même peine, tout fonctionnaire ou officier public qui, en rédigeant des actes de son ministère, en aura frauduleusement dénaturé la substance ou les circonstances, soit en écrivant des conventions autres que celles qui auraient été tracées ou dictées par les parties, soit en constatant comme vrais des faits faux, ou comme avoués des faits qui ne l'étaient pas »

Cette décision du tribunal de Thiès est assez surprenante car, les agents des douanes ont opéré une saisie de drogue et ont par la suite rédigé un procès-verbal de saisie qui, selon la loi, « fait foi jusqu'à inscription de faux des constatations matérielles ».

Dès lors, la fausseté de ce procès-verbal de saisie ne peut être appréciée que par rapport à l'inobservation des conditions posées par les dispositions de l'article 304 du code des douanes.

Parallèlement, il existe une procédure spéciale d'inscription de faux prévue par les dispositions pertinentes de l'article 317 du même code que le ministère public, maître des poursuites dans cette affaire, ne saurait ignorer. Ainsi, les agents des douanes mis en cause ne peuvent être poursuivis sans au préalable s'inscrire en faux contre le procès-verbal de saisie rédigé par les agents des douanes.

Dès lors, le procès-verbal de saisie de drogue rédigé par les agents des douanes poursuivis devrait au préalable être attaqué en faux suivant la procédure décrite par l'article 317 du code des douanes avant de poursuivre les agents sur le fondement de l'article 131 du code pénal.[97]On ne comprend pas la décision du tribunal régional de Dakar venant confirmer au fond cette solution erronée.[98]

La loi douanière est une loi spéciale, dès lors, elle déroge aux dispositions du code pénal. En conséquence, le juge est tenu de faire application de la loi douanière.

La procédure particulière de faux, propre au droit douanier, atteste encore une fois de plus de la neutralisation du droit pénal commun par le droit douanier. Cette procédure donne aux procès-verbaux de douane une très grande

---

97 Tribunal Régional de Thiès, Audience des flagrants Délits du 12 Novembre 2012 : Jugement N° 1267, 3374 du parquet : Ministère Public et Bertrand Touly contre Cheikh Luc Nicolaï, Abdou KhadreKébé, Pape Massiré Gueye Thiam, Djibrine DIOP, Mamadou Lamine Mbaye : prévenus d'association de malfaiteurs et corruption contre tous, détention de drogue, complicité, tentative d'extorsion de fonds et atteinte à l'administration de la justice, détenus à la maison d'arrêt et de correction de Thiès suivant mandat de dépôt du 23 octobre 2012. En réalité, les agents des douanes ont sur la base d'une information saisie de la drogue (50 grammes de cocaïne) dans le bureau de Bertrand Touly, et ont par la suite rédigés un procès-verbal de saisie. Bertrand Touly estimant que cette drogue a été introduite dans son bureau à son absence par Cheickh Luc Nicolaï. De ce fait, il a porté plainte contre les susnommés devant le procureur de la République de Thiès, qui décida de poursuivre les agents des douanes pour les délits de faux et usage de faux en écriture publique authentique, de tentative d'extorsion de fonds et d'atteinte à l'administration de la justice. Selon le procureur de la république, étant fonctionnaires, les agents des douanes ont dénaturé la substance et les circonstances d'un acte de leur ministère (procès-verbal) en y constatant comme vrais des faits faux ou avoués des faits qui ne l'étaient pas. Donc c'est le procès-verbal de saisie rédigé par les agents des douanes qui a été attaqué pour faux par le procureur de la République.

98 Tribunal Régional de Dakar 21 janvier 2014, jugement n° 71/2014, inédit : Ministére Public et BertandTouly contre Cheikh Luc Nicolaï et autres.

force probante. On peut même considérer les procès-verbaux de douane comme des actes authentiques difficiles à combattre.

C'est certainement, ce qui explique la quasi inexistence de la jurisprudence dans ce domaine, malgré les contestations récurrentes des justiciables sur le contenu des procès-verbaux.

Il faut reconnaître que cette force probante exceptionnelle soulève le débat sur la place du juge dans l'appréciation des procès-verbaux de douane.

C'est la recherche de l'efficacité qui conduit la loi douanière à adopter une telle position. Le même objectif apparaît lorsqu'on s'intéresse aux sanctions attachées à l'infraction douanière.

Section 2 : Les sanctions de l'infraction douanière

Les infractions douanières créent un dommage considérable au trésor public. Le législateur a voulu y remédier en adoptant des sanctions particulièrement sévères.

Dans la forme, le code des douanes n'innove pas. Mais on y retrouve le souci d'efficacité et de dissuasion qui caractérise généralement le contentieux douanier répressif. Les sanctions patrimoniales renvoient à l'amende et à la confiscation (**paragraphe1**). Mais elles ne sont pas exclusives, car d'autres mesures peuvent être prononcées à l'encontre des contrevenants (**Paragraphe2**).

Paragraphe 1 : Les sanctions patrimoniales : l'amende et la confiscation

Le régime des sanctions patrimoniales douanières se caractérise par sa sévérité et par la rigidité de son application. La fonction essentielle des sanctions douanières est de dissuader quiconque serait tenté de s'adonner à une activité de fraude. Il faut puiser largement dans le patrimoine de l'auteur de l'infraction en vue de réparer le préjudice subi par le Trésor public.

Les sanctions douanières ont donc une nature hybride. On peut être édifié sur cette question lorsqu'on examine l'amende **(A)** et la confiscation **(B).**

A) L'amende

L'amende est définie par le paiement d'une somme d'argent au Trésor public. Il faut signaler que seule la loi est compétente pour fixer le montant des amendes en matière douanière. L'amende demeure la pénalité préférée du droit douanier.

Elle peut être appréciée dans ses modalités **(2)** et en fonction de sa nature **(1).**

1) La nature juridique de l'amende

L'amende douanière, selon la jurisprudence[99]a un caractère mixte de réparation civile et de peine.

Le caractère de réparation civile entraîne une seule amende quel que soit le nombre de personnes mises en cause. Toutefois, en cas d'opposition aux fonctions, des amendes individuelles sont infligées au regard du comportement de chaque individu. Cette exception dans la solidarité de l'amende se justifie par le fait que, même si l'opposition aux fonctions est qualifiée d'infraction douanière (contravention de cinquième classe), elle se rapproche plus d'une infraction de droit commun que d'une infraction douanière. C'est d'ailleurs la raison pour laquelle le code des douanes, concernant les peines privatives de liberté, utilise la technique de la « pénalité dite de référence » en renvoyant notamment aux articles 185, 186 et 187 du code pénal et pour l'amende au code des douanes.

Ce caractère de réparation civile fait aussi que le sursis n'est pas applicable lors du prononcé de l'amende. Il en est ainsi, de la prescription de l'amende qui est, aux termes de l'article 334 du code des douanes, de cinq (5) ans, comme en matière de dommages. Cependant les interruptions peuvent faire courir de nouveaux délais de cinq (5) ans sans dépasser la limite des trente ans, fixée par l'article 335 du même code.

Cette prescription particulière a des conséquences sur l'application de la loi pénale plus douce.

En effet, le montant de l'amende ne varie pas avec l'adoption d'une loi plus douce pour les infractions déjà réalisées.

Le montant en vigueur au moment de la commission de l'infraction est maintenu même s'il y a eu augmentation ou réduction de ce montant par l'effet de la nouvelle loi. L'amende douanière a un caractère pénal, le principe de la rétroactivité de la loi pénale plus douce devrait lui être appliqué.

Ainsi, lorsque plusieurs amendes sont prononcées dans le cas du cumul réel ou idéal d'infractions, les amendes sont cumulées pour que tous les préjudices subis par le Trésor public soient réparés. Cette efficacité dans la réparation fait aussi que la contrainte par corps est exercée en matière d'amende par anticipation, c'est- à- dire qu'elle est mise en œuvre malgré appel ou pourvoi en cassation.

Cette sévérité et cette particularité de l'amende douanière sont atténuées par la possibilité pour les personnes poursuivies pour le paiement de l'amende de solliciter une transaction[100].

---

99 Cass. Crim., 8 octobre.1990 Affaire, Andréni JCP 1991 II.21722, note Pannier J ; Bull. crim n° 334 ; Cass.Crim., 11 mai 1995, Bull.crim, n° 173. P.481.

100 Voir infra page 154.

S'agissant de son caractère pénal, l'amende douanière ne peut être infligée aux héritiers d'un contrevenant décédé avant jugement définitif. Cela se justifie par le principe de la personnalité des peines en droit pénal général et montre suffisamment que l'amende a un caractère pénal. En raison de son aspect pénal, l'amende ne peut non plus être prononcée contre une personne morale (sauf le cas de l'intérêt à la fraude). De même, elle se prescrit dans les mêmes conditions que les peines correctionnelles de droit commun ; c'est-à-dire cinq (5) ans après qu'elle est définitive. Par ailleurs, elle est inscrite au casier judiciaire et peut être exécutée par la contrainte par corps.

Il faut enfin signaler que l'amende est encourue même si l'infraction n'entraîne pas de préjudice au Trésor public.

2) Les modalités de fixation de l'amende

L'une des spécificités du droit pénal douanier réside dans les modalités de détermination de l'amende douanière. À la différence du droit pénal général où les amendes sont fixées entre un minimum et un maximum et en tenant compte de la gravité de l'infraction, l''amende douanière est fixée selon un montant forfaitaire, ou calculée selon la valeur des marchandises fraudées, ou le niveau des droits compromis ou éludés ou de la totalité de la confiscation.

Ainsi, l'amende peut être fixée de trois manières différentes :

- L'amende forfaitaire : dans ce type d'amende, c'est le juge qui arrête le montant de l'amende entre un minimum et un maximum fixés par la loi. Le juge dispose d'un pouvoir d'appréciation, car il est souverain dans cette fourchette établie par la loi. Ce type d'amende est prévu pour les contraventions de 1er, 3^{éme} et 5^{éme} classes[101].
- L'amende multiple des droits : Le montant de l'amende est ici fonction du niveau du droit compromis ou éludé. La détermination du montant du droit compromis ou éludé permet de connaître le montant par une simple multiplication. C'est le cas des contraventions de 2^{éme}classe pour lesquelles l'amende est égale au double des droits compromis ou éludés[102].

101 Pour la contravention de première classe l'amende est de 100.000 à 200.000 FCFA ; Pour la contravention de troisième classe l'amende est de 100.000 à 200.000 FCFA ; Pour la contravention de cinquième classe, l'amende est de 200.000 à1000.000 (Article 385, 387, 389).

102 Article 386 : « Est passible d'une amende égale au double des droits et taxes dus, éludés ou compromis, sans préjudice du paiement des droits et taxes exigibles, toute infraction aux dispositions des lois et règlements que l'administration des douanes est chargée d'appliquer lorsque cette irrégularité a pour but ou pour résultat d'éluder ou de compromettre le recouvrement d'un droit ou d'une taxe quelconque et qu'elle n'est pas spécialement réprimée par le présent code ».

- L'amende peut être égale à la valeur : ce mode connaît deux variantes :
- L'amende peut être un multiple de la valeur de l'objet de fraude : à l'importation, cette valeur est la valeur en douane majorée des droits et taxes ; à l'exportation, c'est la valeur point de sortie.
- L'amende sera égale à la valeur sur le marché intérieur de l'objet de fraude et c'est le cas pour les contraventions de 4éme classe et des délits de 1ère classe. Il faut toutefois préciser que l'amende prévue pour le délit de 1ere classe peut être égale à quatre fois la valeur de l'objet de la fraude sur le marché intérieur lorsque : les faits de contrebande, d'importation sans déclaration portant sur des marchandises dangereuses pour la santé, la moralité publique, contrefaisantes ou portant atteinte à la propriété intellectuelle.
- La liste de ces marchandises est fixée par arrêté du Ministre chargé des finances. Il en est de même lorsque les faits ont été commis en bande organisée.[103]
- L'amende peut être égale au montant de la valeur sur le marché intérieur des objets confisqués.[104]
- Pour les infractions à la réglementation des changes, l'amende est égale au minimum du montant et au maximum du quintuple de la somme ou de la valeur sur laquelle a porté l'infraction ou la tentative d'infraction[105].

---

103 Article 390/2.

104 Article 391 : « Sont passibles de la confiscation de l'objet de fraude, de la confiscation des moyens de transports, de la confiscation des objets servant à masquer la fraude, d'une amende égale au montant de la valeur sur le marché intérieur des objets confisqués »

105 Cependant il faut souligner que l'amende n'est pas prévue par le code des douanes mais par la loi uniforme adoptée le 18 février 2014 abrogeant et remplaçant le Règlement 09 /2010/ CM/ UEMOA du 1er octobre 2010 et l'ordonnance 94-29 du 28 février 1994 relative au contentieux des infractions au contrôle des changes. L'article 20 de la loi uniforme fait aujourd'hui la distinction entre l'amende appliquée aux personnes physiques et aux personnes morales.

Pour les personnes physiques, l'article 20 dispose : « Sous réserve des dispositions des 45 et 46 de la présente loi, les personnes physiques qui se sont rendues coupables ou complices d'une infraction à la réglementation des relations financières extérieures sont punies d'une peine d'emprisonnement d'un à cinq (5) ans et d'une amende dont le montant maximum correspond à la somme ou la valeur sur laquelle a porté l'infraction et, dont le maximum, est le quintuple de la dite somme ou de la valeur sans préjudice de l'application de l'aliéna premier du présent article auxdits représentants comme auteurs ou complices des mêmes faits ».

Pour les personnes morales, l'article 20 de la loi uniforme dispose : « Sous réserve des dispositions des articles 45 et 46 de la présente loi, les personnes morales autres que les établissements de crédit, pour le compte ou au bénéfice desquelles une infraction à la réglementation des relations financières extérieures a été commise par l'un de leurs organes ou représentants, sont punies d'une amende dont le montant minimum correspond à la somme ou valeur sur laquelle a porté l'infraction et dont le maximum est le quintuple de

B) La confiscation

La confiscation est définie comme l'attribution à l'État en toute propriété des biens qui ont fait l'objet d'une infraction ou qui ont été utilisés par les prévenus pour commettre une infraction. Elle est prononcée par le tribunal et elle est toujours précédée par une saisie.

La confiscation existe aussi en droit pénal commun. La doctrine[106] distingue la « confiscation générale », portant sur l'ensemble du patrimoine, et « la confiscation spéciale » limitée au corps du délit s'il relève de la propriété de l'auteur.

La confiscation douanière, quant à elle, a un champ d'application bien défini **(1)** Elle se réalise selon différentes modalités **(2)**.

1) Le champ d'application de la confiscation

La confiscation est toujours précédée d'une saisie qui la prépare. Cette saisie ne peut viser que les objets passibles de confiscation. Elle a pour objet les marchandises de fraude, les marchandises sur lesquelles porte l'infraction. Elle peut porter sur toutes sortes d'objets, y compris les objets personnels usagés. Tous les biens susceptibles de transaction commerciale et de déplacement à travers les frontières peuvent être concernés.

La notion de marchandises n'a pas fait l'objet d'une définition dans le code des douanes. La jurisprudence retient une définition extrêmement large de la notion. En effet, sont considérés comme des marchandises : « les objets destinés à être vendus, quelque minime que puisse être leur valeur réelle »[107], ou encore « l'universalité des choses susceptibles d'appropriation individuelle ou de transmission et ce quelle que soit leur origine, y compris les produits étrangers, quel que soit leur usage »[108].

Les marchandises de fraude sont confisquées dans le cas des contraventions de 3ème et 4ème classes (article 387 et 388) et des délits (article 390, et 391).

Les moyens de transport entrent aussi dans le champ d'application de la confiscation lorsqu'ils ont été utilisés pour transporter des marchandises

---

ladite somme ou de la valeur, sans préjudice de l'application de l'aliéna premier du présent article auxdits représentants comme auteurs ou complices des mêmes faits ».

Les sanctions applicables aux établissements de crédit, pour toutes infractions aux dispositions de la réglementation des relations financières extérieurs, sont prises par la BCEAO ou la Commission Bancaire de l'Union Économique et Monétaire Ouest Africaine UEMOA), conformément aux dispositions de la loi portant réglementation bancaire, notamment en ses articles 76,77, 78,80 et 83, sans préjudice de l'application de l'aliéna premier du présent article aux membres des organes ou aux représentants des établissements de crédit comme auteurs ou complices des mêmes faits ».

106 Emmanuel Dreyer, Manuel Droit pénal général, 2éme édition LexisNEXIS 2012, p. 873 et s.

107 Cass. Crim. 24 juin 1948 décision citée par Berr et Trémeau, « Le droit douanier communautaire et national », Economica, 6éme édition, p.495 et 919.

108 Cass. Crim., 17 Oct., 1967, Bull. Crim N° 255 et Cass.Crim 30 Mai 1842.

de fraude. En effet, ce sont ceux qui ont servi à déplacer la marchandise de fraude, mais également les fraudeurs aussi bien lors de l'introduction des marchandises de fraude que lors de leur circulation à l'intérieur du territoire douanier.

Le simple chargement des marchandises sur un moyen de transport en vue de leur déplacement peut suffire pour entraîner une confiscation. Et lorsqu'il y a eu transports successifs, tous les moyens de transport intervenus sont confiscables. Par ailleurs, les véhicules de transport en commun impliqués dans un délit douanier peuvent être confisqués.

Le moyen de transport peut encore être confisqué en cas d'opposition aux fonctions (contravention de 5ème classe).

Par contre, les véhicules appartenant à l'État ou aux collectivités publiques ne sont ni saisissables ni confiscables, même si leur valeur est prise en compte dans le calcul des pénalités. Cette exclusion a pour siège l'article 194 du code des obligations civiles et commerciales : « Il n'y a pas d'exécution forcée ni de mesures conservatoires contre l'État, les collectivités locales et les établissements publics.

Lorsque l'exécution forcée et les mesures conservatoires sont entreprises à l'égard de personnes morales autres que celles ci-dessus énumérées et sont de nature à porter gravement atteinte à la continuité du service public, le juge peut, pour prévenir ou mettre fin au trouble, prendre toutes mesures appropriées »[109].

Les conteneurs sont considérés comme moyens de transport mais ne sont pas en général confisqués, ils circulent sous le régime de l'admission temporaire.[110]

La confiscation concerne aussi les objets servant à masquer la fraude. Ce sont des objets dont la détention est souvent régulière, mais dont la présence rend plus difficile la découverte des objets de fraude. Ils sont généralement au contact de la fraude mais cela n'est pas toujours nécessaire. Il suffit que les circonstances de fait montrent que les objets servaient bien à masquer la fraude. Ces objets sont confisqués dans le cas des délits[111].

En revanche, la cour de cassation française exige pour la confiscation des marchandises servant à masquer la fraude que « le propriétaire de l'objet (ayant servi à masquer la fraude douanière) ait été régulièrement cité à comparaître, parce que la confiscation ne peut être prononcée par une juridiction pénale si celui-ci ne peut être mis en mesure d'exposer ses arguments en défense,

109 Loi N° 63-62 du 10 juillet 1963 relative à la partie générale.

110 En cas de trafic illicite de drogue, le conteneur peut être confisqué.

111 Délits de 1er, 2éme, 3éme classes, art 391, 392, du code des douanes.

comme le prévoit l'article 6 de la convention européenne de sauvegarde des droits de l'Homme et des libertés fondamentales »[112].

Les modalités d'exécution de la confiscation ont tenu compte de l'étendue de ce champ d'application.

2) Les modalités d'exécution de la confiscation

La confiscation peut être faite en nature, c'est-à-dire qu'elle porte sur l'objet même de la fraude, ou par équivalent, c'est-à-dire en valeur.

La confiscation en nature, aboutit à une réelle dépossession au profit de l'État sans que le propriétaire ou d'autres personnes titulaires de droits sur les marchandises confisquées ne puissent s'y opposer. Ainsi la confiscation fait disparaître les droits de gage qui grevaient l'objet confisqué.

Elle est dite à l'équivalent lorsque la confiscation ne peut matériellement porter sur l'objet à confisquer par suite de son absence ou, lorsque les marchandises sont périssables ; ou malgré la présence de l'objet, l'administration des douanes choisit ce mode de confiscation.

Elle consiste à la condamnation au paiement de la valeur sur le marché intérieur de l'objet de fraude.

L'administration des douanes peut demander la confiscation à l'équivalent sur le fondement de l'article 408 du code des douanes qui dispose : « lorsque les objets susceptibles de confiscation n'ont pu être saisis ou lorsque, ayant été saisis, la douane en fait la demande le tribunal prononce, pour tenir lieu de la confiscation, la condamnation au paiement d'une somme égale à la valeur représentée par les dits objets, calculée d'après le cours du marché intérieur à l'époque où la fraude a été commise ou tentée ».

Cette confiscation à l'équivalent est une peine différente de la peine d'amende[113] . En revanche, les juges ne peuvent pas prononcer à la fois la confiscation des objets saisis et la condamnation à une somme tenant lieu de confiscation, au risque de violer le principe de non-cumul des peines de même nature et la règle « no bis in idem »[114].

---

112 Cass. Crim., 29 Novembre 2000, Bull. Crim N° 356 ; RTD com 2001, p.350, note B. Bouloc ;Revue.Sc. Crim, Rozenn Cren, Thèse de doctorat en droit privé, spécialité droit pénal soutenue le 16 Novembre 2011 à l'Université Panthéon ASSAS, « Poursuites et Sanctions en droit pénal douanier ».

113 Cass. Crim. 3 novembre, 1972, Bull. Crim., N° 320, la cour de cassation a censuré un arrêt de condamnation qui fixait le montant de la confiscation en valeur, non au regard de la valeur de l'objet, mais de l'amende.

114 Cass. C., 1998, DR. Pénal, 1998, comm., N° 57. En l'espèce l'objet de fraude était des produits stupéfiants, qui avaient été saisis par la douane puis détruits au cours de la procédure judiciaire. L'administration des douanes souhaitait cependant exercer l'option prévue par l'article 435 du code des douanes français qui est le pendant de l'article 325 du code des douanes sénégalais, et obtenir la confiscation à l'équivalent de la marchandise préalablement confisquée et détruite. Les juges du fond avaient fait droit à cette demande. En application de la règle du non cumul des peines, la Cour de Cassation a censuré cette solution

Ainsi, la confiscation douanière, dans ses modalités d'application, vise bien plus l'appropriation d'un objet de nature à garantir le paiement des sommes dues au Trésor public que la sanction de l'auteur même de l'infraction. Elle peut être prononcée à titre de peine principale et de peine complémentaire.

L'analyse des sanctions patrimoniales permet d'apprécier à la fois le pouvoir d'appréciation du juge et le principe de proportionnalité des sanctions.

En effet, aux termes de l'article 347 du code des douanes : « Le juge ne peut ni donner mainlevée provisoire des marchandises, ni modérer les droits, confiscations ou amendes, non plus qu'en ordonner l'emploi au préjudice de l'administration ».

Cette limitation trouve ses racines dans l'histoire du droit douanier français depuis le XVIème siècle. Elle vise à restreindre les pouvoirs des juges dans l'appréciation de la culpabilité des fraudeurs[115]. Il faut cependant préciser que cette restriction des pouvoirs du juge n'était applicable qu'à l'égard des sanctions fiscales, c'est- à- dire des amendes et confiscations.

Le juge sénégalais voit toujours son pouvoir d'appréciation limitée dans le prononcé des sanctions fiscales, il n'a aucun pouvoir modérateur quant au quantum des amendes et confiscations douanières.

Dans ce système autonome propre au droit douanier, le juge sénégalais devient un distributeur automatique de sanctions pénales.

Le maintien de cette situation semble se justifier par l'efficacité économique.

Malgré ce constat, des critiques ont été formulées en l'encontre des sanctions douanières : elles portent sur la proportionnalité entre les infractions et les sanctions.

En effet, s'il est un domaine dans lequel le code des douanes n'a pas accusé de faiblesse à l'égard des délinquants, c'est bien celui des sanctions. L'importance des amendes, confiscations et leur caractère quasi automatique font perdre au principe de proportionnalité une partie de sa signification.

Affirmer qu'entre deux choses (quelles qu'elles soient) il existe une proportionnalité, c'est constater l'existence d'un rapport constant entre ces deux choses. L'idée de proportionnalité s'apparente ainsi à celle de relation mathématique déterminée. Mais dans le domaine juridique, elle introduit une certaine connotation morale ou sociale. La proportionnalité n'est pas seulement une exigence mathématique. Elle est une exigence de justice[116].

---

au motif qu'on ne peut pas être condamné cumulativement aux deux formes de confiscation, en nature et à l'équivalent.

115 Ordonnance de Louis XIV, Roi de France et de Navarre, donnée à Versailles le 22 juillet 1681 -P. Nazario, Cours de contentieux douanier, op. Cit, n° 31 ; Stibon " L'origine des Défenses faites aux juges" ; La vie de la douane, mars 1979, p.21.

116 Claude J. Berr. : « Les sanctions douanières sont-elles disproportionnées ? ». Le texte reprend une communication présentée au Colloque organisé par l'Association tunisienne de droit pénal à Tunis le 18 févr.1987. Recueil Dalloz, Sirey, 1987, 17^éme^ cahier. Chronique.

Pour cette raison, on a fait remarquer que dans les infractions douanières, la sanction ne devrait pas aller au-delà de ce qui est nécessaire pour réparer le préjudice subi par le Trésor public.

Les règles qui gouvernent les sanctions douanières sont empreintes d'une sévérité indéniable. Faut-il toujours s'attacher à cet arsenal répressif?

L'intérêt de la question, ne se situe pas essentiellement au plan de la politique criminelle d'ensemble en matière douanière, mais s'étend à la mise en œuvre concrète des sanctions prévues par le législateur.

On sait bien qu'en matière de délinquance économique et spécialement dans le cas des infractions douanières, la mission d'appliquer la politique répressive incombe autant aux administrations qu'aux autorités juridictionnelles.

À ces questions éminemment politiques, la réponse apportée devrait être politique. C'est pourquoi, dans le code sénégalais des douanes récemment adopté, le législateur n'a pas réussi à instaurer l'équilibre qui sied entre la sauvegarde des deniers publics et les garanties accordées au contribuable.

Il ne serait ni absurde ni choquant, de considérer le droit douanier comme un dérivé du droit fiscal afin que ne soient plus confondus dans le même opprobre les opérateurs de bonne foi et les fraudeurs[117]. Cette option du législateur serait en parfaite adéquation avec la politique de partenariat entre la douane et les entreprises initiée depuis quelques années.

Aujourd'hui, la Douane se veut une administration au service des entreprises. Dans ce contexte, il serait paradoxal de maintenir dans le code des sanctions disproportionnées qui, parfois, ne résultent que de la simple méconnaissance d'une réglementation complexe.

C'est pourquoi, le législateur à travers le nouveau code des douanes n'a pas manqué de s'orienter vers cette direction, mais il n'est pas allé jusqu'au bout de sa logique.

Les amendes ont fait l'objet d'une réduction peu significative aussi bien pour les délits que pour les contraventions (articles 388, 390,391). C'est dire que le législateur douanier reste encore relativement sévère. Et cette rigueur se retrouve aussi dans les autres types de sanctions.

Paragraphe 2 : Les autres types de sanctions

Le droit douanier, comme le droit pénal général, prévoit des peines privatives de liberté **(A)** ou restrictives de droit **(B)**.

---

117 Elisabeth Natarel, « Pour une Modernisation de l'encadrement juridique de nos échanges commerciaux : L'indispensable réforme du code des douanes français. CREPPEM/Espace Europe, Université de Grenoble.Dalloz 2008 ; RTD.com p.485.

A) Les peines privatives de liberté

Quelle que soit la préférence accordée par le droit douanier aux pénalités fiscales pour la défense des intérêts du Trésor, le droit pénal douanier ne saurait ignorer la personne du délinquant dans la sanction de l'infraction. Des peines de prison sont prévues pour les délits et pour les contraventions douanières[118].

Toutefois les situations d'infraction dans lesquelles le code des douanes prévoit des peines privatives de liberté sont rares. Leurs fourchettes sont faibles par rapport à celles consacrées par le droit pénal général.

La sanction la plus élevée est prévue par l'article 391 du code des douanes et concerne l'importation sans déclaration et la contrebande délits de deuxième classe (06 mois à 05 ans).

Aujourd'hui avec la création d'un troisième délit lié à la fraude dans le système informatique douanier, l'article 392 du code des douanes prévoit, en dehors de la confiscation des moyens ayant servi à commettre l'infraction, une peine d'emprisonnent de cinq (05) à dix (10) ans. Il s'agit de l'application dans le domaine douanier de la loi n° 2008-11 du 25 janvier 2008 sur la cybercriminalité[119].

L'administration des douanes, dans la répression de la fraude, accorde plus d'importance aux pénalités pécuniaires qu'aux peines privatives de liberté. Elle agit ainsi conformément à sa mission fiscale.

Toutefois, il faut souligner que l'Administration des douanes, dans la constatation et la répression des infractions à la réglementation des changes est habilitée à demander l'application des peines de prison prévues par l'article 20 qui sont de un (01) an à cinq (05) dans de la loi uniforme sur les infractions à la réglementation des changes[120].

---

118 Délit de première classe article 308 du code des douanes : « emprisonnement de trois mois à trois ans » ; Délit de deuxième classe : article 309 : « emprisonnement de six mois à cinq ans »

Contravention de cinquième classe article 307 prévoit des peines de prison en application des dispositions des articles 185, 186, 187 et 196 du code pénal. Cette technique est dite : « La pénalité par référence ».

119 Le développement des Technologies de l'information et de la Communication (TIC) constitue en ce début du XXIème siècle un tournant majeur de la civilisation humaine. Le réseau internet constitue aujourd'hui l'illustration parfaite des possibilités offertes par les technologies de l'information et de la communication qui, grâce aux services disponibles (technologie numérique de communication, de transmission et d'archivage de l'information, etc.) demeurent un puissant vecteur de communication utilisé par des millions de personnes. Ce passage de l'analogique au numérique a engendré l'irruption de ce nouveau phénomène criminel dénommé cybercriminalité caractérisé par la transnationalité, l'immatérialité, la volatilité et l'anonymat de ses acteurs. Il a contribué à brouiller les repères du système pénal dont les réponses traditionnelles et permanentes, conçues et élaborées pour un environnement matérialisé et national, se sont vite révélées inappropriées et inadaptées pour saisir cette nouvelle réalité de l'ère numérique.

120 Voir supra p. 60.

Par ailleurs, même si l'Administration des douanes est appelée à exercer la contrainte par corps dans certaines situations (articles 364 et382 du code des douanes), cette mesure est considérée par une partie de la doctrine[121] comme une peine en raison de son exécution dans un établissement carcéral. Mais cette opinion n'est pas approuvée par la Cour de cassation française.

Cette haute juridiction la considère comme une mesure de recouvrement forcée qui permet de maintenir en détention une personne condamnée pour un délit de douane, jusqu'au paiement complet des pénalités fiscales, même en cas d'appel ou de pourvoi en cassation.[122].

La juridiction répressive statuant sur les peines privatives de liberté dispose toujours de son pouvoir d'appréciation comme en droit commun. Mais il faut préciser que le juge ne peut sortir de la fourchette édictée par le législateur sous peine d'être censuré.

En France, depuis la loi du 29 décembre, le législateur a beaucoup évolué en alignant la sanction douanière sur le droit commun. Il a restitué au juge son pouvoir d'appréciation.[123]

Au Sénégal, la sévérité est encore de mise, même si par ailleurs, le législateur a fait l'effort de réduire certaines amendes dans la nouvelle loi portant code des douanes.

L'adaptation de la réglementation douanière, et plus particulièrement des sanctions douanières, ne peut s'opérer que dans un esprit de conciliation

---

121 Vincent Carpentier ; Guide pratique du Contentieux douanier, Édition LITEC, 1996, p.179 et s.

122 Cass. Crim. Ass. Plen., 5 Avril 1996, Bull. Crim., N° 3, CEDH 8 juin 1995, D. 1996, Somm., p.197, note J-F.Renuci.

123 Loi n° 77-1453 du 29 Décembre 1977 accordant des garanties de procédures aux contribuables en matière fiscale et douanière : JO, JCP 1978, III, 46 645. La loi du 29 décembre 1977 est généralement présentée comme une série de dispositions hétérogènes et d'inégale portée qui a eu pour but de remettre en cause les prérogatives les plus typiques de la puissance publique. Elle a pour but de déterminer un meilleur équilibre dans les rapports entre le contribuable et l'État. Dans cette optique, elle a ainsi crée la Commission des infractions fiscales. La Commission des infractions fiscales est un organisme qui émet des avis conformes qui s'imposent à l'Administration lorsque celle-ci entend engager des poursuites pénales à l'encontre d'un contribuable ayant commis une fraude fiscale. La loi du 29 décembre a également procédé à de nombreuses modifications concernant les procédures de contrôle fiscal. Elle est aussi venue modifier le droit douanier. Le législateur français est ainsi intervenu pour fixer un nouveau régime concernant les sanctions, à quoi est venu s'ajouter un remodelage des organismes consultatifs d'arbitrage en matière douanière. Au Sénégal, il faut préciser que cette commission n'existe pas, cependant il existe une commission du contentieux des changes qui est compétent pour se prononcer sur les infractions à la réglementation des changes lorsqu'une transaction intervient après jugement définitif. Dans le cadre du partenariat entre la douane et les entreprises, et dans le souci de mieux garantir les droits des contribuables, l'Administration des douanes Sénégalaises à l'instar de son homologue français devrait soit mettre sur pied une pareille commission, ou élargir les compétences de la commission du contentieux des changes sur tout le contentieux fiscal.

entre les objectifs précédemment mis en lumière : conciliation entre liberté et contrainte, entre sauvegarde des intérêts du Trésor public et respect de certains héritages. Peut-on faire la même remarque lorsqu'on examine les mesures privatives de droits ?

B) Les mesures privatives de droits

Ces sanctions sont édictées dans le but d'aggraver la sanction principale ou de faire perdre temporairement ou définitivement au délinquant le bénéfice de certains régimes ou avantages douaniers. Certaines de ces sanctions ont un caractère administratif, d'autres un caractère judiciaire.

Les sanctions administratives consistent pour l'Administration des douanes à exclure du bénéfice du régime de l'entrepôt, de l'admission temporaire, du régime du transit, ainsi que du crédit des droits et du crédit d'enlèvement, quiconque aura été judiciairement convaincu d'avoir abusé des régimes suspensifs économiques douaniers. Cette décision est prise par le Ministre de l'Économie et des Finances sur proposition du Directeur Général des Douanes.

Cette mesure s'applique souvent aux opérateurs économiques qui commettent des infractions consistant à une non représentation de marchandises placées dans les différents régimes d'entrepôt sans paiement des droits et taxes exigibles ; ou en tout cas qui n'auraient pas respecté les conditions de séjour des marchandises éligibles auxdits régimes ; ou encore en cas d'abus graves dans lesdits régimes.

Par ailleurs, l'exercice de la profession de commissionnaire en douane agréé étant réglementé par décret,[124] le commissionnaire en douane agréé qui ne respecterait pas les règles d'exercice, ou en cas d'infraction douanière, peut voir son agrément de commissionnaire retiré sur proposition du Directeur Général des Douanes[125].

---

124 Décret n° 85-863 du 9 Août 1985 organisant la profession de commissionnaire en douane au Sénégal.

125 Article 17 du décret : « Le retrait de l'agrément peut être proposé soit par le Directeur général des douanes, soit dans les cas prévus par son règlement intérieur, par le conseil de discipline des commissionnaires en douane visé au titre V qui saisit immédiatement le Directeur général des douanes. Ce dernier transmet la proposition de retrait d'agrément au comité de direction. Il informe l'intéressé sous pli recommandé de la mesure envisagée et l'invite à fournir des explications écrites.

Le comité de direction quinze jours au moins avant la date de la réunion avise l'intéressé qu'il peut être entendu à cette occasion, qu'il lui est loisible de se faire assister ou représenter par un conseil, et que lui ou son défenseur peut prendre connaissance du dossier au secrétariat du comité de direction.

Le comité de direction, une fois l'intéressé averti, émet un avis le jour de sa réunion et le Ministre chargé des finances statue dans le mois qui suit la date de cet avis ».

Article 18 du décret : « Les décisions de retrait d'agrément sont publiées partout où besoin sera et notifiées individuellement aux intéressés par le directeur général des douanes. Elles prennent effet à compter de la date de notification ».

Des peines privatives de droit peuvent aussi être prononcées par le juge répressif, à titre de sanction en application de certaines dispositions du code des douanes contre certaines personnes ayant commis ou participé à des infractions douanières en application de l'article 405 du code des douanes[126].

Ces sanctions sont très larges et visent les auteurs, les complices mais également les intéressés à la fraude. Elles peuvent consister en l'interdiction d'être électeur ou élu aux chambres de commerce, d'exercer certaines fonctions comme agent de change dans les institutions de crédit. Il peut s'agir aussi d'une insertion de la décision de condamnation dans un journal d'annonces légales, de l'affichage de la condamnation dans les chambres de commerce et dans les bureaux de douane aux frais du condamné.

Ces incapacités peuvent être temporaires ou définitives et la mainlevée ne peut être prononcée que par le juge.

La diversité de ces sanctions douanières confine le juge dans un rôle passif. On ne veut pas qu'il porte atteinte aux intérêts du Trésor public. La neutralisation a un fondement économique. On peut percevoir la même démarche dans la manière d'aborder la responsabilité pénale.

---

126 Article 405 du code des douanes « 1) Le tribunal peut, à la requête de l'administration, frapper les individus condamnés pour un délit douanier des peines prévues à l'article 34 du code pénal.

2) L'insertion dans un journal d'annonces légales par extraits des jugements ou arrêts de condamnation ainsi que l'affichage de ces extraits dans les chambres de commerce et les unités de douane peuvent, en outre, être ordonnés à la requête de l'administration et aux frais du condamné ».

Les peines visées par l'article 34 du code pénal sont : l'interdiction du droit de vote, d'éligibilité, d'être appelé ou nommé aux fonctions de juré ou autre fonctions publiques, ou aux emplois de l'administration ou d'exercer ces fonctions ou emplois, l'interdiction du port et de détention d'armes ; de vote et de suffrage dans les délibérations de famille, d'être tuteur, subrogé-tuteur ou curateur ; d'être expert ou témoin sauf pour donner en justice de simples renseignements.

TITRE 2

La neutralisation des mécanismes de la responsabilité pénale

Comme le droit commun, le droit répressif douanier distingue entre d'une part la responsabilité pénale qui soulève une question de culpabilité, et d'autre part la responsabilité civile qui touche le patrimoine du responsable.

La particularité du droit douanier réside dans le fait qu'elle met en œuvre trois régimes de responsabilité pénale :

- Une responsabilité pénale fondée sur la participation à l'infraction et qui concerne les auteurs et co-auteurs de l'infraction, les complices et les intéressés à la fraude[127].
- Une responsabilité pénale liée à l'exercice d'une activité professionnelle : elle vise les auteurs, les capitaines de navires, les commandants d'aéronefs, les déclarants en douane, les commissionnaires en douane et soumissionnaires.
- Une responsabilité pénale liée à la détention occasionnelle de marchandises de fraude.

Afin de faciliter la répression, le code des douanes a retenu des règles permissives d'engagement de responsabilité largement dérogatoires au droit commun **(Chapitre1)**, qui ont pour effet de limiter sensiblement le pouvoir d'appréciation du juge **(Chapitre 2)**.

---

127 Cette notion d'intéressé à la fraude est ancienne et spécifique au droit douanier. Elle résulte de l'idée qu'il faut punir ceux à qui profite véritablement l'infraction et non pas seulement les simples exécutants (article 376 du code des douanes).
La responsabilité pénale d'une personne morale peut donc être engagée si elle est intéressée à la fraude.

CHAPITRE I

La permissivité dans la détermination des règles de mise en œuvre de la responsabilité pénale

Les spécificités de l'infraction douanière ont permis au législateur douanier de forger des règles de mise en œuvre d'une responsabilité pénale autonome. Le droit répressif douanier se distingue sur cette question du droit pénal général.

Le code des douanes prévoit un système classique de responsabilité pénale dont le but est de faciliter la recherche et la poursuite des personnes dont le lien avec l'auteur principal de l'infraction est parfois lointain, si lointain même qu'il les ferait échapper à toute répression s'il s'agissait d'infractions de droit commun. Cette option du législateur douanier a pour effet d'étendre considérablement le domaine de la responsabilité pénale **(Section1)**.

Parallèlement, soucieux de lutter contre la fraude dans toutes ses formes, le code des douanes s'attache à décourager toute attitude de complaisance qui pourrait se manifester envers les fraudeurs en limitant les causes d'exonération **(Section 2)**.

Section 1 : Le domaine de la responsabilité pénale douanière

Rechercher un responsable, c'est pouvoir lui imputer[128] un fait infractionnel.

Présenté comme une opération purement technique, l'établissement d'un lien objectif entre l'infraction et le responsable ressort souvent des faits. Cette

---

128 Le mot imputation est fréquemment employé sans être vraiment défini ; et lorsqu'il l'est, son sens varie. Étymologiquement, l'imputation désigne l'action d'imputer, c'est-à-dire l'opération consistant à attribuer quelque chose à quelqu'un.
En droit pénal général, l'imputation renvoie au lien tissé entre le fait générateur et le responsable. Ce rattachement est classiquement dédoublé en imputation et imputabilité. L'imputation vise l'implication du responsable dans l'infraction, l'imputabilité permet de savoir que cette implication est consciente.

liaison mérite autrement d'être recherchée dans les responsabilités qui, détachées de l'idée de répression, ne nécessitent pas de faute du responsable. Ainsi en droit civil, la garde est la condition d'imputation de la responsabilité du fait de la chose au gardien[129], comme l'autorité parentale explique la responsabilité des parents du fait de leur enfant mineur.[130]

Pour assurer la répression, le code des douanes prévoit des présomptions de responsabilité **(Paragraphe1)** ; il consacre même une notion singulière : l'intérêt à la fraude **(Paragraphe2)**.

Paragraphe 1 : Les présomptions de responsabilité

En principe, l'action en responsabilité pénale permet de sanctionner une faute, causée par les agissements de la personne actionnée. Dans une telle perspective, la faute constitue la condition fondatrice de l'action en responsabilité.

Les actions en responsabilité douanière ne s'inscrivent que partiellement dans cette logique, car faisant de la présomption la condition essentielle d'engagement de la responsabilité. À ce titre, le code des douanes a établi deux catégories majeures de présomptions : une présomption fondée sur la qualité de détenteur de marchandises de fraude **(A)**, et une présomption axée sur l'activité professionnelle exercée **(B)**.

A) Une présomption fondée sur la qualité de détenteur

Aux termes de l'article 369 du code de douanes, « le détenteur de marchandises de fraude est réputé responsable de la fraude ». La notion de détention est entendue de manière large par la Chambre criminelle de la Cour de Cassation française. Selon cette haute juridiction, il importe peu que le détenteur ne soit pas propriétaire[131] ou n'ait pas la possession [132] des marchandises de fraude.

Les détenteurs d'objets de fraude sont considérés comme responsables de la fraude, même s'il n'est relevé aucune charge ou participation personnelle à leur encontre. La prise de possession par le prévenu du colis contenant les marchandises de fraude est un fait matériel de détention et constitue une présomption de responsabilité[133].

La qualité de détenteur suffit donc pour imputer la responsabilité à une personne bien déterminée. En droit douanier sénégalais, la notion de détention

---

129 Article 137 du code des obligations civiles et commerciales du Sénégal, article 1384 alinéa 1er, du code civil.

130 En droit français, c'est une responsabilité de plein droit, mais tel n'est pas le cas en droit sénégalais (Voir article 143 du COCC).

131 Crim., 18 Novembre1975, Bull.crim., n° 249 ; 11 Oct.1972, Bull.crim., n° 280.

132 Crim.19 déc.1946, doc. Cont. n° 787.

133 Cass. Crim., 21 fév.1983, Salabiaku ; Doc. Cont., n° 172.

à laquelle se réfère l'article 369 est analysée de façon large, comme en droit français.

La détention est juridiquement établie dès l'instant qu'il existe un lien physique entre la personne et la marchandise. Il n'est même pas indispensable que la personne ait eu conscience de sa qualité de détenteur. À l'instar du droit français, il importe peu que le détenteur ne soit ni propriétaire, ni possesseur. Le détenteur d'une marchandise de fraude ne peut combattre la présomption de responsabilité que l'article 369 du code des douanes fait peser sur lui qu'en prouvant sa bonne foi.[134]

Il faut préciser que ce texte s'applique également aux détenteurs à corps ou à la main, et aux personnes qui ont des marchandises en dépôt ou les transportent.

Constitue une détention à la main ou à corps, la prise de possession d'un colis dans un bureau de poste[135].

Dans les lieux privés, est détenteur celui qui a la jouissance des lieux où la marchandise de fraude est déposée et à qui incombe, à un titre quelconque, la surveillance de ceux-ci[136] .Toutefois, il est nécessaire que ces lieux soient une propriété privée[137](domicile, bâtiment d'exploitation, jardin, dépôt, terrain, hangar, grenier isolé, cave... qu'ils soient, selon le cas, fermés à clé ou non, clôturés ou pas) et que les marchandises reposent à l'intérieur d'un bâtiment ou sur le sol[138].

---

134 Cass.crim.05 Octobre 2005, Bull.crim.252, RSC.2006.p.621, Obs. H.Matsopoulou.RTD Com., 2006.p.500.obs.Bouloc : « Ne justifie pas sa décision la cour d'appel qui, pour relaxer du chef d'importation sans déclaration de marchandises prohibées le chauffeur d'un camion dans lequel ont été trouvés plus de deux cents kilos de cannabis dissimulés dans les pneus, relève que la relaxe du prévenu, au bénéfice du doute, du chef d'infraction à la législation sur les stupéfiants, ainsi que sa totale collaboration à l'enquête impliquent qu'il n'était pas de mauvaise foi ». (Pourvoi c. Pau 13 janvier 2005). Voir Jean Pannier., Recueil de jurisprudence douanière (1990-2010), éd. Economica, 2010, p.54).

135 Crim.25 janv.1982, Bull crim., n° 28 ; févr.1983, doct. N° 1721 : prise de possession d'une malle dans un aéroport ; personne interpellée par les douaniers alors qu'elle venait de passer la douane, dans un aéroport, avec une malle contenant des stupéfiants.

136 Crim. 18 Nov., 1975, Bull. crim, n° 249. ;11 oct. 1972. Bull.crim.n° 280. C'est le cas du propriétaire, du locataire, du gardien ou de l'entrepositaire.

La personne qui a la simple jouissance d'un terrain est automatiquement détentrice des marchandises qui s'y trouvent, même si le terrain n'est pas clôturé et que l'intéressé ne savait pas que la marchandise s'y trouvait. Cass.Crim 18 nov 1975 : Bull Crim 1975 n° 249. Voir également CassCrim. 11 oct 1972, Bull Crim 1972 n ° 280, à propos d'une personne occupant gracieusement l'appartement où sont trouvées les marchandises de fraude.

137 Ce qui exclut les lieux ouverts à l'usage de tous : route, place publique, etc. (Cass., 15 janv. 1948, charge de tabac de fraude se trouvant devant une maison mais déposée dans un lieu ouvert à tous.)

138 C'est ainsi qu'il n'y aura pas dépôt dans le cas d'une personne qui reçoit la visite d'une autre portant à corps ou à main des marchandises de fraude, même si cette dernière les a posées momentanément à proximité d'elle.

Dans les lieux publics : il n y a pas de présomption de détention, la douane doit établir le lien entre la marchandise de fraude et les personnes mises en cause[139].

En circulation : La jurisprudence considère, en général, comme détenteur le préposé à la conduite du moyen de transport dans lequel les objets de fraude ont été découverts[140]. C'est celui qui contrôle le moyen de transport qui est réputé détenteur ou à défaut (fuite par exemple), c'est le propriétaire du moyen de transport sauf à lui de prouver la cessation de la propriété ou la dépossession (vol) au moment de l'infraction[141].

Toutefois, le code des douanes a introduit une dérogation à la présomption de détention en faveur des transporteurs publics. Ces derniers peuvent dégager leur responsabilité s'ils permettent à la Douane d'exercer utilement des poursuites contre les véritables auteurs de la fraude. Le juge doit cependant relaxer le détenteur s'il démontre l'existence d'un cas de force majeure[142].

Des arrêts[143] ont permis de préciser que l'exonération de la responsabilité des transporteurs publics n'était pas applicable :

- aux transporteurs de mauvaise foi qui ont pris part à la fraude ou commis une faute personnelle, ont fait des déclarations inexactes ou sont propriétaires des marchandises transportées ;
- à l'individu désigné qui n'est qu'un commettant, s'il est domicilié à l'étranger et n'offre pas de garanties ou s'il est ultérieurement mis hors de cause ;
- au préposé du transporteur qui se borne à fournir l'adresse d'un prétendu fugitif de nationalité étrangère, domicilié à l'étranger et celle d'un de ses amis étrangers.

De ce qui précède, il ressort que la notion de détention est analysée de façon rigoureuse.

En pratique, la question de la responsabilité du détenteur, notamment celle du conducteur de moyens de transport, peut constituer une réponse

---

139 Cass, 15 janvier.1948, charge de tabac de fraude se trouvant devant une maison mais déposée dans un passage ouvert à tous.

140 Crim, 29 Nov.2000, n° 00-80.305 (chauffeur en second d'un ensemble routier considéré comme détenteur) ; 8 sept. 2004, n° 03-82.674 (conducteur d'un ensemble routier reconnu détenteur).

141 Crim., 28 mars 1966, Bull. Crim., n° 119.

142 C'est-à-dire « un événement indépendant de la volonté humaine et que cette volonté n'a pu prévoir ni conjurer » (Crim, 26 avr, 1951, doc. Cont. N° 965) ou « un événement non imputable à l'auteur de l'infraction et que celui-ci était dans l'impossibilité absolue d'éviter » (Crim.25 janv. 1982, préc) par ex., l'impossibilité en fait et en droit, pour le conducteur d'un canot à moteur de vérifier les bagages des passagers et de découvrir la fraude. (Transport en contrebande d'opium par une passagère) ne suffit pas à constituer un cas de force majeure (Crim. 30 oct.1953, Bull.crim, n° 360, doc Cont. n° 1079).

143 Cass. Crim 10 mars 1971. Caldubehere et autres : Bull. crim. n° 83.

pragmatique au regard de l'imputation de l'infraction douanière et de l'application de l'article 369 du code des douanes. Toutefois, de nombreuses critiques[144] se sont élevées contre cette conception répressive de la détention, considérée comme contraire à l'article 6 de la convention européenne des droits de l'homme.

Cependant, à l'occasion de deux affaires[145], la haute juridiction européenne a estimé que cette présomption fondée sur la qualité de détenteur ne portait pas atteinte à la présomption d'innocence et du procès équitable dans la mesure où la présomption qu'il instituait n'était pas irréfragable[146].

La généralisation de l'admission de la qualité de détenteur en matière de responsabilité douanière peut poser des difficultés d'application dans les pays comme le nôtre où le contrat de transport est exécuté de façon informelle. L'efficacité dans la répression des infractions douanières ne saurait légitimer une responsabilité fondée sur la qualité de détenteur. On peut même observer que la responsabilité pénale fondée sur la qualité de détenteur se caractérise par un principe d'imputabilité de l'infraction à l'auteur apparent sans qu'il soit nécessaire pour la Douane de rechercher l'auteur réel de la fraude.

Cette responsabilité résulte souvent d'une présomption d'une faute ou négligence constituée par un défaut de surveillance et est encourue du seul fait

---

144 Élisabeth Natarel : Construction Communautaire et Mutations du Droit National : Le Code des Douanes français en question, PUA, 2004, et s. op cit. p.219.

145 Arrêts Salabiaku et Pham Hoang des 7 octobre 1988 et 25 septembre 1992, Cour européenne des droits de l'homme, selon la Cour : « L'article 6, §2 ne se désintéresse pas des présomptions de fait ou de droit qui se rencontrent dans les lois répressives. Il commande aux États de les enserrer dans les limites raisonnables prenant en compte la gravité de l'enjeu et préservant les droits de la défense. La cour recherchera si elles ont été franchies au détriment de M.Salabiaku.

Aux fins de l'article 392§1, du code des douanes français (art 369 du code des douanes sénégalais), il incombe à la partie poursuivante de prouver la détention de « marchandises de fraude ». Il s'agit là d'une pure constatation matérielle, en général aisée car elle se dégage d'un procès-verbal qui en fait foi jusqu'à inscription de faux.

« Réputé responsable de la fraude », « le détenteur » ne se trouve pas désarmé pour autant. La juridiction compétente peut lui accorder le bénéfice des circonstances atténuantes et elle doit la relaxer s'il réussit à démontrer l'existence d'un cas de force majeure. La cour n'a cependant pas à mesurer in abstracto l'article 392§1 du code des douanes à l'aune de la Convention : sa tâche consiste à déterminer s'il a été appliqué au requérant de manière compatible avec la présomption d'innocence (...). Du jugement du 27 mars 1981 et de l'arrêt du 9 février 1982, il ressort que les juges du fond ont su se garder de tout recours automatique à la présomption qu'institue l'article 392§ 1, du code des douanes (...) Comme le relève le gouvernement, ils ont discerné (...) un certain élément intentionnel.

Dés lors, les juridictions françaises n'ont pas, en l'espèce, appliqué l'article 392§1 du code des douanes d'une manière portant atteinte à la présomption d'innocence.

146 CEDH 7 oct.1988, n° 141-A.

de la découverte d'objets litigieux sans que l'administration ne soit tenue d'établir un quelconque acte de participation à la fraude[147].

On sait que la jurisprudence européenne,[148] arguant notamment que les présomptions en question ne sont pas irréfragables, n'a pas suivi les nombreuses critiques doctrinales qui se sont élevées contre cette conception trop répressive de la détention[149]. Ce mécanisme de responsabilité constitue pour la douane un moyen permettant à la fois de ne pas laisser les exactions impunies tout en isolant les fraudeurs et en dissuadant la complaisance à leur égard.

Il peut paraître inéquitable, car la mise en œuvre de la responsabilité pénale doit reposer sur une faute établie positivement et ne se présume pas. Le droit pénal est un droit de certitude. On ne peut être inquiété pour un comportement qui n'a pas été consommé ou tout au moins tenté, consommation et tentative constituent les limites matérielles temporelles de la responsabilité pénale.

En matière de criminalité douanière, ces limites sont largement dépassées, des « rallonges de répression »[150] sont autorisées. L'efficacité dans la répression peut-elle légitimer cette neutralisation des règles du droit commun par le droit douanier ?

Les justifications parfois évoquées sont pourtant quelque part dépassées. Elles rendent compte d'une image désuète de la fraude douanière, d'une époque révolue. Il convient de ramener la matière vers les concepts et les mécanismes communs sans altérer l'efficacité de l'action douanière.

Cette option pourrait en outre permettre à l'administration des douanes de poursuivre sa mutation vers une véritable administration de partenariat. D'ailleurs la signature d'un contrat de performance avec le Ministère de l'Économie et des Finances[151] combinée aux exigences d'une gestion axée sur les résultats a pour but de repenser les relations entre la Douane, les entreprises et les citoyens.

C'est l'ensemble de ces préoccupations des douanes modernes que la nouvelle loi portant code des douanes du Sénégal semble prendre en compte.

---

147 Voir Cass. Crim., 25 janvier.1982 : Bull. crim. N° 28.Cass.Crim.21 février 1983, JCP éd. E, 1984, ADG 13487, n° 30 ; 19 Nov.1984, ibid, 1985, 14 775, n° 35, obs. Berr et Vignal. Citée par Élisabeth NATAREL. op. cit p.227.

148 CEDH, Salabiaku c/France. 7 OCT 1988.

149 Mirelle Delmas-Marty, Droit pénal des affaires, T.2, Partie spéciale : infractions, PUF, 3ème édition. 1990, p.149. Voir aussi G.Stefani, G. Levasseur. B. Bouloc., Procédure pénale, Précis Dalloz, 17é éd., 2000., p.104 et s.

150 Vermelle. Georges, « Du droit pénal général reconfiguré par le droit pénal spécial », in Le droit pénal à l'aube du troisième millénaire. Mélanges offerts à Jean Pradel, Paris, Cujas, 2006, p.646.

151 Le contrat de performance a été signé le 08 mars 2011 entre le Ministère de l'économie et des Finances et l'Administration des douanes. L'objet de ce contrat est d'assurer une gestion optimale des recettes d'une part, et de rapprocher davantage les usagers de l'Administration des douanes d'autre part.

Cette volonté est clairement affichée par le législateur dans l'exposé des motifs de ladite loi. Le même constat peut aussi être fait sur la responsabilité de certaines personnes physiques ou morales exerçant des activités professionnelles dans le domaine douanier.

Une présomption fondée sur le critère de l'activité professionnelle

La présomption de responsabilité repose ici sur l'activité professionnelle exercée par la personne présumée responsable d'une infraction douanière.

En effet, ce sont des personnes qui, en raison de leur qualité, de leur fonction, ou de leur rôle, sont réputées responsables.

À cet égard, le code des douanes distingue quatre catégories de personnes responsables qui ont pour dénominateur commun « la profession exercée ».

Il s'agit de la responsabilité des capitaines de navires et des commandants d'aéronefs prévue aux articles 370 et 371 du code des douanes qui disposent : « Les capitaines de navires, bateaux, embarcations et les commandants d'aéronefs sont réputés responsables des omissions et inexactitudes relevées dans les manifestes et d'une manière générale, des infractions commises à bord de leur bâtiment ».

Toutefois, les peines d'emprisonnement édictées par le présent code ne sont applicables aux commandants des navires de commerce ou des aéronefs de commerce qu'en cas de faute personnelle.

Le capitaine est déchargé de toute responsabilité :

- Dans le cas d'infraction visé à l'article 397 aliéna 2 du présent code, s'il administre la preuve qu'il a rempli tous ses devoirs de surveillance ou si le délinquant est découvert ;
- Dans les cas d'infractions visés à l'article 397 alinéa 3 du présent code, s'il justifie que des avaries sérieuses ont nécessité le déroutement du navire et à condition que ces événements aient été consignés au journal de bord avant la visite du service des douanes.
- Le commandant de l'aéronef a le droit de faire jeter en cours de route les marchandises dont le jet est indispensable au salut de l'aéronef, alors qu'en principe, constitue un fait de contrebande le jet, en cours de route, de marchandises chargées dans un aérodrome ;
- L'exonération prévue par l'article 397 du code des douanes ne peut être invoquée par le capitaine qui est coauteur de la fraude.

Il en est ainsi de la responsabilité des déclarants en douane consacrée par l'article 372 du code des douanes. Suivant les dispositions de ce texte :

1-« Les signataires de déclarations en détail sont responsables des omissions, inexactitudes et autres irrégularités relevées dans lesdites déclarations, sauf leur recours contre les commettants.

2-Lorsque le signataire prouve que la déclaration en détail a été établie en conformité des instructions données par le commettant, ce dernier est passible des mêmes peines que le signataire de la déclaration en détail. Dans ce cas, les peines d'emprisonnement, prévues par le présent code, ne lui sont applicables qu'en cas de faute personnelle ».

En principe c'est le déclarant, et non son mandant, qui sera condamné pour une déclaration inexacte[152]. La responsabilité existe même si la déclaration a été signée par procuration. Cette responsabilité est justifiée par le fait que le déclarant est bien l'auteur de la déclaration.

Cependant, cette responsabilité n'est pas exclusive de celle des commettants qui auraient donné des instructions, des détenteurs des marchandises de fraude, des complices ou des intéressés à la fraude.

Dans le même sens, l'article 373 dispose : « Les commissionnaires en douane agréés sont responsables des opérations en douane effectuées par leurs soins.

Les peines d'emprisonnement édictées par le présent code ne sont applicables aux commissionnaires en douane agréés qu'en cas de faute personnelle ».

Ces obligations sont la contrepartie du monopole exercé par les commissionnaires en douane agréés pour accomplir pour autrui les formalités relatives à la déclaration en douane des marchandises. La mission d'un commissionnaire en douane ne consiste pas seulement à exécuter les instructions de ses mandants mais à se livrer à toutes les vérifications nécessaires pour en contrôler la régularité.

Les articles 372 et 373 du code des douanes imposent une obligation de précaution et de vigilance aux commissionnaires en douane, considérés comme des auxiliaires de l'administration des douanes.

L'article 373 du code des douanes qui rend pénalement responsables les commissionnaires en douane agréés des opérations en douane effectuées par leurs soins semble instituer une responsabilité pénale de la personne morale en matière douanière[153].

L'avancée réalisée par le droit pénal douanier est confirmée aujourd'hui par le règlement n° 10/2008/CM/UEMOA relatif aux conditions d'agrément et d'exercice des commissionnaires en douane qui dispose en son article 2 :

---

152 La responsabilité pénale découlant d'une fausse déclaration en douane incombe à tout participant à l'accomplissement de cette formalité, qu'il ait été ou non agréé en douane à titre personnel. Voir en droit français Cass. crim 10 février 1992.Bull. crim, n° 62 p. 150.

153 Il faut préciser, contrairement au droit français, en droit sénégalais, il n'existe pas de texte à caractère général sur la responsabilité pénale des personnes morales. On peut citer la loi 94-63 du 22 août 1994 sur les prix la concurrence et le contentieux économique. On peut citer également la loi Uniforme 2004-09 du 06 février 2004 relative à la lutte contre le blanchiment de capitaux.

« Sont considérées comme commissionnaires en douane agrées les personnes morales faisant profession d'accomplir pour autrui les formalités de douane concernant la déclaration en détail des marchandises ».

Loin d'être un sujet purement théorique, la responsabilité pénale des personnes morales invite à revoir au préalable les classiques de la responsabilité pénale, de l'infraction à la sanction en passant par l'imputation. L'incidence de la personne morale sur la responsabilité pénale traduit une vision plus moderne du droit pénal où l'autorité naturelle de la loi pénale est mise au service de l'ordre juridique.

En effet, le droit répressif douanier se singularise encore par rapport au droit pénal général. La nature des infractions et la diversité des opérateurs du commerce extérieur intervenant dans le domaine douanier ont amené le législateur à développer une perception différente de la responsabilité.

Ainsi en matière douanière, la responsabilité civile classiquement admise pour les personnes morales et la responsabilité pénale semblent se confondre car ayant la même cause et le même objet.

Le caractère dérogatoire de la responsabilité pénale est encore plus édifiant en droit douanier du fait de l'existence d'un concept original : l'intérêt à la fraude.

Paragraphe 2 : L'intérêt à la fraude

En matière douanière, la complicité de droit commun même si elle est prévue, est très limitée pour embrasser la spécificité de ce contentieux[154]. Il fallait dès lors prévoir une complicité douanière inédite qui permette une poursuite plus exhaustive, plus conforme à cette délinquance ingénieuse.

Le code des douanes a donc élargi la notion de complicité à ceux qu'il désigne comme les intéressés à la fraude.

La notion d'intérêt à la fraude fut invoquée pour la première fois, en droit français, mais sans être définie, sous l'Empire, dans le décret impérial du 18 octobre 1810[155].

Ce décret mit en place des cours prévôtales des douanes compétentes en matière de crime de contrebande à main armée. En vertu de l'article 5 de ce texte, « le crime d'entreprise de contrebande est retenu contre les chefs de

---

154 Article 375 du code des douanes : « Les dispositions des articles 45 et 46 du code pénal sont applicables aux complices de délits douaniers qui encourent les mêmes peines que les auteurs principaux ».

155 Décret impérial du 18 octobre 1810… L'Empire afin de lutter contre les importations de marchandises de puissances étrangères créa des juridictions d'exception- les Cours prévôtales des douanes-chargées de l'application d'une législation extrêmement rigoureuse. Cf. Corbaux ''crime de contrebande ; douaniers et contrebandiers au temps du blocus continental'' : éd Gerbert, Aurillac, 1957. En fait, il s'agissait de lutter contre les véritables bénéficiaires de la fraude qui sont souvent les instigateurs.

contrebande, de conducteurs, ou directeurs de réunions de fraudeurs, contre les entrepreneurs de fraude, les assureurs, les intéressés et leurs complices dans les entreprises de fraude »[156].

Le dictionnaire Robert définit l'intéressé comme celui qui a un intérêt, une part, un rôle dans quelque chose, qui est inspiré par un intérêt personnel.

Le droit douanier traduit en la matière qui lui est propre ce qu'il faut entendre par « intéressé » sans se détacher de cette idée issue du sens commun et traduite par le dictionnaire.

Au Sénégal, l'intérêt à la fraude trouve sa base légale à l'article 376 du code des douanes qui dispose : « Ceux qui ont participé comme intéressés d'une manière quelconque à un délit de contrebande ou à un délit d'importation sans déclaration ou d'exportation sans déclaration sont passibles des mêmes peines que les auteurs de l'infraction et en outre, des peines privatives de droits édictées par l'article 405 ci-après ».

L'article 376 répute comme intéressées à la fraude plusieurs personnes qui peuvent être regroupées en deux catégories : celles qui ont un intérêt direct présumé **(A)**, et celles qui ont posé des actes postérieurs à la fraude **(B).**

A) L'intérêt direct

Dans l'intérêt direct, l'article 376/1 dispose : « Ceux qui ont participé comme intéressés d'une manière quelconque à un délit de contrebande ou à un délit d'importation sans déclaration sont passibles des mêmes peines que les auteurs de l'infraction et en outre, des peines privatives de droits édictées par l'article 405 ».

Il résulte de cette disposition que le délit de participation à la fraude en qualité d'intéressé au titre de l'article 376/1 ne peut être retenu sans aucun acte matériel de participation à une contrebande ou à une importation sans déclaration.[157]

Contrairement au droit pénal général, où les actes de participation ont été limitativement énumérés par la loi comme constitutifs de complicité[158] et que les juridictions de jugement qui condamnent à ce titre doivent s'en expliquer

156 Brigitte Neel : l'intérêt à la fraude. JCP 1990, I, 3448.

157 Voir en droit français. Cass. Crim.18 déc 1986 Bull Crim n° 380, p. 994.

158 Pour définir négativement le complice, on pourrait dire qu'il s'agit d'une personne qui n'a pas commis les éléments matériels et intellectuels de l'infraction tels que définis par la loi ou le règlement, mais qui a toutefois participé, dans des conditions déterminées par la loi à la commission de celle-ci. Ces formes sont l'aide et l'assistance, l'instigation et la fourniture de moyens. Son rôle, juridiquement secondaire, peut être parfois déterminant : Droit Pénal Général : Frédéric Desportes, Francis Le Gunehec ; 11ème édition Economica, 2004 p. 510 à 515.

précisément pour que la cour de cassation puisse exercer son contrôle[159], en droit douanier, la notion de participation au titre de l'intérêt à la fraude ne fait l'objet d'aucune définition légale. Ce silence de la loi permet à la douane d'impliquer dans la poursuite et la répression des infractions douanières des personnes qu'on ne saurait atteindre par les règles de la complicité.

L'intérêt à la fraude constitue ainsi un prolongement de la complicité de droit commun. Son champ d'application déborde largement les cas de complicité du droit pénal général[160].

Dans son ouvrage « Les Douanes françaises »[161], Palin déclarait : « Les règles relatives à la complicité en matière de fraude se sont toujours écartées de celles du droit commun… ».

Le fait que la loi douanière ait étendu les règles de la complicité dans la mise en œuvre des règles de la responsabilité pénale en créant une complicité spéciale ne peut manquer de retenir l'attention.

Manifestement, c'est une notion de fait qui permet à l'Administration d'installer dans une procédure douanière toute personne qui aurait avec la fraude un lien quelconque.

Dépourvu d'un contenu, cette forme de complicité mérite un encadrement législatif du fait des polémiques liées à sa variété et de ses contours imprécis. Le concept est perçu par la doctrine et la jurisprudence françaises d'une manière très extensive.

Selon la doctrine, la surveillance des routes empruntées par des camions des fraudeurs, l'écoulement de marchandises de fraude, la constitution de marchandises, l'épouse d'un contrebandier qui ne se contenterait pas de vivre des gains illicites de son mari, mais coopérerait à son activité frauduleuse sont considérés comme intéressés directs à la fraude[162].

Pour la jurisprudence, doit être considéré comme directement intéressé au sens du code des douanes, à une infraction commise par des transporteurs ayant détourné des produits pétroliers de leur destination privilégiée, l'entrepreneur qui les employait, du fait qu'il facilitait leur ravitaillement et leur procurait des conditions de travail favorables, et le fournisseur du carburant qui augmentait ses ventes[163].

---

159 Crim. 15 mai 1964, D., 1964,1. 195, note Mazard ; 15 avril 1972, B. 124 ; 23 mars 1978, B. 116. Mais comme de principe général un seul des comportements énumérés suffit (Crim. 3 mars1960, B, 142 ; 6 mars 1963, B 105 ; 19 mars 1971, B. 112), ce qui n'interdit pas de poser en cour d'assises autant de questions que d'actes de complicité envisageables (Crim. 21 avril 1982, B. 97).

160 Complicité par aide, Complicité par assistance et complicité par fourniture de moyens.

161 Pallain, Les Douanes françaises, Paul Dupont, 1913, t, II, p.38.

162 Claude J. Berr Henri Trémeau : Le Droit Douanier ; Communautaire et National 7ème édition, 2007, p.458 et 459.

163 Cass. Crim., 6 mai 1971, Bull. crim. n° 139.

Le droit pénal est un droit de certitude qui ne saurait se contenter de formulations ambigües. Le principe de culpabilité qui gouverne le droit pénal général exige qu'une personne ne puisse être punie que sur la base d'un reproche pouvant lui être fait. Ce principe comporte deux aspects : le principe de la personnalité, et celui de l'individualisation.

Le principe de la personnalité signifie qu'on ne peut réprimer une personne que si seulement on peut relever à son encontre une faute. Il y a individualisation lorsque la peine est adaptée à la personnalité du délinquant[164]. Les règles qui gouvernent le contentieux pénal douanier semblent irréductibles et donne peu de place à l'individu. La situation est sensiblement la même quand on étudie les personnes réputées intéressées à la fraude. Aux termes de l'article 376/a et b « sont réputés intéressés à la fraude :

a) Les entrepreneurs, membres d'entreprise, assureurs, assurés, bailleurs de fonds, propriétaires de marchandises et, en général, ceux qui ont un intérêt direct à la fraude ;

b) Ceux qui ont coopéré d'une manière quelconque à un ensemble d'actes accomplis par un certain nombre d'individus agissant de concert, d'après un plan de fraude arrêté pour assurer le résultat poursuivi en commun .... ».

Les particularités de la construction juridique contenue dans l'article 376/2a du code des douanes témoignent encore de l'originalité des règles de la responsabilité pénale en matière douanière.

Cependant, comme en matière d'intérêt direct, le délit de participation à la fraude en qualité d'intéressé présumé de l'article 376/2a ne peut être constitué sans qu'aucun acte matériel de participation à une importation ou à une exportation sans déclaration n'ait été établi par les juges du fond.

La preuve d'un acte matériel de participation constitue donc la base de l'engagement de la responsabilité. Il revient à l'Administration des douanes de prouver l'existence de cet intérêt direct, qui n'est pas nécessairement pécuniaire.

Par ailleurs, selon la Cour de cassation française, il n'est pas nécessaire que le prévenu ait tiré un profit personnel de la fraude[165]. Il faut, comme en matière, de complicité qu'un fait principal punissable constitutif d'un délit

---

164 Jean Pradel, Droit pénal général, 18^{éme} éd. CUJAS, 2010 p. 54 et s.

165 T.Correc. d'Avesnes, 1er Février 1927 cité par B. Neel, op. cit, n° 11 ; Naziaro, op. cit, n° 96, p 119. « La qualification d'intéressé à la fraude embrasse, abstraction faite de toute connaissance coupable de toute éventualité de profit personnel, toute intervention se manifestant sous forme d'assistance matérielle quelconque à la fraude ainsi que tous faits de participation subsidiaire dans les actes qui précédent ou accompagnent la consommation des délits fiscaux envisagés ; qu'il s'agit en l'espèce d'une modalité spéciale de la complicité exorbitante du droit commun et soumise, en particulier, comme la généralité des délits douaniers à la règle fondamentale qui interdit expressément aux juges d'excuser les contrevenants sur l'intention ».

douanier ait été commis et qu'il soit encore punissable. Ce qui veut dire que l'infraction principale ne doit pas être prescrite ou amnistiée.

En ce qui concerne les sujets de la responsabilité visés à travers l'article 376, le code des douanes a institué une responsabilité pénale professionnelle car la qualité ou la profession constitue la condition d'engagement de la responsabilité.

Il s'agit des entrepreneurs et membres d'entreprise, des assureurs et des assurés et des bailleurs de fonds.

Tombent également sous le coup de la loi, les entrepreneurs et membres de l'entreprise de fraude. L'entreprise de fraude se caractérise par la répétition d'actes identiques accomplis par des personnes agissant de concert d'après un plan arrêté pour assurer le résultat poursuivi en commun[166].

L'avantage de la qualification d'intéressés à la fraude réside principalement dans le fait, d'une part, que les membres de l'entreprise peuvent être retenus dans les liens de la prévention, même si les actes qu'ils ont accomplis n'ont pas un caractère illicite pris isolément, et que d'autre part, les entrepreneurs et membres d'entreprise sont punissables ès-qualité, sans qu'il soit nécessaire de prouver leur participation personnelle à chacun des faits de fraude[167].

Le lien de participation s'établit en effet par rapport à l'entreprise de fraude, et non par rapport aux actes frauduleux[168].

La responsabilité pénale des assureurs et assurés, quant à elle, suppose l'existence d'un contrat d'assurance destiné à garantir la bonne fin des opérations délictueuses.

Ce qui constitue un cas rare dans la mise en œuvre de la responsabilité, même si l'assurance est un élément fondamental dans la détermination de la valeur en douane des marchandises importées.

S'agissant enfin de la responsabilité des bailleurs de fonds, le simple fait d'avoir versé une somme d'argent pour faciliter l'accomplissement, par un tiers, d'un délit douanier met en jeu sa responsabilité comme intéressé, sans que l'Administration ait à prouver un acte de participation personnelle du prévenu, ni à établir autrement que celui-ci a un intérêt direct et personnel à l'accomplissement du délit[169].

---

166 Claude Berr et Henri Trémeau. op. cit p. 462 et s.

167 Chambéry, 4 Novembre 1948, Doc. Cont., n ° 850. Cette solution paraît toutefois remise en question depuis un arrêt qui semble exiger que la preuve soit apportée d'une participation matérielle d'un dirigeant social aux faits frauduleux ;Cass. Crim. 13 mars 1978, D. 1979, 200, note C.J. Berr ; rappr. obs.Vitu, Rev. Sc. Crim. 1979,326. A.Vitu ''La notion d'intérêt à la fraude'', Rev.sc.crim., 1970, p.93.

168 Claude J. Berr Henri Trémeau , Le Droit Douanier communautaire et national 7ème édition Economica 2006, p. 462 et s.

169 Vincent Charpentier, Guide Pratique du Contentieux Douanier, Edition Litec., p. 79.80 et s.

De cette conceptualisation de l'infraction professionnelle découle un régime juridique autonome.

C'est une imputation fonctionnelle qui permet également de fonder une responsabilité pénale directe des personnes morales, indépendante des organes ou représentants, dès lors que le groupement doté de la personnalité morale est titulaire d'une qualité professionnelle (entrepreneur ou assureur par exemple).

Cette responsabilité fondée sur la profession n'est pas facile à mettre en œuvre, car il n'est pas toujours aisé de définir la profession. Le langage courant emploie la profession, l'emploi, le métier et le travail comme des synonymes.

Dans le sens organique, la profession désigne aussi le corps formé par des professionnels exerçant la même activité. Par conséquent, seule une analyse matérielle de la profession au sens d'activité professionnelle en donne une vision non seulement réaliste mais aussi juridiquement constructive. Autrement dit, du point de vue juridique, la profession n'existe pas, il n'existe que des activités professionnelles[170]. Ainsi, engager une responsabilité pénale sur la base de l'activité professionnelle laisse imaginer un régime juridique de responsabilité différente des fondements de la responsabilité pénale. Une personne morale peut-elle être responsable sans l'intervention infractionnelle d'un organe ou d'un représentant ?

L'analyse sous l'angle de la professionnalité pourrait apporter un éclairage nouveau car, si la sanction pénale incombe à la personne morale en raison de sa qualité professionnelle, n'est-ce pas qu'elle devient responsable « directement » ? À l'inverse, ne la rendre responsable que par le truchement juridique d'un organe ou d'un représentant, ne revient-il pas à nier toute effectivité à la responsabilité professionnelle d'une personne morale ?

Répondre à de telles questions requiert avant toute chose de vérifier qu'une personne morale peut exercer une profession.

L'assertion ne relève pas de l'évidence si on imagine qu'elle exerce la médecine, la profession d'avocat ou qu'elle dirige des salariés. En admettant ce postulat, il faut ensuite déterminer les conséquences de cette qualité sur le régime de l'imputation.

Théoriquement, reconnaître la professionnalité de la personne morale impose de lui appliquer le régime d'imputation attaché à ses fonctions, comme cela a été fait à l'encontre des personnes physiques.

Or, force est de constater d'emblée que la logique de l'imputation fonctionnelle ne semble pas correspondre au droit positif.

---

170 E. Schaffer, Rép. trav, Dalloz, 1977, v Profession, n° 1.

G. Cornu, vocabulaire juridique, op. cit, définissant l'activité professionnelle comme « un travail, dépendant ou indépendant, qui se caractérise par l'accomplissement de certains actes, par opposition au travail occasionnel, et par la poursuite d'un but lucratif ». V. en doctrine, J. Savatier, « contribution à l'étude juridique de la profession », in mélanges Hamel, Dalloz, 1961 p.1 spé. p.3.

La responsabilité des sujets visés à l'article 376/2a peut donc à ce stade de l'analyse être définie comme l'obligation pour un professionnel de répondre d'une infraction en lien avec l'accomplissement de ses fonctions. Tout l'intérêt de l'étude de la responsabilité pénale des personnes morales sous l'angle de la professionnalité réside donc dans son régime juridique car la qualité professionnelle bouleverse sans nul doute l'imputation en droit pénal.

Mais au-delà de la professionnalité, chaque fois qu'une personne morale encourt une peine à raison d'une qualité personnelle, sa responsabilité devrait être « directe ». Sinon l'attribution d'une qualité professionnelle entraîne l'application du système d'imputation fonctionnelle[171]. En matière douanière, les principes du droit pénal commun relatifs à l'imputabilité s'appliquent régulièrement.

En vérité, l'activité professionnelle au sein d'une personne morale passe nécessairement par le fait des personnes physiques qui la composent. D'ailleurs, lorsque le code de commerce qualifie une société de commerciale, il le fait en se référant à la commercialité par la forme[172].

De même, la qualité de dirigeant social est refusée aux personnes morales. Seule une personne physique peut gérer une société à responsabilité limitée, présider un conseil d'administration.

Pourtant, il faut constater que les professions visées par l'article 376/2a ne font l'objet d'aucune définition dans le code des douanes.

La doctrine enseigne que ces notions ne doivent pas être conçues dans une approche institutionnelle de leurs fonctions[173]. La conception douanière appliquée en cette matière n'est pas celle du droit des sociétés ou de l'entreprise.

On ne peut engager la responsabilité pénale d'une personne que si l'infraction constatée peut lui être effectivement reprochée. Le droit pénal est donc fondé sur l'individu. On constate d'ailleurs que le droit pénal spécial est composé, en majorité, d'infractions commises par un auteur.

Or le droit douanier à travers l'intérêt direct à la fraude permet d'engager la responsabilité de personnes morales sans en donner les bases objectives. La notion « d'intérêt à la fraude » sur laquelle reposent les règles de mise en œuvre de la responsabilité ne fait l'objet d'aucune définition légale précise.

C'est une notion à géométrie variable dont l'appréciation relève du pouvoir discrétionnaire de l'Administration des douanes.

De ce point de vue, l'intérêt à la fraude représente un danger ou une atteinte caractérisée des constantes de la responsabilité pénale. Le même constat peut être fait quand on étudie les intéressés indirects visés par la même disposition.

---

171 Murielle Bénéjat, L a responsabilité pénale professionnelle, Éd. Dalloz, 2012, p.298 et s.

172 V.D. Legeais, Droit commercial, Droit commun et des affaires, Sirey, 2007, 17ème éd., p.50. et s.

173 J-M.Gonnard. Op. Cit. Fasc.40, n° 84, 85 ; C-J. Berr, H. Trémeau, op. cit. N° 853.

B) L'intérêt indirect

Les cas d'intérêt indirect à la fraude sont prévus par l'article 376/2 b. Ce texte vise « Ceux qui ont coopéré d'une manière quelconque à un ensemble d'actes accomplis par un certain nombre d'individus agissant de concert, d'après un plan de fraude arrêté pour assurer le résultat poursuivi en commun ».

L'article 376/2b répute intéressés à la fraude le fait d'accomplir des actes contribuant à la commission de l'infraction douanière. Il s'agit de personnes ayant participé à un plan de fraude.

La notion de plan de fraude ne fait pas l'objet d'une définition légale. Mais selon la doctrine[174], « suivant une analyse traditionnelle, l'opération frauduleuse combinée à l'avance (ou si l'on préfère la terminologie du droit commun, la préméditation) comporte deux éléments distincts : tout d'abord un ensemble d'actes dont l'objet est de rassembler les moyens de la fraude (plan des actes préparatoires), ensuite une série d'actes d'exécution qui se caractérise par le résultat visé en commun. C'est à ce deuxième élément qu'il est convenu de réserver le nom de plan de fraude proprement dit ». Il renvoie ainsi à une sophistication de l'action délinquante par une forme de coordination, ce qui permet de rejeter de son champ d'application les actes préparatoires.

Les actes préparatoires en matière douanière sont souvent les actes visant à préparer la fraude. En droit commun, ils ne sont pas en principe punissables.

En cela le droit douanier rejoint le droit commun, les actes préparatoires ne sont pas punissables dans l'intérêt à la fraude tant qu'ils ne rentrent pas dans le plan de fraude.

C'est pourquoi, le Professeur Claude J. Berr soutient que le plan de fraude correspond, avec le commencement d'exécution, à des actes qui tendent directement à l'obtention du résultat envisagé par les fraudeurs[175].

Selon la jurisprudence, il appartient à l'Administration des douanes de démontrer l'existence d'un plan de fraude et de ses conditions de réalisation[176].

La coopération au plan de fraude peut se présenter sous les formes les plus variées et peut être constituée notamment par des indications ou instructions ayant permis d'opérer la fraude, par des actes d'aide et d'assistance matérielle aux fraudeurs ou par la fourniture de moyens de fraude, par la mise en rapport de fraudeurs avec un douanier en vue de corrompre ce fonctionnaire, par le recel ou la détention d'une partie des marchandises de fraude[177].

---

174 Claude J.Berr et Henri Tremau, Le Droit Douanier communautaire et national, Economica, 2006, p.462 et s.

175 Claude J Berr Henri Trémau : Le Droit Douanier Communautaire et National, p.462, 463.

176 Cass. Crim, 12 Novembre 1985, Douane C. DinEbongue, Bull crim n° 850 et Doc. Cont., n° 1760, 25 Mai 1987, supra note 28 ; addeCf.infra la charge de la preuve.

177 Guide Pratique du Contentieux Douanier, Vincent Charpentier, éd.Litec, 1996, p.80 et s.

La doctrine[178] retient trois cas dans lesquels l'acte commis entraîne la coopération à l'exécution du plan de fraude :

- l'acte accompli entre le commencement d'exécution et l'achèvement du plan de fraude ;
- l'acte se rattachant à un plan de fraude, afin « d'assurer directement ou indirectement le succès du plan de fraude » ;
- l'acte contribuant aux agissements d'une entreprise de fraude ou de groupe de fraudeurs[179]. Parmi les actes les plus fréquemment observés en pratique, on citera à titre d'illustration le fait d'avoir remorqué, pendant quelques mètres, pour le dépanner, un camion chargé de marchandises de fraude[180] , celui d'accompagner le conducteur d'un véhicule transportant des marchandises de fraude, comme le cas des « véhicules éclaireurs »[181], celui d'avoir mis son domicile à la disposition des fraudeurs[182].

Par conséquent, l'auteur du délit doit avoir conscience de coopérer à un plan de fraude, quand bien même il ignorait les modalités.

Sur le plan criminologique, la coopération à un plan de fraude est comme le délit de l'association de malfaiteurs du droit pénal général du fait des modalités d'exécution de ces crimes en association. L'action concertée, « d'après un plan de fraude arrêté pour assurer le résultat poursuivi en commun », est semblable à l'entente établie en vue de la préparation de l'une des infractions visées par l'article 238 du code pénal[183].

Au-delà du fait que l'association de malfaiteurs intègre dans son champ de répression le crime, alors que cette catégorie n'est pas connue du droit douanier, la différence semble se trouver au niveau de la perpétration de l'infraction[184]. En effet, dans l'association de malfaiteurs, seuls suffisent les actes

---

178. Droit pénal général, 12e éd. Allix p. 483.

179 À ce titre, une société commerciale peut être déclarée intéressée à la fraude.

180 Cass. Crim, 13 février 1952, Doc. Cont., n° 990. – Angers, 27 novembre 1952, Doc. Cont., n ° 1021

181 Les véhicules éclaireurs sont souvent des véhicules qui n'ont pas chargé les marchandises de fraude mais qui devancent sur le chemin que doivent emprunter les fraudeurs, les véhicules qui ont le chargement des marchandises de fraude pour leur signaler la présence ou non des douaniers sur le chemin. Ils ont pour rôle d'éclairer le chemin aux fraudeurs. C'est une pratique qu'on rencontre souvent au Sénégal surtout dans la zone Nord.

182 Cass. Crim. 8 janvier 1953, Doc. Cont., n ° 1032.

183 Article 238 code pénal : « Toute association formée, quelle que soit sa durée ou le nombre de ses membres, toute entente établie dans le but de préparer ou de commettre un ou plusieurs crimes ou délits contre les personnes ou les propriétés, constituent un crime ou un délit contre la paix publique »

184 Malgré cette distinction, on ne peut nier que le comportement de participation à une association de malfaiteurs s'inscrit dans un rapport à l'infraction projetée. L'association de malfaiteurs ne peut exister sans infraction future. Celle-ci est le support de l'incrimination d'association de malfaiteurs, à tel point d'ailleurs que sa disparition dans la loi emporte la disparition de l'association de malfaiteurs. Concernant l'infraction future, le législateur

préparatoires ne laissant pas de doute sur la volonté infractionnelle des personnes composant l'association, alors que dans la coopération à un plan de fraude, la participation doit être matérialisée par un acte émanant d'une personne ayant conscience de participer à un plan de fraude.

Selon la jurisprudence, il appartient au service des douanes de recueillir et de consigner tous les éléments susceptibles de prouver l'existence d'un délit d'intéressement à la fraude[185].

Les procès-verbaux de douane doivent rapporter des faits précis et circonstanciés. Ils doivent démontrer que le prévenu n'était pas étranger au trafic incriminé, qu'il en avait connaissance et était intervenu dans sa réalisation. Cette exigence de la jurisprudence pose le problème de la place de l'élément intentionnel dans l'intérêt à la fraude.

En réalité, l'élément intentionnel n'est certes pas une condition générale de l'infraction douanière, mais il est pris en compte de façon résiduelle dans une catégorie de l'intérêt à la fraude, plus particulièrement pour ceux qui sont intervenus postérieurement à la commission de l'infraction.

Les personnes visées à l'article 376/2c ne sont répréhensibles que si seulement elles ont agi avec intention. L'adverbe sciemment employé par ce texte nous conforte dans cette position[186]. Ce texte ne fait que reprendre les dispositions de l'ancien article 294/2c du code des douanes de 1987.

Malgré la clarté de ce texte, certains juges ont décidé que l'intention n'était pas nécessaire. C'est ce qui ressort d'une décision rendue par le tribunal régional de Dakar dans l'affaire Administration des douanes et le Ministère public contre le sieur Ianakiey Rouminieg et autres, prévenus de trafic international de stupéfiants, importation de marchandises prohibées sans déclaration, fausses déclarations de valeur et d'origine, complicité de trafic international de

---

n'exige pas qu'elle soit consommée, ni même tentée. Il suffit juste qu'elle soit projetée. Cet artifice d'anticipation de la répression caractérise l'infraction de prévention, technique d'incrimination consistant à appréhender pénalement un comportement qui n'a pas encore produit de résultat dommageable dans le but d'éviter précisément la survenance de celui-ci.

L'association de malfaiteurs fait partie de cette catégorie d'infractions qui sont réputées consommées par le seul emploi des moyens ou procédés propres à provoquer un résultat dommageable, c'est-à-dire des infractions formelles.

Elle recouvre des comportements qualifiés d'infractions consommées alors même qu'il s'agit au mieux d'une tentative et parfois de moins que cela. Le commencement d'exécution retenu par la loi, non pas au titre de la tentative mais comme une infraction achevée, définitivement consommée, est qualifié d'infraction formelle au sens strict du droit pénal.

185 Cass. Crim.28 avril 1986 : Bull. Crim. n° 142. L'intérêt à la fraude, Brigitte Neel. Op cit p.105.

186 Article 376/2c « Ceux qui ont sciemment soit couvert les agissements des fraudeurs ou tenté de leur procurer l'impunité soit acheté ou détenu, même en dehors du rayon, des marchandises provenant d'un délit de contrebande ou d'importation sans déclaration ».

stupéfiants, complicité d'importation sans déclaration et d'intérêt à la fraude contre Bardon, Carlos et Nicolas.

Sur le dernier chef d'inculpation, le juge du tribunal a décidé : « ... que si aux termes de l'article 294 alinéa 2 et 5 du code des douanes, la preuve de l'intention délictueuse n'a pas à être rapportée pour caractériser le délit spécial d'intérêt à la fraude, il n'en demeure pas moins que ce délit ne peut être constitué que s'il est établi contre le prévenu un acte matériel ou juridique de participation à l'exécution du plan de fraude »[187].

Cette décision n'emporte pas la conviction. Il ya même une erreur. Il suffit de se référer au code des douanes pour se rendre à l'évidence que l'alinéa 5 auquel se réfère le Tribunal n'existe pas. Le texte normalement applicable, en l'espèce, est le c de l'article 294/2. Au-delà de cette remarque, il faut reconnaître que l'intérêt à la fraude est une notion assez large. Il entraîne comme conséquence une dilatation de la responsabilité pénale.

Cette dilatation se manifeste en amont et en aval de la consommation de l'infraction. Cette anticipation est préoccupante car la fonction de l'incrimination et ses éléments constitutifs ne sont guère encadrés dans l'intérêt à la fraude.

L'intérêt postérieur apparaît ici ouvertement comme une complicité érigée en délit distinct, ce qui n'est d'ailleurs pas propre à la matière douanière.

Il en est ainsi du recel de droit commun[188]. La seule véritable différence avec l'intérêt postérieur réside au niveau des sanctions encourues.

En somme, l'intérêt à la fraude dans ces différentes facettes n'est qu'une forme de complicité spéciale en matière douanière. Cette particularité peut être relevée lorsqu'on examine les causes d'exonération spécifiques à l'intérêt à la fraude. En effet, aux termes de l'article 376/3, « l'intérêt à la fraude ne peut être imputé à celui qui a agi en état de nécessité ou par suite d'erreur invincible »[189].

On peut faire la même observation lorsqu'on étudie le sort des poursuites déclenchées contre l'auteur de l'infraction.

---

187 Jugement n° 4215 du Tribunal régional hors classe de Dakar du 23 aout 2001, Administration des douanes et Ministère public contre le sieur IanakieyRoumineg et autres poursuivis pour trafic international de stupéfiants, importation sans déclaration intérêt à la fraude... etc.

188 Article 430 du code pénal : « Ceux qui, sciemment, auront recelé, en tout en partie, des choses enlevées, détournées ou obtenues à l'aide d'un crime ou d'un délit, seront punis des peines prévues par l'article 370.
L'amende pourra même être élevée au-delà de 200.000 francs jusqu'à la moitié de la valeur des objets recelés.
Le tout sans préjudice des fortes peines, s'il échet en cas de complicité ».

189 Voir infra p.127.

Section 2 : Le sort des poursuites

En principe, dès lors qu'un tribunal estime établie, dans ses éléments matériel et intellectuel, l'existence d'un comportement incriminé par la loi pénale et commis par une personne ayant agi à titre d'auteur ou de complice, il doit déclarer cette personne coupable. Il arrive cependant que, dans certaines hypothèses exceptionnelles, cette déclaration de culpabilité ne puisse intervenir, parce que la loi interdit de considérer que la responsabilité pénale de la personne poursuivie est effectivement engagée.

On qualifie ces obstacles légaux de causes d'irresponsabilité pénale. Dans d'autres cas, la personne poursuivie peut être déclarée coupable, mais les peines susceptibles d'être prononcées doivent être atténuées par rapport aux peines normalement encourues. On parle alors de causes d'atténuation de la responsabilité pénale.

En matière douanière, du fait du caractère matériel des infractions, les causes d'irresponsabilité sont limitées **(Paragraphe1)**. Cependant la difficulté de remettre en cause les procès-verbaux de douane devant les juridictions répressives explique sans aucun doute, que même lorsque l'infraction est établie, le déclenchement des poursuites est parfois neutralisé par la transaction. C'est donc un contrat qui met fin aux poursuites **(Paragraphe2)**.

Paragraphe 1 : Les causes d'irresponsabilité

Il existe des causes d'irresponsabilité de portée générale **(A)** et des causes d'irresponsabilité spécifiques au droit douanier **(B)**.

A) Les causes générales d'irresponsabilité

Les causes d'irresponsabilité ont des fondements divers, mais la plupart d'entre elles sont justifiées par le principe selon lequel seuls les individus jouissant de leur libre arbitre au moment de commettre un acte peuvent être jugés pénalement responsables.

Elles correspondent ainsi à des hypothèses dans lesquelles, pour une raison ou une autre, la personne poursuivie ne disposait pas totalement de son libre arbitre lorsqu'elle commettait les actes incriminés.

Elles ont pour conséquence d'empêcher soit la reconnaissance de la culpabilité, soit l'application des peines normalement encourues.

À cet égard, il convient de souligner que les différentes causes d'irresponsabilité sont présentées les unes à la suite des autres sans que soit mise en évidence une classification particulière. Il est cependant possible de les diviser en deux catégories.

La première catégorie regroupe les causes d'irresponsabilité qui trouvent leur origine partielle ou exclusive dans la personne de celui qui a commis les actes incriminés et qui peuvent ainsi être qualifiées de causes subjectives.

La deuxième catégorie regroupe essentiellement les circonstances de fait extérieures à l'auteur du comportement incriminé, et qui peuvent donc être qualifiées de causes objectives d'irresponsabilité.

1) Les causes subjectives d'irresponsabilité en matière douanière

En droit pénal général, on peut relever quatre causes subjectives d'irresponsabilité : la démence, la contrainte, l'erreur et la minorité.

Leur intitulé doctrinal et leur présentation varient grandement selon les auteurs.

Pour M. Pradel, ces causes sont toutes exclusives de la faute[190]. C'est manifestement inexact puisque la jurisprudence n'accepte d'engager la responsabilité pénale du mineur que si l'infraction par lui commise est parfaite, ce qui suppose qu'elle a un élément moral.

Pour MM. Stefani, Levasseur et Bouloc, démence, contrainte et erreur sont des causes de non-responsabilité (ou de non imputabilité, les deux termes étant présentés comme équivalents) et la minorité relève de règles particulières à certains délinquants.

Le doyen Bouzat abonde dans le même sens lorsqu'il analyse la démence, la contrainte et la minorité. S'agissant de l'erreur, cet auteur estime qu'elle ne doit retenir l'attention que dans le cadre réservée à la distinction entre infractions intentionnelles et non intentionnelles. Pour MM. Merle et Vitu, l'erreur supprime le dol général tandis que la contrainte, la démence et la minorité sont des causes de non-imputabilité. Cette présentation a fait l'objet de critiques de la part des auteurs contemporains[191].

Quelle que soit la présentation retenue, une double classification des causes d'irresponsabilité pénale nous semble possible. La première se fonde sur le constat que deux des hypothèses dans lesquelles la responsabilité est exclue concernent des personnes à l'évidence particulières (la démence et la minorité) alors que les deux autres (erreur et contrainte) peuvent se présenter chez tout individu confronté à une possibilité d'infraction. On peut donc en conclure qu'il faut rattacher l'étude de la minorité à celle du délinquant, alors

---

190 Droit pénal général 12é éd., 1999 ; Allix P. 483.

191 M.Bernaardi. Droit pénal général et procédure pénale. Mémento Thémis : Ces auteurs contemporains non cités utilisent des présentations moins classiques et plus ou moins argumentés dont un bon exemple est fourni par M.Bernardini qui scinde carrément l'étude de l'élément moral (qualifié d'intellectuel alors qu'est moral non pas seulement ce qui est conforme à la discipline du même nom mais tout simplement ce qui n'est pas matériel) et l'étude des atteintes qui lui sont portées sans établir le moindre lien entre l'un et les autres. Il qualifie maladie mentale, contrainte et minorité de causes de non-imputabilité et l'erreur subdivisée en causes (au pluriel) de non-culpabilité

que l'examen de l'erreur, de la démence et de la contrainte doit se faire à propos de l'élément moral de l'infraction, puisqu'elles ne correspondent pas à des qualités spécifiques de la personne.

Pour ce qui concerne la démence, l'article 50 du code pénal dispose que : « il n'y a ni crime, ni délit lorsque le prévenu était en état de démence au moment de l'action ».

La situation des délinquants malades mentaux est l'une des questions les plus délicates du droit pénal. Elle est située à la frontière de la psychiatrie, de la criminologie et de la science pénitentiaire.

Dès lors qu'ils sont atteints d'une maladie « aliénante » de l'esprit qui les prive de leur libre arbitre, il serait en effet à la fois injuste et inutile qu'ils assument au plan pénal les conséquences de leurs actes.

Cependant, pour son application, l'article 50 du code pénal prévoit deux conditions : un état de démence et une démence qui doivent exister au temps de l'action. La démence n'exclut la responsabilité pénale que si elle est contemporaine de l'infraction. Cependant si la démence ne survient qu'après l'infraction, les poursuites pénales seront arrêtées à l'encontre de l'aliéné[192]. La démence produit deux effets.

Sur le plan pénal, elle exclut le discernement et supprime la responsabilité pénale peu importe que l'infraction soit un crime, un délit ou une contravention.

Qu'en est-il du droit douanier?

En l'absence d'un texte sur la démence, il convient de se reporter au droit commun. En clair, le texte applicable est l'article 50 du code pénal. Mais des difficultés peuvent surgir en raison même du caractère partiellement indemnitaire des sanctions douanières.

S'il est vrai qu'il faut écarter les peines privatives de liberté, on est conduit ici à retenir l'amende douanière eu égard au fait qu'elle n'est pas seulement d'ordre pénal mais qu'elle a encore la nature d'une réparation civile. En s'inscrivant dans une perspective de droit prospectif, rien ne semble, a priori, pouvoir s'y opposer. Ce ne serait sans doute pas la plus importante dérogation qui serait réalisée par la jurisprudence douanière[193].

S'agissant des mineurs délinquants, en droit pénal général, la règle retenue est la présomption d'irresponsabilité pénale. Cependant pour l'application de ce régime, il faut distinguer selon que le mineur est âgé de moins treize (13) ans ou plus de treize (13) ans.

---

192 Amadou Faye : Leçons de droit pénal Général, Université Cheikh Anta Diop de Dakar.

193 Sébastien Rideau-Valentini. Thèse de doctorat en droit privé et science criminelle : Contribution à l'étude des particularismes de la matière pénale douanière, Université de Nice-Sophia Antipolis, p. 169, 170.

Le mineur délinquant de moins de treize ans ne peut faire l'objet que d'une mesure de protection, d'assistance, de surveillance et d'éducation prononcée par la juridiction des mineurs.

Quant au mineur de plus de treize (13) ans, il ne bénéficie que d'une présomption simple d'irresponsabilité. En conséquence, on peut prononcer à son encontre de véritables peines conformément aux dispositions des articles 52 et 53 du code pénal[194].

En l'absence de dispositions analogues dans le code des douanes, il convient de retenir à l'encontre des mineurs, auteurs des infractions douanières, les mêmes solutions qu'en droit commun. Comme pour la démence, la seule réticence pourrait concerner l'amende douanière.

Rien n'interdit de l'appliquer intégralement au mineur de plus de treize, nonobstant les dispositions des articles 52 et 53 du code pénal. Cette solution se justifie par le fait que l'amende douanière n'est pas exclusivement une sanction pénale.

Elle a également une nature de réparation civile[195]. Il faut ajouter que la responsabilité civile des parents du mineur peut être engagée sur la base de l'intérêt à la fraude s'il est établi que les parents tirent profit, ou ont un intérêt direct ou indirect sur l'activité délictueuse de leur enfant[196].

En ce qui concerne maintenant la contrainte, le siège de la matière se trouve dans l'article 50 du code pénal. Ce texte fait échec à la responsabilité pénale si deux conditions sont réunies : la contrainte doit être irrésistible et il faut également qu'on ne relève pas à l'encontre du délinquant une faute antérieure.

---

194 Article 52 du code pénal : « Si en raison des circonstances et de la personnalité du délinquant, il est décidé qu'un mineur âgé de plus de 13 ans doit faire l'objet d'une condamnation pénale, les peines seront prononcées ainsi qu'il suit :
S'il a encouru les travaux forcés à perpétuité, il sera condamné à une peine de 10 à 20 ans d'emprisonnement.
S'il a encouru la peine des travaux forcés à temps de 10 à 20 ans ou de 5 à 10 ans de la détention criminelle de 10 à 20 ans ou de 5 à 10 ans, il sera condamné à l'emprisonnement pour un temps égal à la moitié au plus de celui pour lequel il aurait pu être condamné à l'une de ces peines.
S'il a encouru la peine de la dégradation civique, il sera condamné à l'emprisonnement pour deux ans au plus ».
Article 53 du code pénal « Si l'infraction commise par un mineur âgé de plus de 13 ans est un délit ou une contravention, la peine qui pourra être prononcée contre lui dans les conditions de l'article 52 ne pourra, sous la même réserve, s'élever au-dessus de la moitié de celle à laquelle il aura été condamné s'il avait eu 18 ans ». Voir aussi article 567 du code de procédure pénale.

195 Sur la nature hybride de l'amende douanière, voir en droit sénégalais, Ministère public et Administration des douanes contre Robert Belbol et autres. Cour d'appel de Dakar 25 juillet 1989.

196 CF Supra sur l'intérêt à la fraude.

En matière douanière, aucun texte ne prévoit expressément la contrainte, mais rien n'interdit de l'appliquer comme le suggèrent certaines dispositions du code des douanes.

Il en est ainsi de l'article289 2/a et b du code des douanes qui exonère le capitaine de navire de toute responsabilité dans les situations suivantes :

a) Dans les cas d'infraction visés à l'article 314 §3[197] ci-après, s'il administre la preuve qu'il a rempli tous ses devoirs de surveillance ou si le délinquant est découvert ;

b) Dans les cas d'infractions visés à l'article 314§3ci-après, s'il justifie que des avaries sérieuses ont nécessité le déroutement du navire et à condition que ces évènements aient été consignés au journal de bord avant la visite du service des douanes ». Par exemple, le capitaine de navire qui n'a pas respecté les règles de conduite en douane devant lui permettre d'accoster dans un port pourvu d'un bureau pourra valablement invoquer la contrainte de l'article 50 du code pénal.

Qu'en est-il de l'erreur dans la responsabilité pénale douanière?

L'erreur est définie comme une représentation inexacte de la réalité. Comme cause d'irresponsabilité, elle présente des différences selon qu'elle est de fait ou de droit. Les effets de l'erreur de fait varient selon que l'infraction est intentionnelle ou non intentionnelle. Dans l'infraction intentionnelle, l'erreur de fait exclut la responsabilité lorsqu'elle porte sur un élément essentiel de l'infraction, mais elle la laisse subsister lorsqu'il s'agit d'un élément accessoire[198].

---

197 Article 314 du code des douanes : « Sont réputés faire l'objet d'une importation sans déclaration :

1. Les marchandises déclarées pour le transport avec emprunt du territoire étranger ou de la mer pour l'exportation temporaire ou pour l'obtention d'un passavant de circulation dans le rayon, en cas de non représentation ou de différence dans la nature ou l'espèce entre lesdites marchandises et celles présentées au départ ;

2. Les objet prohibés ou fortement taxés à l'entrée ou passibles de taxes intérieures découverts à bord des navires se trouvant dans les limites des ports et rades de commerce indépendamment des objets régulièrement manifestés ou composant la cargaison et des provisions de bord dûment représentées avant visite ;

3. Les marchandises prohibées découvertes à bord des navires de moins de 500 tonneaux de jauge nette naviguant ou se trouvant à l'ancre dans la zone maritime du rayon des douanes. »

198 Jean Pradel, Droit pénal Général, 18ème édition, CUJAS, 2010, p.396 et s. La règle générale est que l'erreur, si elle porte sur un élément de l'infraction, exclut la responsabilité. Par élément essentiel, il faut entendre soit une condition préalable de l'infraction, soit l'un de ses éléments constitutifs. La règle de l'irresponsabilité est affirmée tantôt par une loi particulière, tantôt par la jurisprudence (V. par exemple art. 3353-5, C.D.B., décidant que le cafetier ayant commis une infraction relative à la protection des mineurs contre l'alcoolisme, « pourra prouver qu'il a été induit en erreur sur l'âge du mineur », grâce à quoi « aucune peine ne lui sera appliquée ». De même, la contravention de vente de produits du tabac à des mineurs de moins de 16 ans est punissable « Sauf si le contrevenant fait la preuve qu'il a été induit en erreur sur l'âge des mineurs » (art. L.3512-1-1. C.S.P. L.3 août 2003). L'erreur portant sur un élément accessoire de l'infraction est indifférente : la

Par élément essentiel, il faut entendre un élément constitutif de l'infraction. Par exemple on ne peut poursuivre pour détournement de mineur une personne qui s'est trompée sur l'âge de la personne détournée. Quant à l'erreur portant sur un élément accessoire de l'infraction, elle est définie comme toute erreur qui ne rentre pas dans la définition de l'infraction. Pour ce dernier cas, la responsabilité pénale subsiste.

L'erreur de fait peut concerner aussi une infraction non intentionnelle, dans ce cas, elle ne supprime pas l'élément moral, car une personne qui commet une infraction d'imprudence est toujours punissable. Par exemple au cours d'une partie de chasse, si une personne tue un chasseur, alors qu'elle croyait tuer un animal, on pourra toujours la poursuivre pour homicide par imprudence.

L'erreur de droit, quant à elle, peut consister soit à une ignorance de la loi, soit à une interprétation erronée de ses dispositions.

Dans tous les cas, elle n'exclut pas la responsabilité pénale de son auteur. Cette solution trouve son fondement dans l'adage : « nul n'est censé ignoré la loi ».

Toutes ces formes d'erreur ainsi présentées peuvent bien s'appliquer en droit douanier. Mais il faut ajouter que la matière douanière connaît une erreur qu'on ne trouve pas dans le droit pénal général. Cette erreur, on l'appelle l'erreur invincible. Elle a un champ d'application bien précis : l'intérêt à la fraude visé à l'article 376/3 du code des douanes.

L'erreur invincible est une erreur portant sur un fait matériel, dans des conditions telles que la faute ou la négligence de son auteur sont exclues[199].

---

responsabilité subsiste. Il peut s'agir de l'erreur sur l'objet de l'infraction (l'agent croit voler un tableau de maître et ne dérobe qu'une copie).

199 Exemples et définitions données par M.Hoget, JCI. Droit pénal et cours de l'école nationale des douanes. En droit des obligations, l'erreur est un des quatre vices du consentement d'un contrat.

L'erreur existe aussi dans d'autres branches du droit. Elle peut vicier un acte administratif unilatéral, on parle alors d'erreur manifeste d'appréciation ou erreur manifeste. En droit pénal, l'erreur de fait supprime le dol général, tandis que l'erreur de droit ne supprime le dol général que lorsqu'elle est invincible. L'erreur de fait est une fausse appréciation de la réalité, alors que l'erreur de droit est une erreur qui porte sur l'existence ou l'interprétation d'une règle pénale. Lorsqu'un individu commet une infraction en ignorant qu'elle est réprimée, son erreur de droit annule-t-elle le dol général?

Pendant longtemps, la jurisprudence a eu à résoudre ce dilemme. Elle est passée par trois phases.

La première a duré jusqu'à 1950. Pendant cette période, la chambre criminelle a systématiquement fait prévaloir l'adage « nul n'est censé ignorer la loi ». Certaines juridictions d'appel étaient favorables à l'erreur de droit. Dans un arrêt de la cour d'appel de Paris de décembre 1924, un individu avait découvert un trésor et se l'était approprié. Il était poursuivi pour vol parce qu'il n'avait pas remis la moitié du trésor au propriétaire du terrain. Pour sa défense, il invoquait son ignorance de l'article 716 du code civil. Il a été condamné.

La deuxième phase va de 1950 à 1964. Pendant cette phase, la cour de cassation a admis une erreur de droit lorsqu'elle était invincible, c'est- à- dire lorsque, avant d'accomplir l'acte, un

Il en est ainsi, d'un garagiste qui a réparé une voiture servant au transport de marchandises de fraude dès lors qu'il ignorait que le véhicule transportait de telles marchandises. Le propriétaire d'un véhicule qui l'a prêté au prévenu, lequel l'a aménagé en vue de la fraude, peut bénéficier de l'impunité[200] . L'erreur invincible donne sans nul doute un certain particularisme au droit douanier.

Le particularisme disparaît cependant quand on analyse les causes objectives d'irresponsabilité pénale.

2) Les causes objectives d'irresponsabilité pénale

Les causes objectives d'irresponsabilité pénale sont l'ordre de la loi et le commandement de l'autorité légitime, la légitime défense et l'état de nécessité.

Elles trouvent en principe leur source, non pas dans la personnalité même du délinquant, mais dans les circonstances entourant la commission de l'infraction.

Qualifiées de « faits justificatifs » par la doctrine, elles retirent à l'infraction son caractère normalement attentatoire aux intérêts de la société.

Elles ne suppriment pas seulement la responsabilité pénale de l'auteur des faits, mais elles font disparaître également le caractère délictueux des faits commis. Cette disparition de l'infraction et de la responsabilité a aussi comme conséquence d'assurer l'impunité des coauteurs ou complices.

En matière douanière, l'ordre de la loi et le commandement de l'autorité légitime et la légitime défense sont des causes d'irresponsabilité qui concernent plus les agents des douanes que les contrevenants à la réglementation douanière. En témoigne la disposition pertinente de l'article 40 du code des douanes.

Ce texte permet aux agents des douanes de porter une arme et même de l'utiliser en cas d'agression contre leur personne ou lorsqu'ils ne peuvent immobiliser autrement les véhicules, embarcations et autres moyens de transport dont les conducteurs n'obtempèrent pas à l'ordre d'arrêt. La loi leur donne encore la possibilité de faire usage de leur arme lorsqu'ils ne peuvent capturer vivants les animaux employés pour la fraude ou que l'on tente d'importer ou d'exporter frauduleusement. À la lecture de l'article 40 du code des douanes

individu s'est renseigné auprès d'une autorité administrative qui lui a donné carte blanche. Si une erreur de droit est invincible, elle supprime le dol général et donc l'élément intentionnel. La troisième phase débute en 1964. La cour de cassation revient à sa position initiale : nul n'est censé ignorer la loi. Une erreur de droit, même invincible, n'annule pas le dol général. Le nouveau code pénal a réglé la question de l'erreur de droit par l'article 122-3 : « N'est pas pénalement responsable la personne qui justifie avoir cru, par erreur sur le droit, qu'elle n'était pas en mesure d'éviter, d'accomplir l'acte ».

De manière générale, lorsque la question de la licéité est clairement posée à l'auteur des faits, une situation floue ne saurait lui profiter. Si l'auteur de l'infraction se renseigne préalablement, l'erreur de droit est admise si elle est causée par la réponse claire mais fausse de l'autorité compétente.

200Cass. Crim.12 mars 1979, Douane c. Buffet. Cont. N° 1655.

on est en droit d'affirmer que ce texte reprend à son compte l'ordre de la loi et la légitime défense de droit commun. Les conditions d'application de l'article 315 du code pénal (ordre de la loi et commandement de l'autorité légitime) sont minutieusement analysées par la jurisprudence.

C'est ce qui ressort de l'affaire Ministère public et héritiers de feu Mamadou Sarr contre l'agent des douanes Cheikh Sidy Lamine Kounta Diarra.

Les faits de l'espèce sont les suivants : le 1er janvier 2000, les agents du poste des douanes de Koumpentoum, sous la conduite du prévenu ont tendu une embuscade à la sortie du village de Fana sur la piste de Diam-Diam, non loin de Gambie. Au cours de leur opération, ils ont aperçu un convoi de cinq véhicules Peugeot 504 Berline qui étaient lourdement chargés de marchandises. Ils ont sommé les conducteurs de s'arrêter, lesquels n'ayant pas voulu obtempérer, le sieur Diarra a ouvert le feu sur le premier véhicule qui fonçait sur eux.

Le conducteur Mamadou Sarr fut mortellement atteint par une balle. Diarra est condamné à six mois d'emprisonnement ferme et un mandat d'arrêt a été décerné contre lui. Le prévenu forme opposition contre ce jugement.

Dans son audience du 4 mai 2005, le tribunal régional de Tambacounda a rendu la décision suivante : « Attendu qu'il est manifeste que Diarra ne disposait d'autres moyens pour immobiliser le véhicule qui fonçait sur lui qu'en tirant sur l'une de ses œuvres vives en l'espèce le radiateur ; attendu qu'il résulte des dispositions de l'article 315 du code pénal « il n'y a ni crime ni délit lorsque l'homicide était ordonné par la loi » . Attendu qu'en l'espèce Diarra, en tirant sur le premier véhicule, après sommation dans le but ultime et légitime d'immobiliser un véhicule qui fonçait droit sur lui à vive allure, a accompli un acte autorisé par la loi ; qu'il èchait en application des dispositions combinées des articles 33 du code des douanes[201] et 315 du code pénal de le relaxer ». La jurisprudence Diarra est tout à fait fondée.

Les agents des douanes sont souvent exposés à la vindicte populaire dans l'exercice de leur mission. Il est normal que la loi puisse venir à leur secours en leur permettant de bénéficier sous certaines conditions de l'impunité sur le fondement de l'article 40 du code des douanes.

Le législateur sait en toute pertinence que la mission de la douane est délicate. Aussi a-t-il décidé dans l'article 37 nouveau de protéger de façon accrue les agents des douanes.[202]

---

201 L'article 33 du code des douanes a été remplacé par l'article 40 dans le nouveau code des douanes.

202 Article 37 du nouveau code des douanes.

« 1) Les agents des douanes sont sous la sauvegarde spéciale de la loi

2) Il est interdit à toute personne :

a) de les maltraiter, de les diffamer, de les outrager, de les menacer et de les injurier dans l'exercice ou en raison de l'exercice de leurs fonctions ;

La protection des agents de douane est même justifiée si l'on sait que l'article 301 du même code leur fait obligation de saisir les fraudeurs lorsque la possibilité existe sous peine de sanctions disciplinaires et judiciaires.

À côté de l'ordre de la loi et de la légitime défense, il faut faire une place à l'état de nécessité. Cette cause objective d'irresponsabilité que connaît le droit pénal général est prévue par le code des douanes mais comme l'erreur invincible, son domaine d'application est limité : il ne concerne que l'intérêt à la fraude. Il y a état de nécessité lorsqu'une personne a choisi de commettre une infraction pénale pour protéger ou sauver un bien ou un droit dont la valeur sociale est plus importante que celle qu'elle a sacrifiée[203].

C'est le cas par exemple du capitaine de pompiers qui fait enfoncer la porte d'un appartement pour lutter efficacement contre un feu voisin (violation de domicile). On considère ainsi qu'il n y pas d'infraction pénale parce que celle-ci était justifiée par la nécessité. Le bon sens paraît favorable à cette solution.

Les partisans[204] d'une consécration de l'état de nécessité ont fait observer que si le code pénal ne contient pas de principe général relatif à l'impunité du délit nécessaire, il vise cependant un assez grand nombre d'infractions qui ne sont punies que si elles ont été commises « sans nécessité » ou de textes qui légitiment certaines infractions nécessaires.

Ils soutiennent que c'est là des symptômes particuliers de la consécration générale implicite de l'impunité nécessaire par le code pénal. Mais cet argument peut être facilement retourné : s'il y avait un principe général d'impunité du délit nécessaire, le législateur ne serait pas obligé de le préciser pour telle ou telle infraction, comme dans l'article 376 du code des douanes relatif à l'intérêt à la fraude.

L'existence de ces précisions conduit plutôt à penser qu'il n'y a pas de principe général.

Mais la meilleure justification est tirée de l'utilité sociale : étant donné que l'état de nécessité ne doit pouvoir jouer que si le bien sauvegardé est de valeur

---

b) de se livrer sur leur personne à des violences ou des voies de fait en raison de leur fonction ;

c) de s'opposer d'une manière quelconque à l'exercice de leurs fonctions.

3. L'État doit protéger les agents des douanes contre les troubles, diffamations, menaces, outrages, injures, violences, voies de fait ou attaques de quelque nature que ce soit dont ils peuvent être l'objet dans l'exercice de leur fonction.

4. Les autorités civiles et militaires sont tenues, à la première réquisition, de prêter main-forte aux agents des douanes pour l'accomplissement de leur mission.

5. Les infractions commises par les agents des douanes dans l'exercice ou à l'occasion de l'exercice de leurs fonctions, sont connues des juridictions ordinaires à formation spéciale ».

203 Michèle- Laure Rassat, Cours magistral : Droit pénal général, 2[éme] édition, ellipse, 2006, p. 393.

204 Frédéric Desportes, Francis Le Gunehec, Droit pénal général, 11[éme] éd., Economica 2006, p.702 et s.

supérieure (ou au moins égale) à celui sacrifié, on est en droit de retenir que l'ordre social n'a pas été troublé par les agissements de la personne concernée et, au contraire, a été sauvegardé par elle.

Cette analyse a reçu un écho favorable auprès de la doctrine contemporaine[205].

Les conditions requises de l'état de nécessité sont calquées sur celles de la légitime défense.

Il faut qu'il existe un danger réel auquel l'agent cherche à faire échapper un tiers ou lui-même. Peu importe la nature de ce danger (physique : vie, santé, intégrité corporelle ; moral, matériel), mais il faut qu'il soit actuel ou imminent.

Il faut une absence d'autre moyen de conjurer le danger ; c'est-à-dire aucun autre moyen d'éviter la réalisation du danger menaçant. Le bien sacrifié doit être d'une valeur inférieure au bien sauvegardé.

En l'absence d'un texte spécifique fixant les conditions de l'état de nécessité comme cause d'exonération de la responsabilité liée à l'intérêt à la fraude, le droit pénal douanier est obligé de se référer à celles du droit pénal général.

Cependant, l'état de nécessité ne peut être invoqué par une personne qui a commis elle-même une faute ou qui a participé à un plan de fraude, quand bien même elle a permis à l'Administration des douanes de constater une importation en contrebande de véhicules.

Dans les causes objectives d'irresponsabilité, il existe une parfaite harmonie entre droit douanier et droit commun. L'erreur invincible mis à part, on peut encore faire le même constat dans les causes subjectives d'irresponsabilité. Le droit douanier est cependant allé beaucoup plus loin puisqu'il prévoit des causes spécifiques d'irresponsabilité.

B) Les causes spécifiques d'irresponsabilité

En élaborant le code des douanes, le législateur ne s'est pas contenté de regrouper les causes d'irresponsabilité propres au droit pénal douanier dans un chapitre spécifique. Il a pris le parti de présenter les différentes causes d'irresponsabilité les unes à la suite des autres, dans divers textes, sans que ne soit mise en évidence une classification particulière.

On peut même relever que le droit pénal douanier a prévu des causes d'exonération exclusivement réservées à certaines personnes qui interviennent dans la chaîne de dédouanement.

Il s'agit des opérateurs du commerce extérieur qui sont pénalement responsables en raison de leur fonction. Par opérateurs du commerce extérieur, il faut

205 Jean Pradel, Droit pénal général, 18ème édition CUJAS, 2010, p.284.V. Aussi M.L. Rassat, Droit pénal général, 2ème éd.2006, Ellipses. Op cit p.342 ; A.Laingui, La responsabilité pénale dans l'ancien droit, L.G.D.J. .1970. P.331 et s.

entendre : les transporteurs publics, les capitaines de navires et les déclarants en douane. Sous certaines conditions, les personnes ainsi énumérées peuvent échapper à l'application de la loi.

S'agissant des transporteurs publics, de leurs préposés ou agents, l'article 369 du code des douanes leur permet de bénéficier de l'impunité « lorsque, par une désignation exacte et régulière de leurs commettants, ils mettent l'Administration en mesure d'exercer utilement des poursuites contre les véritables auteurs de la fraude ».

A travers cette disposition, on est en droit de dire que le droit douanier se fonde ici sur la délation du transporteur pour pouvoir lutter contre la fraude. A première vue, cette cause d'exonération se rapproche sensiblement de l'excuse absolutoire du droit commun.

Mais il faut se garder de les confondre, ici et là, l'agent pénal bénéficie de l'impunité. Il existe cependant une grande différence entre ces deux notions. Dans l'excuse absolutoire, l'individu qui bénéficie de l'exemption de peine est un délinquant, raison pour laquelle on peut le condamner aux frais de justice et au paiement de dommages et intérêts.

En droit douanier, le législateur ne considère pas les transporteurs comme des délinquants si sont réunies les conditions d'application de l'article 369/2 du code des douanes. Ceux-ci bénéficient d'une cause d'irresponsabilité. En témoigne la formule « ne sont pas considérés comme contrevenants » employée par ce texte. Cela signifie qu'on ne peut engager leur responsabilité ni au pénal, ni au civil.

L'application de l'article 369/2 du code des douanes peut cependant poser des problèmes surtout dans les pays sous-développés où le transport est exécuté dans des conditions où le transporteur a du mal à identifier les véritables détenteurs de marchandises de fraude.

Même si l'article 369 du code des douanes ne le dit pas expressément, la désignation du détenteur par le transporteur public ne suffit pas. Il faut encore que celui-ci accepte sa responsabilité.

L'on pourrait en effet envisager l'hypothèse où la personne désignée refuse complètement sa responsabilité et que l'Administration des douanes n'arrive pas à établir un lien entre la marchandise de fraude et la personne désignée par le conducteur du moyen de transport.

Dans pareil cas, le transporteur public demeure toujours responsable. Cette solution est tout à fait justifiée, elle trouve même son fondement dans l'emploi par l'article 369/2 de l'expression « désignation exacte et régulière de leurs commettants ». Pour éviter que la responsabilité du transporteur public ne soit diluée, la loi douanière exige que l'Administration des douanes soit en mesure d'« exercer utilement des poursuites contre les véritables auteurs de la fraude ».

Cette imputation purement objective qui résulte d'une prédétermination de la loi prévaut aussi chez les capitaines de navires et commandants d'aéronefs.

Selon l'article 370 du code des douanes, « Les capitaines de navires, bateaux, embarcations et les commandants d'aéronefs sont réputés responsables des omissions et inexactitudes relevées dans les manifestes et d'une manière générale, des infractions commises à bord de leur bâtiment ».

Cependant le texte précise ensuite que « les peines d'emprisonnement édictées par le présent code ne leur sont applicables qu'en cas de faute personnelle ».

Il faut constater et regretter que l'article 370 /2 ne concerne que la peine et non l'imputation de la responsabilité. Ce texte, comme on pourrait le penser, consacre une cause d'exemption de la peine[206] et non une cause d'exonération de la responsabilité des capitaines de navires et commandants d'aéronefs.

Il ne permet pas aux responsables fonctionnels de s'exonérer mais seulement d'éviter l'emprisonnement.

En réalité, les seules véritables causes d'exonération de responsabilité de ces transporteurs de marchandises sont énoncées à l'article 371qui dispose « le capitaine est déchargé de toute responsabilité :

a) Dans le cas d'infraction visé à l'article 397 §2 ci-après (importation sans déclaration d'objets prohibés ou fortement taxés), s'il administre la preuve qu'il a rempli tous ses devoirs de surveillance ou si le délinquant est découvert.

b) Dans le cas d'infraction visé à l'article 397§3 ci-après (importation sans déclaration de marchandises spécialement désignées par arrêté du ministre des finances), s'il justifie que des avaries sérieuses ont nécessité le déroutement du navire à condition que ces événements aient été consignés au journal de bord avant la visite du service des douanes ».

À s'en tenir aux dispositions combinées des articles 370 et 371 du code des douanes, on s'aperçoit que le législateur accorde une protection accrue aux capitaines de navire et commandants d'aéronef. Ils bénéficient d'une exemption de peine et d'une exonération de responsabilité.

À y regarder de très près, tout permet de croire qu'on est ici en présence d'une véritable responsabilité pénale objective puisqu'aucune faute, ni aucune participation, ne peut être reprochée au responsable fonctionnel.

206L'exemption de peine entraîne le non prononcé d'une sanction pénale mais contrairement aux faits justificatifs qui sont des causes objectives d'irresponsabilité, l'infraction subsiste. Il en résulte plusieurs conséquences :

-Il faut nécessairement, pour l'exemption, un jugement. Au contraire, les faits justificatifs peuvent être reconnus dès le stade de l'instruction préparatoire.

-Il faut ajouter que contrairement aux faits justificatifs, l'intéressé peut être condamné aux dommages et intérêts et aux frais du procès. Sur la question voir Pradel,. Droit pénal Général op cit p. 561 n ° 675.

Une autre cause « d'exonération » de responsabilité propre au droit douanier est posée par l'article 373 du code des douanes : elle concerne les commissionnaires en douane agréés. Selon ce texte :

1) Les commissionnaires en douane agréés sont responsables des opérations en douane effectuées par leurs soins.

2) Les peines d'emprisonnement édictées par le présent code ne sont applicables aux dirigeants des commissionnaires en douane agréés qu'en cas de faute personnelle.

Ce texte ne vise que les dirigeants ; eux seuls peuvent bénéficier d'une exemption de peine, en cas de faute personnelle. On comprend ici le législateur : les commissionnaires en douane sont présentement des personnes morales,[207] en conséquence, à leur encontre on ne peut prononcer de peines d'emprisonnement

En somme, l'étude des causes d'irresponsabilité propres au droit douanier révèle, au-delà de leur rigueur, le particularisme de la responsabilité pénale douanière. Celui-ci est essentiellement justifié par la nature fiscale de la mission de la douane.

Mais étant donné qu'ils ne bénéficient d'aucune cause d'irresponsabilité, on peut les poursuivre pour le paiement des sanctions fiscales.

C'est pour cette même raison qu'il est permis à l'Administration des douanes de neutraliser les poursuites en transigeant avec les personnes responsables d'une infraction douanière.

Paragraphe 2 : Le contrat source d'extinction des poursuites : la transaction douanière

La rigueur et l'immutabilité des pénalités douanières ont conduit l'Administration des douanes à utiliser la transaction dans le règlement du contentieux. La transaction a l'avantage d'assouplir nettement les relations entre la douane et les contrevenants en les plaçant dans une situation moins unilatérale et contraignante qui résulte de sa nature (A) ; mais elle n'emporte pas moins des effets radicaux sur la poursuite (B).

A) La nature de la transaction

Une fois l'infraction constatée par la douane et reconnue par la personne ou les personnes responsables, un règlement administratif peut être sollicité, et des offres peuvent être faites pour vider l'affaire : C'est la transaction.

La transaction en matière douanière est une vieille institution.

---

207 Avant, les commissionnaires en douane agréés pouvaient être des personnes physiques, mais depuis la réforme, la situation a changé. Désormais le commissionnaire en douane est une personne morale. Voir Règlement n° 10/2008/CM/UEMOA.

L'histoire du droit douanier montre que l'ordonnance de 1670 accordait déjà une transaction appelée « Droit d'accommodement »[208] aux fermiers généraux dans des situations d'infractions limitées. Cette solution contentieuse était dans la lignée parfaite du droit de l'époque.

Au Sénégal, le droit de transiger est accordé à l'Administration des douanes par l'article 330 du code des douanes[209].

En France, sa nature juridique a soulevé une controverse doctrinale assez fournie sans que ne se dégage une position dominante.

---

208 Accommodement : confits réglés à l'amiable, infra judiciaire, transactions parallèles. Il s'agit en réalité d'une justice parallèle appliquée dans la société lyonnaise dans la seconde partie du XVIIIe siècle. Il avait pour but de chercher à obtenir réparation, sans risquer les affres d'un procès public, incertain et coûteux, la meilleure des solutions demeurait la recherche de l'accommodement : non seulement celle-ci permettait de maintenir le secret et de sauvegarder l'honneur de la victime mais encore, lorsqu'elle est basée sur un compromis acceptable, elle ramène durablement la paix et rétablit l'harmonie de la collectivité, un instant menacée. Si ces transactions entre particuliers pouvaient être considérées, comme une survivance des pratiques anciennes, elles témoignaient aussi du degré de cohésion de la communauté. La pratique de l'accommodement ôtait aux autorités légales le pouvoir de juger et de punir. Plusieurs typologies de conflits étaient réglés par la pratique de l'accommodement. Cf. http://acrh.revues.org/1598.Cette garantie offerte aux fraudeurs sera confirmée au moment de la révolution (Article 4 du Titre 12 de la loi des 6 et 22 août 1791 relative à l'exécution du tarif des droits d'entrée et de sortie dans les relations du Royaume avec l'étranger, Recueil Duvergier, p.225). La loi du 4 germinal an II viendra interdire à la douane de transiger (loi du 4 germinal an II relative au commerce maritime et aux douanes, Recueil Duvergier, p.138.), faculté qui lui sera restituée par un arrêté des Consuls du 14 fructidor an X (arrêté cité par Cass. Req., Compagnie des chargeurs réunis C/ Administration des douanes, S., 1895, I, p.212.)

209 Article 330 1) « L'Administration des Douanes est autorisée à transiger avec les personnes poursuivies pour infraction douanière.

2) La transaction peut intervenir avant ou après jugement définitif.

3) Avant jugement, la transaction éteint l'action publique et l'action fiscale

4) Après jugement définitif, la transaction ne peut porter que sur les pénalités pécuniaires. Elle laisse subsister les peines privatives de liberté.

5) Les effets de la transaction ne s'appliquent qu'à l'égard du contrevenant ou du prévenu qui l'a sollicitée et signée avec l'Administration des douanes. Les autres contrevenants impliqués dans la même affaire, ne peuvent en aucune façon en bénéficier s'ils n'y ont pas matériellement souscrit.

6) Les conditions d'exercice du droit de transaction sont définies par arrêté du Ministre chargé des finances.

7) Si le tribunal est saisi, une copie conforme des procès-verbaux doit être envoyée le cas échéant au juge d'instruction, au procureur de la République ou au juge qui est avisé en même temps de la transaction s'il y en a eu une.

Certains auteurs[210]soutiennent que la transaction douanière est un contrat. D'autres[211]affirment que la transaction s'apparente à une décision judicaire ou à « une institution sui generis »[212].

Pour les partisans de la nature contractuelle, la transaction est un contrat par lequel l'Administration des douanes et une personne poursuivie pour infraction douanière terminent un litige à des conditions convenues entre elles, dans la limite des pénalités fixées par la loi.

Cette définition se rapproche de celle donnée par l'article 756 du Code des Obligations Civiles et Commerciales (COCC) à la transaction en matière civile. Selon ce texte, « la transaction est le contrat par lequel les parties mettent fin à une contestation par des concessions mutuelles »

Le doyen Fernand Boulan[213] est favorable à cette analyse mais il précise qu'il existe des différences entre la transaction douanière et la transaction civile. Selon cet auteur, la transaction civile ne fait pas obstacle à l'exercice des poursuites par le Ministère public. Par contre, en matière douanière, la transaction entraîne l'oubli judiciaire de l'infraction, mais surtout empêche le dépôt de la plainte visant les faits, ou la continuation de la procédure. Même si le contrat est encore un élément qui permet de rapprocher la médiation et la transaction, il faut se garder de les confondre[214].

À la différence de la médiation, la transaction a toujours un objet pécuniaire. Mais la différence la plus notable réside dans l'autorité de la chose jugée que lui confère l'article 330 du code des douanes.

---

210 Claude J.Berr Henri Trémeau : Le Droit Douanier Communautaire et national, 6ème éd Economica, p.566 et s. Selon cet auteur : « il est admis par une doctrine et une jurisprudence constante (Cass.civ.19 janvier 1959, Doc.cont., n° 1294), que la transaction en matière douanière est soumise en principe aux articles 2044 et suivants, C.civ. Sébastien Jeannard : Les transformations de l'ordonnancement juridique douanier en France. L.G.D.J.tome 52 2011. P.308 n° 822.

211 E. Breen « Gouverner et punir, le rôle de l'Exécutif dans les procédures répressives : voies de droit, PUF, 2003, p.52. Voir aussi P. Laporte, « Les transactions en matière de douanes et de contributions indirectes », in Annales de la faculté de Droit et d'Économie de Clermont-Ferrand, 1966, p. 39-63.

212 C.J.Berr et H.Tremeau, n ° 1042, op.cit p670.

213 Boulan Fernand, ''La transaction douanière'' : Études de droit pénal douanier, Annales de la Faculté de droit d'Aix-en-Provence. P.U.F, 1968.

214 Cass, 1er civ 10-04-2013, Recueil Dalloz p.1663 « Le procès-verbal établi et signé à l'occasion d'une médiation pénale, qui contient les engagements de l'auteur des faits incriminés, pris envers sa victime en contrepartie de la renonciation de celle-ci à sa plainte et, le cas échéant, à une indemnisation intégrale, afin d'assurer la réparation des conséquences dommageables de l'infraction et d'en prévenir la réitération par le règlement des désaccords entre les parties, constitue une transaction qui, en dehors de toute procédure pénale, tend à régler tous les différends s'y trouvant compris et laisse au procureur de la République la libre appréciation des poursuites en considération du comportement du mis en cause ». Cette décision assimile la médiation à la transaction.

La transaction règle définitivement le litige qui ne peut plus être porté devant un tribunal. Sur le plan économique, il est incontestable que la transaction permet d'alléger le contentieux judicaire tout en offrant à l'Administration un moyen souple, rapide et efficace de recouvrer ce qui lui est dû.

Elle permet un désencombrement des tribunaux compte tenu du nombre d'infractions douanières relevées chaque année. Quant aux entreprises poursuivies, elles voient le plus souvent dans le règlement transactionnel la possibilité de faire échapper le litige à une publicité non souhaitée et à un contentieux long, difficile à gérer.

Il faut encore ajouter, à la différence de la transaction, que la médiation pénale[215] est l'œuvre du ministère public et non d'une administration. Même s'il est vrai que le droit de transiger est une prérogative de la douane, la loi fait obligation à celle-ci d'informer le Ministère Public dans les cas où une poursuite a été engagée devant le tribunal[216].

Au-delà de cette distinction, il faut relever que la transaction douanière déroge au principe de l'indisponibilité de l'action publique. Selon ce principe, le Procureur n'est pas propriétaire de l'action publique, il ne fait que l'exercer au nom et pour le compte de la Société. C'est même pour cette raison qu'il lui est interdit de transiger avec le délinquant.

Mais ce que ne peut pas faire le procureur, la loi permet à l'Administration des douanes de le faire compte tenu de sa mission fiscale. Le particularisme de la matière douanière est ici avéré par rapport au droit commun : l'action publique est neutralisée[217].

Précisons cependant que la transaction obéit à un certain nombre de conditions qu'il faut respecter à peine de nullité. En clair, la transaction est un contrat, et à ce titre, son régime juridique est calqué sur les conditions de formation du contrat : il s'agit de la capacité, de l'objet, de la cause et du consentement[218] des parties. La nature contractuelle de la transaction conduit à retenir que l'Administration des douanes ne peut imposer la signature d'une transaction à l'auteur d'une infraction douanière.

---

215 Article 32 : « Le procureur de la république peut procéder lui-même à la médiation pénale ou déléguer tout ou partie de la tâche à un médiateur pénal… » Al 3.
« … le procès-verbal de l'accord ainsi que le rapport du médiateur pénal sont transmis immédiatement au Procureur de la République. En cas d'échec de la médiation pénale…, le médiateur pénal adresse son rapport au Procureur de la République. Celui-ci apprécie alors l'opportunité d'engager les poursuites » al 4.

216 Article 330 al 7 du nouveau code des douanes.

217 La transaction existe dans d'autres administrations, exemple : eaux et forêts, administration fiscale…

218 Si le consentement est vicié le contrat de transaction est frappé de nullité. Qu'il s'agisse d'un consentement donné par erreur ou surpris par dol, la victime doit rapporter la preuve de ses allégations. Voir à titre d'illustration Cour d'Appel de Dakar, n° 155 du 28 Mars 1980.Ibéro/c Douanes, Revue EDJA n° 15 p.16à18.

La transaction peut cependant revêtir différentes formes[219].
Elle est dévolue à certaines personnes[220]et doit avoir un contenu bien défini.

---

219 La transaction peut revêtir différentes formes.
Le passé outre :
Il est accordé lorsque l'infraction est tout à fait bénigne ou est une infraction formelle sans conséquences économiques et fiscales. C'est une renonciation de l'administration à toute poursuite.
2) **La soumission contentieuse**.
C'est une reconnaissance par le prévenu de l'infraction et de la demande de terminer l'affaire administrativement ; elle comporte l'engagement, soutenu par une caution, de payer les sommes que l'administration fixera à titre de pénalités. Elle est utilisée lorsque le montant des pénalités en jeu ne peut être déterminé dans l'immédiat et que le redevable veut disposer de sa marchandise ou de sa personne.
C'est un engagement unilatéral qui n'empêche pas l'administration d'agir en justice si elle le désire. Elle deviendra une transaction définitive lorsque l'administration en fixera les conditions.
3) **L'acte transactionnel** :
Il peut être provisoire ou définitif :
La transaction provisoire permet de fixer les conditions de l'accord en attendant une décision définitive qui sera prise par l'autorité compétente. Elle est conclue par les responsables directement en contact avec les redevables, qui sont à même d'apprécier les différents éléments des affaires. Ce sont des projets de transaction élaborés sur la base des circonstances de chaque espèce et des orientations générales données par l'autorité supérieure.
La transaction définitive : Dans ce cas le projet de transaction est soumis à l'approbation de l'autorité compétente qui peut l'accepter tel quel ou l'amender.
Lorsqu'elle est approuvée, la transaction devient définitive, c'est-à-dire qu'elle fixe les conditions dans lesquelles le litige pourra être réglé à l'amiable. La transaction devient donc obligatoire.

220 Le droit d'accorder des transactions pour les infractions douanières ou de change est dévolu aux autorités suivantes.
Le Directeur de opérations douanière : pour les infractions douanières de toute nature dans lesquelles le montant des droits et taxes compromis ou éludés ne dépasse pas 10.000.000 FCFA ou s'il n'existe pas de droits compromis ou éludés, lorsque la valeur des marchandises litigieuses non comprise la valeur des moyens de transport, n'excède pas 40.000.000 FCFA
Le Directeur des enquêtes douanières : pour les infractions douanières de toute nature dans lesquelles le montant des droits et taxes compromis ou éludés ne dépasse pas 10.000.000 FCFA, ou s'il n'existe pas des droits compromis ou éludés, lorsque la valeur des marchandises litigieuses non compromise la valeur des moyens de transport, n'excède pas 40.000.000 FCFA
Le Directeur Général des douanes : pour les infractions de toute nature dans lesquelles le montant des droits et taxes compromis ou éludés ne dépasse pas 50.000.000 FCFA ou s'il n'existe pas des droits compromis ou éludés, lorsque la valeur des marchandises litigieuses non compromise la valeur des marchandises litigeuses non comprise la valeur des moyens de transport, n'excède pas 70.000.000. FCFA
Pour les infractions de change, lorsqu'une action judiciaire n'est pas engagée et que le montant de la transaction ne dépasse pas 70.000.000 FCFA
En cas de récidive, la transaction ne doit être accordée qu'avec l'aval du Ministère des finances et du Ministère de la justice.

Elle doit comporter l'indication du service qui a constaté l'infraction, l'identité du contrevenant, la qualification pénale des faits constatés, l'évaluation des marchandises de fraude, l'acceptation du contrevenant et les modalités de son exécution. Elle doit contenir aussi une clause résolutoire qui précise qu'une fois la transaction approuvée par l'autorité compétente, il sera mis fin au litige, dans le cas contraire, l'engagement sera nul de plein droit.

L'engagement du contrevenant peut être garanti, si l'administration le désire, par une caution qui s'engage à côté du contrevenant.

Par ailleurs, il faut rappeler que la validité de la transaction peut être remise en cause. L'action en nullité reste possible dans les cas d'erreur sur la personne, l'objet de la transaction, la cause, l'incapacité de la partie contractante, le dol ou la violence, en somme les causes de nullité prévue par le droit commun des contrats.

En matière de nullité, il faut distinguer selon qu'on est en présence d'une nullité absolue ou d'une nullité relative.

S'il s'agit d'une nullité absolue, elle ne peut concerner que l'objet ou la cause, c'est-à-dire les conditions de formation du contrat et dans ce cas, toute personne y ayant intérêt peut demander l'annulation devant le juge car il s'agit d'ordre public recevable dans un délai de dix (10) ans à compter de la date de la signature du contrat.

Quant à la nullité relative, elle sanctionne les vices du consentement comme l'erreur, la violence et le dol. Dans ce cas, l'action en nullité ne peut être intentée que par la partie victime du vice, en l'occurrence, le signataire de l'acte transactionnel. Le délai de prescription est de deux (2) ans à partir de la découverte du vice. Si les conditions de validité de la transaction sont réunies, la loi lui attache des effets qu'il convient d'examiner.

B) Les effets de la transaction

La transaction douanière, une fois conclue, a une force obligatoire aussi bien à l'égard de l'Administration des douanes que de l'auteur de l'infraction.

Ses effets diffèrent selon qu'elle intervient avant jugement ou après jugement.

Le Ministère chargé des finances : pour tous les autres cas situés au-delà de cette limite. Pour les infractions de change, au-delà de 70.000.000 FCFA, le ministre ne peut statuer qu'après avis de la commission du contentieux des changes.
Après action en justice, l'avis de l'autorité judiciaire est requis avant toute transaction (Procureur ou président de la juridiction saisie pour le cas d'une transaction avec une succession).
Après jugement définitif, la transaction requiert une décision conjointe du Ministre de la justice et des Finances après avis du président de la juridiction et éventuellement de la commission du contentieux des changes.

Si elle intervient avant jugement, elle éteint les poursuites à l'égard du contrevenant. Mais l'action publique peut toujours être engagée contre les éventuels coauteurs, complices, intéressés à la fraude[221].

Cette solution trouve son fondement dans le caractère contractuel et individuel de la transaction. Elle est même conforme à l'article 96 du code des obligations civiles et commerciales[222].

Mais en pratique, il faut observer que l'exclusion ou non des autres participants de l'infraction du bénéfice de la transaction dépend souvent en grande partie des services de la douane qui prennent en compte la personnalité, le passé judiciaire des personnes mises en cause et surtout la gravité des faits.

Contrairement aux complices, coauteurs et intéressés à la fraude, les personnes civilement responsables bénéficient de la transaction. Il en est ainsi de la caution et des propriétaires des marchandises. Ces derniers étant engagés par le lien juridique qui existe entre eux et l'auteur de l'infraction, en conséquence si celui-ci disparaît, ils se trouvent en principe libérés de leurs obligations civiles. En effet comme l'ont écrit, avec juste raison, Berr et Trémeau, leur responsabilité découle directement de celle de l'auteur principal. En clair, leur sort est indéfectiblement lié à celui de ce dernier[223].

Lorsque l'action publique n'est pas déclenchée, le procureur doit s'abstenir de poursuivre. De même, lorsqu'une information est ouverte, une ordonnance de non-lieu doit être rendue. Cependant une transaction entre la Douane et une entreprise sur les infractions douanières n'éteint pas l'action publique contre son employé s'agissant de délits de faux et usage de faux commis par lui à

---

221 Cour d'Appel de Dakar arrêt n° 247 du 03-09-2003. Ministère public -Ablaye Gaye, Administration des Douanes /Alioune Badara-AbabacarThiam et autres poursuivis pour association de malfaiteurs, infraction à la loi sur les hydrocarbures et complicité de tromperie sur la nature d'un produit, faux et usage de faux en écriture de Commerce, importation sans déclaration. En l'espèce, il faut rappeler qu'Ababacar Thiam était cité en même temps que le Directeur de la Société ELTON ainsi que celui de « SUNUKER » par les services de la Douane dans leurs conclusions du 14 mai 2003 pour le délit d'importation sans déclaration de produits prohibés. Par la suite une transaction est intervenue entre ELTON et la Douane. Ainsi le Ministère public n'a poursuivi que Thiam et Diéye co-auteurs n'ayant pas bénéficié d'une transaction ; le requérant estime que sur la base de l'article 299 du Code des Douanes, il doit bénéficier de la transaction ainsi intervenue ; que le fait pour le parquet dans son réquisitoire susvisé demande néanmoins l'inculpation de Thiam et le juge d'y procéder constitue une violation des droits de la défense. Le tribunal a rejeté l'exception soulevée par les prévenus au motif que : « Considérant cependant que la lecture de l'article 299 du Code des Douanes permet de dire que la solidarité ne peut s'appliquer qu'en ce qui concerne les condamnés, donc devant la juridiction de jugement ; que s'agissant des inculpés, on ne peut encore parler de solidarité ; ainsi les co-inculpés qui sont tiers ne peuvent bénéficier de la transaction (qui est une convention) intervenue entre la Douane et l'un des mis en causes.

222 Article 96 du COCC : « Le contrat légalement formé crée entre les parties un lien irrévocable » ;

223 C.-J. Berr et H. Trémeau, p.150 op. cit. p. 113.

l'occasion des mêmes faits. C'est ce que la Cour de cassation française a retenu dans son arrêt du 12 juin 2014[224]

Si l'affaire est pendante devant la juridiction de jugement, les prévenus doivent être renvoyés des fins de la poursuite. Cependant cette extinction des poursuites connaît des limites relatives aux personnes et aux infractions concernées.

En ce qui concerne les personnes, il faut encore préciser que la transaction ne peut être opposée aux personnes qui ne l'ont pas signée.

Le principe de l'inopposabilité de la transaction a d'ailleurs été rappelé par la cour d'appel de Dakar dans l'affaire Ahmed Sy contre Air France. Dans cette affaire, Air France en tant que commissionnaire en douane agréé a signé une transaction avec la Douane pour une infraction portant sur une déclaration sans avoir pris l'attache du propriétaire des marchandises.

Le juge faisant une analyse très exacte des rapports entre le mandant et le mandataire, retient la solution suivante : « la compagnie Air France ayant accepté la transaction en son nom personnel….Cette transaction ne peut donc, en principe, être opposée à l'intimée »[225].

224: « Poursuivi pour faux et usage de faux au préjudice de son employeur, un directeur salarié d'un magasin d'une société estime que l'action publique contre lui est éteinte au motif qu'une transaction est intervenue entre cette société (son employeur) et la douane sur les infractions douanières issues de ses agissements. Selon la Cour de cassation, la transaction conclue, pour des infractions douanières, entre la Douane et la personne morale qui employait le prévenu est sans effet sur les délits de faux et usage de faux comportant des éléments constitutifs différents et sanctionnant la violation d'intérêts distincts. Cour de cassation 12 juin 2014 ».
http://actualitesdudroit.lamy.fr

225 Cour d'appel Dakar, Arrêt n° 115 du 14 juin 1974. En l'espèce, la compagnie Air France, agréé en qualité de commissionnaire en douane, a effectué pour le compte de Ahmed Sy, importateur, le dédouanement au bureau de Dakar- Yoff, de colis de tissus transportés par voie aérienne de Casablanca à Dakar, la déclaration étant effectuée suivant les indications portées sur les factures établies par le fournisseur et remises par Ahmed Sy au transitaire agréé, pour effectuer les opérations de mise à la consommation.
À la suite d'investigations longues et minutieuses effectuées par le service des douanes, il fut établi qu'un courant de fraude s'était créé entre une société marocaine LUNIFATEX et des commerçants sénégalais dont Ahmed Sy pour importer à Dakar des tissus lamés d'une valeur de 94.334.039 francs sur le marché local. Les marchandises bien entendu, étaient mises à la consommation et vendues, lorsque l'enquête fut terminée. Cette enquête avait révélé que les tissus étaient déclarés sous une position tarifaire inexacte et avec une minoration de quantité et par suite, de valeur de 50 %. La Douane avait relevé une importation sans déclaration à l'encontre d'Air France sur les déclarations levées pour le compte du propriétaire des marchandises Ahmed Sy. La compagnie Air France a transigé avec la Douane en payant les droits éludés et les pénalités sans au préalable aviser le propriétaire des marchandises. La compagnie a par la suite assigné Ahmed Sy devant le tribunal régional de Dakar en date du 9 Mai 1974 pour opposer cette transaction à Ahmed Sy et obtenir remboursement. Le premier juge a retenu que la Compagnie Air France a souscrit cette transaction en son nom personnel ; ce qui a été confirmé par la cour d'appel de Dakar.

S'agissant du champ d'application de la transaction, il faut préciser que, lorsqu'après conclusion d'une transaction, de nouveaux faits constitutifs d'une infraction distincte sont découverts, l'Administration des douanes peut déclencher de nouvelles poursuites. Mais elle n'a plus ce pouvoir lorsque les faits se rapportent à des infractions ayant fait l'objet de la transaction même s'ils ont été découverts postérieurement à sa conclusion.

La transaction peut encore intervenir après jugement définitif. Dans ce cas elle est moins efficace Elle entraîne la disparition des condamnations pécuniaires[226]mais elle ne produit aucun effet sur la peine d'emprisonnement.

C'est pourquoi, en France, cette forme de transaction a fait l'objet de nombreuses critiques[227].

Selon certains auteurs, elle remet en cause l'autorité de la chose jugée. C'est d'ailleurs ce qui a conduit le législateur français à supprimer dans la réforme de 1977 la transaction après jugement. Elle est remplacée aujourd'hui par le droit de remise gracieuse des sanctions fiscales.

Contrairement au droit français, la transaction peut intervenir avant ou après jugement. C'est ce qui ressort de la lecture de l'article 330 du code des douanes[228]. Peut-être que c'est l'efficacité économique qui explique cette prérogative accordée à la Douane mais, sur le plan de l'orthodoxie juridique, l'article 330 est tout à fait critiquable.

Non seulement il remet en cause une décision de justice, mais encore, il n'est pas aisé de le suivre lorsqu'il divise la condamnation prononcée en sanctions patrimoniales et sanctions extra patrimoniales. Même si on comprend la préoccupation du législateur sénégalais, on est en droit de noter que sa position n'emporte pas la conviction parce qu'une condamnation pénale est un tout, et cette distinction à laquelle il procède entre les deux types de sanction ne donne point satisfaction.

À dire vrai, le nouveau code des douanes a raté une belle occasion qui lui aurait permis de respecter les décisions des juges et dans le même temps montrer son attachement au principe de la séparation des pouvoirs. Pour y arriver, il suffisait simplement, et ce n'est pas gênant, de transposer en droit sénégalais la solution française issue de la réforme de 1977.

Ceci étant précisé, il faut retenir que la transaction, même si elle a une nature contractuelle, s'apparente forcément à une décision de justice. C'est

---

226 Par condamnations pécuniaires, il faut entendre : les amendes et confiscations. Avant la réforme les effets de la transaction étaient limités uniquement aux amendes, mais aujourd'hui, ils s'appliquent à la confiscation (330/4 du code des douanes).

227 F.Urbino-Soulier,"Le droit des investissements et des douanes" : Actes du Colloque de Deauville," La loi française et l'activité internationale des entreprises," RJ com., 1984, n° spécial, p.130.

228 Article 330 du code des douanes « La transaction peut intervenir avant ou après jugement définitif ».

même pour cette raison que la loi prévoit des voies de recours contre les actes transactionnels.

Il s'agit de la révision et de la résolution judiciaire. S'agissant de la révision, conformément à l'article 96 du code des obligations civiles et commerciales, on ne peut y procéder qu'avec l'accord des parties. La révision est exceptionnelle. Généralement, elle peut intervenir à la demande de l'une des parties.

C'est le cas lorsque le redevable se trouve dans l'impossibilité d'exécuter les clauses issues de la transaction. Cependant il y a lieu de s'interroger sur la nature de cette impossibilité. S'agit-il d'une impossibilité de droit ou de fait ? L'impossibilité de droit est relative à des erreurs de droit qui se sont glissées lors de la conclusion de la transaction. L'impossibilité de fait concerne l'insolvabilité du redevable.

Il faut remarquer que seule l'impossibilité de droit est une cause de révision de la transaction. La demande de révision revêt le caractère d'un recours gracieux auprès de l'autorité administrative qui n'est pas tenue d'y satisfaire[229].

Ce refus n'est susceptible d'aucun recours juridictionnel. Le recours hiérarchique a un effet suspensif sur les poursuites déclenchées par la Douane.

On remarquera que le recours en révision n'a pas pour effet de contester la matérialité de l'infraction, objet de la transaction. Il ne peut avoir pour objet que la modification des clauses non substantielles, c'est-à-dire qui n'affectent pas la transaction en tant que telle.

L'administration des douanes dispose de deux voies pour obtenir l'exécution.

Elle peut recourir à l'exécution forcée en décernant contrainte comme l'y autorise l'article 325 du CD.

Elle peut aussi demander la résolution judiciaire de la transaction et dans ce cas l'administration est obligée de saisir le juge compétent en matière d'exécution. Ce juge est en principe le juge civil car il s'agit d'une action en résolution d'un contrat qui ne peut être examinée que par le tribunal du lieu de conclusion de la transaction.

L'action en résolution n'est recevable que si elle est intentée par l'une des parties de la transaction.

---

229 Voir 414-5 du code des douanes. Selon ce texte l'Administration des douanes peut rapporter la décision, la maintenir ou la modifier. Cette disposition constitue d'ailleurs une des innovations majeures de la réforme du code des douanes. Désormais, les usagers ont un droit de recours devant le Directeur général des douanes sur tous les actes pris par les autorités douanières lorsque ces derniers leurs font grief. Il en est ainsi du procès verbal de constat rédigé à la suite de la constatation d'une infraction non flagrante.

Elle n'est recevable que lorsqu'elle porte sur l'exécution de la transaction. L'Administration peut enfin poursuivre le contrevenant sur la base du procès-verbal si les faits objet de l'infraction ne sont pas prescrits

La transaction douanière, même si elle constitue un moyen efficace pour le recouvrement des créances douanières, n'en est pas moins critiquable.

Certains auteurs[230] n'ont pas manqué de remarquer, en effet, qu'au regard des principes classiques de droit civil, la transaction ne paraît pas répondre exactement aux exigences habituelles posées dans ce domaine.

Envisagée d'un point de vue plus concret, la transaction douanière offre l'opportunité à des délinquants aux agissements susceptibles de mettre en péril l'économie du pays par leur gravité, d'échapper à une répression adéquate.

D'où la nécessité avant chaque transaction de procéder à une minutieuse enquête susceptible d'éclairer l'Administration sur toutes les implications possibles de l'activité illicite des contrevenants.

En d'autres termes, certaines personnes comme les récidivistes, les entrepreneurs de fraudes ou les repris de justice, ne doivent en aucun cas bénéficier de la possibilité de transiger sinon la transaction sera un moyen d'éluder les peines.

De même, il résulte des recommandations du conseil présidentiel sur la fraude tenue en 2004 que l'offre de la transaction ne peut être accordée aux contrebandiers qu'à la condition d'être préalablement déférés au parquet en sus de la saisie obligatoire.

En somme, la transaction douanière ne doit pas être une mesure générale accordée à tous, mais aux seuls délinquants primaires qui, par cette alternative aux poursuites, auraient la possibilité de se racheter.

Sans doute, elle permet à la Douane de mener à bien sa mission fiscale mais en retour elle heurte le principe de l'opportunité des poursuites posé par l'article 32 du code de procédure pénale.

Cependant, cet argument n'est pas partagé par le Professeur J.-A. Roux qui rappelait dans une note de jurisprudence parue au Recueil Sirey en 1908 que, « pas un seul intérêt fiscal ne se présente à l'esprit des parlementaires ; ceux-ci n'ont pas (...) le sentiment de la justice ni la préoccupation de l'humanité ; (...) ils doivent avoir un souci, l'adoucissent d'une répression douanière qui est depuis 1789 vexatoire »[231] . La jurisprudence française a également pris position dans ce sens. Elle a affirmé que le pouvoir de « transiger accordé à la douane est tout à fait spécial ; il a été créé dans l'intérêt même des justiciables et de

230 F. Boulan op.cit p. 135.

231 J.-A. Roux, sous Cass. Crim., 3 juin 1905, Nicolas Rémy c/Administration des douanes, S., 1908, I, p.371.

tempérer la rigueur des lois fiscales (…) sans que cela porte atteinte à l'ordre public et à cette branche du revenu public »[232].

Toutefois, il faut constater que la transaction confine le juge répressif dans une position où ses pouvoirs sont véritablement limités dans la détermination des règles de la responsabilité des auteurs des infractions douanières.

232 Cass.Req., 20 décembre 1881, Société des raffineries de Saint Louis c/Administration des douanes, D., 1882, I, p.334.

CHAPITRE II

L'office du juge dans la détermination de la responsabilité

En matière pénale, la présomption d'innocence implique que la charge de la preuve repose sur le ministère public et la partie civile, de sorte que le juge exige de ces derniers qu'ils s'expliquent à propos de l'accusation afin de déterminer la responsabilité de la personne poursuivie.

La recherche par le juge des personnes pénalement responsables conduit à procéder à une analyse entre le fait matériel et les personnes mises en cause.

Le critère matériel semble donc être le fondement de l'imputation. Il permet ainsi au juge de répartir dans le temps et dans l'espace la responsabilité pénale des auteurs.

Ces règles générales d'imputation de la responsabilité connaissent une autre application en droit pénal douanier. En effet, le caractère matériel des infractions douanières, l'absence de l'élément intentionnel et les présomptions de culpabilité posées par le législateur, réservent une place limitée au juge pénal dans la détermination des personnes pénalement responsables d'une infraction **(Section 2)**. En le confinant dans un rôle extrêmement passif, le droit douanier veut éviter que la clémence des juridictions nuise aux intérêts du trésor public. On peut en trouver la confirmation lorsqu'on examine les règles gouvernant l'administration de la preuve **(Section 1)**.

Section 1 : L'administration de la preuve

Le caractère contradictoire de la procédure pénale constitue un aspect fondamental du droit à un procès équitable. Il en est même la « clef de voûte ». Ce caractère équitable du procès est garanti par l'analyse des moyens de preuve fournis par les parties au procès.

L'issue du procès pénal (condamnation, relaxe, acquittement), dépend en grande partie de la qualité, des preuves des éléments matériel et moral de l'infraction à la loi pénale.

En matière pénale, l'article 414 du code de procédure pose le principe selon lequel les infractions peuvent être établies par tous moyens de preuve. Cette liberté de preuve est aussi consacrée en matière douanière par l'article 321 du code des douanes qui dispose :

« Tous délits et contraventions prévus par la législation douanière peuvent être poursuivis et prouvés par toutes les voies de droit alors même qu'aucune saisie n'aurait pu être effectuée dans le rayon des douanes ou hors de ce rayon ou que les marchandises ayant fait l'objet d'une déclaration n'auraient donné lieu à aucune observation.

À cet effet, il peut être valablement fait état, à titre de preuve, des renseignements, certificats, procès-verbaux et autres documents fournis ou établis par les autorités des pays étrangers ».

Cependant, il faut le rappeler, la preuve par excellence en matière douanière est le procès-verbal de saisie ou de constat qui, lorsqu'ils sont signés par deux agents, font foi jusqu'à inscription de faux des constatations matérielles.

Au plan des principes, le droit pénal douanier ne s'éloigne guère du droit pénal général en ce qui concerne aussi bien l'administration que l'appréciation des moyens de preuve.

Cependant dans la mise en œuvre des règles régissant la preuve en droit pénal douanier, on note des particularités qu'il convient de souligner.

En droit commun, l'exercice de l'action publique est exclusivement confié au Ministère public, même quand celle-ci est mise en mouvement par d'autres sujets. En conséquence, il appartient au Ministère public d'apporter la preuve de la culpabilité de la personne poursuivie.

En droit pénal douanier, la question se présente autrement, car le code des douanes a consacré le renversement de la charge de la preuve **(Paragraphe 1)** qui peut ne pas s'accommoder avec la présomption d'innocence **(Paragraphe2)**.

Paragraphe 1 : Le renversement de la charge de la preuve

On appelle preuve, écrivait M. Planiol, tout procédé employé pour convaincre le juge de la vérité d'un fait[233].

Pour Colin et Capitant, prouver c'est faire connaître en justice la vérité d'une allégation par laquelle on affirme un fait d'où découlent des conséquences juridiques[234].

---

233 M. Planiol, Traité élémentaire de droit civil, Paris, L.G.D.J, 1900, 1901 Vol III, p.132.

234 A. Colin et H. Capitant, cours élémentaire de droit civil français, Dalloz, 10ème édition, 1948, par Julliot de la Morandière, n° 178.

Merle et A. Vitu définissent la preuve comme tout moyen permettant d'affirmer l'existence ou la non-existence d'un fait donné ou encore l'exactitude ou la fausseté d'une proposition[235].

Le problème de la preuve s'est toujours trouvé au centre du procès pénal.

Les règles relatives à la charge de la preuve ont toujours été reprises parmi les règles fondamentales du droit privé[236]. D'éminents auteurs ont traité de la question de la charge de la preuve dans le cadre d'études portant sur les fondements mêmes du droit[237].

En matière de poursuite, il est admis que la charge de la preuve incombe à la partie poursuivante. Cette obligation porte non seulement sur la preuve des éléments constitutifs de l'infraction, y compris l'élément moral, mais encore sur la non-existence des éléments susceptibles de faire disparaître celle-ci comme les causes de justification.

La règle s'applique également lorsque le prévenu soulève l'irrecevabilité des poursuites ou cherche à écarter un moyen de preuve.

Si la charge de la preuve appartient au ministère public et à la partie civile, le juge du fond n'est pas pour autant cantonné dans un rôle passif. Il a, au contraire, le devoir de rechercher la vérité et de suppléer, si besoin en est, aussi bien à l'insuffisance de preuves de l'accusation que des moyens de défense de l'inculpé.

Il apprécie aussi librement si le fait ou la circonstance dont le prévenu se prévaut au titre des causes de justification l'exonère de sa responsabilité pénale[238].

En conséquence, le juge qui, sur la base de considérations de fait, estime comme dépourvues de tout élément de nature à leur donner du crédit les allégations formulées par le prévenu à l'appui de ses moyens de défense, motive régulièrement sa décision et ne méconnaît pas les règles relatives à la charge de la preuve.

De plus, en matière répressive, lorsque le prévenu allègue un ou des faits qui excluent un élément constitutif de l'infraction qui lui est reprochée, la

235 R. Merle et A. Vitu, Traité de droit criminel, 5ème éd., Cujas, 2001, p.177.

236 Thierry Afschrift : Traité de la preuve en droit fiscal, 2ème édition, Larcier, 1986 p.27.

237 Fr. Geny, Science et technique en droit privé positif : nouvelle contribution à la critique de la méthode juridique, t.III, Paris, Sirey, 1921, p.273 et s. ; H. Motulsky, Principes d'une réalisation méthodique du droit privé, Thèse, Lyon, 1948, pp.87 et s. ; M. Planiol et G.Ripert, Traité pratique de droit civil français, 2éme., éd, Paris, t.II. n° 49 ; J. Normand, Le juge et le litige, Paris, Pichon et Durand-Auzias, 1965, n° 187.

238 Cass., 25 Janvier 2000, (aud. Plén), Pas., 2000, I. P.195 Rev. Dr. Pen., 2001, p.255 et note ; voy. Aussi Cass., 21 Avril 1998, Pas., 1998, I, p.464 ; Cass, 10 Janvier 1996, Pas., 1996, I, p.42. L'absence du port de la ceinture de sécurité ne constituant pas une cause de justification, il incombe au prévenu, à la partie civilement responsable ou à l'assureur du prévenu intervenu volontairement, qui invoquent une telle circonstance, d'en rapporter la preuve ainsi que celle du lien causal.

décision qui le condamne au motif qu'il ne prouve pas le ou les faits allégués, renverse le fardeau de la preuve et méconnaît dès lors les règles de celles-ci.

Il ne suffit donc pas au prévenu d'affirmer l'existence d'une cause de justification ou la non-existence d'un élément constitutif, la jurisprudence l'oblige à étayer ses affirmations.

Certains auteurs se sont demandé si cette exigence ne constituait pas, en réalité, un renversement de la charge de la preuve[239].

R. Declercq[240] considère qu'il n'y a pas reversement de la charge de la preuve pour le prévenu, puisqu'en réalité, le juge peut, au vu des éléments apportés par la défense, conclure à l'inexistence de la cause de justification. Ce faisant, il ne fait qu'apprécier les éléments qui lui sont soumis.

Selon ce même auteur, « le prévenu ne doit jamais fournir la preuve d'une cause de justification mais il n'y a pas de problème de charge de la preuve lorsque le prévenu en invoquant la cause de justification, se borne à une simple affirmation, dépourvue de tout élément de crédibilité ».

Cette règle relative à la charge de la preuve vaut aussi bien pour les infractions non intentionnelles que pour les infractions intentionnelles.

En outre, la règle est également applicable pour la preuve de la responsabilité civile si l'action est fondée sur un fait qualifié d'infraction.

Il faut cependant observer que, dans certaines matières particulières, le législateur allège la charge de la preuve. Il en va ainsi en matière de proxénétisme à l'article 323 du code pénal. Ce texte répute proxénète tout individu « qui, étant en relation habituelle avec une ou plusieurs personnes se livrant à la prostitution, ne peut justifier de ressources correspondant à son train de vie ». Il en va encore ainsi en matière d'enlèvement de mineurs (article 346 du code pénal). Le jeune âge de la victime fait présumer son absence de consentement. Il ne s'agit que de quelques exemples tirés de la loi. La jurisprudence a également institué dans certains cas des présomptions de culpabilité[241].

On peut faire la même remarque en droit douanier. Il résulte en effet des dispositions de l'article 350 du code des douanes que : « Dans toute action en répression d'une infraction douanière résultant d'une saisie, les preuves de non-contravention sont à la charge du saisi ».

En renversant ainsi la charge de la preuve, ce texte obéit à une logique : la recherche de l'efficacité de la répression de l'infraction douanière.

---

239 Voir. A. L. Fettweis, « La charge de la preuve en droit pénal belge et la présomption d'innocence », Les droits de la défense en matière pénale, édition, du jeune Barreau de Liége, 1985, pp.132-158.

240 Declercq, R., La preuve en matière pénale, Swinnen, 1988,109 p, cité par Michel Franchimont, Ann Jacobs, Adrien Masset : Manuel de procédure pénale. Collection de la faculté de l'Université de Liège 3ème édition Larcier 2009 p.1018 et s.

241 Sur l'ensemble de la question, en droit français, voir J. Pradel, procédure pénale édition CUJAS, 1991, p.268 N° 255.

En effet, l'infraction douanière, du fait de sa nature matérielle, crée une situation d'apparence qui est constatée par un procès-verbal de saisie ou de constat dont la valeur est déterminée par la loi elle-même.

Si on analyse le fondement logique qui sous-tend les règles de distribution de la charge de la preuve dans un procès pénal douanier, il appartient à la personne poursuivie de démontrer qu'il s'agit d'une simple apparence en apportant la preuve contraire.

Il est incontestable que la législation douanière heurte les fondements traditionnels du droit pénal. Cela est justifié par ses objectifs. En effet, ces présomptions légales de culpabilité en matière douanière permettent de saisir sans preuve un grand nombre de personnes qui, si elles étaient soumises au droit pénal classique, ne seraient pas poursuivies.

C'est pourquoi certains auteurs affirment que « le problème de la preuve est l'un des plus aigus dès lors qu'il met en péril les droits de la défense »[242].

Dans le souci de protéger les droits des personnes poursuivies pour infraction douanière, la Cour de cassation française progressivement mais fermement a recadré le droit douanier en matière de preuve. Selon cette haute juridiction, « en matière correctionnelle, les juges peuvent puiser les éléments de leur conviction dans tous les éléments de la cause, pourvu que ces éléments aient été versés aux débats et soumis à la libre discussion des parties »[243].

Elle affirme encore que lorsque la contravention est consignée dans un procès-verbal de constat, la charge de la preuve incombe à la Douane. Cette preuve peut résulter d'un document souscrit par le déclarant dès lors qu'il a été soumis aux débats et librement discuté par les parties intéressées[244] . Cette jurisprudence cherche un équilibre entre les intérêts de la société et ceux de la personne poursuivie.

La Cour européenne des droits de l'homme va dans le même sens lorsqu'elle affirme que le prévenu n'a pas l'obligation de collaborer à l'administration de la preuve, qu'il a le droit au silence et que son mensonge n'est pas punissable[245]. Mais il faut se rendre à l'évidence que par certains côtés, on peut bien comprendre la position du législateur douanier. À ses yeux, les infractions douanières ne peuvent être soumises aux règles du droit commun. Elles sont devenues en quelque sorte « techniques » voire « intellectuelles ».

C'est ce qui explique sa volonté de créer des présomptions de culpabilité pour lutter efficacement contre la fraude.

---

242 Jean Pannier ; La preuve en matière douanière, D., 2009, chron., p. 1552.

243 Crim, 29 Mars, 1960, Bull. crim., N ° 176, décision cité par Jean Pannier.

244 Crim, 19 févr. 1964, Bull. crim., n° 58 ; D.1964, jur.225, rapp. Mazard ; JCP 1964. II 13 694, note R. Vienne.citée par jean Pannier.

245 CEDH 25 février.1993, FUNKE C/France. serie A, n ° 256, JCP 1993.II.22073, note J.-F. Renuci ; D. 1993, 457, note Pannier J.

En définitive, toutes ces règles qui encadrent la preuve dans un procès pénal ont pour finalité le respect d'un principe sacro-saint en droit pénal qu'est la présomption d'innocence. Reste à savoir maintenant comment concilier cette règle fondamentale avec l'admission du renversement du fardeau de la preuve.

Paragraphe 2 : Le renversement de la charge de la preuve face à la présomption d'innocence

La présomption d'innocence doit être regardée, à l'instar du principe de la légalité criminelle, comme l'un des fondements indispensables du droit pénal. D'un point de vue sociologique, le principe de la présomption d'innocence peut s'analyser comme un préjugé et un parti pris collectif- et donc comme une construction sociale- que certaines sociétés institutionnalisent afin de maximaliser l'impartialité de la justice et de minimiser les préjudices que la simple mise en suspicion d'un individu suffit à engendrer[246]. C'est ainsi une supposition que la société décide de tenir pour vraie en attendant d'avoir réuni les moyens de vérifier si elle a eu raison ou tort de la tenir pour vraie.

D'un point de vue juridique, la présomption d'innocence est le principe selon lequel en matière pénale, toute personne poursuivie est considérée comme innocente des faits qui lui sont reprochés, tant qu'elle n'a pas été déclarée coupable par la juridiction compétente[247]. La présomption d'innocence est une présomption légale, c'est-à-dire que, le raisonnement sur lequel elle repose est le fait de la loi et non du juge[248].

Son objet est donc d'assurer la sécurité des individus contre l'arbitraire, en protégeant les libertés individuelles et en stimulant la recherche de la vérité judiciaire, en évitant au maximum les risques d'erreurs qu'engendrerait facilement la croyance systématique dans la culpabilité des personnes poursuivies[249].

Le non-respect de la présomption d'innocence peut donner lieu à la relaxe et à l'acquittement.

L'existence de la présomption de culpabilité fait présumer dans la pratique la commission d'une infraction douanière.

Alors que la présomption d'innocence impose au poursuivant tout le fardeau de la preuve, la réalité juridique en matière douanière est autre d'où

---

246 Y. POZO-P. REBUGHINI, « Présomption d'innocence et stéréotypes sociaux : quand deux mères sont accusées d'infanticides », in La présomption d'innocence, Revue de l'institut de criminologie de Paris, volume 4, 2003-2004, p.92.

247 S. GUINCHARD ET G. MONTAGNIER, lexiques des termes juridiques, 12éme éd., 1999, p.410.

248 S.NGONGO, « La présomption d'innocence », Revue Africaine des Sciences Juridiques, vol 2, N° 2, 2001, p.152.

249 R. Merle et A. Vitu, Traité de droit criminel, 5é éd., Cujas, 2001, t II, n° 947. Add. M. Essaid, La présomption d'innocence, éd. La porte, Rabat, 1971, p. 88 et s.

l'intérêt d'analyser le renversement de la charge de la preuve face à la présomption d'innocence.

L'article 6 de la Convention européenne des droits de l'homme, exprime une règle fondamentale[250] : « Toute personne accusée d'une infraction est présumée innocente jusqu'à ce que sa culpabilité ait été légalement établie ».

La loi française du 15 mai 1981 reprend à l'identique l'article 2 du Pacte international relatif aux droits civils et politiques, fait à New York le 19 Décembre 1966.

Le Sénégal a intégré dans son droit positif l'essentiel de la réglementation afférente à la présomption d'innocence[251].

Il résulte de ce principe fondamental que c'est à la partie poursuivante ou à la partie civile qu'il incombe d'apporter la preuve de l'infraction[252].

---

250 Voir. Cependant la présomption d'innocence en droit comparé (colloque organisé par le centre français de droit comparé, éd. société de législations comparées, Paris, 1998) ouvrage dans lequel les auteurs montrent que la présomption d'innocence est en réalité une présomption de culpabilité plus ou moins affirmée selon les stades de la procédure en insistant sur le terme présomption, à savoir considération dont la preuve contraire peut être rapportée.
D'un point de vue textuel, la présomption d'innocence a été affirmée avec éclat dans une déclaration de Louis XVI en date du 1er mai 1788 selon laquelle « le premier de tous les principes en matière criminelle... veut qu'un accusé, fût-il condamné en première instance, soit toujours réputé innocent aux yeux de la loi jusqu'à ce que la sentence soit confirmée en dernier ressort ». Elle est reprise dans la déclaration des droits de l'homme et des citoyens d'août 1789 (art 9), dans la déclaration universelle des droits de l'homme élaborée par l'O NU en 1948 (art 11), dans la DUD.H. (Art. 6§2), la Convention européenne des droits de l'homme du 04 novembre 1950.

251 La déclaration universelle des droits de l'homme et du citoyen de 1789 ; La déclaration universelle des droits de l'homme adoptée par l'Organisation des Nations Unies (ONU) en 1948 en son article 11 et par la Charte africaine des droits de l'homme et des peuples de 1982 en son article7-2-b et s'énonce dans la formule classique suivant laquelle « tout homme est présumé innocent jusqu'à ce qu'il soit déclaré coupable ». À travers la constitution du 07 janvier 2001, le Sénégal réaffirme son attachement aux droits fondamentaux tels qu'ils sont définis dans la Déclaration des droits de l'homme et du citoyen de 1789 et dans la déclaration universelle du 10 décembre 1948 et souscrit donc au principe de la présomption d'innocence. L'adhésion à la charte africaine des droits de l'homme et des peuples, entraîne également réception de ses dispositions en droit interne. Par ailleurs, la reconnaissance jurisprudentielle d'un bloc de constitutionnalité incluant les déclarations de l'homme au droit positif implique l'application des normes internationales. (Conseil arrêt n° 11/93 du 23 juin 1993, Revue internationale de droit africain, (EDJA) n° 23, note de El hadji M'bodji sur l'extension du bloc de constitutionalité aux différentes déclarations visées dans le préambule de la Constitution.

252 M. Essaid. La présomption d'innocence, Rabat, 1971 ; Cass., 11 Décembre 1984, pas. 1985, I, p.452 ; Cass., 24 Septembre 1986, pas. 1987, I p.98. Le juge qui, sur la base d'éléments de fait dont il apprécie souverainement la valeur probante, décide que la défense invoquée par l'inculpé est dépourvue de crédibilité n'impose pas à l'inculpé un fardeau de la preuve qui ne lui incombe pas et ne viole pas davantage la présomption d'innocence.

La présomption d'innocence ne signifie pas qu'il faut croire à l'innocence de la personne, mais tant qu'elle n'est pas jugée, elle ne peut être traitée comme un coupable. On doit lui laisser le droit de se défendre.

Le respect de la présomption d'innocence s'applique tout au long de la procédure jusqu'à ce que qu'intervienne une condamnation définitive. Ce principe incombe aux autorités judiciaires parmi lesquelles figure notamment le ministère public.

La présomption d'innocence ne saurait empêcher les autorités de renseigner le public sur les enquêtes pénales en cours. Mais elle requiert qu'elles le fassent avec toute la discrétion et toute la réserve que commande son respect. En revanche, il a été jugé qu'il ne peut être reproché à la partie civile de ne pas respecter la présomption d'innocence[253] .

De même, une campagne de presse à charge de la personne poursuivie a été jugée ne pas remettre en cause la présomption d'innocence.

Elle implique, d'une part, que le juge en charge de la cause doit aborder celle-ci sans parti pris ni préjugé.

Le juge, exempt de toute idée préconçue, doit examiner avec la même attention les éléments favorables ou défavorables à chacune des parties. Il ne peut dès lors partir de la conviction que le prévenu est coupable alors que cette culpabilité n'a pas préalablement été légalement établie. La présomption d'innocence implique, d'autre part, que la charge de la preuve incombe à la partie poursuivante et que le doute profite à l'accusé[254].

Chacun de ces aspects a fait l'objet, de la part de la cour strasbourgeoise, de nombreux développements.

La cour a déduit de la présomption d'innocence que l'accusé jouit d'un droit au silence[255]. Il ne doit rien prouver et peut se cantonner dans un rôle de contestation purement passive.

De ce point de vue, l'on retiendra de la jurisprudence de la cour européenne que le droit de ne pas contribuer à sa propre incrimination présuppose que, dans une affaire pénale, l'accusation cherche à fonder son argumentation sans recourir à des éléments de preuve obtenus par la contrainte ou les pressions, au mépris de la volonté de l'accusé[256].

---

253 Bruxelles, 4 Décembre 2000, J.L.M.B.. 2001, p. 250.

254 F. kutty, L'impartialité du juge en procédure pénale, édition Larcier, 2005, p. 75.

255 I. Wattier, « Le droit de garder le silence, le droit de ne pas contribuer à sa propre incrimination et le droit à l'assistance de son avocat », Rev. Dr. Pen, 1996, pp. 960-967 ; P. De. Hert, « Le droit au silence des suspects et témoins », Vigiles, 1999, n° 2, p.20 ; F. Kutty, « L'étendue du droit au silence en procédure pénale », Rev. Dr pén.. , 2000, pp. 309-334 ; C. Girard, culpabilité et silence en droit comparé, L'Harmattan, 1997, 224 p. ; en droit pénal social, voir not T. Werquin, « Droit pénal social : le droit de ne pas contribuer à sa propre incrimination, le droit au silence et l'obstacle à la surveillance »,. . 2000. p.81

256 Cour EUR. D.H., Saunders C. Royaume-Uni, 17 décembre 1996 (en l'espèce, le témoignage du prévenu avait été obtenu sous la contrainte).

Ainsi, le caractère fondamental de la présomption d'innocence et la charge de la preuve qui en découle pour la partie poursuivante doivent s'apprécier en fonction des autres règles relatives à la preuve en matière répressive et particulièrement aux principes qui touchent à la liberté dans l'administration de la preuve par la partie poursuivante et à la liberté dans l'appréciation de la preuve par le juge.

Le juge répressif joue d'ailleurs un rôle actif dans la formation de la preuve. Suivant l'expression de R. Garraud, il va au-devant de la preuve, il se met d'office en enquête[257].

D'un point de vue idéologique, la présomption d'innocence se justifie de plusieurs façons.

D'abord, la présomption est une notion juridique censée correspondre à la vérité car, dans leur majorité, les hommes sont honnêtes[258]. Ensuite, il serait scandaleux de condamner un innocent[259] et c'est pourquoi il faut avantager la personne poursuivie qui se trouve en état d'infériorité : la présomption permet donc de rétablir un certain équilibre entre l'accusateur et l'accusé.

Enfin, la présomption est conforme à la dignité humaine en considération de la personne poursuivie comme une personne, sujet et porteur de droits individuels.

Tous ces arguments ne sauraient évidemment conduire à une conception absolue de la présomption, mais ils conduisent à l'affirmer.

Au Sénégal, la présomption d'innocence est consacrée par la constitution[260] dans son préambule. En « proclamant solennellement… son attachement aux droits fondamentaux tels qu'ils sont définis dans la déclaration des droits de l'homme et du citoyen de 1789, le Sénégal souscrit au principe de la présomption d'innocence[261].

---

257 R. Garraud, Traité théorique et pratique d'instruction criminelle et de procédure pénale, édition Sirey, 1907, t. I n° 266 ; voy. Aussi J. Du Jardin, « La justice pénale et ses antinomies », Rev. Dr. Dr. Pen 1975-1976, pp.201-202 ; A.-L. Fettweis, « La charge de la preuve en droit pénal belge et la présomption d'innocence », Les droits de la défense en matière pénale, Ed. Du jeune Barreau de Liège, 1985, p.148.

258 Cour suprême du Canada, affaire Oakes, 1986 : « la présomption d'innocence confirme notre foi en l'humanité, elle est l'expression de notre croyance que, jusqu'à preuve du contraire, les gens sont honnêtes et respectueux des lois » ; cité déjà par P. Béliveau et J. Pradel, La justice pénale dans les droits canadien et français, 1986, Blais (Montréal) et Cujas (Paris), 55 et 56.

259 « il faut punir les délinquants et éviter de punir les coupables », écrivait Carrara.

260 Constitution sénégalaise du 7 janvier 2001.

261 Ndongo Fall : : Tout ce qu'il faut savoir sur le droit pénal africain à travers le système sénégalais. Éditions Juridiques Africaines, 2003, p.146-147.

L'adhésion à la Charte africaine des droits de l'homme et des peuples[262] entraîne également réception de ses dispositions en droit interne[263]. Par ailleurs, la reconnaissance jurisprudentielle d'un bloc de constitutionnalité incluant les déclarations de droits de l'Homme au droit positif implique l'application des normes internationales au plan interne.

De même, l'article 9 de la constitution prévoit : « Toute atteinte aux libertés et toute entrave volontaire à l'exercice d'une liberté sont punies par la loi. Nul ne peut être condamné si ce n'est en vertu d'une loi entrée en vigueur avant l'acte commis. La défense est un droit absolu dans tous les états et à tous les degrés de la procédure ».

Deux règles fondamentales de la procédure pénale illustrent le principe de la présomption d'innocence. Ce sont la règle de « la charge de la preuve incombant au demandeur » et la règle suivant laquelle « le doute profite au prévenu ».

En effet, le Ministère public, que l'on peut considérer comme demandeur institutionnel au procès pénal, doit rapporter la preuve de l'infraction dans ses composantes légale, matérielle et morale. Dans ce rôle, le ministère public peut bénéficier du concours de la victime qui s'est régulièrement constituée partie civile[264].

Si les preuves fournies par l'accusation paraissent insuffisantes, la personne qui comparaît devant les juges du fond doit être renvoyée des fins des poursuites par l'application de l'adage « in dubio pro réo ».

L'ancienne loi 87-47 du 28 décembre 1987portant code des douanes du Sénégal en son article 268 intitulé « Preuve de non-infraction » dispose :

« Dans toute action en répression d'une infraction douanière résultant soit d'un constat, soit d'une saisie, les preuves de non-contravention sont à la charge du prévenu ». Ce texte porte atteinte au principe de la présomption d'innocence, dès lors que la personne poursuivie pour infraction douanière doit apporter la preuve de non infraction.

Le terme « preuve de non infraction » est d'ailleurs assez révélateur, car il déroge sensiblement au principe en droit pénal de la preuve qui veut que la charge de la preuve pèse sur l'accusation.

Ce renversement de la charge de la preuve, ou plus exactement, cette dérogation à la règle de la présomption d'innocence dès lors qu'il est établi une situation objective extérieure à la personne de celui qui est poursuivie, semble

262 Le Sénégal a adhéré le 13 août 1982 à la Charte entée en vigueur à la même date.

263 Conseil Constitutionnel arrêt n° 11/93 du 23 juin 1993, Revue internationale de droit africain (EDJA) n° 23 Note El hadji Mbodj sur l'extension du bloc de constitutionnalité aux différentes déclarations visées dans le préambule de la constitution.

264 Ndongo Fall, op cit p.154.

se justifier en matière douanière non seulement par le caractère matériel des infractions douanières mais aussi par leur fugacité.

Ces caractères de l'infraction douanière peuvent-ils légitimer l'atteinte portée à ce grand principe qui est consacré par les conventions internationales que le Sénégal a ratifiées et repris dans sa constitution ? Pour répondre à cette interrogation, il y a lieu peut être de faire part de la récente décision du conseil constitutionnel sénégalais intervenue en la matière.

L'importance de la solution retenue mérite de procéder à un bref rappel des faits.

En l'espèce, « les conseils de Karim Wade inculpé pour le délit d'enrichissement illicite ont introduit un recours devant la Cour suprême tendant à obtenir l'annulation de l'ordonnance rendue le 17 Avril 2013 par la commission d'instruction de la Cour de répression de l'enrichissement illicite.

La Cour suprême, pour déclarer la requête recevable retient que l'article 13 de la loi portant création de la Cour de répression de l'enrichissement illicite, en excluant tout recours contre les décisions de la Commission d'instruction, ne saurait s'opposer à la recevabilité du pourvoi manifesté de manière non équivoque.

C'est dans ce contexte que la Cour suprême sursoit à statuer sur l'exception d'inconstitutionnalité soulevée et transmet l'affaire au Conseil constitutionnel. La haute juridiction affirme dans sa décision N° 1/C/2014 que : « le législateur, en principe, ne saurait instituer des présomptions de culpabilité en matière répressive ; que toutefois, à titre exceptionnel, de telles présomptions peuvent être établies, dès lors qu'elles ne revêtent pas un caractère irréfragable, et que le respect des droits de la défense est assuré ; considérant en l'occurrence, que la présomption d'innocence est préservée dès l'instant que la personne poursuivie n'est ni détenue arbitrairement, ni condamnée définitivement, qu'elle a la possibilité de se défendre, d'apporter la preuve contraire, par tous moyens, des faits qui lui sont reprochés, et de se faire assister depuis la phase d'instruction jusqu'à la juridiction de jugement ; qu'il y a lieu, par conséquent de déclarer l'article 13 de la loi 81-53 du 10 Juillet 1981 conforme à la Constitution (article 163 bis du code pénal) »[265].

Cette solution semble s'inspirer de la jurisprudence de la Cour européenne[266] des droits de l'homme qui indique que « tout système juridique peut connaître des présomptions de fait ou de droit et que la convention n'y met pas

265 Journal le quotidien du Mercredi 05 Mars 2014 p 6 et 7 : Suprême Cours des sages : Le conseil constitutionnel assène ses vérités à la haute juridiction ; Journal Walfadjri du 05 mars 2014p. 3 : Le conseil Constitutionnel accuse. « La Cour suprême a violé la loi ».

266 La Cour européenne a décidé depuis 1989, CE, 17 Octobre 1989 Salabiaku c/ France, RSC, 1989, p.167. Observations Pettiti. Dans le même sens, Pham Hoang c/France, JCP, 1993, 1. 3654. n -15. Que : « L'article 6-2 de la Convention européenne de sauvegarde des droits de l'homme et des libertés fondamentales ne fait pas obstacle aux présomptions de fait ou de

évidemment obstacle, en principe ». Il y a lieu tout juste de tenir compte de la gravité de l'enjeu et de la préservation des droits de la défense. La question de l'effritement de la présomption d'innocence en faveur de la présomption de culpabilité pose la problématique de la détermination des zones de prédilection de la présomption de culpabilité. Dans ce domaine, il convient de distinguer d'une part les présomptions irréfragables de culpabilité et d'autre part les présomptions quasi irréfragables de culpabilité[267].

Le Conseil constitutionnel français a admis le principe dès 1999[268]. Cette solution a été reprise récemment par la Cour de cassation française[269]. Les décisions jurisprudentielles ainsi intervenues permettent d'affirmer que l'allègement de la preuve par la création de présomptions de culpabilité n'exclut pas le respect de la présomption d'innocence.

Peut-on transposer ces solutions en droit douanier?

En droit douanier, à la faveur de la réforme de 2014, le législateur est revenu sur les règles du droit de la preuve. L'article 350 nouveau limite le

---

droit instituées en matière pénale dés lors que lesdites présomptions prennent en compte la gravité de l'enjeu et laissent entiers les droits de la défense. »

267 V. Docteur MONEBOULUO MINKADA Hervé Magloire, Assistant à la faculté des sciences juridiques et politiques à l'Université de Douala. Revue Trimestriel EDJA N° 100. Janvier-Février- Mars 2014.p 55 et s. Selon cet auteur la présomption de culpabilité est dite réfragable lorsqu'elle peut être renversée par la preuve contraire. On distingue les présomptions légales des présomptions jurisprudentielles. Les présomptions légales sont celles prévues par le législateur. Il s'agit toujours de présomptions simples. La personne poursuivie peut échapper à la condamnation, en renversant ainsi les apparences sur lesquelles repose la présomption légale, en justifiant par exemple l'origine licite de ses ressources. Cette présomption de culpabilité se construit à partir de l'existence soit d'un élément matériel, soit de l'élément moral de l'infraction. Les présomptions légales de culpabilité portant sur l'élément matériel de l'infraction sont identifiables en matière de proxénétisme, de trafique de stupéfiants, de recel et en matière douanière. Tandis que pour les présomptions légales de culpabilité portant sur l'élément moral, l'élément moral est présumé exister dés lors qu'existe l'élément matériel. Ainsi est réputé de mauvaise foi toute reproduction d'une imputation jugée diffamatoire.
Les présomptions jurisprudentielles sont les conséquences des décisions des tribunaux et cours. Elles dérivent donc de l'activité du juge. Dans cette hypothèse, le juge recourt à preuves inductives ou indicielles. Cette technique s'applique principalement à la preuve de l'élément moral. La partie poursuivante doit prouver non pas que l'individu avait telle intention, mais plutôt qu'il n'a pas pu avoir d'autres intentions. Les tribunaux dans la plupart des cas ont toujours décidé que certaines infractions tombent sous le coup de la répression sans que le Ministère public soit obligé de relever à la charge de leur auteur une faute pénale. C'est le cas de la plupart des contraventions. La haute juridiction estime que : « les contraventions sont punissables malgré la bonne foi de leurs auteurs » et que « la criminalité d'un tel fait résulte complètement de la seule violation de la loi ou des règlements ». Il suffit que le fait soit matériellement constaté. Il en va ainsi de la plupart des contraventions de police telles que : la violation des feux, le mauvais stationnement, l'arrêt tardif ; de l'administration des eaux et forêts telles que : le braconnage, l'abattage, la chasse ; du transport routier (la surcharge) déclarés punissables malgré la bonne foi de leur auteur.

268 C.C., 16 Juin 1999, n-99-411, Dalloz, 1999, p.589, note Mazaud.

269 Cass. Crim., 22 Janvier 2013, RPDP 2014, p.130. Observations. Ambroise-Casterot.

renversement de la charge de la preuve à la flagrance. Ce texte dispose que : « Dans toute action en répression d'une infraction douanière résultant d'une saisie, les preuves de non-infraction sont à la charge du saisi ».

Mais il reste qu'il faut peut-être rappeler que les procès-verbaux rédigés par deux agents des douanes assermentés font foi jusqu'à inscription de faux des constatations matérielles qu'ils relatent (article 314 du code des douanes).

Dans ces conditions, il est presque impossible, dans la pratique, pour la personne poursuivie de s'attaquer à ces présomptions de vérité absolue.

Dès lors, l'exigence que pose le Conseil constitutionnel quant au caractère réfragable de la présomption ne semble pas pouvoir être respectée en droit douanier. Dans ces conditions, il nous semble que le code des douanes, malgré la rupture opérée entre les procès-verbaux de constat et de saisie, n'est pas toujours en adéquation avec la présomption d'innocence.

Le même constat peut aussi être fait quand on étudie le rôle de juge dans l'appréciation de certains éléments de l'infraction douanière. En effet contrairement en droit commun où le juge dispose de larges pouvoirs d'appréciation, en matière douanière, on note une certaine limitation des pouvoirs du juge depuis la phase des poursuites jusqu'au jugement **(Section 2)**.

Section 2 : La limitation des pouvoirs du juge

En droit pénal douanier les pouvoirs du juge sont limités. Les restrictions aux pouvoirs du juge sont nombreuses et se trouvent dans diverses dispositions du code des douanes. Elles sont historiques et résultent de la méfiance envers les magistrats qui étaient élus par les populations.

En France, cette question a connu une évolution remarquable. Depuis la loi du 29 décembre 1977, complétée par celle du 08 juillet 1987 apportant une réforme générale au contentieux douanier, le législateur reconnaît au juge une place importante dans le traitement des infractions douanières. C'est d'ailleurs ce qu'indique J. Pannier. Selon lui, si « un consensus favorable au maintien de prérogatives efficaces en faveur de l'administration des douanes existe (...), les juridictions judiciaires ont remis quelques pendules à l'heure (...) en épinglant les détournements de procédure (...) et (...) en élaguant quelques épines exorbitantes du droit commun répressif »[270].

En droit Sénégalais sur la même question, il y a une avancée dans le nouveau code des douanes mais malheureusement, le législateur n'est pas allé jusqu'au bout de sa logique. Le juge sénégalais ne bénéficie pas toujours d'un large pouvoir d'appréciation dans le contentieux douanier. On peut s'en rendre

270 J. Pannier, « Les pouvoirs d'investigation des agents des douanes », Gaz. Pal., 1992, 1er semestre, p. 7.

compte si on examine les pouvoirs du juge dans les poursuites et dans l'instruction **(Paragraphe1)** et également lors du jugement **(Paragraphe 2).**

Paragraphe1 : La limitation des pouvoirs du juge dans les poursuites et dans l'instruction

Si l'on s'en tient à la présentation du droit d'action devant les juridictions répressives, on constate qu'il y a deux acteurs légalement désignés : le Ministère public et la partie civile[271].

---

271 Frédéric Desportes et Laurence Lazerges-Cousquer, Traité de procédure pénale, éd. Economica, 2012, p. 1879, 1880 et s. Le Ministère public, partie intégrante de la juridiction pénale, doit nécessairement être présent devant les juridictions de jugement lors des débats et du prononcé de la décision. Son absence serait en effet une cause de nullité de la décision rendue (Crim.9 mai 1985, B. n° 178-18 Janv. 1995, B. n° 27). Le législateur a toutefois prévu deux exceptions à ce principe : les représentants du Ministère public ne sont pas obligés d'être présents lors des audiences qui portent exclusivement sur les intérêts civils (Crim.18 déc.2001, B. n° 274-25 févr. 2003, B. n° 543 -3 nov. 2009, B n° 183). Devant le tribunal correctionnel et le tribunal de police, le Ministère public est représenté par le procureur de la République ou l'un des membres de son parquet : procureur de la République-adjoint, vice-procureur ou substitut. Devant la chambre des appels correctionnels, il est représenté par le procureur général, un avocat général ou un substitut général près la cour d'appel. Au cours des débats, les représentants du Ministère public doivent nécessairement être entendus sur les exceptions et incidents soulevés par les parties. Ils peuvent prendre des réquisitions écrites ou orales auxquelles la juridiction est tenue de répondre. Ils peuvent poser directement des questions au prévenu, à la partie civile, aux témoins et experts appelés à la barre. À l'issue du procès, le Ministère public prend « les réquisitions qu'il croit convenables au bien de la justice », au nom de la société, pour préserver l'intérêt général et l'ordre public (Crim.14 juin 1988, B. n° 192).
Devant les juridictions correctionnelles, certaines administrations peuvent être qualifiées de partie poursuivantes. Elles disposent, en effet du droit d'exercer l'action publique dans le domaine dont elles ont la charge et doivent en conséquence être entendues par la juridiction de jugement. Elles ne doivent être confondues ni avec les administrations qui exercent l'action civile ni avec celles dont les représentants sont susceptibles d'être entendues en qualité de témoin. Peuvent être qualifiées de parties poursuivantes :
l'Administration des douanes pour l'exercice de l'action tendant à l'application des sanctions fiscales ;
l'Administration fiscale ;
l'Administration des eaux et forêts ;
les ingénieurs des directions départementales de l'agriculture en matière de pêche.
La partie civile est la personne qui se prétend être lésée par une infraction. Elle peut se constituer partie civile devant la juridiction de jugement afin de corroborer l'action publique et, éventuellement solliciter des dommages et intérêts en réparation de son préjudice. Les articles 76 à 82 du code de procédure pénale réglementent les modalités de constitution de partie civile devant la juridiction de jugement, la comparution, l'assistance et la représentation de la partie civile à l'audience, la contestation de la partie civile et le désistement de la partie civile. Cette constitution peut se faire par la citation directe délivrée à la requête de la partie civile. La citation directe est classiquement définie comme l'acte par lequel la personne qui prétend être lésée par une infraction met en mouvement l'action publique en saisissant directement une juridiction de jugement. En cas de citation directe, la partie civile est obligée de comparaître personnellement ou de se faire

L'infraction, en tant qu'elle constitue une violation de la loi pénale, donne naissance à l'action publique exercée, en principe, par le Ministère public, et, exceptionnellement, par certaines administrations, en vue de l'application de peines aux auteurs et complices de l'infraction pénale. Il dispose de la règle de l'opportunité des poursuites qui signifie qu'il apprécie librement la suite à donner aux plaintes, dénonciations et enquêtes diverses.

Il faut cependant remarquer que cette règle de l'opportunité des poursuites n'est pas absolue car elle connaît des restrictions qui tiennent de la loi.

Il en est ainsi en cas de poursuite directe du procureur général, de la poursuite de certaines infractions qui requièrent une plainte préalable de la victime comme le délit d'adultère, de la poursuite des élus du peuple pendant la durée des sessions parlementaires qui nécessite l'autorisation de l'assemblée nationale, de la poursuite des militaires et paramilitaires qui demande l'autorisation de leur Ministère de tutelle, de la poursuite d'un candidat à l'élection pour les propos tenus et se rapportant directement à la campagne électorale et enfin pour les troubles à l'audience qui sont jugés séance tenante.

En dehors de ces cas, la règle de l'opportunité des poursuites connaît certaines limites du fait des prérogatives accordées par la loi à certaines administrations comme l'administration douanière.

Il semble important de chercher à qualifier l'action de la douane intentée devant les tribunaux répressifs[272]. Le rôle singulier de cette administration au procès pénal n'a cessé de susciter des difficultés dans la pratique judiciaire et la curiosité de la doctrine spécialisée.

Des auteurs[273] s'étonnent de l'opacité qui entoure le fondement, la nature juridique et les modalités concrètes d'application de l'action fiscale qui n'est même pas envisagée, en tant que telle, par le code de procédure pénale[274]. Ce silence légal est prolongé par d'éminents auteurs qui évoquent « l'exercice de l'action publique par la douane ».

Cette assimilation peut paraître exagérée. L'action fiscale n'est pas l'action publique.

Dans un procès où la Douane et le Ministère public agissent de concert, chacune de ces personnes va jouer sa partition : le Ministère public pour la sanction pénale, la douane pour l'action fiscale. Même si le parquet agit

---

représenter à l'audience. À défaut, elle est considérée comme se désistant de sa constitution de partie civile.

272 Pannier J., *L'action pour l'application des sanctions douanières devant les juridictions répressives,* Gaz. Pal. 1994, 1. doct. 144.

273 M. Delmas-Marty, Droit pénal des affaires, T.1, PUF, p.199.Selon cet auteur, il s'agit d'une « victime peu ordinaire qui représente en réalité la puissance publique de l'État, déjà représenté par le Parquet ». Voir aussi Vincent carpentier : Guide pratique du Contentieux douanier éd Litec 1996 p. 130.

274 G. Stefani, G. Levasseur et B. Bouloc, Procédure pénale. Op. cit, n° 124, p.118.

seul, il lui est fait obligation d'exercer l'action fiscale accessoirement à l'action publique. Mais si le procureur n'a fait aucune demande sur l'action fiscale (amende et confiscation), rien n'interdit à la Douane de le faire dans une procédure ultérieure.

La Douane, dans un procès répressif douanier, agit uniquement pour l'application des sanctions fiscales. C'est pourquoi la proposition doctrinale qui voit dans l'action publique normale et dans l'action civile une action mixte qui se situe à mi-chemin de l'action publique normale et de l'action civile traditionnelle semble préférable[275]. Cette position de la doctrine est confirmée par la jurisprudence qui voit dans l'action fiscale exercée par la douane une « action publique d'une nature spéciale »[276].

Cette action, il faut le rappeler, même si elle appartient à l'administration des douanes, peut être accessoirement exercée par le procureur de la république. Cependant dans sa mise en œuvre, le procureur de la république voit ses prérogatives limitées.

En effet, aux termes de l'article 322 du code des douanes : « Le Procureur de la république ou son délégué saisi d'une procédure en matière douanière dispose de l'action à exercer en vue de l'application des peines.

Toutefois, dans la mise en œuvre de cette action, le magistrat du Parquet retient comme base des poursuites à intenter la qualification des faits donnée par l'administration des douanes et l'évaluation de la valeur des marchandises faite par le receveur-poursuivant compétent.

Dans tous les cas, le Parquet reste lié par ces deux éléments de la procédure et par la demande de dessaisissement visée à l'article 301 ».

Cette option du législateur trouve son fondement dans la particularité de la réglementation qui fait appel souvent à des notions peu usitées. On veut éviter ici les disqualifications abusives.

Les restrictions ainsi apportées aux pouvoirs du parquet portent largement atteinte à la règle de l'opportunité des poursuites.

En effet, selon l'article 32 du code de procédure pénale, « le procureur de la république reçoit les plaintes et les dénonciations et apprécie la suite à leur donner ». Il dispose donc de l'opportunité des poursuites.

À la lecture de cette règle, le procureur de la république en droit commun peut classer une affaire sans suite, s'il estime qu'il n'y a pas matière à poursuivre.

---

275 M. Delmas- Marty, Procédure pénale. Op. cit. N° 161. p., 240, F. Urbino-Soulier, L'entreprise, op. cit, n° 574 et s.

276 Crim. 5 Janvier 1967. D., 1967, p.393. Note j. Mazard. « Si, par impropriété de termes, l'acte par lequel les Douanes introduisent l'action fiscale ou encore affirment leur présence dans une procédure pénale en cours, est communément appelé « constitution de partie civile », cette action, qu'elle tienne de l'article 343 §2 du code des Douanes, ne peut être ni assimilée, ni confondue avec elle ».

Il doit également vérifier s'il n'existe pas de circonstances subjectives ou objectives de nature à faire obstacle à toute poursuite (causes de non imputabilité, faits justificatifs et toutes autres causes qui peuvent paralyser l'exercice de l'action publique).

Cette liberté d'appréciation semble être réduite en matière douanière par l'article 322 du code des douanes qui lie le procureur dans la poursuite des infractions douanières.

Les limitations des pouvoirs du parquet soulèvent quelques difficultés, surtout en cas d'erreur de qualification de la part de l'administration des douanes.

La question est de savoir quelle est la conduite du procureur dans cette hypothèse

Si l'on s'en tient à la lecture de l'article 322 CD, le juge ne peut rien faire à part suivre l'administration dans son erreur, ce qui porterait vraiment atteinte aux droits des prévenus qui peuvent être maintenus en détention provisoire sur la base d'une fausse qualification.

L'action publique, ayant un caractère exclusivement répressif, ne peut en principe être exercée en matière douanière que dans le domaine des délits et de la contravention de cinquième classe.

Le parquet en tant que maître d'œuvre des poursuites devrait bénéficier d'une certaine liberté d'appréciation des faits reprochés à la personne poursuivic au lieu d'être une simple courroie de transmission.

Cette possibilité permettrait de pallier les erreurs de qualification qui pourraient être soulevées au niveau du juge d'instruction ou de la juridiction de jugement qui, faut-il le rappeler, ne sont pas liés par les qualifications retenues par la Douane et le parquet.

Dès lors la réforme intervenue dans l'administration de la preuve sur les infractions non flagrantes devrait, en bonne logique, permettre au procureur de la république de disposer de tout son pouvoir d'appréciation, lorsqu'il est saisi d'un procès-verbal de constat.

Ainsi dans la mise en œuvre des poursuites, le ministère public, comme en droit commun, peut soit ouvrir une information par un réquisitoire introductif en saisissant le juge d'instruction, soit procéder par la voie de la citation directe ou par la procédure de flagrant délit.

Certaines infractions, en raison de leur gravité et de leur complexité, font l'objet d'une procédure dite de l'instruction préparatoire ayant pour but, comme les enquêtes de police, la recherche des éléments nécessaires à la manifestation de la vérité.

L'instruction préparatoire confie à un juge d'instruction des pouvoirs d'investigation et des moyens coercitifs divers.

En matière douanière, l'administration peut porter plainte en se constituant partie civile devant le juge d'instruction. Cette procédure est régie par l'article 344 du code des douanes.

En principe, le magistrat instructeur est juge de l'opportunité en matière de détention. En droit commun, la liberté provisoire peut être accordée par le juge d'instruction en application des articles 127, 128 et 129 du code de procédure pénale.

Cette liberté provisoire est accordée d'office après avis du Procureur de la République, à la requête de cette autorité, à la demande de l'inculpé ou de son conseil.

Aucune condition n'est requise au préalable, sinon que l'inculpé doit prendre l'engagement de se représenter à tous les actes de la procédure aussitôt qu'il en sera requis et de tenir informé le magistrat instructeur de tous ses déplacements (article 128 CPP).

En outre, si les faits, objets des poursuites, lui paraissent graves et que l'inculpé ne présente pas des garanties suffisantes de représentation, le juge peut le placer en détention provisoire dans les conditions posées à l'article 127 du CPP.

Toutefois, il en va autrement en cas de délit douanier où la détention provisoire et la mainlevée du mandat de dépôt sont subordonnées à des conditions limitativement énumérées par le code des douanes et qui enferment le juge dans un carcan rigide.

Ainsi aux termes de l'article 344 du code des douanes :

« 1. À l'encontre des personnes passibles d'une peine d'emprisonnement en vertu des articles 390, 391 et 392 du présent code et des dispositions légales relatives aux relations financières avec l'étranger, le procureur de la République en cas de flagrant délit, le juge d'instruction lorsqu'une information est ouverte, délivrent obligatoirement :

mandat d'arrêt contre le ou les inculpés en fuite ;

mandat de dépôt lorsque dans les conditions précitées, la valeur de l'objet de fraude est supérieure ou égale à 10.000.000 de francs, sauf paiement de la totalité des droits et taxes.

La mainlevée du mandat de dépôt ne peut être ordonnée et la demande de mise en liberté provisoire est déclarée irrecevable si la valeur de l'objet de fraude est égale ou supérieure à 10.000.000 francs.

La mainlevée du mandat de dépôt et la mise en liberté provisoire, en tout état de cause, sont subordonnées au paiement des droits et taxes dus s'il y a lieu, ainsi qu'au versement d'un cautionnement égal au montant des droits taxes dus ou au montant de la valeur de l'objet de fraude lorsqu'il n y a pas de droits compromis ou éludés.[277] Il n y a d'exception aux dispositions de l'aliéna précédent que si la fausseté du procès-verbal servant de base aux poursuites est établie ou si une transaction définitive a été réalisée…

3.À l'égard des personnes reconnues coupables des faits prévus à l'alinéa 1 du présent article l'application des circonstances atténuantes et le bénéfice du sursis sont subordonnés au paiement avant jugement de la totalité des droits et taxes dus, s'il y a lieu de la consignation du montant de la valeur de l'objet de fraude lorsqu'il n y a pas de droits compromis ou éludés.

La demande ou proposition de libération conditionnelle n'est recevable qu'après paiement de la totalité des droits et taxes dus, s'il y a lieu, ou d'une consignation du montant de la valeur de l'objet de fraude, lorsqu'il n y a pas de droits compromis ou éludés… »[278].

L'arrêt rendu par la Cour suprême antérieurement avait déjà relevé la rigueur des prescriptions douanières en la matière[279].

Les faits de l'espèce sont relativement simples : les sieurs Sadio, Traoré, Boye, Ndour et Dia sont inculpés pour fraude douanière.

En première instance, le juge d'instruction saisi d'une demande de mise en liberté provisoire formée par les prévenus, refuse d'accéder à leur requête par application de l'article 245 du code des douanes de 1974 devenu article 262 du code de 1987.

Cette décision fit l'objet d'un appel de la part des prévenus devant la chambre d'accusation. Cette juridiction écarte les conclusions du Ministère public tendant à faire déclarer irrecevable la demande des inculpés et prononce la liberté provisoire.

Le Ministère public porte l'affaire devant la Cour suprême.

Le reproche essentiel qui est fait à l'arrêt de la chambre d'Accusation, c'est d'avoir décidé de la mise en liberté provisoire des prévenus inculpés de fraude douanière portant sur des marchandises d'une valeur cinq cent mille francs (500.000) francs, alors que l'octroi d'unc telle mesure viole les dispositions de l'article 245 devenu 262 de la loi 87-47 du 28 décembre portant code des douanes. La haute juridiction a purement et simplement cassé et annulé l'arrêt de la Chambre d'Accusation au motif que : « les dispositions de l'article 245 du

277 Le code général des impôts prévoit aussi la même disposition. En effet aux termes de l'article 690 « La mainlevée du mandat de dépôt et la mise en liberté provisoire, sont, en tout état de cause, subordonnées aux réquisitions écrites conformes du Ministère Public et au versement du montant éludé des impôts, droits, taxes, redevances ainsi que des intérêts, amendes et pénalités y afférents ».

278 L'article 691 du code général des impôts abonde dans le même sens que l'article 344 du code des douanes : « La proposition ou demande de libération conditionnelle n'est recevable qu'après paiement de la totalité du montant dû…. ».

279 Cour suprême 25 mars 1987, Revue de l'association sénégalaise de droit pénal Juillet-décembre 1995. P 83 et s.

Code des Douanes[280] dérogent à celles de droit commun du Code de Procédure Pénale ».

La même solution a été aussi retenue par la Cour d'appel de Dakar dans son arrêt n° 124 du 21/07/2010[281] : les sieurs Raymond Bissane, El Hadji Malick Niang, Masseck Boye sont inculpés et placés sous mandat de dépôt pour complicité de trafic international de drogue et de contrebande, infractions constatées par les éléments du bureau des Douanes des Colis Postaux.

Ils ont tous les trois contesté les faits à eux reprochés et ont introduit une demande de liberté provisoire que le juge d'instruction a rejetée en application de l'article 262 du code des douanes[282].

Les requérants ont attaqué l'ordonnance du juge d'instruction devant la chambre d'accusation de la Cour d'appel, qui a confirmé l'ordonnance entreprise au motif que : « les requérants sont également poursuivis du chef de contrebande et qu'il convient à ce propos de relever qu'aux termes des dispositions de l'article 262 du code des douanes à l'encontre des personnes passibles d'une peine d'emprisonnement en vertu des articles 308[283] et 309[284] du même code, la mainlevée du mandat de dépôt ne peut être prononcée et la demande de mise en liberté provisoire doit être déclarée irrecevable si la valeur de l'objet de la fraude est supérieure ou égale à deux millions cinq cent mille franc (2.500.000) francs ; qu'en l'espèce la valeur de la quantité de cocaïne saisie par les agents des douanes est de 669 grammes, soit une valeur de dix sept millions six cent mille franc (17.600.000) francs. Qu'il ressort des dispositions de l'article 262 alinéa 8 du code des douanes applicable en l'espèce que la mise en liberté des inculpés est subordonnée au versement d'un cautionnement égal au montant des condamnations pécuniaires encourues ».

L'application de ces conditions réduit considérablement les pouvoirs d'appréciation du juge d'instruction.

C'est ce qui fait dire au professeur A. Faye[285]

« l'attendu de la Cour suprême (25 mars 1987) montre en toute clarté l'étroitesse de la marge de manœuvre du juge devant l'article 245 du Code des Douanes, et sa volonté, même s'il est serviteur de la loi, de ne pas devenir l'esclave de la loi ; la loi douanière permet à l'État, quitte à sacrifier le juge, de recouvrer les droits et taxes qui lui sont dus. Cette décision semble se justifier

---

280 Ancien article 262 de la loi 87-47 du 28 décembre 1987, actuel 344 du nouveau code des douanes.

281 Arrêt publié dans le Bulletin des arrêts rendus par la Cour d'Appel de Dakar en matière Pénale, 2011-Vol n° 2 page 131 et s.

282 Actuel 344 du nouveau code des douanes

283. Actuel 390 du nouveau code des douanes : délit de 1ère classe

284 Actuel 391 : du nouveau code des douanes : délit de 2ème classe.

285 Amadou Faye, note sous C.S , arrêt n° 12 du 25 Mars, 1987 l, Revue de l'Association Sénégalaise de Droit Pénal. Juillet-Décembre 1995, p. 83 et suivantes.

par les objectifs du législateur : « il fallait choisir entre l'anarchie sous le fallacieux prétexte de respecter les libertés individuelles et la survie du pays en portant un violent coup à la fraude… par une répression exemplaire des fraudeurs qui sont de nature à décourager les candidats à cette pratique si nuisible au pays »[286].

Aujourd'hui, le changement intervenu au niveau de l'article 262 ne fait qu'augmenter le montant à partir duquel le mandat de dépôt est obligatoire. L'étendue du pouvoir d'appréciation du juge d'instruction n'a pas varié. Ce dernier a toujours un pouvoir réduit.

Mais cette situation est-elle conciliable avec les pouvoirs traditionnellement reconnus au juge » ?

Le droit pénal ? disait un auteur,[287] est un droit à haut risque pour les libertés. Il est donc demandeur de garanties extérieures à lui.

Au Sénégal, ces garanties existent pour les personnes impliquées dans le procès pénal. L'intervention du juge répressif est décisive pour sanctionner la violation de ces garanties. Or en matière douanière, le juge répressif semble ne pas détenir une certaine liberté dans la sanction des garanties accordées aux contrevenants.

Cette situation est -telle conforme à l'existence d'un procès équitable ?

Il convient de faire ici une observation. Dans le procès pénal, le juge intervient pour trancher un différend opposant un individu, auteur d'une infraction, à la société dont les intérêts ont été bafoués.

Contrairement au procès civil où il y a une bataille à armes égales autour de droits subjectifs, le procès pénal est de type essentiellement inégalitaire. Face à la société munie de puissants moyens se trouve une personne affaiblie[288].On peut donc regretter en matière douanière les restrictions apportées au pouvoir du juge. En tant que gardien des droits et libertés, celui-ci aurait pu assurer un certain équilibre entre les intérêts de la personne poursuivie et ceux du Trésor public. Sur cette question, la réforme de 2014 ne donne pas entièrement satisfaction. Le législateur aurait dû permettre au juge d'instruction de se prononcer en toute liberté lorsqu'il est saisi d'un procès-verbal de constat.

Présentement, le juge d'instruction est dans un véritable carcan. Il exerce son instruction en se référant au canevas déterminé par l'Administration des Douanes

Cette solution est la conséquence de l'article 322 du code des douanes qui dispose que : « Le parquet retient comme base des poursuites à intenter la

---

286 Déclaration citée par Laity Kama, 2 Sous-commission ; Procédure pénale… sur l'article 245 du Code des douanes. Actes du séminaire : Liberté d'appréciation du juge. Dakar, 9 et 10 décembre 1983, R.S.D.1983, n° 28.

287 D. Mayer, L'apport du droit constitutionnel au droit pénal en France, RSC 1988, p.439.

288 Ndiaw Diouf, Procès pénal et droits de l'homme : L'Exemple du Sénégal, Revue de l'Association Sénégalaise de Droit Pénal, p. 1,. 2,3 et s.

qualification des faits donnés par l'administration des douanes et l'évaluation de la valeur des marchandises faites par le receveur poursuivant compétent ».

Même si le juge d'instruction dispose, comme en droit commun, de la possibilité de disqualification des faits, dans la pratique la tendance est grande pour lui de s'aligner sur les réquisitoires du parquet toujours lié par les deux éléments de la procédure : qualification de l'administration des douanes et évaluation de la valeur des marchandises (article 322 CD).

Il faut le constater, le juge d'instruction, bien que maître de son information, n'en maîtrise pas pour autant toutes les données. Sa liberté d'appréciation n'est pas totale. C'est pourquoi certains auteurs[289] affirment que « l'office même du juge en souffre, car il n'a plus la faculté de se mouvoir à l'aise dans le cadre du droit. Son indépendance proclamée par la Constitution devient même chimérique ; le juge perd tout pouvoir d'appréciation, il est muselé ; il lui est demandé d'appliquer la loi au pied de la lettre ».

Cette position du juge d'instruction dans une infraction douanière porte véritablement atteinte à un principe constitutionnel qu'est la présomption d'innocence.

Qu'en est-il de la juridiction de jugement?

Paragraphe 2 : La limitation des pouvoirs du juge du fond

En droit commun comme en droit douanier, la juridiction de jugement est saisie soit par la procédure de citation directe, soit par ordonnance de renvoi du juge d'instruction, soit par un arrêt de renvoi de la chambre d'accusation. La procédure se déroule généralement suivant les règles du droit commun en matière de jugement.

La juridiction de jugement est saisie des faits matériels reprochés au prévenu. Bénéficiant d'habitude d'une liberté d'appréciation très grande, le juge voit cette prérogative limitée en matière douanière. Ces restrictions sont relatives à l'appréciation des moyens de preuve dont dispose l'Administration des douanes.

S'agissant des moyens de preuve, les contraventions et les délits sont prouvés au moyen de procès- verbaux dont la force probante s'impose au juge et au prévenu. Leur nullité ne peut être prononcée que dans les cas limitativement énumérés par la loi (article304 CD).

Aux procès-verbaux est attachée une force probante, alors qu'en droit commun le juge répressif se laisse guider par son intime conviction dans l'appréciation des éléments de preuve.

En effet, aux termes de l'article 417 CPP : « les procès-verbaux et les rapports constatant les délits ne valent qu'à titre de simples renseignements ».

---

289 A. Faye, op. cit p. 167.

En droit commun, il appartient à l'accusation de faire la preuve complète de la culpabilité du prévenu présumé innocent jusqu'à sa condamnation par une juridiction. En matière douanière, une telle possibilité est écartée car aux termes de l'article 350 du code des douanes : « dans toute action en répression d'une infraction douanière résultant d'une saisie, les preuves de non contravention sont à la charge du saisi ».

À côté de ces restrictions relatives aux moyens et règles de la preuve, l'article 347 du code des douanes interdit au juge d'excuser les contrevenants sur l'intention, de donner mainlevée provisoire des marchandises, ou de modérer les droits, confiscations ou amendes.

À cela, il faut ajouter les interdictions prévues aux articles 348[290] et 349[291] du code des douanes.

Le juge statuant dans les matières fiscales en général ne peut accorder des circonstances atténuantes et le bénéfice du sursis que si certaines conditions sont remplies.

Il en est par exemple des dispositions de l'article 691 du code général des impôts[292] qui dispose : « A l'égard des prévenus reconnus coupables des faits prévus, l'application des circonstances atténuantes et le bénéfice du sursis sont subordonnés au paiement avant jugement, au moins de la moitié du montant éludé des impôts, droits, taxes, redevances, intérêts, amendes et pénalités y afférents.... ».

En matière d'infraction à la réglementation des changes les pouvoirs d'appréciation du juge se trouvent limités quant à son pouvoir d'apprécier l'élément intentionnel.

En effet selon l'article 32 de la loi uniforme portant réglementation des changes : « En matière d'infraction au contrôle des changes le tribunal ne peut relaxer le contrevenant pour défaut d'intention. S'il retient les circonstances atténuantes, il peut, sous réserve des dispositions du paragraphe 3 du présent article :

a) dispenser le prévenu de tout ou partie des peines applicables à l'infraction ;

b) ordonner qu'il soit sursis à l'exécution de celles-ci ;

---

290 Article 348 du code des douanes : « Il ne peut être donné, sous quelque prétexte que ce soit, contre les contraintes aucune défense ou surséance qui sont nulles et de nul effet et sous peine d'engager personnellement la responsabilité de l'auteur de la défense ou de la surséance. Le cas échéant, l'administration des douanes peut intenter une action en dommages et intérêts contre cet auteur ».

291 Article 349 du code des douanes : « Les juges des tribunaux et leurs greffiers ne peuvent expédier des acquits de paiement ou à caution, passavants, réceptions ou décharges de soumissions, ni rendre un jugement pour tenir lieu des expéditions ».

292 Loi n° 2012-31 du 31 décembre 2012 portant code général des impôts du Sénégal.

c) décider que la condamnation ne sera pas mentionnée au bulletin n° 2 du casier judiciaire ». Il faut le rappeler, les infractions à la réglementation des changes suivant l'article426 du code des douanes sont constatées, poursuivies et réprimées comme en matière douanière[293].

Toutes les condamnations pour délits douaniers sont assorties de peines fermes, sauf dans les cas où la loi a prévu le sursis (article 347 du code des douanes).

Pour l'article 344-3 CD, il s'agira du paiement avant jugement de la totalité des droits et taxes dus s'il y a lieu ou au montant de la valeur de l'objet de fraude lorsqu'il n'y a pas de droits compromis ou éludés. En plus, lorsque la condamnation est prononcée en première instance, même s'il y'a appel ou pourvoi en cassation, le contrevenant est maintenu en détention jusqu'à ce qu'il ait acquitté le montant des condamnations pécuniaires prononcées contre lui (article 364 du code des douanes). L'appel et le pourvoi en cassation ne sont pas suspensifs en matière douanière.

Ces restrictions au pouvoir du juge du fond concernent aussi les contraintes douanières.

En effet, selon l'article 325§2 du code des douanes : « Dans tous les autres cas où il est établi qu'une somme est due au trésor public, le directeur général des douanes, les directeurs, les chefs de bureaux et les chefs de subdivisions des douanes peuvent décerner contrainte lorsque cette somme dépasse un million (1. 000.000) de francs.

Elle peut être utilisée pour le recouvrement de droits, taxes et pénalités de retard liquidés et pris en charge par les services en matière douanière. Le juge ne dispose d'aucun pouvoir pour apprécier les contraintes décernées par l'Administration des douanes.

Cette limitation des pouvoirs du juge trouve son fondement dans les dispositions de l'article 348 du code des douanes : « Les juges ne peuvent, sous quelque prétexte que ce soit, donner contre les contraintes aucune défense ou surséance qui sont nulles et de nul effet.

Le cas échant, et sans préjudice de dommages et intérêts de l'administration, ils sont personnellement responsables des objets pour lesquels les contraintes ont été décernées ».

Paradoxalement, l'article 338 du même code dispose : « Les tribunaux régionaux connaissent également des contestations concernant le paiement ou le

293 Article 340 du code des douanes : « En vertu des dispositions légales relatives aux relations financières avec l'étranger, les infractions réprimées sont constatées, poursuivies, jugées et les peines infligées exécutées selon les règles applicables aux infractions à la réglementation douanière telles que définies par le code des douanes ».

remboursement des droits[294], des oppositions à contrainte et des autres affaires de douane n'ayant pas un caractère pénal ».

La question est dès lors de savoir quelle est l'utilité de former une opposition à contrainte devant le tribunal régional, si l'on sait à l'avance que le juge n'a aucune marge d'appréciation quant aux contraintes décernées par la douane ?

Ces règles dérogatoires ne contraignent pas le juge à condamner systématiquement dès l'instant qu'il est saisi d'une infraction douanière?

Il faut souligner que le caractère répressif du code des douanes enlève au juge tout pouvoir d'appréciation. Les portes de sortie offertes aux personnes poursuivies pour infraction douanière sont verrouillées. En tout cas, le juge n'en détient pas les clés.

Il est à regretter encore une fois, que le législateur n'ait pas profité de la réforme pour « libérer » davantage le juge, et se conformer ainsi à l'orthodoxie juridictionnelle.

Toutefois, il ya lieu de signaler des avancées remarquables au moins sur certains aspects fondamentaux qui ne peuvent être occultés.

C'est d'abord la possibilité pour le juge d'accorder dans des conditions strictes, des circonstances atténuantes. C'est ensuite l'admission du sursis et la possibilité de ne pas faire mentionner la condamnation au bulletin n° 2 du casier judiciaire compte non tenu de la possibilité de limiter l'étendue de la solidarité au profit des personnes bénéficiant des circonstances atténuantes. Mais on peut regretter en droit sénégalais que le juge ne puisse pas réduire le montant des amendes fiscales comme son homologue français[295]. C'est dans ce sens qu'aurait dû s'inscrire la réforme si l'on veut donner au droit douanier une orientation en adéquation avec la nouvelle politique initiée par la douane à travers le partenariat Douane-entreprises.

---

294 Pannier J., *Le casse-tête du remboursement des droits de douane*, D., 2010, Etudes, p. 1648.

295 Selon l'article 369 du Code des douanes français, le juge peut réduire le montant des amendes fiscales jusqu'au tiers de leur montant nominal voir cependant la précision apportée par la jurisprudence. Cass.Crim 29 mai 1997 Bull. Crim., n° 213 p. 697.

Conclusion

DE LA PREMIÈRE PARTIE

Les particularités du droit douanier sont suffisamment connues. Mais bien souvent, c'est le caractère répressif qui lui sert d'emblème. L'efficacité de la protection du territoire douanier contre les agissements frauduleux des trafiquants a toujours justifié l'octroi aux agents des pouvoirs étendus.

D'abord ces pouvoirs se manifestent au niveau de la physionomie de l'infraction qui exclut dans ses composantes l'élément intentionnel. Ensuite, dans la constatation des infractions douanières l'Administration dispose de modes de constatation exorbitants du droit commun prélude de sanctions bien souvent disproportionnées.

Par ailleurs, le caractère essentiellement matériel des infractions douanières a conduit à la construction d'un système de responsabilité pénale qui reste de nos jours particulier. C'est une conception très large de la responsabilité qui prévaut en matière douanière : elle permet de ne pas laisser l'infraction impunie tout en dissuadant quiconque de s'associer à sa réalisation. L'existence d'un ensemble de présomptions légales de responsabilité et la notion d'« intérêt à la fraude » participent de cette philosophie.

Le juge est ainsi confiné dans une posture délicate où son pouvoir d'appréciation est fortement réduit, nonobstant les réaménagements apportés par le nouveau code des douanes sur le sursis et les circonstances atténuantes.

Du reste, il est peu utile de s'attaquer à des présomptions douanières de nature quasi-irréfragables devant un juge dont l'opinion sur la culpabilité de l'infracteur est forgée dès la production des procès-verbaux constatant l'infraction.

Le droit répressif douanier, sur de nombreux points, s'éloigne ainsi du droit commun.

Ce particularisme du droit répressif peut-il aussi être observé, lorsque le droit douanier est envisagé hors du droit pénal **(Deuxième partie) ?**

DEUXIÈME PARTIE

LE DROIT DOUANIER HORS DU DROIT PÉNAL

La particularité du droit douanier ne se mesure pas seulement à travers la place qu'il occupe dans le droit pénal général. En effet, il faut noter qu'à côté du contentieux porté devant les juridictions répressives, le contentieux douanier renferme aussi une dimension civile qui fonde l'intervention des juridictions civiles dans le domaine du contentieux.

Il serait vain pour l'administration des douanes d'engager la responsabilité civile de certaines personnes liées à une infraction douanière sans garantir la créance du Trésor public.

C'est pourquoi, le législateur, en raison de la nature publique de la créance, a mis à la disposition de l'Administration des douanes des mécanismes de garantie pour assurer un recouvrement effectif **(Titre 1)**.

Mais le contentieux peut aussi mettre en cause le service des douanes qui, dans l'exercice de ses prérogatives, porte préjudice à autrui. Les victimes de l'Administration des douanes peuvent, alors obtenir réparation des dommages qui leur sont causés **(Titre 2)**.

TITRE 1

Le droit douanier et les mécanismes de garantie

Les garanties sont des institutions qui ont pour objet de protéger les créanciers contre les risques du crédit, principalement celui de l'insolvabilité de leurs débiteurs[1].

Les principales garanties sont des sûretés[2] mais d'autres procédés tendent aux mêmes fins et peuvent donc aussi être utilisés par les créanciers.

---

1 Dominique Legeais, Sûretés et Garanties du Crédit, 8éme édition 2001, L.G.D.J Lextenso éditions, p.11 et s.

2 Il n'existe aucune définition légale de la sûreté ou de la garantie. Pour les rédacteurs du code civil, il n'existait cependant quatre sûretés : le cautionnement, le nantissement, l'hypothèque et le privilège. Dès lors, il est permis de réserver la qualification de sûreté aux seuls mécanismes qui ont toutes les caractères essentiels. Toute sûreté se caractérise en premier lieu par sa finalité particulière. Elle permet à son bénéficiaire d'échapper à la loi du concours contre les créanciers. La sûreté est donc un avantage qui s'ajoute aux droits que le créancier tient normalement de son droit de gage général, avantage résultant de l'adjonction d'une créance ou d'une affectation particulière d'un bien. La garantie, au contraire, ne tend pas directement au recouvrement de la créance. En second lieu, toute sûreté produit un effet particulier. Sa mise en œuvre a toujours un effet satisfaisant pour le créancier, à savoir l'extinction de sa créance.
Ensuite, la sûreté est une technique particulière. Elle est ainsi définie par P. Crocq : « La technique de constitution d'une sûreté est l'affectation à la satisfaction du créancier d'un bien, d'un ensemble de biens ou d'un patrimoine, par l'adjonction aux droits résultant normalement pour lui du contrat de base d'un droit d'agir accessoire à son droit de créance ». De cette définition se dégagent trois éléments fondamentaux.
La sûreté confère nécessairement un droit d'agir à son bénéficiaire, c'est-à-dire un droit de poursuivre une personne ou un droit de faire vendre ou de se faire attribuer une chose. La sûreté suppose une affectation de biens figurant dans le patrimoine du débiteur principal ou d'un tiers. L'affectation peut avoir un caractère préférentiel ou exclusif.
La sûreté s'inscrit dans un rapport d'accessoire à principal avec la créance qu'elle garantit. Sa source est donc distincte de celle donnant naissance à la créance principale. La sûreté ne peut en conséquence être inhérente au rapport d'obligation. Elle doit toujours pouvoir être constituée postérieurement à la naissance de la créance garantie.

La catégorie des sûretés est fermée. Celle des garanties ne l'est pas.

Le nombre et l'importance des garanties ne cessent donc de croître. Le droit des sûretés tend ainsi à devenir le droit des garanties[3].

Les garanties personnelles consistent dans l'adjonction d'un ou plusieurs débiteurs au débiteur principal pour la même dette.

Les garanties réelles consistent dans l'affectation spéciale d'un ou plusieurs biens au paiement de la dette.

Le droit des garanties a une histoire marquée par plusieurs étapes, c'est pourquoi certains auteurs le qualifient de droit cyclique[4].

En effet, il est toujours plus facile pour le législateur de créer de nouvelles garanties que d'en supprimer. Chaque garantie a sa période de gloire[5]. Son utilisation est fonction de la portée qui lui est reconnue à une époque donnée. Des sûretés sont ainsi tombées en désuétude; d'autres connaissent une nouvelle jeunesse[6]. Le droit des garanties est de ce fait en constant renouvellement.

---

3 Dominique Legeais, op cit p11

4 Dominique Legeais op cit p11

5 Les sûretés dites modèles étaient reconnues en 1804. Les principales sûretés ont été imaginées ou perfectionnées par les juristes romains. Le constat vaut aussi bien pour les sûretés personnelles que pour les sûretés réelles. Le cautionnement, sûreté personnelle par excellence, est connu du droit romain. La solidarité familiale, très forte à cette époque, permettait de rendre des éléments d'un groupe responsables de la défaillance de l'un d'entre eux. En droit romain, le cautionnement est un service d'ami. Le droit des sûretés réelles doit également beaucoup au droit romain. Il lui emprunte ses principales institutions.
La fiducie semble avoir été la première sûreté réelle à avoir été consacrée. La propriété d'un bien du débiteur est alors transférée à son créancier. Ce dernier s'engage à retransférer la propriété du bien une fois que le débiteur a exécuté son obligation. Cette garantie primitive allait être remplacée par deux autres sûretés : le gage ou « pignus » qui a été la sureté la plus utilisée à l'époque romaine. Le débiteur transfère à son créancier la simple possession de l'un de ses biens. Il en reste propriétaire. L'hypothèque quant à elle, ne nécessite aucune dépossession. Les juristes romains ont redécouvert cette sureté d'origine grecque. Elle est utilisée pour les immeubles.

6 Le 1er acte uniforme portant organisation des sûretés (AUS) est entré en vigueur le 1er janvier 1998. Le processus de revue et d'évaluation des Actes OHADA a débuté depuis 2007. Le diagnostic sur les AUS avait pour objet :
-Une construction de l'AUS imparfaite et incomplète;
-Des possibilités d'exploitation et de réalisation par le débiteur des biens gagés trop limités;
-Des formalités de constitution et d'opposabilité trop lourdes. Finalement un nouvel Acte Uniforme sur les suretés a été adopté le 15 Décembre 2010. L'Acte uniforme est entré en vigueur le 15 mai 2010. Les principales innovations portent sur les sûretés personnelles et les sûretés réelles.
-Les sûretés personnelles ont subi quelques assouplissements et précisions mais peu de modifications ont été apportées. Pour le cautionnement son régime juridique a été assoupli. Les mentions manuscrites sont une condition de preuve et non plus de validité; Validation du cautionnement de dettes futures (cautionnement de compte courant); Suppression de l'obligation d'information de la caution en cas de défaillance du débiteur; Transmission de l'engagement de caution aux héritiers.

La distinction entre garanties et sûretés est si récente qu'aucun critère de distinction n'est encore unanimement retenu[7]. Les deux termes sont encore souvent pris l'un pour l'autre.

Au Sénégal, le droit des suretés faisait l'objet d'une réglementation dans la troisième partie du COCC notamment aux articles 827 et suivants.

Mais aujourd'hui le droit des sûretés est régi par l'acte Uniforme portant Organisation des Sûretés issu du Traité pour l'Organisation et l'harmonisation du droit des affaires en Afrique[8].

Cet acte définit les sûretés comme étant « les moyens accordés au créancier par la loi de chaque État partie ou la convention des parties pour garantir l'exécution des obligations, quelle que soit la nature de celles-ci ».

Le code des douanes, contrairement au droit commun, ne donne pas une définition des sûretés, mais prévoit un chapitre V intitulé : « Exécution des jugements, des contraintes et des obligations en matière de douane », avec une section dénommée « Suretés garantissant l'exécution ».

Il s'agit ainsi d'un ensemble de prérogatives tendant à favoriser le recouvrement des créances fiscales. Ces prérogatives peuvent être classées, comme en droit commun, en garanties personnelles **(Chapitre 1)** et en garanties réelles **(Chapitre2)**.

V. Jean-Jacques Lecat- Avocat Associé, Pierre Marly-Avocat Associé, Le nouveau droit OHADA. Juin 2011. CMS Bureau Francis Lefèvre.

Les sûretés réelles ont subi par contre plusieurs modifications portant sur :

-L'innovation de la propriété sûreté ;

- L'amélioration du gage et du nantissement ;
- Le nantissement de compte bancaire ;
- Le nantissement de compte de titres financiers ;
- La Simplicité des formalités d'opposabilité ;
- La Réalisation facilitée ;

V. Pour ces innovations. Jean-Jacques Lecat-Avocat Associé, Pierre Marly-Avocat Associé. Le nouveau droit OHADA, Juin 2011, CMS Bureau Francis Lefèvre.

7 P. Crocq., Propriété et garantie, LGDJ, 1995, préface M. Gobert, n° 262 ; C. Ginestet, « La qualification des sûretés », Defrénois 1999, art.36927 et 369 940 ; A.-M. Toledo, « La notion de sûreté ; recherche sur les sûretés dans le droit du commerce international » ; Thèse Paris I 1997

8 Le traité de l'OHADA a véritablement réformé le cadre juridique des pays d'Afrique noire francophone. Il a été signé à Port-Louis (Ile Maurice) le 17 octobre 1993 et ratifié par les pays de la Zone franc auxquels se sont adjoints deux autres pays portant le nombre des États-parties à 16(Bénin, Burkina Fasso, Cameroun, Centrafrique, Comores, Congo, Côte d'ivoire, Gabon, Guinée, Guinée Bissau, Guinée Équatoriale, Mali, Niger, Sénégal, Tchad, Togo).

CHAPITRE I

Les garanties personnelles en droit douanier

Les difficultés relatives au recouvrement des créances sont une hantise permanente des créanciers et du monde des finances. La durée du procès et l'insolvabilité avérée du débiteur en sont les signes expressifs.

C'est dans cette perspective d'ailleurs que le droit douanier a dû faire recours à des mécanismes de garanties. Il s'agit généralement de garanties personnelles inspirées du droit commun, même si parfois on peut y déceler certaines spécificités. Le cautionnement y occupe la première place.

Le cautionnement est défini par l'article 13 de l'Acte Uniforme portant Organisation des Sûretés comme : « un contrat par lequel la caution s'engage envers le créancier qui l'accepte, à exécuter l'obligation du débiteur si celui-ci n'y satisfait pas lui-même. Cet engagement peut être contracté sans ordre du débiteur ».

Ce texte abroge, au Sénégal la troisième partie du code des Obligations civiles et commerciales relative au droit des sûretés[9].

En se développant, le cautionnement s'est diversifié. Il existe plusieurs variétés de cautionnement[10]. Certains, qui étaient essentiels sont, aujourd'hui, moins usités.

9 Articles 827 à 1077 du code des obligations civiles et commerciales.

10 Les contrats de cautionnement sont nombreux. On peut citer le cautionnement souscrit par une personne physique ou une personne morale, le cautionnement à titre gratuit ou à titre onéreux, le cautionnement civil où commercial, le cautionnement simple et le cautionnement solidaire, le cautionnement par acte sous seing privé et le cautionnement par acte authentique, le cautionnement réel.

Le cautionnement est un mécanisme bien connu du droit douanier. Il a pour vocation de garantir la créance du Trésor public surtout dans le cadre de ce qu'il est convenu d'appeler les régimes économiques suspensifs douaniers[11].

Cependant, contrairement au droit commun, le contrat de cautionnement douanier présente des particularités liées à la matière douanière, notamment à travers l'étendue de l'engagement de la caution **(Section2)**. Mais auparavant, il s'avère nécessaire de relever sur la matière les difficultés que le droit commun a pu laborieusement dépasser **(Section 1)**.

Section 1 : Les péripéties du droit commun

En droit douanier, certaines situations juridiques font naître une communauté d'intérêts entre l'auteur de l'infraction et d'autres personnes[12]. Il en est ainsi de la caution dont la responsabilité civile peut être mise en jeu à la suite d'un engagement ou d'une infraction commise par la personne garantie.

En effet, tous les créanciers courent un risque inhérent à leur qualité. C'est le risque de voir leur débiteur ne pas s'exécuter, donc celui de ne pas être payés. L'Administration des douanes n'échappe pas à cette règle. C'est pourquoi elle a recours fréquemment au cautionnement pour garantir les intérêts du Trésor public.

En droit commun, le cautionnement est une sûreté personnelle qui aurait pu avoir une fortune modeste. C'était un service d'ami se traduisant par l'engagement de payer, en cas de défaillance du débiteur. Il n'a pas encore perdu sa conception originelle, mais a connu un essor remarquable accompagné de nouvelles valeurs. Il s'est diversifié : il est de moins en moins gratuit et de plus en plus professionnel[13]. Ainsi, a-t-il pu faire l'objet de nombreux contentieux notamment sur sa validité **(Paragraphe 1)**. Sa nature unilatérale a aussi fait l'objet de discussions **(Paragraphe 2)**.

Paragraphe 1 : La validité du cautionnement

Aux termes de l'article 13 de l'Acte Uniforme portant Organisation des Sûretés, le cautionnement est un contrat où la caution reste toujours un débiteur de second rang. Ses rapports avec le créancier ne se dévoilent que lorsque le débiteur principal est défaillant. La caution s'est engagée à payer

---

11 En matière douanière toutes les marchandises qui circulent dans le territoire douanier en suspension des droits et taxes doivent être garanties par une caution. L'article 154 du code des douanes dispose : « Les marchandises transportées par les voies terrestre, maritime ou aérienne, d'un point à un autre du territoire douanier, en suspension des droits et taxes ou prohibitions ou bien placées sous régime douanier suspensif, doivent être couvertes par un acquit-à-caution ».

12 Claude J. Berr Henri Trémau, op cit. p 479 et s

13 V. Issa-sayegh, Le nouveau droit des garanties de l'OHADA, ohada.com/ Doct. P.9; V aussi. Sûretés OHADA. Collection Droit Uniforme Africain p. 9.

la dette d'autrui. Elle prend ainsi des risques. Il s'avère nécessaire de lui en faire prendre conscience. Le souci est de lui éviter toute désagréable surprise. Parallèlement, il y a lieu de donner confiance au créancier.

Or, l'incertitude sur l'existence ou la validité du cautionnement est source d'inquiétudes[14].

Pourtant, le droit OHADA n'a pas su éviter cette situation pendant une période relativement longue.

La formulation de l'ancien article 4 alinéa 1er de l'Acte Uniforme n'y est pas étrangère : « Le cautionnement ne se présume pas quelle que soit la nature de l'obligation garantie.

À peine de nullité, il doit être convenu de façon expresse entre la caution et le créancier ».

Ce texte a été pendant longtemps objet de controverses, essentiellement autour de la question de savoir si le cautionnement était devenu un contrat formaliste.

Une certaine doctrine[15] qui semblait majoritaire, avait pris le parti du formalisme. Cette doctrine avait, semble-t-il, « subi l'influence de deux principaux acteurs en la matière : le législateur et le juge qui ont, en effet, contribué à cette orientation »[16].

À partir de dispositions sensiblement identiques, le droit français du cautionnement avait été profondément défiguré. La confusion avait été initiée et installée par le juge.

Le droit français est passé d'un excès de rigueur à un excès d'indulgence en faveur des cautions[17]. À plusieurs reprises, la Cour de Cassation a affirmé que les exigences relatives aux mentions manuscrites de l'article 1326 du Code civil ne constituaient pas de simples règles de preuve, mais avaient pour finalité la protection de la caution[18].

---

14 Professeur Isaac Yankoba Ndiaye, Réflexions sur le Droit du Cautionnement OHADA, Revue Sénégalaise de Droit des Affaires. R.S.D.A, N° 5-6-7-8/2005-2006, p.62 et s.

15 A. Sakho et I.Y. Ndiaye, Pratiques des garanties de crédit, Revue Africaine de Banque, 1998; F. Anoukaha, Le droit des sûretés dans l'Acte Uniforme OHADA, 1996.

16 Professeur Isaac Yankhoba Ndiaye, Réflexions sur le droit du cautionnement OHADA. Op cit p. 239.

17 Ph. Simler, le juge et la caution : excès de rigueur ou excès d'indulgence, JCP, 1986, N.I.P. , 169. Voir aussi parmi une littérature abondante : P. Sargos, Opération Glasnot de la Cour de Cassation en matière de Cautionnement ou cinq brèves observations sur une jurisprudence, G.P., 1988, 1, doct. p.209; Dangers, évolutions et perspectives de réforme, rapport de la Cour de cassation, Documentation française, 1987, p.33; Terray, le cautionnement, une institution en danger, J.C.P., 1987. I.3295.

18 Voir entre autres : Civ.1er 22 février 1984, Bull. I. n° 71 ; 30 juin 1987, Bull. I. N° 210; 21 juillet 1987, Bull.
I. n° 238; 8 déc.1987, D.S. 1988, I.R.

La solution ainsi retenue résultait d'une interprétation audacieuse : « Les tribunaux se sont emparés de l'article 1326 dont ils ont bouleversé le sens et la portée en le combinant avec l'article 2015 »[19].

Le juge sénégalais, bien avant l'Acte Uniforme, avait adopté la même démarche. Il s'agissait de l'affaire Serigne Ndiaye Bouna contre B.S.K.C. /S.P.C.A.THUBET. L'espèce peut être facilement résumée.

Un établissement de crédit, la Banque Sénégalo-Koweitienne avait consenti un prêt à une société commerciale la S.P.C.A.THUBET, pour un montant de 187.427.543 F.CFA. Postérieurement à la conclusion de ce contrat, un administrateur de société, Serigne Ndiaye Bouna, adressait une correspondance à la banque créancière en ces termes : « Les engagements souscrits auprès de votre établissement seront scrupuleusement respectés par notre société et bénéficieront pour la même occasion de mon aval personnel jusqu'à extinction de votre créance ».

La S.P.C.A.THUBET étant soumise à une procédure collective, l'établissement de crédit décidait de poursuivre l'auteur de la lettre en sa qualité de caution.

Le défendeur faisait valoir deux arguments. D'une part, l'action est irrecevable puisque la caution bénéficie de la suspension des poursuites à l'égard du débiteur en règlement judiciaire. D'autre part, la lettre adressée à la B.S.K. ne constitue pas un cautionnement, mais un simple engagement moral donné au nom et pour le compte de la société débitrice.

Le débat se ramenait donc à deux questions essentielles :

La caution peut-elle opposer au créancier la suspension des poursuites dont bénéficie le débiteur en règlement judiciaire ?

Quelle est la valeur de l'engagement du dirigeant de la société ?

Pour la pertinence de notre propos, seule la deuxième question retient notre attention. Sur ce point, le tribunal décide : « attendu que l'engagement unilatéral qui n'a pas respecté les prescriptions relatives aux actes sous-seings privés portant engagement unilatéral ne saurait s'analyser en contrat de cautionnement… ».

Comme il a été déjà souligné judicieusement par un auteur[20], cette décision est fortement contestable.

Il y a confusion manifeste dans l'esprit du juge entre l'instrumentum et le négotium. En effet, il était demandé au juge de se prononcer sur la valeur juridique de la lettre par laquelle l'administrateur de la société THUBET disait que : « les engagements souscrits auprès de votre établissement seront

19 L. Aynes, Obs. Civ., 22 février 1984, D.86.J.341.

20 Issac Yankhoba Ndiaye, Le juge, le créancier, la caution, Remarques sur le jugement du Tribunal Régional hors classe de Dakar du 13-5-1989, Revue EDJA N° 19 Avril 1992 p.7 et s.

scrupuleusement respectés par notre société et bénéficieront par la même occasion de mon aval personnel jusqu'à extinction totale de votre créance ».

Ainsi, le juge sénégalais, par un raccourci arrivait au même résultat que son homologue français qui, d'ailleurs, est revenu à une lecture plus orthodoxe de l'article 1326 combiné, ou non, avec les dispositions de l'article 2015 du code civil[21].

Mais si l'on revient à une lecture plus conforme, c'est-à-dire, si on donne à l'article 22 du C.O.C.C sa véritable dimension de règle de preuve, et en préjugeant de la validité de l'engagement souscrit par le dirigeant de société, il est peu évident que les exigences que renferme le texte doivent, en l'espèce, être respectées.

Mais dans l'Acte Uniforme, la mention manuscrite était une exigence autonome, détachée de la théorie générale des actes juridiques[22]. Elle y était, par ailleurs, de portée générale[23]. C'est certainement ce qui a fait dire et croire à certains [24] que le contrat de cautionnement est un contrat formaliste.

Or, l'analyse de l'ensemble du texte aurait pu faire incliner dans un autre sens.

En effet, l'Acte uniforme fait une place à part à la caution profane désignée sous le vocable de « caution qui ne sait ou ne peut écrire ». Et c'est précisément là que l'on perçoit le mieux que le contrat de cautionnement ne pouvait être considéré comme un contrat formaliste.

L'acte de cautionnement doit être signé par le créancier et la caution avisée. Celle-ci, au préalable, aura de sa main, indiqué dans l'acte la somme maximale garantie, en toutes lettres et en chiffres.

En cas de discordance entre ces deux termes, la loi considère que le cautionnement est donné pour la somme indiquée en lettres.

Au surplus, l'Acte uniforme a, par réalisme, dû faire un emprunt au code des Obligations civiles et commerciales[25]. La loi a, en effet, prévu, dans une hypothèse particulière, de recourir au témoignage, tout en maintenant le principe de l'écrit.

La caution profane doit se faire assister de deux témoins qui certifient dans l'acte son identité et sa présence et attestent, par ailleurs, que la nature et les effets de l'acte lui étaient précisés.

---

21 Civ.1989, JCP 89.p. 1049, obs. Legeais.

22 Y. Kalieu, La mention manuscrite dans le cautionnement OHADA, ohada.com/doct.2003.10.04.d.032.

23 Article 4 de l'Acte Uniforme portant Organisation des Sûretés.

24 A. Sakho, I. Y. Ndiaye, Pratique des garanties du crédit, revue africaine de banque, 1998; F Anoukaha, le droit des sûretés dans l'acte uniforme OHADA, collection droit uniforme, Presses Universitaires d'Afrique, 1998 BA, le cautionnement présente-t-il encore un intérêt pour le banquier? Africajuris n° 2 p.9 et s.

25 Article 22 du COCC relatif à l'acte des illettrés.

La mission des témoins est donc bien circonscrite : il s'agit de faire savoir à la caution illettrée quelle est la mesure de son engagement.

En d'autres termes, il y'a lieu de lui faire comprendre la portée de son engagement en qualité de caution. Il faut lui donner les moyens de s'engager à bon escient, en pleine connaissance de cause, au même titre que la caution avisée, celle qui sait et qui peut écrire[26].

C'est donc reconnaître ici l'existence d'une formalité probatoire.

Certes, il était possible de relever que l'Acte Uniforme n'a pas prévu de sanction expresse, du moins, en ce qui concerne la nécessité de l'écrit pour tout cautionnement et l'assistance des témoins pour les cautions illettrées.

Mais en tout état de cause, cela n'a plus aujourd'hui qu'un intérêt historique.

En effet l'Acte uniforme révisé a définitivement mis fin à toute controverse sur le caractère formaliste ou non.

L'article 14 dispose : « Le cautionnement ne se présume pas, quelle que soit la nature de l'obligation garantie. Il se prouve par un acte comportant la signature de la caution et du créancier ainsi que la mention, écrite de la main de la caution, en toutes lettres et en chiffres, de la somme maximale garantie couvrant le principal, les intérêts et autres accessoires… ».

D'ailleurs, en droit français, c'est la même orientation que l'on constate aujourd'hui, même si le législateur a pu, dans certaines hypothèses particulières, consacrer des cautionnements solennels[27].

Cette nouvelle rédaction de l'article 14 de l'Acte uniforme consacre sans équivoque le caractère consensuel du cautionnement.

Par contre, la nature juridique du cautionnement n'a pas bénéficié d'une telle précision.

Paragraphe 2 : La nature juridique du cautionnement

La discussion sur le caractère unilatéral ou synallagmatique du contrat de cautionnement se pose encore. Elle est justifiée par le fait que dans l'Acte Uniforme, le créancier est désormais tenu de certaines obligations à l'égard de la caution.

Cette obligation d'information paraît importante dans la mise en œuvre du cautionnement, car cette dernière peut être une cause de ruine de la caution.

Si l'engagement de la caution est illimité ou s'il dépasse ses facultés de remboursement, il peut même endetter une caution à vie.

---

26 Pr Isaac Yankhoba Ndiaye, Le cautionnement dans l'Acte uniforme : un contrat défiguré ou revigoré, Revue Sénégalaise de Droit des Affaires. RSDA n ° 1 Janvier-Juin 2003.p.8 et s.

27 Loi du 1er août 2003.L.341-2 nouveau du Code de la consommation dispose que les cautionnements concernés sont tous ceux souscrits par une personne physique qui s'engage par acte sous seing privé en qualité de caution envers un créancier professionnel.

Jusqu'à une date récente, cette conséquence paraissait acceptable dans la mesure où le cautionnement était exclusivement conçu dans l'intérêt du créancier. Aujourd'hui, l'équilibre dans les relations contractuelles est de plus en plus recherché. S'agissant du contrat de cautionnement, il apparaît que la protection ne doit bénéficier qu'au seul créancier, la caution doit aussi être protégée à travers l'obligation d'information. La protection du créancier par la loi ne doit pas conduire à des excès.

En France, c'est la loi bancaire du 1er mars 1984 particulièrement son article 48 qui a pour la première fois mis à la charge de certains créanciers une obligation d'information des cautions[28].

L'innovation était importante, car jusqu'alors il était admis que la caution avait l'obligation de se renseigner sur la portée de son engagement. Aujourd'hui tous les créanciers sont pratiquement soumis à une obligation d'information de renseignement ou de conseil.

Les bénéficiaires de cautionnement ne pouvaient donc échapper à cette conséquence de l'évolution du droit français. Il faut cependant remarquer qu'en France, l'obligation d'information sur les créanciers s'est réalisée dans le plus grand désordre[29].

---

28 Dominique Legeais op cit. p. 274 et s

29 Selon Legeais, il existe au moins huit dispositions figurant dans trois codes différents qui consacrent des obligations d'information. Des dispositions font parfaitement doublon. Loin d'unifier et de simplifier la matière, la loi du 1er août 2003 n'a fait qu'ajouter à la confusion. Elle énonce un principe qui se veut général mais L.341-6 du Code de la consommation ne remplace aucune disposition antérieure. Il apparaît que l'information peut être double. Il existe des informations annuelles qui sont dues automatiquement. D'autre part, il existe des informations dues seulement en cas d'incidents de paiement affectant le débiteur principal.
L'article 48 devenu l'article L.313-22 du Code monétaire et financier confère une portée limitée à l'obligation d'information imposée aux créanciers. Cependant la jurisprudence et le législateur ont par la suite contribué à faire de cette obligation d'information l'un des mécanismes fondamentaux de protection des cautions (L'inobservation par la banque de son obligation d'information constitue une exception purement personnelle à la caution. Celle-ci peut donc s'en prévaloir alors même que la décision d'admission du créancier ayant déclaré sa créance est passée en force de chose jugée.V.Cass.com. 22 Avril 1997, RTD civ.1998, 152, obs. M. Bandrac; RTD com.1997, 489, obs. M. Cabrilac). La loi du 29 juillet 1998 est de ce point de vue particulièrement significative. En effet, les cautions d'entreprises ou de consommateurs doivent aujourd'hui être informées. Toutes les obligations mises à la charge des créanciers se distinguent par leur domaine, leur contenu et leur sanction. Le droit du cautionnement perd donc de plus en plus de sa cohérence. La jurisprudence accroît cette confusion. Les juridictions n'hésitent plus à consacrer une obligation générale d'information et de conseil dans les hypothèses non visées par les dispositions légales. Une obligation d'information fondée sur le devoir de loyauté oblige ainsi le créancier à indiquer à la caution que l'emprunteur ne règle plus les primes de l'assurance-vie (Cass.1er civ. 11 juin 1996, RTD civ.1997, 425.

C'est ce qui a fait dire à certains auteurs que l'information de la caution a connu « une démarche peu cohérente, par suite d'un manque d'harmonie et de clarté, avec des cumuls et des lacunes »[30].

Mais la jurisprudence était d'abord parvenue par renforcer la portée de l'obligation d'information en décidant[31]qu'« il importe peu que le cautionnement ait été donné lors de l'octroi du concours financier ou postérieurement pour continuer de l'accorder ». En cas de pluralité de cautions solidaires, l'information doit être donnée à chacune d'entre elles[32]. L'obligation d'information doit être exécutée jusqu'à l'extinction de la dette[33] . Le créancier doit exécuter son obligation alors même qu'il a assigné la caution en paiement[34].

Par la suite, la caution devait démontrer qu'elle remplit les conditions pour avoir droit à l'information. Mais c'est le créancier qui a la charge de prouver qu'il a bien exécuté son obligation[35].

Cependant, la jurisprudence qualifie l'information comme un fait juridique qui peut se prouver par tous les moyens[36]. Elle exige en réalité une double preuve.

Le créancier doit en premier lieu apporter la preuve qu'il a bien adressé une notification à la caution.

Pour se préconstituer cette preuve, les créanciers devraient adresser chaque année à la caution une lettre recommandée avec accusé de réception. En faveur des créanciers, la Cour de cassation cependant énoncé dans un arrêt de principe qu'il n'incombait pas à l'établissement de crédit de prouver que la caution avait effectivement reçu l'information envoyée[37].

Il appartient à la caution prétendant ne pas avoir été informée de rapporter la preuve contraire. Les juridictions du fond sont ainsi invitées à asseoir des présomptions permettant de douter de l'envoi de la lettre d'information[38].

---

30 D. Pardoel., Les obligations d'information de la caution, Petites Affiches, 3 juillet 2001, n° 131. P.120 et s.

31 Cass. Com., 11 Avril 1995, D.1995, 599.note Y. Picod.

32 Cass. Com, 17 Mai 1994, JCP G 1994, IV, 1804.

33 Cass. 1er Novembre 2001, JCP E 2001, 1982. L'obligation du créancier ne prend donc pas fin le jour de l'envoi d'une mise en demeure (Cass.com., 25 Avril 2001, JCP E 2001, 1277 note Legeais) ou d'une assignation à la caution (Cass. 1er civ. 6 Novembre 2001, JCP E 2001. 1982; D. 2001 3615. RD bancaire et fin. Janvier 2002, comm.8, obs. D.L; RTD COM.2002. 143. OBS. M.C.). L'assignation peut valoir envoi de l'information pour une année si elle contient les mentions exigées

34 Cass. 1er civ. 30 Mars 1994, JCP E 1994. Pan. 761.

35 Dominique Legeais op cit p.280 et s.

36 Cass.com., 17 Juin 1997, JCP E 1997, II, 1007, note D. Legeais.

37 Cass. 1er civ. 25 Novembre 1997, JCPE 1998 p.1594, obs Ph. Similer. RTD civ. 1998, 154, obs. P. Crocq; RTD com.1998, 185, obs. M. Cabrillac; Banque et droit, Novembre 1997, note J.-l. Guillot.

38 Cass. 1er civ. 17 Novembre 1998, JCP"G 1999, I, 116 n° 4, obs. Ph. Simler.

En second lieu, le créancier doit démontrer que le document adressé à la caution contenait bien les informations exigées. La preuve de l'envoi de la lettre n'est pas suffisante.

La Cour de Cassation censure ainsi les juridictions du fond qui ne constatent pas dans leur décision que les informations exigées figurent bien dans l'information adressée à la caution ou qui ne précisent pas en quoi la lettre adressée à la caution ne correspond pas aux prescriptions devant figurées dans la lettre[39].

Sur cette question, il faut relever que l'Acte Uniforme n'a pas connu les turbulences du droit français.

Les articles 24 et 25reconnaissent à la caution un droit d'être informé sur son engagement. Ces textes sont d'ordre public.

Une caution ne peut donc dispenser le créancier de cette obligation[40]. L'obligation d'information[41] mise à la charge du créancier et du débiteur permet à la caution d'exercer un minimum de contrôle sur l'évolution de l'obligation garantie.

En effet, le créancier doit informer la caution judicieusement pour lui permettre d'exercer un minimum de contrôle sur l'évolution de l'obligation. Il faut éviter que la caution s'engage à la légère, surtout lorsqu'elle peut ne pas avoir une réelle conscience de la portée de son acte. C'est d'ailleurs ce qui semble justifier la réglementation concernant « la caution qui ne sait ou ne peut écrire ».

Le domaine de l'obligation d'informer est relativement large.

D'abord, le créancier doit aviser la caution de toute défaillance du débiteur. Cette obligation résulte de l'article24 al. 1 de l'acte uniforme portant organisation des sûretés qui dispose : « Le créancier doit aviser la caution de toute défaillance du débiteur principal et ne peut entreprendre de poursuites contre elle qu'après mise en demeure de payer adressée et restée sans effet ».

Ensuite, l'article25 al.1 poursuit que le créancier est tenu de communiquer à la caution un état des dettes du débiteur principal en précisant leurs causes, leurs échéances et leurs montants en principal, et autres accessoires restant dus…

---

39 Cass. Com., 17 Octobre 2000, RD bancaire et fin. Novembre-Décembre 2000, p.352, obs. D.L.. . Cass. Com., 25 Avril 2001, JCP E 2001, 1279, note D. Legeais. v. aussi. J. Djoudi. « La sanction de l'obligation d'information annuelle de la caution », RD bancaire et fin. Mai-juin 2007, comm. P.61.

40 CA Paris, 25 Avril 2003, RD bancaire et fin. Octobre 2003, comm.188, obs. A.C.

41 Nkou Mvondo Prosper, L'information de la caution dans le nouveau droit des sûretés des États africains, inédit, Université de N'Gaoundéré, Cameroun. V. aussi « L'obligation de renseignement dans les contrats », in L'information en droit privé, L.G.D.J 1978, P.305 ; Ph. Letourneau, « De l'allégement de l'obligation de renseignement ou de conseil », D., 1987, chron.1010.

Enfin, le créancier doit adresser à la caution un état trimestriel des dettes du débiteur, tout en lui rappelant la faculté de révocation avant que la somme maximale garantie ne soit atteinte.

À défaut d'accomplissement des formalités prévues par l'article 25al. 2, le créancier est déchu vis-à-vis de la caution, des intérêts échus depuis la date de la précédente information.

L'existence de cette obligation d'information ne fait-elle pas du contrat de cautionnement un contrat synallagmatique ?

La réponse à cette question a soulevé au Sénégal une vive controverse entre les partisans du caractère synallagmatique[42] et ceux de la nature unilatérale du contrat de cautionnement[43].

Mais selon certains auteurs, cette donnée nouvelle est de nature à transformer le cautionnement en contrat synallagmatique[44].

Aux termes de l'article 43 du code des obligations civiles et commerciales, « Le contrat est synallagmatique lorsque les contractants s'obligent par réciprocité l'un envers l'autre.

Le contrat est unilatéral lorsqu'il engendre des obligations à la charge d'une seule des parties ».

En réalité le cautionnement ne fait naître qu'une obligation principale : celle de la caution envers le créancier. Pris sous cet angle, le contrat de cautionnement est un contrat unilatéral.

Ce caractère unilatéral n'exclut pourtant pas d'imposer des obligations au créancier. L'une de ces obligations est celle d'informer la caution. Celle-ci doit être en mesure de savoir, à chaque instant, quelle est véritablement la situation du débiteur garanti.

Ainsi, cette obligation a pour but de protéger la caution en lui permettant d'exercer un contrôle sur l'évolution de l'obligation.

Le créancier n'est plus dans une position d'attente de la défaillance ou du risque de défaillance du débiteur principal. Il est désormais tenu vis-à-vis de la caution d'agir positivement en l'informant chaque fois que de besoin. C'est donc admettre que la situation du créancier dans la mise en œuvre du cautionnement a évolué, et rejailli sur la nature du cautionnement.

C'est l'argument principal des partisans du caractère bilatéral du cautionnement.

---

42 À Sakho. I. Y. Ndiaye, pratique des garanties du crédit, revue africaine de banque, 1998; F. Anoukaha, le droit des sûretés dans l'acte uniforme Ohada, collection droit uniforme, Presses Universitaires d'Afrique, 1998, BA, le cautionnement présente-t-il encore un intérêt pour le banquier? Africajuris, n° 2 p.9 et s.

43 Pr Isaac Yankhoba Ndiaye, Le cautionnement dans l'Acte Uniforme : Un contrat défiguré ou revigoré, Revue Sénégalaise de Droit des Affaires, RSDA n° 1 janvier-juin2003 p.5 et s.

44 Pr Abdoulaye Sakho, art. précité p.16 et s

À l'opposé, cette nouvelle obligation d'information qui pèse sur le créancier n'est pas de nature à transformer le cautionnement en contrat synallagmatique[45].

Il est vrai que toutes les parties au contrat de cautionnement sont désormais tenues d'obligations : la caution s'engage à payer en cas de défaillance du débiteur principal; le créancier est tenu d'informer la caution sur la situation du débiteur.

Mais cela s'avère insuffisant pour donner au cautionnement un caractère synallagmatique.

En effet, au-delà de la réciprocité, il faut une interdépendance des obligations. Les obligations doivent se servir mutuellement de cause; chacune des parties doit s'être engagée en considération de l'engagement pris par l'autre envers elle[46].

Par ailleurs, on peut noter que les deux obligations ne sont pas de même nature : L'obligation de la caution qui consiste à payer en cas de défaillance du débiteur est une obligation principale, consubstantielle au cautionnement.

Celle du créancier est accessoire et est sanctionnée par une déchéance des intérêts dus et ou par le bénéfice de subrogation ou de cession d'action au profit de la caution.

Or, dans le contrat de cautionnement, la situation est sensiblement différente : l'engagement de la caution est indépendant de celui du créancier. La caution ne s'est pas engagée pour obtenir des informations sur la situation du débiteur principal[47].

Ainsi de quelque côté qu'on puisse l'analyser, le contrat de cautionnement n'en reste pas moins unilatéral. Peu importe, à cet égard, que le contrat de cautionnement soit donné à titre onéreux[48].

C'est plutôt au niveau de l'étendue de l'obligation garantie que l'Acte Uniforme apporte des éléments de réponse plus précis : « Sauf clause contraire, le cautionnement d'une obligation s'étend, outre le principal, et dans la limite de la somme maximale garantie, aux accessoires de la dette et aux frais de recouvrement de la créance, y compris ceux postérieurs à la dénonciation qui est faite à la caution… »(article 18 al.1).

Cette règle reçoit-elle la même application en droit douanier?

---

45 Isaac Yankhoba Ndiaye op cit p.76 et s. V. aussi article 43 du COCC précité
46 Isaac Yankhoba Ndiaye, op cit p.76 et s
47 Isaac Yankhoba Ndiaye, op cit p.76 et s
48 Sûretés O.H.A.D.A. ouvrage collectif, p.10 et s.

Section 2 : L'étendue du cautionnement douanier

Afin d'éviter la ruine de la créance du Trésor public, l'Administration des douanes fait régulièrement recours à la caution surtout dans la mise en œuvre des régimes économiques douaniers suspensifs.

Ces régimes sont des mécanismes d'incitation économiques où on permet aux bénéficiaires d'importer des marchandises en suspension des droits et taxes pour une période déterminée.

En effet, l'Administration des douanes s'appuie sur l'existence des sûretés telles que le cautionnement pour assurer la double mission de facilitation et de sécurisation des intérêts du Trésor public.

L'exigence de cette garantie personnelle est posée par l'article 154 du code des douanes qui dispose :

« Les marchandises transportées par les voies terrestre, maritime ou aérienne, d'un point à un autre du territoire douanier, en suspension des droits et taxes ou prohibitions ou bien placées sous régime suspensif, doivent être couvertes par un acquit-à-caution ».

La responsabilité de la caution ne peut être engagée que dans les cas où une infraction principale résulte de l'inexécution d'engagements pris par le débiteur principal; tels que ceux qui caractérisent les régimes économiques.

Contrairement au droit commun où la caution ne peut être tenue au-delà de son engagement, en matière douanière, cette règle subit une véritable dérogation.

(Paragraphe 2).

Mais au préalable, il faudrait relever la similitude observée en matière de solidarité **(Paragraphe 1)**.

Paragraphe 1 : Le principe de la solidarité

Dans son acception générale, la solidarité caractérise des personnes qui choisissent ou ressentent une moralité d'assister une personne et réciproquement[49].

La solidarité se distingue de l'altruisme : l'altruiste peut souhaiter aider autrui sans pour autant se sentir concerné par ce qui lui arrive, et inversement on peut se rendre solidaire d'autrui simplement par intérêt bien compris (attente d'une réciprocité) et non par altruisme[50].

Selon Durkheim, pour qu'une société existe, il faut que ses membres éprouvent de la solidarité les uns envers les autres.

---

49 Emile Durkheim, De la division du travail social, 1893. P.54

50 Raymond Chappuis, La solidarité/ L'éthique des relations humaines, PUF, coll. « Que sais-je? » n° 3485. 1999.

Elle est liée également à la conscience collective qui fait que tout manquement et crime vis-à-vis de la communauté suscitent l'indignation et la réaction de ses membres. Durkheim développe les concepts de « solidarité mécanique » et de « solidarité organique »[51].

Une société donnant lieu à la solidarité mécanique tient sa cohésion de l'homogénéité de ses membres qui se sentent connectés par un travail, une éducation, une religion, un mode de vie similaires.

La solidarité mécanique se produit normalement dans les sociétés traditionnelles de petite taille. La solidarité organique provient, quant à elle, de l'interdépendance qui vient de la spécialisation du travail et des complémentaires entre personnes, qui provoquent les sociétés modernes, industrielles[52].

Dans le cadre juridique, on parle de solidarité chaque fois que plusieurs personnes ont une obligation en commun, qu'il s'agisse d'une dette contractuelle, délictuelle, quasi-délictuelle ou liée à la possession commune d'une chose ou d'un droit.

Selon le Code civil français, « il y a solidarité de la part des débiteurs, lorsqu'ils sont obligés à une même chose, de manière à ce que chacun puisse être contraint pour la totalité, et que le paiement fait par un seul libère les autres envers le créancier »[53].

Le code civil dispose également que « la solidarité ne se présume point; il faut qu'elle soit expressément stipulée »[54], c'est-à-dire qu'elle doit résulter d'une mention explicite de la loi ou du contrat.

La solidarité est un mécanisme bien connu du contrat de cautionnement.

Elle est prévue par l'article 20 de l'Acte Uniforme portant Organisation des Sûretés qui dispose : « Le cautionnement est réputé solidaire. Il est simple lorsqu'il est ainsi décidé, expressément, par la loi de chaque état partie ou la convention des parties ».

Lorsque plusieurs cautions appelées cofidéjusseurs cautionnent un même débiteur, elles peuvent être seulement solidaires entre elles ou entre elles et avec le débiteur principal.

La solidarité a pour effet de renforcer l'efficacité du cautionnement.

La notion de cautionnement solidaire peut recouvrir une grande variété d'hypothèses. La principale est celle dans laquelle une caution unique est engagée solidairement avec le débiteur principal. C'est l'hypothèse la plus connue : une caution unique engagée solidairement avec le débiteur principal. À ce propos, l'article 2298 du Code civil dispose « les effets du

51 Article « Solidarité sociale », Encyclopédie Universalis, 2008.
52 La solidarité, Histoire d'une idée, Marie-Claude Blais, 2007, Gallimard.
53 Article 1200 du code civil français.
54 Article 1202 du code civil français.

cautionnement solidaire se règlent par les principes qui ont été établis pour les dettes solidaires ».

En apparence, ce texte assimile donc la caution solidaire à un codébiteur solidaire.

Pourtant, le codébiteur est pour partie tenu à titre principal. Tel n'est pas le cas de la caution dont l'engagement est accessoire. Pour cette raison, le régime de la solidarité n'est appliqué que dans la mesure où il est compatible avec celui du cautionnement. L'assimilation de la caution solidaire au codébiteur solidaire ne saurait donc être complète car, même solidaire, la caution reste un coobligé accessoire[55].

Le cautionnement solidaire produit certains effets. Le créancier peut poursuivre à son choix le débiteur principal ou la caution. Ainsi, tout se passe comme si, à son égard, la caution était un débiteur de premier rang. Mais cette règle ne remet pas en cause le caractère accessoire du cautionnement. Le caractère accessoire de l'engagement de la caution justifie simplement son recours intégral contre le débiteur principal.

Les parties conservent cependant la possibilité d'aménager les poursuites. Le créancier peut ainsi s'engager à n'agir contre la caution qu'après avoir préalablement exécuté le gage que lui a consenti la société débitrice[56].

La caution solidaire, à la différence du codébiteur solidaire, peut se prévaloir de l'exception inhérente à la dette que constitue l'extinction de la créance pour défaut de déclaration[57]. Par contre la caution ne peut opposer au créancier ni le bénéfice de discussion ni le bénéfice de division.

L'emprise de la solidarité peut, par ailleurs, être à géométrie variable. C'est le cas notamment où une ou plusieurs cautions s'obligent solidairement avec le débiteur principal et entre elles.

Mais il arrive aussi que plusieurs cautions soient tenues solidairement avec le débiteur principal et non entre elles, ou, au contraire, soient obligés solidairement entre elles, mais sans solidarité avec le débiteur.

Dans tous les cas, la solidarité ne se présume pas. Elle doit faire l'objet d'une mention manuscrite précise indiquant le montant global incluant le principal, les intérêts, les frais et les accessoires.

Cette règle de la solidarité s'avère aussi d'une efficacité importante dans le cautionnement douanier.

En droit douanier, c'est le principe de la solidarité qui prévaut pour la caution. L'article 380 du code des douanes énonce en effet : « Sauf clause contraire, les cautions sont tenues, au même titre que les principaux obligés,

---

55 Dominique Legeais, op cit p. 242 et s.

56 Cass. Com., 28 Mai 1996, Bull. Joly, 1996, 919, obs. Ph. Delebecque; RTD CIV 1997, 185. Obs. M. Bandrac.

57 Dominique Legeais, op cit p.242 et s.

de payer les droits et taxes, pénalités pécuniaires et autres sommes dues par les redevables dans la limite de la somme maximale garantie qu'elles ont cautionnés ».

Si ce mécanisme apparaît à première vue comme une simple garantie accordée à la caution, il faut remarquer que son champ d'application est plus vaste en droit douanier[58].

Ainsi, comme en droit commun, la caution douanière ne devrait pouvoir invoquer ni le bénéfice de division ni celui de discussion.

Le bénéfice de division renvoie à l'hypothèse de plusieurs cautions qui garantissent la même dette. En l'absence de stipulation de solidarité, chaque caution peut alors demander au créancier poursuivant de diviser ses poursuites, à moins qu'elle ait renoncé à ce bénéfice[59] . Le bénéfice de division doit aussi être invoqué dès les premières poursuites.

Cependant, il ne peut jouer qu'à l'égard des cautions solvables. L'insolvabilité d'une caution est supportée par les autres, à condition que cette insolvabilité existe au moment où la division est invoquée[60]. Lorsque l'exception est soulevée, le créancier poursuivant ne peut réclamer à la caution que sa

---

58 Afin de faciliter le recouvrement des pénalités douanières, la solidarité est souvent utilisée par le code des douanes. Ainsi, en cas de pluralité de prévenus condamnés pour une infraction douanière, le code des douanes prévoit le prononcé d'une seule amende et l'application du principe de la solidarité pour son paiement. L'article 381 al 1 du Code des douanes dispose : « les condamnations contre plusieurs personnes pour un même fait de fraude, sont solidaires, tant pour les pénalités pécuniaires tenant lieu de confiscations que pour l'amende et les dépens… ». En matière douanière, les coauteurs d'une même fraude sont ainsi condamnés ensemble à une seule et unique amende douanière et non pas chacun à une amende individuelle telle que celle qui est prononcée selon le droit commun. Cette règle connait cependant une exception en cas d'opposition aux fonctions. La solidarité est particulièrement efficace puisqu'elle joue quels que soient le nombre des participants et la nature de la responsabilité des prévenus à l'infraction douanière. La douane est alors souvent tentée de poursuivre tous les participants à un titre quelconque à une infraction douanière, pour qu'ils soient déclarés solidairement responsables du paiement des sanctions pécuniaires. Le prévenu qui aurait été relaxé des poursuites douanières ou qui bénéficie d'une transaction échappe naturellement aux règles de la solidarité. Par ailleurs, en matière de solidarité, l'article 358 du code des douanes prévoit que : « En cas de condamnation à une peine pécuniaire prévue au présent code, lorsque l'Administration des douanes dispose d'éléments permettant de présumer que le condamné a organisé son insolvabilité, elle peut demander au juge de condamner à la solidarité de paiement des sommes dues, les personnes qui auront participé à l'organisation de cette insolvabilité ». Enfin, l'article 382 du même Code prévoit que : « Les propriétaires des marchandises de fraude, ceux qui se sont chargés de les importer ou de les exporter, les intéressés à la fraude, les complices et adhérents, sont tous solidaires et contraignables par corps pour le paiement de l'amende, des sommes tenant lieu de confiscation et des dépens ».

59 Article 17 de l'acte uniforme portant organisation des sûretés.

60 OHADA Sûretés. Collection Droit Uniforme Africain. Juriscope. AUF Bruylant Bruxelles 2002. François Anoukaha, Aminata Cissé-Niang, Messavi Foli, Joseph Issa-Sayegh, Isaac Yankhoba Ndiaye, Moussa Samb.

part de la dette. Par ailleurs, le créancier qui prend l'initiative de la division supporte l'insolvabilité des autres cautions et ne peut rétracter sa décision[61].

Le bénéfice de discussion, quant à lui, est la faculté reconnue à la caution de contraindre le créancier à poursuivre d'abord le débiteur principal, à saisir et à vendre ses biens avant de l'exécuter. Il est une conséquence du caractère subsidiaire de l'engagement de la caution. Le bénéfice de discussion a donc pour effet de suspendre les poursuites contre la caution. Le bénéfice de discussion est reconnu aux cautions simples[62] à moins qu'elles y aient renoncé. Les cautions judiciaires et les cautions réelles ne peuvent pas s'en prévaloir[63].

Les cautions ne peuvent se prévaloir du bénéfice de discussion lorsque le débiteur est notoirement insolvable. La caution simple doit requérir du créancier la discussion préalable des biens du débiteur dès les premières poursuites dirigées contre elle[64].

Ainsi, la caution qui entend opposer au créancier poursuivant le bénéfice de discussion doit respecter plusieurs conditions.

Tout d'abord, le bénéfice doit être requis dès les premières poursuites dirigées contre la caution. Le bénéfice doit donc être invoqué « in limine litis », c'est-à-dire avant toute défense au fond.

Ensuite, la caution doit indiquer au créancier les biens du débiteur susceptibles d'être discutés. Leur nature importe peu. Leur vente doit toutefois permettre de couvrir une partie non négligeable de la dette.

Pour prévenir toute manœuvre dilatoire, seuls certains biens sont pris en compte : ceux hypothéqués par le débiteur et qui se trouvent encore entre ses mains.

Lorsque le créancier se voit opposer le bénéfice de discussion, il doit suspendre ses poursuites contre la caution. Il ne peut les reprendre qu'après la vente des biens du débiteur principal, s'il n'en pas retiré un paiement intégral.

---

61 Article 17 aliéna 3 AUS.

62 Aux termes de l'article 10 de l'Acte Uniforme « Le cautionnement est réputé solidaire. Il est simple lorsqu'il en est ainsi décidé, expressément par la loi de chaque partie ou la convention des parties ». L'innovation apportée par l'Acte Uniforme ne se trouve pas dans la distinction du cautionnement simple et du cautionnement solidaire. C'est plutôt la reconnaissance du cautionnement solidaire comme cautionnement de droit commun. Désormais, lorsque le cautionnement est donné sans autre précision, il est réputé solidaire. C'est une véritable inversion des règles car en principe, la solidarité ne se présume pas. En réalité, le législateur a adapté le droit à la pratique.

63 En France, la solution se déduit de la combinaison des articles 2070 et 2071 du code civil. Cass. civ., 6 Mars 1979 : Defrénois 1980, 590 note J.-L. Aubert. Dans l'Acte uniforme, cette exclusion est prévue par l'article 16 aliéna 1er.

64 Cass. 2ème civ. 23 Octobre 2008, RD bancaire et fin., Novembre-Décembre 2009, comm.170, obs. D.L ; Banque et crédit, Décembre 2008, p.47, obs. Jacob. JCP E 2009, 164, n° 1, obs. PH. Simler.

Même s'il n'y est pas obligé, le créancier a tout intérêt à engager des poursuites immédiates contre le débiteur principal jusqu'à concurrence des biens indiqués[65].

En d'autres termes, le défaut de poursuite, le retard ou la négligence sont des fautes du créancier dont la caution n'a pas à supporter les conséquences.

Mais le droit douanier semble ne pas avoir une perception totalement identique : la caution douanière pourrait être tenue au-delà de son engagement.

Paragraphe 2 : L'extension de l'engagement de la caution douanière

Elle résulte de la lecture faite par le juge de l'ancien article 298[66] du code des douanes, mais elle n'emporte guère la conviction.

C'est l'arrêt de la Cour de cassation n° 12 du 1er février 1994 qui en est le siège. La portée de la solution qui y est retenue justifie le rappel des faits.

En l'espèce, il appert de l'arrêt attaqué et du procès-verbal n° 61-84 du groupement d'intervention rapide en date du 17. 11. 1984 que, la Société industrielle commerciale, dite SIC, ayant pour directeur le sieur Robert Belbol, réexportait en lieu et place des fermetures à glissières pour la fabrication desquelles il importait des matières sous le régime de l'admission temporaire, des cailloux entreposés dans des caisses et vendait sur le marché intérieur les produits réels sans acquittement des droits et taxes.

L'administration décida de poursuivre les mis en cause pour exportation sans déclaration devant le tribunal correctionnel de Dakar.

La juridiction saisie, statuant sur la cause, a déclaré Robert Belbol coupable d'exportation sans déclaration; condamné solidairement Robert Belbol et la SIC à payer à l'Administration des douanes les sommes suivantes :

- 51.414.950 francs au titre des droits et taxes;
- 222.613.900 francs au titre de l'amende;
- 111.308.950 francs au titre de pénalités tenant lieu de confiscation avec les intérêts de droits à compter du jugement;
- 50.000.000 francs au titre de dommages-intérêts.

Cette décision fut attaquée devant la Cour d'appel qui, après avoir constaté l'amnistie des faits d'exportation sans déclaration reprochés à Robert Belbol, a déclaré recevable l'appel en cause servi par l'Administration des Douanes.

Elle mit hors de cause la Société Africaine de Transport Automobile dite CATA, concessionnaire en douane agréé, caution de la SIC, et condamna la Société Bourgi Frères Transit, signataire de la déclaration de réexportation, la Société Générale de Banque au Sénégal, caution de cette dernière, à payer solidairement avec les principaux obligés la somme globale de 251.478.560Francs.

---

65 Article 16, alinéa 4 AUS.
66 Actuel article 380 du code des douanes.

L'Administration des douanes ayant réclamé dans ses conclusions régulières, notamment celles du 27 juin 1989, le paiement de sommes dont le montant excède largement celui de la caution, la Cour de Cassation rejeta le pourvoi et retient l'engagement de la caution en ces termes :

« Attendu d'autre part que la caution douanière est régie non pas par les dispositions de l'article 841 du code des Obligations Civiles et Commerciales[67] *invoqué, mais par l'article 298*[68]*du code des Douanes qui édicte que « les cautions sont tenues, au même titre que les principaux obligés de payer les droits et taxes, pénalités pécuniaires et autres sommes dues par les redevables qu'elles ont cautionnés » ; qu'il s'agit d'une responsabilité légale exclusive de la responsabilité contractuelle résultant du contrat de cautionnement qui lui, n'a d'effets qu'entre les parties contractantes ;que la caution douanière n'est pas, dans ses rapports avec l'Administration des Douanes, ni une caution proprement dite dans le sens du Code des Obligations Civiles et Commerciales, ni un codébiteur ordinaire, mais un redevable au même titre que le principal obligé lui-même, et soumis comme tel à des règles exorbitantes du droit commun ; qu'ainsi la SGBS est tenue, outre le montant des droits et taxes, au paiement des amendes pénalités pécuniaires et des intérêts encourus, même si ces sommes dépassent le montant du cautionnement par l'effet d'une fraude non prévu ».*

Il semble que c'est le texte même de l'article 298 qui pose problème.

C'est pourquoi cette disposition et la jurisprudence qui l'interprète ont fait l'objet de vives critiques[69].

Selon la doctrine[70] : « L'article 298[71] du Code des douanes est certainement maladroitement rédigé ; mais son interprétation ne devrait pas aboutir à une telle dénaturation. Manifestement, la jurisprudence a fait dire au texte ce qu'il ne dit pas ».

L'article 298 aurait pu être compris seulement comme une disposition consacrant le principe de la solidarité du cautionnement en matière douanière. Dès lors, ni la spécificité du droit douanier, ni les règles du cautionnement, ne peuvent venir au soutien de cette jurisprudence : la caution, même solidaire, ne peut être tenue au-delà de ce que doit le débiteur.

Le rajout jurisprudentiel dénature totalement le contrat de cautionnement. La reconnaissance d'un cautionnement à première demande n'est pas, pour le moment, à l'ordre du jour. Il y a lieu par suite de veiller à ce que cette

---

67 Article 13 de l'Acte Uniforme portant Organisation des Sûretés.
68 Actuel 380 du code des douanes.
69 Pr Isaac Yankhoba Ndiaye. op. cit. p. 84 et s.
70 Pr Issac Yankhoba Ndiaye op cit p. 84 et s.
71 Actuel 380 du code des douanes.

jurisprudence ne survive à l'Acte Uniforme. Mais il faut aussi, et c'est l'essentiel, revenir sur le texte.

Ce texte, au-delà de l'interprétation qui en est faite, pose le problème de la qualification de l'opération.

En France, certains auteurs ont rejeté la qualification de cautionnement pour ces garanties dites « garanties financières des professionnels ».

Ce rejet intervint dans le domaine de l'immobilier où la Cour de Cassation française[72] énonce que la garantie d'achèvement, constituée sous la forme d'un cautionnement solidaire par lequel le garant s'oblige envers l'acquéreur à payer les sommes nécessaires à l'achèvement de l'immeuble, possède un caractère spécifique et automne et ne s'assimile pas au cautionnement des articles 2011 et suivants du Code civil[73].

En pratique, on constate que des professionnels maniant des fonds appartenant à leur clientèle sont tenus de fournir des garanties délivrées par des banques ou des organismes spécialisés. Tel est le cas des agents d'affaires, des avocats, des agences de voyage.

Des textes propres à chaque profession énoncent le régime de ces garanties originales à plus d'un titre. Les particularités des garanties financières rendent leur qualification incertaine.

Une première analyse les assimile à des cautionnements[74].

En effet, le garant doit bien ce que doit le débiteur principal en cas de défaillance de ce dernier. Il importe peu alors que le contrat n'ait pas été conclu avec le créancier.

Un courant de la doctrine[75] écarte cependant cette assimilation au cautionnement de droit commun qui nie la spécificité de l'institution. La qualification de cautionnement ne serait pas non plus opportune pour le client, tant sont nombreuses les causes d'extinction de cette garantie.

La garantie financière est alors analysée en action directe. La qualification de cautionnement à première demande permettrait peut-être de rendre compte de l'originalité de l'institution[76].

La caution douanière peut-elle être assimilée à ces garanties professionnelles. Il nous semble plutôt que la caution douanière est une véritable caution,

72 Cass.Ass. plén. 4 Juin 1999, JCP E., 1999, 1026, note M. Béhar-Touchas. Pour la cour de cassation en raison de son autonomie la garantie exigée des professionnels n'est pas un cautionnement.

73 Cass.3ème civ., 12 Mars 1997, JCP E., 1998. P.176, Obs. Ph. Simler; Cass. 3ème civ 14 janvier 1998, JCP 199 E 1998, p. 298, note Morvan et p. 1596, obs. PH. Simler; Cass.3éme civ. 28 Novembre 2001, R.D. bancaire et fin. Mars-Avril 2002, comm.. 58, obs. A. Cierles.

74 L. Aynes, obs. sous Cass.1er civ. 10 Janvier 1995, D.1995. 179; Ph. Simler JCP E., 1995, I, 515, n° 2.

75 Dominique Legais, Sûretés et Garanties du Crédit, 8 édition, 2011 L.G.D.J, p.86 et s; S. Cabrilac, Les garanties professionnelles, LITEC, 2000, p.184 et s.

76 D. Legeais, « Le cautionnement à première demande », Mélanges M. Levasseur, p.84.

car comme en droit commun, elle s'engage réellement au près du créancier à payer la dette du débiteur si celui-ci n'y satisfait pas.

Cette interprétation de la Cour de cassation française ne peut être étendue au cautionnement douanier. Elle reste une caution, même si sa nature demeure spécifique du fait de l'étendue de son engagement.

D'ailleurs cette question n'est pas spécifique au droit douanier, elle s'est posée en droit commun. L'histoire mouvementée de la mention manuscrite[77] n'a pas, en effet, épargné l'étendue de l'engagement de la caution. Pendant longtemps, une querelle a opposé la chambre civile et la chambre commerciale de la Cour de Cassation française.

La chambre civile décidait que les accessoires, quels qu'ils soient, n'étaient garantis que si la mention manuscrite était suffisamment explicite[78]. Dans le même temps, pour la Chambre commerciale, les accessoires sont de plein droit garantis par la caution[79].

Aujourd'hui, l'unification de la jurisprudence semble se réaliser après le ralliement de la Chambre civile : « Attendu, selon l'article 2016 du Code civil, que le cautionnement indéfini [80]d'une obligation principale s'étend à tous les accessoires de la dette ; que l'article 1326 du même code limite l'exigence de la mention manuscrite à la somme ou à la quantité due sans l'étendre à la nature de la dette, à ses accessoires ou à ses composantes »[81].

À l'origine l'Acte Uniforme n'avait pas suivi une telle orientation. Il était plutôt en faveur du formalisme qu'il avait érigé en principe autonome et de portée générale. Sur ce dernier caractère, il semble en effet que, désormais, tous les cautionnements sont soumis à l'exigence de la mention manuscrite quant à la garantie des accessoires de la dette[82].

Cette précision n'est pas faite par le législateur douanier qui préfère étendre l'engagement de la caution aux « pénalités pécuniaires et autres sommes dues par les redevables ».

Manifestement, cette disposition du code des douanes ne pouvait plus continuer à déroger à l'Acte Uniforme portant Organisation des Suretés. En effet, aux termes de l'article 17 aliéna 3 AUS dispose : « l'engagement de la caution ne peut être contracté à des conditions plus onéreuses que l'obligation principale, sous peine de réduction à concurrence de celle-ci, ni excéder ce qui

---

77 M. Storck, Les accessoires de la dette principale cautionnée, Petites Affiches, 4 septembre 1987, p.4 et suiv.

78 Cass. 1er, 22 Juin 1983, Defrénois, 1984, 3325, p.3325, p.367, obs. Aubert.

79 Cass.com., 16 Mars 1999, JCP 99, 1ere partie, n° 156, obs.PH.Simler Edition E, 1999 p.1055 et suiv. obs. Legeais.

80 Selon une doctrine majoritaire, (Ph Simler, JCP 1999. obs., précité) le cautionnement indéfini est celui qui n'a d'autres limites que l'obligation principale.

81 Cass.civ.1ere, 29 Octobre 2002, JCP 2002, p.2175, obs. D. Legeais.

82 Isaac Yankhoba Ndiaye op cit.

dû par le débiteur principal au moment des poursuites… ». Cette disposition est aussi confirmée par l'article 26 AUS : « la caution est tenue de la même façon que le débiteur principal… »

C'est certainement cette préoccupation qui a poussé le législateur douanier à travers le nouveau code des douanes, à ramener le montant du cautionnement à la hauteur de l'engagement de la caution : « Sauf clause contraire, les cautions sont tenues, au même titre que les principaux obligés, de payer les droits et taxes, pénalités pécuniaires et autres sommes dues par les redevables dans la limite de la somme maximale garantie qu'elles ont cautionnées ».

Il s'agit là certainement d'une véritable avancée, en ce sens que le législateur semble revenir à l'orthodoxie relativement à l'étendue de l'engagement de la caution qui, même solidaire, reste un débiteur de second rang. Elle ne peut s'engager au-delà de ce que doit le débiteur principal ; elle peut néanmoins être tenue moins que le débiteur[83].

Tout cela participe du caractère accessoire du cautionnement. On ne peut donc que partager la nouvelle rédaction de l'article 380.

Toutefois, la satisfaction est de courte durée, car le texte renferme, en lui-même, un vice qui remet en cause le principe qu'il est censé consacrer : l'utilisation de la formule « sauf clause contraire » laisse envisager la possibilité de faire supporter à la caution plus que le débiteur principal.

Or, c'est précisément, sur ce point que le droit douanier était contraire à l'Acte uniforme. Finalement l'article 380 n'a fait que créer de faux espoirs ; et le droit douanier reste tenu de se conformer au droit communautaire. En effet Il n'est pas ici pertinent d'invoquer la règle d'interprétation selon laquelle, la loi spéciale déroge à la loi générale. Une telle règle ne peut valoir qu'entre des normes internes ; or, le droit communautaire ne peut en aucune façon se situer au même niveau. Au delà de cette remarque, il faut aussi souligner qu'une bonne politique de partenariat ne peut être utile pour les entreprises que par une bonne politique des garanties qui en constitue le mécanisme essentiel.

Le cautionnement douanier constitue une garantie pénible pour les acteurs du commerce international comme les établissements financiers qui apportent leur concours aux opérateurs économiques.

Ainsi, dans un contexte marqué par la libéralisation de l'économie, le cautionnement douanier doit s'inspirer du modèle libéral pour faciliter la mobilité des marchandises et à accroître davantage le volume du commerce mondial.

Cette démarche permettrait aux entreprises sénégalaises de conquérir des parts de marchés de plus en plus importantes tout en augmentant leurs poids dans les négociations multilatérales.

---

83 Manuella Bourassin, Vincent Brémond, Marie-Noëlle Jobard-Bachellier : Droit des Sûretés 4[éme] édition Sirey 2014 p.161 et s.

En vérité, le droit douanier est une construction historique[84]. Certains de ses mécanismes n'étaient justifiés que par le souci de faciliter le travail de la douane face à une forme de délinquance et dans un état d'esprit empreint de méfiance envers la société et envers le pouvoir judiciaire.

Le cautionnement douanier s'inscrivait dans ce sillage qui, aujourd'hui, ne se justifie plus. Les garanties réelles subissent-elles le même sort ?

84 Au sens que lui donne Alain Touraine, Production de la société, Seuil, 1973, p.10 « J'appelle historicité cette distance que la société prend par rapport à son activité et cette action par laquelle elle détermine les catégories de sa pratique. La société n'est pas ce qu'elle est, mais ce qu'elle se fait être… Elle crée l'ensemble de ses orientations sociales et culturelles par une action historique qui est à la fois travail et sens ». L'historicité est donc, cette capacité de la société de se produire elle-même en donnant sens à ses pratiques, c'est-à-dire en produisant ses orientations.

CHAPITRE II

Les garanties réelles

Si l'exécution de la décision judiciaire relève de manière générale, suivant les règles de droit commun, de l'initiative du Procureur de la république en ce qui concerne les peines privatives de liberté, il appartient à l'Administration des douanes d'exercer l'exécution des sanctions pécuniaires relatives à l'amende et à la confiscation.

La douane dispose à cet effet de certaines prérogatives particulières.

Outre le privilège général de la douane qui relève d'ailleurs des privilèges fiscaux du Trésor public[85] et l'hypothèque légale ou judiciaire, l'Administration peut recourir à toute mesure conservatoire dans les conditions édictées soit par le Code des douanes, soit par le droit commun.

Certains de ces droits particuliers sont déjà connus du droit fiscal[86]. L'intérêt majeur de ces mesures d'exécution, qu'elles soient judiciaires ou qu'elles émanent de la douane elle-même, réside dans leur particularité par rapport au droit commun. Elles sont poursuivies par la voie civile, contre les biens du condamné.

---

85 Article 663 du code général des impôts « En garantie des créances fiscales, le Trésor public bénéficie, sur les biens meubles du redevable, dans la limite de la somme fixée légalement pour exécution provisoire des décisions judiciaires, d'un privilège général non soumis à publicité.

Au-delà du montant fixé au premier aliéna du présent article, le Trésor bénéficie d'un privilège général soumis à publicité. Ce privilège n'est valable qu'autant que l'inscription est renouvelée avant la fin de chaque période triennale ».

Article 664 du code général des impôts « En garantie du paiement des impôts, droits, taxes et redevances de toute nature, et des intérêts, amendes et pénalités y afférents, le Trésor public bénéficie d'une hypothèque forcée sur tous les biens immeubles des assujettis.

Cette hypothèque prend rang à la date de son inscription.

Ladite sûreté est inscrite sur dépôt, à la Conservation Foncière compétente, d'une réquisition du comptable public chargé du recouvrement, appuyée d'une copie du titre exécutoire ».

86 Saisies conservatoires (art 661 du Code général des impôts); Saisie par avis à tiers détenteur (art 662 du Code général des impôts).

Au rang des prérogatives reconnues à l'Administration des douanes pour le recouvrement des sanctions pécuniaires, figurent les règles relatives aux hypothèques **(Section 1)**. La douane dispose également d'un ensemble de privilèges et un droit de rétention sur les biens des redevables **(Section 2)**.

Section 1 : Les hypothèques

L'article 190 de l'Acte Uniforme portant Organisation des Sûretés définit l'hypothèque comme : « l'affectation d'un immeuble déterminé ou déterminable appartenant au constituant en garantie d'une ou plusieurs créances, présentes ou futures à condition qu'elles soient déterminées ou déterminables.

Elle est légale, conventionnelle ou judiciaire ».

Techniquement correcte, cette définition est incomplète car elle n'explique pas ce qu'est le « droit réel » qui se caractérise par deux éléments essentiels : l'absence de dépossession du débiteur et le droit de suite du créancier, qui en est le corollaire nécessaire.[87]

On lui préférera donc une définition plus explicite : l'hypothèque est un droit réel immobilier, accessoire d'une créance, qui n'entraîne pas dépossession du débiteur et qui permet au créancier hypothécaire de se faire payer sur le prix de réalisation de l'immeuble grevé, en quelques mains qu'il se trouve, par préférence aux autres créanciers[88].

L'hypothèque prévue par le code des douanes a un champ d'application bien précis **(Paragraphe 1)** et produit des effets **(Paragraphe 2)**.

Paragraphe 1 : Le champ d'application des hypothèques douanières

Le champ d'application des hypothèques douanières est défini par l'article 356 du code des douanes qui prévoit que : « L'Administration dispose d'un droit d'hypothèque sur les immeubles des redevables, mais pour les droits seulement ».

Ce droit d'hypothèque au-delà du fait qu'il se limite seulement aux droits éludés ou compromis, et non aux autres chefs de la créance, peut résulter d'une décision judiciaire, d'une convention ou de la loi.

L'Administration des douanes pour la garantie des créances du trésor public peut connaître de ces trois catégories d'hypothèques : L'hypothèque judiciaire, l'hypothèque conventionnelle et l'hypothèque légale[89].

---

87 Francois T'Kint. Suretés et principes généraux du droit de poursuite des créanciers, 4 édition 2004, Larcier. Précis de la faculté de Droit de l'Université catholique de Louvain p.279

88 François T'Kint. Op.cit. p.279.

89 Il faut signaler que d'autres administrations disposent aussi d'un droit d'hypothèque sur les biens des redevables. Ainsi le Trésor public dispose d'un droit d'hypothèque général portant sur les immeubles appartenant au débiteur. Le Trésor a ainsi une hypothèque pour

En ce qui concerne l'hypothèque attachée aux décisions judiciaires douanières, elle résulte, comme en droit commun, des jugements de condamnation et naît de plein droit du jugement lui-même. Ses conditions n'ont pas été définies par l'article 356 du code des douanes, mais on peut estimer que son régime juridique obéit à celui du droit commun.

Ainsi, cette hypothèque peut être autorisée par une juridiction civile ou pénale, du premier degré ou d'appel[90].

Quant aux décisions rendues par un tribunal étranger, elles n'emportent hypothèque qu'à la double condition d'avoir reçu l'exequatur d'un tribunal en principe, le tribunal régional[91], et d'avoir elle-même cette qualité en vertu de la loi du for[92].

La nature du jugement n'est pas aussi une condition fondamentale dans la mise en œuvre de l'hypothèque judiciaire. Ainsi la décision peut être contradictoire ou par défaut, susceptible ou non d'un recours, définitive ou provisoire[93].

L'essentiel est qu'il y ait un jugement, c'est-à-dire un acte juridictionnel doté de l'autorité de la chose jugée. Encore faut-il que le jugement en question tranche une contestation[94].

Le jugement doit prononcer une condamnation, c'est-à-dire il doit établir une créance qui servira de support à l'hypothèque. C'est pourquoi un jugement qui ordonne une enquête ou une mesure d'expertise n'emporte pas hypothèque[95].

Qu'en est-il des sentences arbitrales ?

Les sentences arbitrales sont de véritables jugements, puisqu'elles ont, dès leur prononcé, autorité de la chose jugée. Mais elles émanent de juges non professionnels. Elles emportent hypothèque à la double condition, d'une part, de prononcer une condamnation, d'autre part, d'être dotées d'une force exécutoire. Cela suppose que la sentence ait bénéficié d'une décision d'exequatur émanant du tribunal régional dans le ressort duquel la sentence a été rendue[96].

L'hypothèque garantit la créance principale et les indemnités accessoires qui font l'objet de la condamnation du débiteur. Elle est spéciale quant à la

---

le recouvrement des impositions de toute nature et amendes fiscales confiée aux comptables du Trésor et aux comptables de la direction générale des impôts.

90 Philippe Simler et Philippe Delebecque, Droit civil. Les sûretés. La publicité foncière, Précis Dalloz 6ème édition, 2012. P. 444 et s.

91 Voir Article 787 et suivants du Code de Procédure Civile.

92 V. Batiffol et Lagarde, Droit international privé 6ème édition, tome II, 1976 L.G.D.J. p 502 et s ; E. Fohrer, La prise en considération des normes étrangères, LGDJ. 2008. n° 281.

93 V. pour une ordonnance de référé : Civ. 1er, 26 sept.2001, Bull.civ.I, n° 107.

94 Philippe Simler et Philippe Delebecque op cit. p. 444 et s.

95 Civ., 1er juillet.1995, S.1936.1.30.

96 Philipe Similer et Philippe Delebecque : Droit civil : Les sûretés. La publicité foncière op cit. p. 444.

créance, ce qui signifie plus précisément que son montant et son évaluation doivent être indiqués lors de l'inscription[97].

L'hypothèque conventionnelle quant à elle est celle qui résulte d'un échange de consentement, matérialisé par un contrat, le plus souvent notarié, et dont l'opposabilité aux tiers nécessite l'inscription. L'hypothèque conventionnelle est d'abord un contrat soumis, en tant que tel, à la théorie générale des obligations.[98]

Mais c'est aussi un contrat particulier, en tant qu'il constitue une sûreté réelle. Cela suppose que ce contrat s'appuie sur une créance certaine, liquide et exigible dans son existence, sinon dans son principe, mais encore qu'il respecte toute une série de règles originales qu'envisagent les dispositions des articles 126 à 131 de l'Acte Uniforme portant Organisation des Sûretés.

Ces textes traitent des conditions requises pour pouvoir constituer valablement une hypothèque, des formes de la constitution, de la spécialité de l'hypothèque et de l'interdiction d'hypothéquer des biens à venir. Dans le cadre d'une transaction douanière par exemple, rien n'interdit au redevable de garantir sa dette par une hypothèque conventionnelle sur ses biens propres. L'hypothèque conventionnelle en matière douanière est très rare.

Toutefois, elle doit remplir toutes les conditions de fond et de forme posées par les Actes Uniformes portant Organisation des Sûretés.

À côté des hypothèques judiciaire et conventionnelle, des créanciers peuvent bénéficier de plein droit d'une hypothèque.

L'hypothèque légale doit respecter le principe de la spécialité de l'inscription, c'est-à-dire qu'elle n'est efficace que si elle est inscrite sur des immeubles déterminés pour des créances déterminées.

Une hypothèque légale est attachée de plein droit au jugement de condamnation.

L'hypothèque prend rang à la date du jugement. Elle est spéciale quant à la créance garantie. Elle porte sur tous les immeubles du débiteur mais elle doit être inscrite sur chacun d'eux pour tenir compte de la règle de la spécialité de l'inscription.

Ainsi, hormis le cas de l'hypothèque judiciaire définitive dont l'inscription intervient dans le délai de deux mois à partir du jour où le titre constatant la créance est passé en force de chose jugée, la loi n'assujettit pas le créancier à un délai pour l'inscription de l'hypothèque.

---

97 V.Civ.3é, 25 octobre.1976, Bull. civ.III, n° 368 : « en vertu du principe de la spécialité de l'hypothèque quant à la créance garantie, une partie ne saurait se prévaloir de l'inscription prise à la suite d'un précédent jugement lui reconnaissant, en réparation d'un préjudice subi, une créance qui a été intégralement payée pour garantir une créance née d'un second jugement, ni s'opposer à la première hypothèque et à la radiation de l'inscription prise ».

98 V. pour une hypothèse d'erreur sur la cause, Chambéry, 31 mars 1998, juris Data n° O41566.

Dès lors, celle-ci demeure possible tant que la créance du Trésor n'est pas prescrite[99]. L'inscription permet de déterminer le rang de l'hypothèque. Elle est effectuée au moyen du titre exécutoire dans les formes prévues par les dispositions de l'Acte Uniforme portant Organisation des Sûretés.

Sous peine de rejet de la formalité, chacun des deux bordereaux d'inscription contient la désignation du créancier, l'élection de domicile par le créancier, dans un lieu quelconque du ressort du tribunal régional du lieu de situation des biens, l'indication de la date et de la nature du titre exécutoire et l'indication du montant de la créance garantie.

L'hypothèque douanière peut aussi résulter d'une contrainte décernée par l'Administration des douanes. Outre les procédures de droit commun, elle dispose de moyens exorbitants, prévus par le code des douanes. Il en est ainsi de la contrainte qui est le mode normal de recouvrement forcé des créances de la douane. Cependant il faut préciser que le procès- verbal de douane qu'il soit de saisie ou de constat n'est pas un titre de créance pouvant autorisé l'Administration à inscrire une hypothèque.

Ainsi la contrainte permet à celle-ci de se dispenser d'une décision judiciaire destinée à rendre exécutoire son titre de créance. Bien que considérée comme un acte préalable de poursuite, la contrainte n'est pas un acte d'instance judiciaire.

L'article 356 al. 3 du code des douanes prévoit que les contraintes décernées en matière douanière emportent hypothèque de la même manière et aux mêmes conditions que les condamnations émanées de l'autorité judiciaire.

La contrainte est de portée très générale, puisqu'elle est applicable à toute créance de l'administration des douanes, dès lors que cette créance présente les critères traditionnels d'exigibilité, de liquidité et de certitude.

Cela résulte de l'article 325 al 2 du code des douanes qui dispose : « Dans tous les autres cas où il est établi qu'une somme est due au Trésor public, le directeur général des Douanes, les directeurs, les chefs de bureaux et les chefs de subdivisions des douanes peuvent décerner contrainte lorsque cette somme excède un million (1.000.000) de francs ».

Cependant, pour que la contrainte entraîne hypothèque, elle doit reposer sur un titre exécutoire. La jurisprudence est très attachée à cette exigence.

---

99 Cette prescription des droits est prévue par l'article 334 du code des douanes qui dispose : « L'Administration des douanes n'est recevable à former aucune demande en paiement des droits, cinq ans après que lesdits droits auraient dû être payés ». Cependant cette prescription comme celles prévues aux articles 331, 334 deviennent décennales quand il y'a, avant les termes prévus, contrainte décernée et signifiée, demande formée en justice, condamnation, promesse, convention ou obligation particulière et spéciale relative à l'objet qui est répété. Il en est de même à l'égard de la prescription visée à l'article 334 ci-dessus, lorsque c'est par un acte frauduleux du redevable que l'Administration a ignoré l'existence du fait générateur de son droit et n'a pu exercer l'action qui lui appartenait pour en poursuivre l'exécution.

À défaut de copie du titre établissant la créance douanière, la contrainte est nulle[100].

Ce titre est constitué le plus souvent d'un ensemble d'actes emportant paiement des droits et taxes au comptant et non exécutés. Dès lors, la créance douanière objet de la contrainte doit être certaine, liquide et exigible. Elle est certaine lorsqu'elle est établie par un écrit du redevable ou signé par lui.

Elle peut donc résulter de déclarations en douane, soumissions, transactions. Elle peut résulter également de constatations irréfutables faites par le service des douanes.

Lorsque ces constatations donnent lieu à contentieux, la contrainte est peu employée en raison de l'incertitude affectant le montant des pénalités.

Dans ce dernier cas, en effet, l'Administration porte le litige au pénal et requiert l'application de la contrainte par corps pour l'exécution du jugement[101].

La créance est liquide lorsque son montant peut être chiffré même si elle fait l'objet d'une liquidation provisoire.

La créance est exigible lorsqu'il s'agit d'une somme payable au comptant ou, s'agissant d'une somme payable à terme, lorsque le terme vient à échéance. La seule voie de recours ouverte aux redevables est l'opposition à contrainte, formée dans le délai d'un mois devant le tribunal régional[102] du lieu où la contrainte a été décernée. Cependant, il faut préciser que seuls les débiteurs visés dans le titre décerné par l'Administration des douanes sont concernés.

Il s'agit donc du redevable ou, éventuellement, de sa caution. Toutefois, l'opposition est ouverte à l'importateur qui supporte les droits et taxes, même si la contrainte a été délivrée au commissionnaire en douane mandaté par lui pour effectuer le dédouanement de la marchandise[103].

L'opposition a pour but d'annuler la contrainte pour vice de forme ou la contestation, au fond, du bien-fondé de la créance. Le premier cas doit être soulevé in limine litis.

Le deuxième cas vise la nature ou le montant de la créance.

D'ailleurs, à ce niveau, le juge saisi d'une opposition à contrainte voit son pouvoir d'appréciation limité, car l'article 348 du code des douanes interdit aux juges sous quelque prétexte que ce soit, de donner contre les contraintes aucune défense ou surséance qui sont nulles et de nul effet.

---

100 Com.21 janvier 1969 : Bull. civ. IV, n° 20; Douanes et changes, p.289.

101 Vincent Carpentier. Guide pratique du Contentieux Douanier édition Litec 1996 P174, 175 et s.

102 Article 338 du code des douanes « Les tribunaux régionaux connaissent également des contestations concernant le paiement ou le remboursement des droits des oppositions à contrainte et des autres affaires de douane n'ayant pas un caractère pénal »

103 Cass. com. 23 Février1993, Cray Research...

Le cas échéant, et sans préjudice des dommages et intérêts de l'Administration des douanes, ils sont personnellement responsables des objets pour lesquels les contraintes ont été décernées.

La contrainte permet ainsi à l'Administration des douanes d'avoir un droit d'hypothèque sur les biens du redevable. Cette garantie, comme en droit commun, produit des effets.

Paragraphe 2 : Les effets de l'hypothèque

Comme en droit commun, l'hypothèque douanière produit de nombreux effets car la constitution de l'hypothèque intéresse non seulement le constituant et son créancier, mais également les autres créanciers et éventuellement les tiers acquéreurs du bien hypothéqué.

Les effets résultant des hypothèques, quelle que soit leur source, sont prévus par les articles 194 et suivants de l'Acte uniforme portant organisation des sûretés.

À l'analyse, ces effets se ramènent aux pouvoirs des parties sur les biens hypothéqués. L'hypothèque produit ses effets dans les rapports entre les parties dès son inscription.

Cependant deux obligations méritent d'être distinguées.

Le constituant n'a guère à subir les conséquences de l'hypothèque dès lors qu'il respecte ses obligations à l'égard de son créancier et qu'il paie la créance garantie. Mais lorsqu'il est défaillant, le créancier est en droit de faire vendre le bien hypothéqué pour se faire payer sur le prix de vente.

Il est important de distinguer les rapports antérieurs et postérieurs à l'exercice de l'action hypothécaire.

S'agissant des rapports antérieurs, l'hypothèque produit ses effets dans les rapports entre le constituant et ses créanciers dès l'inscription.

Deux principes éclairent alors les droits et obligations du constituant. Ce dernier demeure propriétaire du bien et conserve donc les prérogatives liées à cette qualité.

Mais il doit également préserver la valeur du bien affecté à la garantie du créancier. Cependant l'hypothèque étant un droit réel accessoire, le constituant reste propriétaire du bien hypothéqué.

À ce titre, il peut exercer tous les droits attachés à la qualité de propriétaire. Le constituant peut donc louer, donner ou vendre le bien hypothéqué.

Il peut percevoir les fruits. Il doit cependant se garder d'accomplir des actes de nature à rendre impossibles ou inefficaces les droits du créancier[104].

---

104 Le créancier est alors en droit de faire annuler de tels actes. Pour une illustration dans une espèce où une société débitrice avait réalisé un montage consistant en des ventes successives. Cass 3ème civ. 22 janvier 1997, JCP E, 1997, I, 673 n° 14, obs. Ph. Delebecque.

Le constituant peut aussi accomplir tous les actes matériels sur l'immeuble. Il lui est simplement interdit d'entreprendre une destruction qui diminuerait l'immeuble. Le créancier n'a pas à donner son autorisation ou à être informé par le constituant de l'exercice de ces différentes prérogatives.

Le constituant subit cependant des restrictions sur son droit de propriétaire, justifiées par l'idée développée par Aubry et Rau : « Le propriétaire de l'immeuble hypothéqué ne peut, au détriment du créancier hypothécaire, faire aucun acte de disposition matérielle ou juridique qui, directement ou de par sa nature même, aurait pour conséquences de diminuer la valeur de cet immeuble »[105].

Cette obligation justifie plusieurs restrictions aux prérogatives de propriétaire du constituant. Par exemple la perception des fruits de l'immeuble hypothéqué par le propriétaire est un acte normal de gestion. Mais la perception anticipée peut être plus contestable, car le constituant peut alors avoir la volonté de porter atteinte aux droits futurs du créancier[106].

À la différence des fruits qui se renouvellent et dont la perception est normale, les produits ne se renouvellent pas. La vente des produits est donc inopposable au créancier. Ce dernier dispose de plusieurs moyens pour exiger le respect de cette règle. Il peut saisir le juge pour que celui-ci fasse injonction au constituant de cesser ses opérations ou qu'il ordonne leur mise sous séquestre.

L'aliénation de produits peut aussi constituer une cause de déchéance du terme de la créance garantie par l'hypothèque, susceptible de justifier le déclenchement immédiat de la procédure de saisie immobilière.

S'agissant des rapports avec les autres créanciers, le créancier hypothécaire a un droit de préférence. En effet, l'effet essentiel de l'hypothèque réside dans le droit de préférence, c'est-à-dire dans le droit pour son titulaire d'être payé par priorité aux autres créanciers, sur la totalité de la valeur de l'immeuble.

Le droit de préférence s'exerce selon les dispositions de l'article 148 de l'Acte Uniforme portant Organisation des Sûretés pour garantir aussi bien le principal de la dette que les frais et trois années d'intérêts au même rang, sauf à prendre des inscriptions particulières portant hypothèques à compter de leurs dates pour les intérêts autres que ceux conservés par l'inscription initiale[107].

En règle générale, le droit de préférence permet à son titulaire d'échapper en cas de pluralité de créanciers au concours des autres créanciers. Ce droit lui permet d'être payé par priorité aux autres créanciers sur la totalité de la valeur de l'immeuble.

L'Administration des douanes créancière hypothécaire bénéficie du droit de préférence par rapport aux autres créanciers chirographaires. Elle sera donc

---

105 Aubry et Rau, 7 éd. §286, n° 317.
106 Dominique Legais op cit p 480 et s.
107 OHADA. Sûretés AUF Juriscope Bruylant Bruxelles 2002 op cit p193

payée en priorité, en fonction de son rang, en cas de vente ou d'adjudication de l'immeuble grevé de l'hypothèque[108].

Cette valeur affectée au créancier hypothécaire sera dégagée au moment où l'hypothèque produira son « effet légal » par la consignation du prix et le paiement des frais de la vente qui purgent l'immeuble de toute hypothèque et de tout privilège du chef du débiteur, par le paiement du prix aux créanciers inscrits ou sa consignation après la notification aux fins de purge.

Le droit de préférence ne peut cependant s'exercer que si le créancier hypothécaire a pris le soin d'inscrire sa sûreté. Le créancier doit déclarer sa créance à peine de forclusion et il lui est interdit d'exercer toute poursuite individuelle en cas d'ouverture d'une procédure collective.

Cette inscription est essentielle : elle est un véritable préalable à l'exercice du droit de préférence, appelé à jouer non seulement sur les sommes représentant la valeur de l'immeuble, mais aussi sur les valeurs subrogées à l'immeuble.

Toutefois bien que titulaire d'un droit de préférence, le créancier peut être soumis à une procédure d'ordre. Dans cette hypothèse, le créancier n'aura plus pour autant la certitude de recevoir la somme qui lui est due.

Cette procédure d'ordre s'applique lorsque plusieurs créanciers ont inscrit une hypothèque. Dans ce cas, il faut aussi tenir compte des droits des créanciers ayant des privilèges portant sur l'immeuble vendu. Il faut donc classer les créanciers. Tel est l'objet de la procédure d'ordre.

La procédure d'ordre se fait sous l'autorité du juge du tribunal régional. À défaut d'accord amiable entre les créanciers, le juge opère un classement. Chaque créancier reçoit un bordereau de collocation qui tient compte de l'ordre établi.

Il s'agit d'un titre exécutoire qui permet d'obtenir le paiement. Le classement se fait en tenant compte de l'ordre d'inscriptions[109] .Si plusieurs inscriptions ont été prises le même jour, la préférence est donnée au créancier dont le titre est le plus ancien[110].

Souvent, il existe deux types de conflit opposant un créancier hypothécaire et un créancier privilégié.

L'hypothèse la plus fréquente est celle d'un conflit entre un privilège et une hypothèque née du chef d'un même débiteur. Le privilège immobilier l'emporte alors toujours dès lors qu'il a été inscrit dans le délai légal. Le privilège,

---

108 Vincent Carpentier op cit p. 169 et s.

109 Article 224 de l'Acte Uniforme portant Organisation des Sûretés : « La procédure de distribution du prix sur saisie est fixée par les règles régissant les voies d'exécution sous réserve des dispositions de l'article 225 du même code concernant l'ordre de distribution.
V. aussi Cass 3ème civ. 6 novembre 2002, JCP E 2004, n° 15, obs. Ph. Delebecque.

110 Art 224 AUS Art 2425, al.2, C.civ.

c'est son intérêt majeur, prend en effet rang à la date d'entrée de l'immeuble grevé dans le patrimoine du débiteur.

Le constituant conserve aussi le droit d'aliéner l'immeuble hypothéqué. Cependant, cette aliénation ne doit pas nuire au créancier.

Le créancier hypothécaire comme le créancier privilégié dispose ainsi d'un droit de suite conformément à l'article 197 de l'Acte Uniforme portant Organisation des Sûretés. Cette prérogative lui permet de saisir l'immeuble aliéné et de le faire vendre pour exercer son droit de préférence sur le prix.

Le droit de suite est exercé contre le débiteur ou les tiers dont le titre est publié postérieurement à l'hypothèque.

Le droit de suite peut être exercé par tout créancier hypothécaire dès lors que sa créance est exigible. Ainsi, le droit de suite autorise l'Administration de saisir l'immeuble grevé entre les mains du tiers acquéreur, non personnellement tenu de la dette fiscale.

Les parties conviennent généralement que l'aliénation est une cause de déchéance du terme. Le créancier peut poursuivre entre ses mains l'immeuble hypothéqué. Dès lors le droit de suite peut être exercé contre les seuls tiers détenteurs, c'est-à-dire les ayants cause à titre particulier, qu'ils soient acquéreurs, donataires ou légataires.

Les ayants cause à titre universel ne sont pas des tiers détenteurs car ils sont tenus en tant que successeurs de la personne du débiteur.

Le titulaire du droit de suite n'a pas l'obligation de déclarer sa créance dans la procédure collective du propriétaire actuel du bien saisi[111]. Le tiers détenteur a cependant plusieurs options. Ainsi, lorsqu'il est informé par le créancier de sa volonté de mettre en œuvre son droit de suite, il dispose de quatre options :

Il peut tenter de se défendre en opposant au créancier une exception personnelle telle que l'exception de garantie du vendeur.

Le tiers détenteur peut choisir de payer le créancier poursuivant. Le paiement des créanciers hypothécaires peut être total ou partiel. Dans ce dernier cas, le détenteur du bien est subrogé dans les droits des créanciers désintéressés[112].Il ne risque alors guère d'être poursuivi par les créanciers subséquents qui n'ont pas d'intérêt à poursuivre la vente, étant primés par le tiers détenteur devenu créancier hypothécaire de premier rang.

Le tiers détenteur peut laisser se dérouler normalement la procédure de saisie diligentée par le créancier. La procédure se termine alors par un jugement d'adjudication rendu au profit du tiers acquéreur. Le jugement vaut purge.

Les droits des créanciers sont alors reportés sur le prix de vente. Il faut cependant préciser que le jugement d'adjudication n'a aucun caractère rétroactif.

---

111 Cass. Com., 11-juin 2002 D. Aff. 2002, 2470; JCP E 2002, 1337, note J-P. Remery; Defrois 2003, 417, obs. Ph. Théry.

112 Article 223 de l'Acte uniforme portant Organisation des sûretés.

Les actes passés par le tiers détenteur ne sont donc pas remis en cause. Pour la même raison, les créanciers doivent indemniser le tiers détenteur qui a apporté une plus-value au bien.

Enfin le tiers détenteur exproprié dispose d'un recours en remboursement. Il peut exercer un recours en garantie d'éviction contre son vendeur. Il peut aussi exercer un recours subrogatoire contre le débiteur puisqu'il a payé pour d'autres. Ces options sont pourtant rarement utilisées car il existe des atténuations au droit de suite[113].

L'hypothèque enfin, s'éteint de deux façons : par voie accessoire, en même temps que la créance garantie; par voie principale, c'est-à-dire en laissant subsister la créance garantie.

Cette extinction est totale, en ce sens qu'elle porte sur le droit de préférence et le droit de suite[114]. L'extinction par voie accessoire signifie que l'hypothèque disparaît par l'extinction de l'obligation principale. Lorsque la créance qu'elle garantit est payée, l'hypothèque est éteinte[115].

---

113 Dominique Legeais. op cit p 491. Ces correctifs apportés au droit de suite s'analysent en purge amiable et en purge légale. Cette procédure de purge est organisée par les articles 2475 et suivants du Code civil. (Malaurie (Ph), Aynes (L), Droit civil. Les sûretés. La publicité foncière. Cette procédure permet d'éviter les conséquences néfastes pour les tiers acquéreurs de la mise en œuvre du droit de suite. En France, avant la réforme de cette procédure, il existait une procédure légale inadaptée, ce qui avait conduit la pratique notariale à mettre en place une procédure de purge amiable. C'est cette procédure qui est aujourd'hui consacrée. En France le décret du 24 juillet (art 51) a supprimé la procédure de purge des hypothèques. Les articles 50 du décret du 21 juillet 1932 et 52 du décret du 26 juillet 1932 ont supprimé la procédure instituée par les articles 2181 et s. C.civ. Le décret du 26 juillet 1932 tout en posant en son article 52 le principe de la suppression de la procédure de purge des hypothèques, déroge à ce principe en la rétablissant à propos de l'expropriation pour cause d'utilité publique (art 53; dans le même sens, art 51 du décret du 21 juillet 1932) et pour la vente par expropriation forcée. Voir Encyclopédie juridique de l'Afrique, Tome 5, Droit des biens.
Le nouvel article 2475 énonce : « lorsque, à l'occasion de la vente d'un immeuble hypothéqué, tous les créanciers inscrits conviennent avec le débiteur que le prix en sera affecté au paiement total ou partiel de leurs créances ou de certaines d'entre elles, ils exercent leur droit de préférence sur le prix et ils peuvent l'opposer à tout cessionnaire comme à tout créancier saisissant de la créance de prix ».
Lorsque cette procédure est utilisée, il devient inutile de stipuler une clause de nantissement ou de séquestre du prix. Ce n'est donc qu'à défaut de cet accord qu'il est procédé aux formalités de purge. L'initiative incombe à l'acquéreur du bien hypothéqué. Celui-ci doit notifier aux créanciers inscrits un extrait de son titre d'acquisition, l'extrait de la publication de l'acte de vente et un état hypothécaire sommaire sur formalités faisant apparaître les charges réelles qui grèvent l'immeuble (art 2478, C.civ.).

114 Philippe Simler et Philippe Delebecque : Le Droit civil. Les Sûretés, la publicité foncière. Dalloz, 6é édit, op cit. p.500 et s.

115 Civ 3é, 23 janvier 1975, Bull. civ. III, n° 69. V. égal. Civ.2e, 3 nov. 1993, Bull. civ.3e, 5nov.2008, n ° 07-17-357.

En dehors de l'extinction par voie accessoire, l'hypothèque qui n'a pas été inscrite s'éteint. Ni le droit de préférence, ni le droit de suite ne peuvent plus être exercés.

En vérité, l'Administration des douanes dispose certes d'un droit d'hypothèque pour garantir la créance du Trésor public mais, contrairement au droit commun où toutes les modalités de mise en œuvre de l'hypothèque sont déterminées, en matière douanière, il n'existe aucune disposition spécifique déterminant l'exécution des hypothèques.

De ce fait, l'ensemble des conditions de mise en œuvre des hypothèques trouvent leurs raisons de s'appliquer. Dès lors en exécutant son droit d'hypothèque, l'Administration des douanes est tenue de se conformer aux dispositions de l'Acte Uniforme portant Organisation des Sûretés.

À côté de l'hypothèque, l'Administration des douanes dispose par ailleurs d'autres privilèges spécifiques et un droit de rétention sur certaines marchandises.

Section 2 : Les privilèges et le droit de rétention de la douane

On sait que les procès-verbaux de douane, lorsqu'ils font foi jusqu'à inscription de faux, valent titres pour obtenir, conformément au droit commun, l'autorisation de prendre toutes mesures conservatoires utiles à l'encontre des personnes pénalement ou civilement responsables.

Mais encore faut-il que les faits matériels consignés dans les procès- verbaux fassent apparaître que la créance de l'Administration des douanes semble fondée[116].

Par ailleurs, l'existence d'un procès- verbal ne dispense pas l'Administration des douanes de chercher un titre exécutoire. Le simple dépôt d'une plainte est, à cet égard, insuffisant[117].

Ainsi, au rang des prérogatives consenties pour le recouvrement de la créance douanière figurent les privilèges accordés à la douane **(Paragraphe 1)**. La douane dispose par ailleurs d'un droit de rétention **(Paragraphe 2)**.

Paragraphe 1 : Les privilèges de la douane

Le privilège « est un droit que la qualité de la créance donne à un créancier d'être préféré aux autres créanciers, même hypothécaires ». Il existe des privilèges généraux et des privilèges spéciaux qui sont réglementés par les articles 179 à 189 de l'Acte Uniforme portant Organisation des sûretés.

---

116 Cass.com, 27 juin 2000 : Bull.civ, IV, n° 131.
117 Même arrêt. Cass. Com., 27 juin 2000 : Bull. civ, IV, n° 131.

Ainsi, aux termes de l'article 179 de l'Acte Uniforme : « Les privilèges généraux confèrent un droit de préférence exercé par leurs titulaires selon les dispositions prévues par les articles 225 et 226 du présent Acte Uniforme.

Les textes spéciaux créant des privilèges généraux doivent préciser le rang de ceux-ci en le déterminant par rapport aux dispositions de l'article 180 du présent Acte Uniforme. A défaut, le rang de ces privilèges est le dernier de celui établi par ledit article 180 ».

Un privilège général a pour assiette un ensemble de biens mobiliers ou immobiliers. Le privilège spécial a pour assiette des biens déterminés. Il existe ainsi des privilèges mobiliers spéciaux et des privilèges immobiliers spéciaux. Le privilège immobilier spécial est très proche de l'hypothèque légale.

Il s'agit donc d'une sureté légale sans dépossession qui confère à son titulaire le droit d'être payé par préférence aux autres créanciers du même débiteur

Le privilège se distingue des notions voisines comme le droit de prélèvement et l'opposition[118].

Les privilèges tirent leur source de la seule autorité de la loi[119].

Ce sont donc des faveurs accordées par la loi à des créanciers jugés dignes d'intérêt. En conséquence, elles ne peuvent exister qu'autant qu'elles ont été formellement prévues par un texte et les dispositions qui les organisent doivent être interprétées strictement.

Ainsi, le raisonnement par analogie est-il proscrit[120].

---

118 Certains privilèges s'expliquent non par la qualité de la créance qui est en cause, mais par la nature du droit dont le créancier est investi. Ainsi, si à l'occasion de la liquidation d'une société, les créanciers sociaux sont payés avant les créanciers personnels des associés, c'est simplement parce qu'ils sont les seuls à avoir un droit sur l'actif social. De même en est-il pour les créanciers de l'indivision qui prennent le pas sur les créanciers personnels d'un indivisaire. Dans ces deux hypothèses, les intéressés obtiennent un paiement prioritaire, car ils ne sont pas véritablement en conflit avec leurs adversaires. Le paiement prioritaire de créanciers sociaux est généralement le résultat d'un prélèvement : ils prennent avant tout partage ce qui leur revient (V. Vocabulaire juridique Capitant, V prélèvement; v. également Civ.1er déc. 1996, Bull. civ. I n ° 430, Defrénois 1997, 409, obs. M. Grimaldi.
Le privilège est à distinguer aussi de l'opposition. En effet, l'opposition est l'acte par lequel une personne étrangère au paiement interdit au débiteur de régler sa créance. Il ne s'agit pas d'une véritable voie d'exécution, mais d'une voie vers l'exécution, en ce sens que le créancier cherche avant tout à bloquer des fonds avec l'espoir d'en obtenir une partie. La procédure constitue donc une mesure conservatoire, proche en tant que telle d'une sûreté, à ceci prés que l'opposition ne tend pas à un paiement préférentiel. Il est vrai que cette faculté n'est pas générale et n'est accordée qu'à certaines catégories de créanciers : créanciers d'un copartageant, syndic de copropriété, créanciers du vendeur d'un fonds de commerce, etc.

119 Merlin, cité par Roland et Boyer, Adages du droit français, Litec, 4é éd., n ° 318, dans leur commentaire de la règle, « pas de privilège sans texte », D.1994. Chron.13.

120 Req., 18 mai 1831, Grands arrêts, 12 éd., éd., t. 2, n° 302 : « tout privilège doit être strictement restreint dans les cas expressément spécifiés par les actes législatifs qui l'ont établi et il n'est pas permis de l'étendre à d'autres cas par voie d'analogie », V. égal. MM. Aynés et Gautier, « De l'application stricte des privilèges », D.1994. Chron. 13.

De même, il n'est pas possible d'étendre le privilège à d'autres créances que celles qui sont expressément garanties, ni d'augmenter l'assiette du privilège, ni d'accorder le privilège à d'autres créanciers que ceux que la loi vise[121].

En matière douanière, les privilèges sont prévus par l'article 356 du code des douanes qui dispose : « L'Administration a, pour les droits, confiscations, privilège et préférence à tous créanciers sur les meubles et effets mobiliers des redevables et, à l'exception des frais de justice et autres frais privilégiés, de ce qui est dû pour six mois de loyer seulement, et sauf aussi la revendication dûment formée par les propriétaires des marchandises en nature qui sont encore emballées ».

À la lecture de ce texte, le caractère dérogatoire de la loi douanière apparaît. En effet, contrairement au droit commun où le privilège peut avoir une portée générale, le privilège consenti à la douane se limite au montant de la créance douanière dont le redevable est débiteur.

Cependant, ce montant ne peut excéder le montant des six mois de loyer perçus sur l'immeuble. Même si aucune justification ne semble être donnée à cette limitation par la doctrine ni par la jurisprudence, l'on peut aisément comprendre que l'Administration des douanes aussi puissante soit-elle ne peut encaisser plus que ce qui lui est dû.

La question mérite d'être posée si les fonds disponibles issus des six mois de loyer ne permettent pas de régler la créance garantie.

On peut admettre que l'Administration des douanes utilisera tous les moyens légaux offerts par le code des douanes ou le droit des Sûretés pour recouvrer la totalité de la créance.

Le privilège général de l'Administration des douanes porte sur tous les meubles du débiteur. Ce privilège garantit le paiement non seulement des droits et taxes, mais encore des frais afférents à la confiscation et à la restitution. Il garantit également le paiement des amendes douanières.

Il s'agit là d'une exception remarquable au régime général des privilèges fiscaux[122].

L'article 356 du code des douanes précise que le privilège de l'administration douanière est primé par d'autres créanciers : frais de justice et autres frais privilégiés, sommes représentant six mois de loyer dues au bailleur d'immeuble.

Ce rang donné par l'article 356 est en inadéquation avec les dispositions de l'article 180, 181et 225 de l'Acte Uniforme portant Organisation des Sûretés

121 Phippe Similer et Philippe Delebecque op cit p 680 et s.
122 Vincent Carpentier Guide pratique du Contentieux Douanier op cit. p. 164 et s.

qui relèguent l'Administration des douanes au cinquième rang, ce qui pose encore le problème de la conformité du droit douanier[123].

Cependant, du fait de l'importance des recettes douanières et des recettes fiscales de manière générale dans le budget des États africains, le rang affecté à la douane mériterait peut être d'être revu dans un sens plus favorable.

Mais quel que soit le rang qui sera retenu, le privilège ne peut avoir d'effets que lorsqu'il est inscrit.

L'inscription du privilège a pour objet d'informer les tiers créanciers de l'existence d'une dette douanière. Elle présente un intérêt évident en cas de liquidation ou de règlement judiciaire.

L'inscription ne peut intervenir que si l'Administration des douanes dispose d'un titre exécutoire nécessaire (par exemple la contrainte de l'article 325 du code des douanes). Elle s'effectue auprès du tribunal régional[124].

Le défaut d'inscription et de publicité entraîne la perte du privilège en cas de règlement judiciaire ou de liquidation de biens.

Le privilège demeure pour les créances non visées par la nécessité de publication.

Par ailleurs, ceux qui ont acquitté pour un tiers les droits et taxes dus à l'Administration des douanes bénéficient de subrogation.

C'est l'hypothèse visée par l'article 357 du code des douanes aux termes duquel : « Les commissionnaires en douane agréés qui ont acquitté pour un tiers des droits, taxes ou amendes de douane, sont subrogés au privilège de l'administration, conformément à l'alinéa 1 de l'article 357 ci-dessus, quelles que soient les modalités de recouvrement observées par eux à l'égard de ce tiers[125].

Toutefois, cette subrogation ne peut, en aucun cas, être opposée aux administrations de l'État ».

Les créanciers subrogés doivent inscrire leurs privilèges au même titre que l'Administration des douanes à laquelle ils sont subrogés, sous peine de ne pas produire à titre privilégié au règlement judiciaire.

---

123 Sur l'ancienne législation, déjà : Voir. Issa Sayegh Joseph, le classement des sûretés. La distribution du prix des biens du débiteur entre les créanciers en droit sénégalais, Revue EDJA n° 14. p.3 et S

124 Le code des douanes n'a pas apporté de précisions quant à la compétence territoriale, mais en principe, c'est le tribunal du lieu de constatation de l'infraction, ou le tribunal du lieu où le titre exécutoire a été décerné. En France cette inscription est effectuée selon les cas auprès du tribunal de commerce (pour les commerçants ou au greffe du tribunal de grande instance (pour les personnes morales de droit privé, non commerçants). Le délai d'inscription est de deux mois après la fin de chaque trimestre civil.

125 Cass. Com., 3 février 1970, Transports CO c. Ch. Syn. des transporteurs commissionnaires : Bull. civ IV, n. 40. C'est également le cas des cautions par application des règles du Code civil (Paris, 10 oct. 1966, CPCS c. Cie générale de caution. Le même principe peut être appliqué au Sénégal en application de l'article 380 du code des douanes sur la caution

Toujours, dans ce souci de garantir ses créances, le code des douanes permet à l'Administration d'exercer un droit de rétention dans le cas de certaines infractions **(Paragraphe2).**

Paragraphe 2 : Le droit de rétention

Le droit de rétention est prévu par l'article 67 de l'Acte Uniforme portant Organisation des suretés qui dispose :

« Le créancier qui détient légitimement un bien mobilier de son débiteur peut le retenir jusqu'à paiement de ce qui lui est dû, indépendant de tout autre sûreté, sous réserve de l'application de l'article 107 alinéa 2, du présent Acte uniforme ».

En donnant cette prérogative au créancier, l'Acte Uniforme pose en même temps les conditions d'exercice de ce droit à travers l'article 68 qui prévoit que : « Le droit de rétention ne peut s'exercer :

- si la créance du rétenteur est certaine, liquide et exigible;
- s'il existe un lien de connexité entre la naissance de la créance et la détention de la chose;
- et si le bien n'a pas été saisi avant d'être détenu par le rétenteur ».

Le droit de rétention n'a pas fait l'objet d'une définition légale. Il est l'œuvre de la doctrine pour qui il s'agit d'un droit reconnu au détenteur d'une chose d'en refuser la restitution à son débiteur tant que ce dernier n'a pas exécuté son obligation[126].

Le bénéficiaire d'un tel droit peut ainsi se trouver désintéressé, en faisant jouer son moyen de pression, avant les créanciers mieux classés que lui.

En effet, comme le bénéficiaire d'un transfert de propriété à titre de garantie, le bénéficiaire du droit de rétention échappe ainsi aux conséquences de l'ouverture d'une procédure collective, à la différence du titulaire d'une hypothèque.

Le droit de rétention est une vieille sûreté dont l'efficacité n'est guère contestée dans la sécurisation des droits des créanciers. Il constitue l'un des moyens de coercition les plus efficaces que connaisse le droit positif[127].

Elle remonte même au IIe siècle avant l'ère chrétienne où les traces de l'existence de la rétention se rencontraient déjà en droit romain[128].

---

126 A. Aynés, Le droit de rétention, unité ou publicité, Economica, 2005, préface Ch. Larroumet; Manuella Bourassin, Vincent Bremond, Marie-Noëlle Jobard-Bachellier. Droit des Suretés. 4ème édition, Sirey, 2014 : « Le droit de rétention est la faculté pour un créancier, qui détient matériellement voire fictivement, un bien appartenant en principe à son débiteur, d'en refuser la restitution tant qu'il n'a pas reçu complet paiement »

127 Le droit de rétention comme sûreté en droit uniforme O.H.A.D.A par Adjita Akrawati Whamsidine, Maître-assistant, Faculté de droit, Université de Lomé.

128 Sur les origines historiques de la rétention, O. Ollier, Etudes historiques et juridiques des cas de rétention légale, thèse, Toulouse 1894, cité par Mestre; J. Brisaud, Manuel

La particularité du droit de rétention comme instrument « de légitime défense » a permis à certains auteurs d'affirmer, sans en avoir la preuve certaine, que ce droit de rétention a dû être reconnu à peu près partout où il a existé des sociétés humaines[129].

Dans le système français, le droit de rétention n'a pas été prévu avec une portée générale ; seul certains textes l'admettent[130]. C'est la jurisprudence qui a affirmé l'existence de ce droit, déterminé ses effets ainsi que ses conditions d'exercice.[131]

La jurisprudence est constante sur le fait que le droit de rétention n'est pas une sûreté et n'est pas assimilable au gage[132].

Pendant que l'Acte uniforme de l'OHADA portant organisation des sûretés était encore en projet, la doctrine était partagée sur le régime juridique de ce droit. Pour certains, le droit de rétention n'est pas une sûreté comme les autres, et n'entraîne, à proprement parler, ni droit de préférence ni droit de suite[133].

Pour d'autres, le droit de rétention est qualifié de sûreté sans ambigüité au lieu d'être considéré comme une simple exception d'inexécution ou une saisie-arrêt improvisée ou une compensation ; ses conditions d'exercice, son assiette et sa réalisation sont nettement définies et en font une « sûreté active et achevée », assimilée à un gage[134].

Le législateur sénégalais s'était lui-même inspiré des codes civils allemand[135] et suisse, [136]et en avait fait une véritable sûreté réelle, tranchant définitivement le débat interminable sur la nature juridique de ce droit[137].

C'est l'option finalement retenue par l'Acte uniforme.

---

d'histoire de droit privé, éd. De Brocard, 1935 p. 502, 542, 544 et 575 ; À Colin, H Capitant et M. Julliot de la Morandiére, Cours élémentaires de droit civil français, t.2, Dalloz 1935 p.859 ; E. Cuq, Les institutions juridiques des Romains, éd. Plon-Chevalier Maresq, 1991, le gage, page 634

129 Répertoire civil Dalloz 1858, v. Rétention, n° 2, p.458.

130 C.civ.Art. 1612 et 3380 ; C.com. Art. 145-29, etc.

131 Barthélemy Mercadal, Mémento contrats. Éditions Français Lefèvre N° 4976.

132 Cass. Com. 20-5-1997; RJDA 10/97 n° 1263 ; Cass. Com. 9-6-1998 : RJDA 10/98 n° 1141 ; Cass. Com.9-6-1998 : RJDA 10/98 n° 1141.

133 Jean-René Gomez, Analyse critique de l'avant-projet d'acte uniforme portant organisation des sûretés dans les États membres de L'OHADA, Penant, n ° 825, septembre-décembre 1997, p. 262.

134 Joseph Issa-Sayegh. Présentation du projet d'acte uniforme de L'OHADA portant organisation des procédures simplifiées de recouvrement et des voies d'exécution, du droit des sûretés et des procédures collectives d'apurement du passif, Penant, n° 827, mai-aout 1998, p. 212.

135 Article 273 al.3.

136 Article 898, al. 1.

137 Joseph Issa-Sayegh/ Le droit de rétention en droit sénégalais. Penant, n ° 810, octobre-décembre 1992, p.262.

L'article 50 al. 1de ce texte dispose : « Les sûretés mobilières sont : le droit de rétention, la propriété retenue ou cédée à titre de garantie, le gage de meubles corporels, le nantissement de meubles incorporels et les privilèges ».

Les conditions de mise en œuvre de ce droit sont relatives à la créance, et au bien retenu.

Les conditions relatives à la créance résultent de son existence, de sa liquidité, de son exigibilité et enfin de la connexité entre la naissance de la créance et la détention de la chose retenue.

Contrairement à son homologue français, le législateur OHADA a ajouté aux deux conditions de certitude et d'exigibilité de la créance, celle de liquidité : le droit de rétention ne peut s'exercer que si « la créance est certaine, liquide et exigible »

Ces conditions n'étant pas précisées, le juge dispose d'un pouvoir souverain d'appréciation[138]. Le droit de rétention développe une finalité identique à celle d'une voie d'exécution, à savoir contraindre le débiteur à payer.

Il serait, dès lors, concevable que la créance garantie ait les mêmes caractères que celle dont le recouvrement forcé est possible, c'est-à-dire la certitude, la liquidité et l'exigibilité.

La jurisprudence exige que la créance garantie soit certaine, ou au moins incontestable en son principe. Ainsi, le créancier qui entend se prévaloir d'un droit de rétention doit justifier d'un titre de créance vis-à-vis du débiteur[139].

Tel n'est pas le cas si le rétenteur ne peut invoquer aucun principe de créance, ou si celle-ci est éteinte[140] ou encore inexistante.

---

138 CCJA, n° 07, 8-1-2004 ; Ets. SPL SARL c/Sté de transport BC SARL.

139 CA Abidjan, n° 1164, 24-10.2003, K.A. J.C/Mlle K.F, www.ohada.com, Ohadata J -03-337; dans cette espèce, dame K.F signa avec K.J par devant notaire un contrat de location gérance portant sur un complexe hôtelier. Ayant pris cet établissement sans aucun équipement, elle le meubla à ses frais. Plus tard, elle fut expulsée de l'hôtel par une ordonnance confirmée par la CCJA le 24 Avril 2003. En exécution de cette décision et agissant à la requête de K.J., Maître T.B scella l'entrée de l'immeuble, au lieu de procéder à l'expulsion de dame K. et de ses biens. Le 29 août 2003, il a été fait injonction à K.J. et à son huissier (Maître T.B.) de restituer à la dame K.F ses biens restés dans l'immeuble. Ces derniers relevèrent appel de cette ordonnance, estimant être en droit de retenir les biens meubles de la dame K.F. ;en leur qualité de créanciers en vertu des anciens articles 41 et 42 AUS. La Cour d'appel rejeta leur moyen, au motif que : « K.J. se prétendant créancier de dame K.F n'a pas justifié d'aucun titre de créance pour réaliser son droit de rétention ».
La certitude d'une créance peut résulter du fait qu'elle trouve son fondement dans une convention entre les parties, aux termes de laquelle, elle correspondait à 30 % du chiffre d'affaires du débiteur (CCJA, n° 007, 24-4-2003 ; Sté Côte d'Ivoire TELECOM c/Sté PUBLISTAR, www.ohada.com, Ohadata J -03-193 note anonyme.
V. aussi dans la jurisprudence française, COM.14 juin 1988, Bull.civ.IV, n° 199; 7 Avr.1998, Bull.civ.IV, n ° 123; JCP1998.1143, note J. Stoufflet; Com.13 nov.2012, n° 11-25035; Com.26 mars 2013, n° 12-1204.

140 Civ.3é, 28 juin 2000, Bull.civ.III, n° 132.

Dans ces différentes hypothèses d'absence de certitude de la créance, la rétention pourrait être sanctionnée au titre de l'abus de confiance[141].

En ce qui concerne la chose retenue, l'Acte uniforme considère qu'elle ne peut être que mobilière pour plusieurs raisons.

En premier lieu, le droit de rétention est classé dans le Titre 2 intitulé « les sûretés mobilières », chapitre 2(article 67). En outre, les textes régissant les sûretés immobilières excluent le droit de rétention des sûretés immobilières[142].

La chose mobilière susceptible d'être retenue peut être corporelle ou incorporelle, dès lors que cette dernière fait l'objet d'une matérialisation par l'existence d'un titre, bons de caisse, connaissements, valeurs mobilières détenues ou mises en compte.

En revanche, bien que la jurisprudence requière l'exigibilité de la créance garantie[143] , cette condition est appréciée avec une grande souplesse.

La Cour de Cassation décide, en effet, que « les principes régissant le droit de rétention ne font pas obstacle à ce qu'une décision de justice confère ce droit au titulaire d'une créance certaine, qu'elle rend liquide et exigible, dès lors que

---

141 Crim.5 avr. 1973, Bull. crim., n° 177.

142 En France, avant la réforme du 23 mars 2006, la jurisprudence semblait vouloir limiter l'assiette du droit de rétention aux seuls biens meubles (exemples : des documents remis pour l'exécution d'un mandat; la carte grise d'un véhicule, des œuvres littéraires ou artistiques, un véhicule), du moins dans le cadre d'une procédure collective. En effet, la Cour de cassation avait jugé que le droit de rétention exercé par un entrepreneur chargé de l'édification d'un bâtiment, jusqu'au paiement du prix des travaux, était inopposable à un créancier hypothécaire (Civ.3é, 23 juin 1999, Bull.civ.III, n° 150), ainsi qu'au liquidateur de l'entreprise débitrice (Civ.3é, 23 oct.2002, Bull.civ III, n° 209).
Traditionnellement, le droit de rétention était réservé aux biens corporels, seuls susceptibles d'une mainmise physique. (Sur le refus de reconnaître un droit de rétention sur une créance, V. Caen, 28 janv. 1972.D.1972. 760? note R. Koering - Joulin. Puis, un mouvement de « dématérialisation » du droit de rétention s'est opéré aussi bien en législation qu'en jurisprudence. Le législateur a en effet institué divers droits de rétention incorporelle, comme en témoigne le nantissement de comptes-titre.
La jurisprudence a, quant à elle, a admis l'existence d'un droit de rétention sur un fichier client sur une bande magnétique (Com.8 févr.1994, Bull.civ.IV. n° 56; JCP E 1994.I. n° 17, obs. Ph. Delebecque).
Cependant, comme le soutiennent certains auteurs (Manuelle Bourassin, Vincent Bremond, Marie-Noelle Jobard-Bachellier : Droit des sûretés 4é édition 2014 Sirey.LMD), cette décision ne remet peut-être pas en cause l'existence de corporalité de la chose retenue, car il est possible de considérer que ce qui était retenu, c'était l'objet matériel permettant l'accès à l'information, en l'occurrence la bande magnétique, donc le contenant et non les informations qui y étaient inscrites, c'est-à-dire le contenu. Il convient toutefois de souligner que cette interprétation manque de réalisme, puisque le contenant ne vaut rien en lui-même, à l'inverse du contenu immatériel qui représente une valeur importante aux yeux du débiteur. En définitive, l'important ne serait pas tant que le créancier dispose de la mainmise physique sur la chose, mais plutôt que le débiteur soit privé de ses prérogatives sur le bien par le fait de son créancier. Le droit de rétention révèle alors sa nature essentielle de moyen de pression à l'encontre du débiteur.

143 Com.7 Janvier.1992, Bull.civ.I, n° 10.

ladite créance a pris naissance à l'occasion de la chose retenue »,[144] c'est-à-dire lorsque la créance garantie entretient une connexité matérielle avec la chose retenue[145].

Cette connexité peut être juridique [146] (encore appelée intellectuelle ou subjective) ou matérielle (ou encore objective).

Il arrive souvent que la connexité entre la créance et la détention de la chose soit à la fois juridique et matérielle[147].

La même souplesse règne au sujet de la liquidité de la créance garantie[148]. En effet, bien que la créance ne soit pas encore liquide, ce qui est assez souvent le cas, en matière extracontractuelle, le droit de rétention peut se déployer, à titre conservatoire, dans l'attente de la reconnaissance de ce caractère.

Il importe de préciser aussi la nature du pouvoir qu'exerce le rétenteur sur la chose.

Il faut noter que le détenteur a souvent un pouvoir précaire sur la chose détenue, puisqu'il est tenu d'une obligation de restitution après paiement. La mainmise constitue alors une simple détention et non une possession.

En aucun moment, il ne peut prétendre être titulaire d'un droit réel sur la chose de son débiteur.

---

144 Civ. 3ème, 23 Avr. 1974, Bull. civil, n ° 164. JCP 1975.II.18170, note H. Thuillier.

145 Sur la notion de connexité matérielle, cf. Manuela Bourassin, Vincent Bremond, Marie-Noëlle Jobard-Bachellier. Op. cit p.411 et s.

146 La connexité juridique existe lorsque, d'une part, la détention de la chose par le créancier est consécutive à la conclusion ou à l'exécution d'un contrat et, d'autre part, que ce contrat est lui-même à l'origine de la créance pour le paiement de laquelle le rétenteur prétend se garantir en retenant la chose du débiteur.
Autrement dit, la connexité juridique existe lorsque la créance et la détention trouvent leur source dans un même rapport de droit, le plus souvent un contrat, mais également un quasi-contrat.
La connexité matérielle existe lorsqu'une créance née par exemple d'un travail ou d'une dépense afférente à la chose retenue. C'est par exemple le cas du joaillier qui retient le bijou dont le façonnage n'a pas été acquitté par son propriétaire ou celui du séquestre, qui retient le bien pour lequel il a exposé, dans l'intérêt des parties, des frais de garde et de conservation.

147 Il n'est pas rare que la connexité entretenue par la créance garantie et la chose retenue soit à la fois juridique et matérielle. Ainsi, lorsqu'un salarié à domicile retient les vêtements qu'il a confectionnés, la connexité est non seulement juridique, parce que la détention de la chose et la créance de salaire trouvent toutes deux leur source dans le contrat de façonnage, mais encore matérielle, car la créance est née à l'occasion de la chose, c'est-à-dire constitue la contrepartie d'une prestation effectuée sur la chose. Cette double connexité n'emporte pas d'effet particulier pour le rétenteur qui, pour se voir reconnaître un droit de rétention plein et entier, doit seulement remplir les conditions de l'une ou de l'autre des connexités.

148 La liquidité de la créance signifie que son quantum doit être déterminé dans sa quantité, c'est-à-dire chiffré. La liquidité d'une créance peut être déterminée à partir du chiffre d'affaires dégagé sur l'exercice comptable. CCJA, n° 21, 17-6-2004 : SDV-Côte d'Ivoire c/ Société RIAL TRADING, CCJA, n° 007. 24-4-2003 op.cit.

Aussi n'est-il pas nécessaire que la détention du rétenteur remplisse les conditions d'une possession régulière. Entre le moment de la rétention et celui du paiement et la restitution consécutive, le rétenteur se trouve dans une situation analogue à celle d'un créancier gagiste. Il est tenu de conserver la chose et de ne pas en user[149] au risque de se voir déchoir de la rétention.

Ainsi, la rétention opérée par un commissionnaire agréé en douane sur les connaissements de marchandises qu'il a expédiées a pour seul but, par l'emprise matérielle qu'elle exerce sur ces connaissements et le préjudice subséquent que leur privation peut causer, de contraindre son client débiteur à honorer sa dette[150].

La détention doit aussi présenter certains caractères. En effet, la détention doit être effective, c'est-à-dire que la chose doit être entre les mains du créancier lui-même ou entre celles d'un tiers convenu ou d'un préposé. L'emprise sur la chose doit être réalisée. Ce principe d'effectivité de la détention reçoit deux atténuations :

D'une part, si la détention est involontairement perdue, le rétenteur peut récupérer la chose afin de pouvoir à nouveau exercer ses droits. En revanche, lorsque la détention est volontairement perdue, le droit de rétention ne peut définitivement plus s'exercer.

D'autre part, la loi n'admet la détention fictive que dans certaines sûretés mobilières sans dépossession, comme le gage sur le véhicule automobile, le nantissement de comptes-titres ou encore le nantissement de créance[151].

---

149 Sûretés OHADA op cit p.73 Le créancier gagiste est assimilable à un dépositaire. À ce titre, toutes les obligations mises à la charge de celui-ci sont transposables. L'obligation de conservation implique d'abord que le créancier gagiste veille à ce que le bien ne perde pas sa valeur. Ainsi, il doit maintenir les choses fongibles dans les mêmes quantités et qualités que lors de leur remise. Les choses consomptibles ne pouvant être conservées sont remplacées en argent. Le créancier est alors obligé de prendre des mesures afin que ces biens ne périssent pas. Les créances arrivées à terme sont, sauf stipulation contraire, perçues en capital et intérêts. Ainsi, pendant cette période de conservation du bien, le créancier peut être tenu de prendre des actes d'administration. La conservation implique, ensuite, une obligation négative : celle de ne pas user de la chose. Cependant, ce qui est interdit, c'est l'usage à titre personnel. Rien n'interdit aux parties de stipuler l'exploitation du bien pour préserver sa fonction économique. Ces deux obligations sont sanctionnées sur le plan civil et pénal.

Sur le plan civil, la responsabilité civile du créancier gagiste peut être retenue pour négligence dans la conservation. Il peut être débiteur de dommages-intérêts pour dégradation du bien, outre la déchéance de garantie qu'il encourt.

Sur le plan pénal, il encourt une peine pour abus de confiance s'il commet un détournement du bien gagé.

150 CCJA, n° 030. 4-11-2004/ Société GITMA c/Société SAMEX

151 Des conflits peuvent aussi survenir entre un rétenteur fictif et un rétenteur effectif; ce sera le cas, par exemple, du garagiste, rétenteur de l'automobile sur laquelle il a effectué des réparations, opposé au prêteur de deniers ayant permis l'acquisition du véhicule, ayant inscrit son gage sur celui-ci. La jurisprudence fait alors primer la détention matérielle, en permettant au garagiste réparateur de faire état de sa mainmise effective sur le véhicule

Une fois les conditions remplies, le droit de rétention produit des effets qui peuvent doublement être analysés antérieurement au paiement et en cas de non-paiement.

Pour les effets antérieurs au paiement en principe, le rétenteur a le droit de refuser de restituer le bien tant qu'il n'est pas intégralement payé. Ce droit est indivisible et opposable à tous.

S'agissant des effets en cas de refus de paiement, le rétenteur peut après signification faite au débiteur et au propriétaire de la chose, exercer ses droits de suite et de préférence comme en matière de gage ; en suivant la procédure en la matière. Le rétenteur doit en outre obtenir un titre exécutoire avant de procéder à la vente forcée de la chose, huit jours après une sommation de payer faite au débiteur. Cette vente sera effectuée suivant la procédure en matière de saisie vente.

Le droit de rétention est une sûreté utilisée par l'Administration des douanes pour garantir la créance du Trésor public. Mais ses modalités ne sont pas toujours nécessairement celles du droit commun.

Ainsi, lors de la constatation d'une infraction douanière, les agents des douanes peuvent procéder à la retenue préventive des objets affectés à la sureté des pénalités.

Cette possibilité est prévue par l'article 355 du Code des douanes qui dispose : « Dans tous les cas de constatation d'infraction douanière flagrante, les moyens de transport et les marchandises litigieuses non passibles de confiscation peuvent, pour sûreté des pénalités encourues, être retenus jusqu'à ce qu'il soit fourni caution ou versé consignation du montant des dites pénalités ».

Ce droit de rétention est différent du droit de « retenue » visé par l'article 301-2 du même Code : « Lorsqu'ils constatent une infraction douanière, les agents assermentés susvisés, procèdent à la saisie de tous objets passibles de confiscation. Ils peuvent retenir les expéditions et tous autres documents relatifs aux objets saisis ou procéder à la retenue préventive des objets affectés à la sûreté des pénalités ». Cette rétention dont parle ce texte n'est que la suite logique du droit de saisie, et elle permet l'établissement de la preuve de l'infraction en réunissant les pièces à conviction. C'est dans la même veine que se situe l'article 301 du code des douanes. À dire vrai, la rétention, au sens de garantie, est celle visée par l'article 335 du code des douanes.

La mise en œuvre de ce droit n'a pas pour but, ni de préparer une éventuelle confiscation, ni de fournir des éléments complémentaires de preuve, mais de garantir la créance d'amende de la douane[152]. Son exercice est laissé à la discrétion du service des douanes.

à l'encontre du créancier gagiste bénéficiant d'une possession fictive antérieure. (Com, 11 juin 1969, D.1970. 244, note Ph.Bihr.)

152 Claude. J. Berr Henri Trémeau : op cit. p. 524 et s

La rétention ne peut être valablement effectuée qu'à l'occasion de la constatation de l'infraction et non antérieurement[153].Dès lors, contrairement au droit de rétention prévu par l'Acte uniforme, le droit de rétention de la Douane a un champ d'application limité.

Il ne peut être exercé qu'en cas d'infraction flagrante. Et, il n'est pas non plus évident que l'on puisse exiger les autres conditions posées par l'Acte uniforme.

À titre conclusif, on pourrait, peut-être, se permettre de mettre en parallèle, tous les autres avantages que la loi met à la disposition de l'Administration des douanes pour recouvrer ses créances.

Parmi ces avantages, figure cette possibilité de poursuivre la succession pour le paiement des droits et taxes exigibles de l'auteur d'une infraction douanière décédé, malgré l'extinction de l'action publique.

Elle est prévue par l'article 358/5 qui dispose : « Lorsqu'un contrevenant vient à décéder avant d'avoir effectué le règlement des amendes, confiscations et autres condamnations pécuniaires prononcées contre lui par jugement définitif, ou stipulées dans les transactions ou soumissions contentieuses acceptées par lui, le recouvrement peut en être poursuivi contre la succession par toutes voies de droit, sauf par corps ».

Cette disposition du Code des douanes déroge au principe de la personnalité des peines,[154] même si elle peut se justifier par le nécessaire recouvrement des créances du Trésor public

Lorsque l'Administration des douanes poursuit l'exécution d'une décision de justice ou d'une transaction sur les biens du condamné, elle dispose aussi de certaines prérogatives.

Ainsi l'article 365 prévoit : « En cas de saisie de moyens de transport dont la remise sous caution a été offerte par procès-verbal et n'a pas été acceptée par la partie, ainsi qu'en cas de saisie de marchandises périssables ou d'objets qui ne peuvent être conservés sans courir le risque de détérioration, Il est, à la diligence de l'Administration des douanes et en vertu de l'autorisation à pied de requête du juge d'instruction lorsqu'il est saisi ou du président du tribunal le plus proche, de procéder à la vente aux enchères des objets saisis ».

Ces avantages de l'Administration peuvent être exercés parfois avant même condamnation. En effet, aux termes de l'article 363 du code des douanes : « Dans les cas qui requièrent célérité, le Président du tribunal peut, sur la requête de l'Administration des douanes, autoriser la saisie, à titre conservatoire, des biens du prévenu, soit en vertu d'un jugement… ».

---

153 Cass. Crim. 16 octobre 1997, Bull. Crim. n° 348, p1127.

154 Ici la notion de peines est entendue au sens général du terme comme une sanction pénale ou civile.

L'ordonnance du Président du tribunal, aux termes de l'article 363 est exécutoire nonobstant, opposition ou appel; et la mainlevée de la saisie ne peut être prononcée lorsque le saisi fournit une caution suffisante.

L'efficacité à tout prix dans le recouvrement des pénalités douanières ne devrait plus continuer à pouvoir justifier le maintien de certaines prérogatives, surtout lorsqu'elles sont de nature à porter atteinte à des principes éculés.

Les spécificités du droit douanier ne sont certainement pas épuisées; les régimes de responsabilité constituent, en effet, un autre instrument de mesure.

TITRE 2

Le droit douanier et les régimes de responsabilité

Il s'agit essentiellement de s'interroger sur les rapports que le droit douanier peut entretenir avec les différents régimes de responsabilité.

La responsabilité constitue un des piliers fondamentaux de notre système juridique. La recherche de personnes responsables s'inscrit de plus en plus comme un dénominateur commun à toutes les activités. Cette dimension résulte non seulement de ses sources mais également de l'application qui en est faite.

L'expression « responsabilité civile » désigne, dans le langage juridique actuel[155], l'ensemble des règles qui obligent l'auteur d'un dommage causé à autrui à le réparer en offrant à la victime une compensation.

Elle englobe donc la responsabilité contractuelle comme la responsabilité extracontractuelle.

Sur ce dernier point, l'article 118 du COCC dispose : « Est responsable celui qui, par sa faute, cause un dommage à autrui ».

Ce principe paraît déboucher sur des applications parfaitement circonscrites, aussi bien pour les faits eux-mêmes que pour la recherche d'imputation de responsabilité.

Mais encore faudrait-il que le lien soit établi entre le dommage et le fait générateur.

Si cette relation est confirmée, l'auteur est alors tenu de réparer, y compris lorsque le dommage est causé par négligence ou par imprudence.

155 V., sur l'origine et l'évolution des mots « responsabilité » et « responsable », M. Villey, Esquisse historique sur le mot « responsable » et Henriot, « Notes sur la date et le sens du mot « responsabilité », Arch. Phil. Droit, 1977, p.45 et s. G. Viney, « La responsabilité », Arch. Phil. Droit, 1990, p.215.

Toutefois le domaine de la responsabilité n'est pas limité à cette seule conception. Il est aussi possible de devoir supporter les conséquences causées par autrui, notamment dans le cadre des responsabilités prévues par les articles 142 et suivants du COCC.

La Douane étant une administration publique, la mise en jeu de sa responsabilité relève, en principe, du Code des obligations de l'Administration[156].

Son assujettissement à la procédure de droit commun fait de l'Administration un plaideur comme un autre dont le succès des prétentions dépend de la pertinence des éléments de fait et de droit qu'elle présente au juge.

Le Code des douanes prévoit ainsi la mise en œuvre d'un régime de responsabilité quand les pouvoirs de l'administration ont été utilisés à mauvais escient.

En effet, l'Administration des douanes n'exerce pas les prérogatives qui lui sont attribuées sans sanctions. Tout usage de ses pouvoirs sans justification ouvre droit à une réparation spécifique et proportionnée au préjudice causé.

Il s'agit de l'application du principe de la soumission de l'administration au droit[157], bien que l'on se soit posé, jadis, la question de savoir si l'administration pouvait être responsable.

La responsabilité de l'administration doit ainsi se comprendre comme une protection des contribuables. Il n'est pas admissible, par exemple, qu'une activité soit amenée à disparaître[158] du fait des fautes de l'administration.

Cette responsabilisation s'inscrit dans la recherche d'une adéquation entre l'auteur des fautes et la personne responsable, adéquation qui contribue elle-même à améliorer l'exercice des missions liées à l'impôt de douane.

Le système de responsabilité civile prévu par le Code des douanes met en œuvre deux types de responsabilité : une responsabilité de l'Administration des douanes **(Chapitre 1)** et une responsabilité des propriétaires des marchandises en cas d'infraction portant sur les dites marchandises **(Chapitre 2)**.

---

156 Cf ouvrage Demba Sy, Droit administratif, CREDILA, Dakar, 2009, p. 350.

157 L'action en responsabilité contre l'administration appartient au contentieux de pleine juridiction, ceci quelle que soit la base juridique de cette action. Dans ce contentieux, le droit invoqué doit nécessairement être un droit subjectif. Ce contentieux comprend aussi bien les actions en responsabilité fondées sur l'illégalité que celles qui sont fondées sur des textes spéciaux de responsabilité. Ainsi, certaines conditions de forme distinguent le recours de plein contentieux du recours pour excès de pouvoir. Contrairement au recours pour excès de pouvoir, tous les arguments de fait ou de droit peuvent être invoqués à l'appui d'un recours de plein contentieux. De même, en matière de plein contentieux, le ministère d'avocat n'est pas obligatoire. Mais il faut ajouter qu'au Sénégal, le recours de plein contentieux fait l'objet d'une procédure spéciale en matière administrative. Cette procédure spéciale produit certains effets.

158 Par ex, CE 7 déc. 1987, req. N° 67 150, Panatella : DF 1988, n° 31, com. 1663, AJDA, 1988, p. 422, note J. Moreau.

CHAPITRE I

La responsabilité de l'Administration des douanes

Aux termes de l'article 301 § 2 du code des douanes : « lorsqu'ils constatent une infraction douanière, les agents assermentés susvisés, procèdent à la saisie de tous les objets passibles de confiscation. Ils peuvent retenir les expéditions et tous autres documents relatifs aux objets saisis ou procéder à la retenue préventive des objets affectés à la sûreté des pénalités ».

Il faut préciser que cette mission de constatation des infractions en matière douanière relève à titre principal de la compétence des agents des douanes. Toutefois, dans le cadre de la collaboration avec les autres services, certaines administrations peuvent être appelées à apporter leur concours en procédant à des saisies de marchandises de fraude[159].

Cette prérogative de porter atteinte au droit de propriété de l'auteur de l'infraction douanière est mise en œuvre par les agents cités par l'article 301 du code des douanes, sans que l'autorité judiciaire ne soit avertie.

Or, il peut arriver que, pour diverses raisons, la saisie apparaisse infondée. C'est pourquoi, le code des douanes à travers son article 378 permet la mise en œuvre de la responsabilité civile de l'Administration des douanes (section 1), permettant ainsi une réparation du dommage (section2).

159 Ces agents sont visés par l'article 301 du code des douanes. Il s'agit des officiers, sous-officiers et gendarmes de la gendarmerie nationale, les agents de la sûreté nationale, les agents des Eaux et Forêts et Chasses, les agents du contrôle économique, les agents des parcs nationaux et d'une manière générale tous les fonctionnaires assermentés.

Section 1 : La mise en œuvre de la responsabilité de l'Administration des douanes

S'inspirant d'une tradition remontant à la période révolutionnaire[160], le Code des douanes renferme des dispositions spécifiques qui régissent la responsabilité de l'Administration des douanes.

Mais cette situation découle en réalité de l'admission même du principe de la responsabilité administrative **(Paragraphe 1).**

En matière douanière, le fait générateur de responsabilité est posé par l'article 378 du code des douanes qui exige une saisie reconnue non fondée **(Paragraphe2).**

Paragraphe 1 : L'admission de la responsabilité administrative

Les victimes des dommages causés par l'activité juridique et matérielle de l'administration peuvent-elles obtenir réparation ?

Pendant tout le XIXème siècle, le service public fonctionnant sous l'autorité de l'État a bénéficié d'une irresponsabilité totale, notamment sous l'ancien régime en France et pendant la révolution.

La possibilité d'imposer à la puissance publique l'obligation de réparer les dommages causés par son action ou son inaction avait un caractère exceptionnel.

Le principe était, qu'en dehors des cas où il s'agissait de responsabilité contractuelle, un texte législatif spécial[161] était nécessaire pour que cette possibilité soit ouverte[162].

En d'autres termes, le principe était celui de l'irresponsabilité de la puissance publique, liée à l'idée que « le propre de la souveraineté est de s'imposer à tous, sans qu'on puisse réclamer d'elle aucune compensation », et se traduisant notamment par l'absence de droit à réparation, tant des dommages causés par les lois, que de ceux résultant des actes administratifs « d'autorité » ou « de puissance publique[163].

---

160 Loi du 9 floréal an VII et codifiée par la suite à l'article 402 du code des douanes français qui est le pendant de l'article 378 du code des douanes du Sénégal. Ce régime est donc contemporain de la Déclaration des droits de l'homme et du citoyen ; son sens en est particulièrement imprégné. Paraphrasant la Déclaration des droits de l'homme du 26 Août 1789, une saisie est une atteinte au droit de propriété légalement justifiée par la nécessité publique de la répression de la fraude douanière et le respect de la légalité douanière.

161 Loi du 28 pluviôse an VII, art 4

162 CE 28 mai 1838, Mathon, p. 284 ; 13 janvier 1865, Payerne S 1865.2.20

163 V. E. La ferrière, Traité de droit administratif, 2éme éd., t.2 p.13 et 183 et s.

V. pour les mesures relatives aux fonctionnaires, CE 29 mai 1903, Le Berre, p.141, S 1904.3.121, conclu Teissier; et pour les mesures de police, CE 27 février 19803, Ep. Zimmerman. P.178, s 1905.3.17 note M. Hauriou ; 10 février 1905. Tamaso Grecco, p.139, concl. Romieu, s 1905.3.113, note M. Hauriou.

Dès le début du nouveau siècle, deux revirements simultanés de jurisprudence mettront fin, en ce qui concerne les dommages résultant d'actes administratifs, à cet état du droit.

Était désormais consacrée comme un principe l'obligation pour les personnes publiques de réparer, même en l'absence d'un texte, les dommages causés par l'exercice des diverses activités où se manifeste la mise en œuvre de leurs prérogatives de puissance publique.

Finalement, cette obligation sera étendue au-delà même du domaine de l'action administrative, la responsabilité de l'État pouvant être engagée du fait des actes législatifs et des conventions internationales, ainsi que du fait du service public de la justice.

L'expression « responsabilité de la puissance publique » ne signifie pas seulement que la responsabilité en cause est celle que peuvent encourir les personnes publiques, entrepreneurs de travaux publics et institutions de droit privé lorsque les faits dommageables (étrangers aux relations contractuelles ou quasi contractuelles) sont en relation avec leurs activités de gestion publique.

Elle désigne aussi un régime de responsabilité qui doit être différent de celui de droit privé. C'est ce que le conseil d'État, statuant comme juge des conflits, a affirmé depuis 1855[164].

Ce qui a été d'ailleurs confirmé par le Tribunal des conflits dans l'arrêt Blanco[165] en ces termes : « La responsabilité qui peut incomber à l'État pour les dommages causés aux particuliers par le fait des personnes qu'il emploie dans le service public ne peut être régie par les principes qui sont établis par le code civil, pour les rapports de particulier à particulier; que cette responsabilité n'est ni générale, ni absolue; qu'elle a ses règles spéciales qui varient suivant les besoins du service et la nécessité de concilier les droits de l'État avec les droits privés ».

L'autonomie du droit de responsabilité dégagée par l'arrêt Blanco domine certainement le régime de la responsabilité de la puissance publique et de ses démembrements.

Mais cela ne doit pas faire croire que ce régime n'a rien de commun avec la responsabilité de droit privé.

En droit administratif comme en droit civil, la question est de savoir à quelles conditions et selon quelles modalités un dommage doit être réparé.

Il est presque inévitable que les réponses données à cette question se rejoignent à de nombreux égards et que des influences s'exercent entre les deux régimes de responsabilité.

En cette matière, comme en tant d'autres, se manifeste avec éclat le caractère fondamentalement jurisprudentiel du droit administratif.

---

164 CE 6 décembre 1855, Rothschild, p.707, D 1859.3.34, S 1856.2.508
165 TC 8 février 1873, Blanco, GAJA n° 1.

Les interventions législatives, sans doute, ont été nombreuses. Mais aucune n'a eu comme objet de définir le régime général de la responsabilité en cause. C'est au Conseil d'État qu'il est revenu de le faire.

Son œuvre est incontestablement d'esprit libéral. Elle est remarquable par l'importance des hypothèses de responsabilité sans faute qui a, par ailleurs, l'avantage d'être plus favorable aux victimes.

Cependant, ce régime n'en comporte pas moins un certain nombre de règles communes à tous les types de responsabilité[166].

La reconnaissance par le juge d'un préjudice se traduit par une condamnation à indemniser la victime, soit par équivalent, soit en nature.

La réparation dite « par équivalent » se distingue de la réparation « en nature » ; celle-ci suppose le prononcé d'une obligation de faire qui, parfois, peut s'avérer difficile[167].

L'exclusion des condamnations à des obligations de faire n'interdit toutefois pas le prononcé d'une « obligation facultative », ouvrant à la personne condamnée le droit de ne pas verser les dommage-intérêts, si elle use de la faculté de réparer en nature.

Ce principe dont la portée s'étend d'ailleurs au-delà du domaine de la responsabilité domine comme le précédent l'ensemble des règles de portée générale.

Et il intéresse aussi bien les personnes de droit privé dont la condamnation à dommages-intérêts est demandée au juge administratif que les personnes de droit public elles-mêmes.

C'est un principe qui paraît banal tant qu'on n'a pas précisé ce qui lui donne une importance de premier ordre, son caractère d'ordre public.

---

166 H. F. Koechlin, La responsabilité de l'État en dehors des contrats de l'an VII 0 1873. Étude de jurisprudence. LGDJ 1957. G. Lepointe, L'évolution de la responsabilité administrative dans la France du XIXe siècle. Revue. Hist. Dr. Fr et étranger 1959, p214 ;
L. Michoud, De la responsabilité de l'État à raison des fautes de ses agents, RDP 1895, p 401 ; G. Tessier, responsabilité de la puissance publique, Répertoire Béquet, t.23, 23, 1906. P. Duez, La responsabilité de la puissance publique en dehors des contrats, Dalloz (connaissance du droit), 1996 ;
C. Debouy, Le droit français de la responsabilité administrative : métamorphose ou permanence. ? CJEG , 1997 p.327.
C. Guettier, La responsabilité administrative, LGDJ 1996. Responsabilité et droit administratif, in Droit de la responsabilité et des contrats, Dalloz (Action 2000-2001), 2000, p.36-138.
J. Moreau, La responsabilité administrative, PUF (Que sais-je,) 2é édition 1995 ; M. Paillet, La responsabilité administrative, Dalloz (cours), 1996 ; M . Rougevin-Baville, La responsabilité administrative, Hachette-sup (Les Fondamentaux), 1992 ; J. Waline. L'évolution de la responsabilité extracontractuelle des personnes publiques, EDCE 1995. N° 1995. n° 46. 459.

167 CE 2 novembre 1963, Dame Barthélemy, p. 548.

Il résulte de ce caractère que tous les moyens de nature à faire obstacle à une condamnation excédant ce qui est dû sont eux-mêmes d'ordre public.

Ainsi, la responsabilité administrative est en principe régie par un droit autonome différent du droit des particuliers. De surcroît, le droit administratif accorde une place importante à la responsabilité sans faute et lui donne un fondement méconnu en droit privé : la rupture de l'égalité devant les charges publiques. Cependant, l'autonomie a des limites. Il y a un rapprochement de la responsabilité publique et de la responsabilité privée.

Au Sénégal, l'autonomie du droit de la responsabilité administrative est affirmée par le COA[168] et par la jurisprudence[169].

Cette responsabilité peut être engagée sous deux formes.

D'une part lorsqu'une faute a été commise, c'est le régime de la responsabilité pour faute; d'autre part, la responsabilité de l'administration peut aussi être retenue, même sans faute[170] ; c'est le régime de la responsabilité sans faute.

S'agissant du régime de la responsabilité pour faute de l'administration, il est prévu à l'article 142 alinéa 1 du Code des obligations de l'administration qui dispose : « les tiers et les usagers ont droit à la réparation du dommage causé par le fonctionnement défectueux du service public ».

Ce fonctionnement défectueux constitue ainsi une faute de nature à engager la responsabilité de l'Administration.

Parmi les fautes de nature à engager la responsabilité de l'Administration, on peut distinguer deux types.

D'une part, la faute de service proprement dite (article 142 al. 1 du COA), d'autre part, la faute personnelle commise à l'occasion de l'exercice des fonctions (art 145 du COA).[171]

La Cour d'Appel de Dakar a défini la faute de service « comme étant un fonctionnement défectueux du service public par rapport au fonctionnement normal présentant un certain degré de gravité, variable en fonction des activités de l'administration et compte tenu des difficultés présentées par l'exercice de cette activité et des moyens dont dispose l'administration pour éviter le dommage »[172].

Pour la faute personnelle commise à l'occasion de l'exercice des fonctions, la jurisprudence[173] distingue d'une part entre la faute personnelle de l'agent détachable du service et qui engage la responsabilité de son auteur, en application

168 Code des Obligations de l'Administration Annoté et la Nouvelle Réglementation des Marchés Publics au Sénégal- EDJA 2003.

169 CA de Dakar, 9 avril 1989 Cheikh Mohamed Fadel Kane et autres.

170 Cf Demba Sy, op.cit p. 317.

171 Cf. Cour d'appel de Dakar Ch.civ et com18-02-1983.Etat du Sénégal contre Héritiers Abdou Lô EDJA Juillet-Aout 1987. P 12

172 Cour d'appel de Dakar arrêt du 9 janvier 1970, Mor Diaw. Ann Af. 1973.235.

173 Tribunal des Conflits, 30 juillet 1873, Pelletier GAJA, N° 2.

du droit privé, et d'autre part la faute personnelle commise à l'occasion de l'exécution des fonctions et qui engage la responsabilité de l'Administration[174].

En ce qui concerne la responsabilité sans faute, la jurisprudence[175] a évolué dans le sens d'un élargissement des cas d'engagement de la responsabilité de l'Administration.

En droit français, la jurisprudence relative à cette responsabilité est issue de l'arrêt Cames du 21 juin 1895[176] .

Cette décision a été rendue dans une affaire où un ouvrier de l'État, travaillant à un arsenal de Tarbes, avait été gravement blessé à la main gauche en forgeant « un paquet de fer », du fait d'un éclat de métal projeté par le choc du marteau-pilon, accident résultant d'un cas fortuit.

C'est en cette matière que la créativité du Conseil d'État s'est largement manifestée, donnant des preuves évidentes de la spécificité, certes relative, du droit public par rapport au droit commun.

Le régime de la responsabilité sans faute n'a cessé de se développer, s'appliquant à des domaines nombreux et diversifiés.

La responsabilité sans faute suppose l'existence d'un préjudice anormal et spécial ; elle s'appuierait sur deux fondements.

Les solutions les plus anciennes s'expliqueraient par la théorie du risque spécial, c'est-à-dire par l'idée que lorsque l'Administration fait courir pour des raisons de service et l'intérêt général des risques exceptionnels aux individus, ceux-ci ont droit à être indemnisés sans qu'il soit nécessaire de prouver une faute de service. Les solutions les plus récentes se fonderaient sur la théorie de l'égalité des citoyens devant les charges publiques, qui signifie que si une activité de l'Administration profitant à tous entraîne des charges lourdes et particulières pesant sur quelques-uns, l'équilibre normal est rompu et les inégalités inadmissibles qui se manifestent doivent être réparées.

---

174 Cette distinction entre ces deux catégories de faute a été par la suite nuancée par la jurisprudence par l'introduction entre elles d'une passerelle entre la faute personnelle détachable et la faute de service. En effet, la jurisprudence a admis qu'une faute personnelle pouvait être commise dans ou à l'occasion de l'exercice des fonctions (Conseil d'État, 26 juillet 1918, époux Lemonnier) GAJA N° 36.
Le Conseil d'État a considéré que le service peut conditionner une faute et que dans ce cas, si « la faute se détache du service, » le service ne se détache pas de la faute". (Léon Blum).
Dans cette hypothèse, c'est la même faute qui est qualifiée tantôt de faute personnelle détachable du service tantôt de faute de service. C'est le cumul de responsabilités.
Selon le professeur Demba Sy, cette conception a été maladroitement, consacrée par la jurisprudence sénégalaise (Tribunal de première Instance de Dakar 12 février 1977, Babacar Kébé dit Ndiouga, Penant 1978.

175 Voir CE, 28 mars 1919, REGNAULT-DESROZIERS, GAJA n° 38. (Concentration de grenades dans un camp militaire). CE, 24 juin 149, Consorts LECOMTE, GAJA n° 74 (dommages causés par les armes à feu utilisées par les services de police).

176 Cames du 21 juin 1895. RFDA. p. 509.concl. Romieu, D 1896.3.65, concl., S 1897.3.33, concl., note M. Hauriou.

Les principes fondamentaux d'équité et de solidarité sociale semblent donc inspirer le régime de la responsabilité sans faute.

L'expression de « responsabilité pour risque » est classique en droit administratif comme en droit civil. La responsabilité pour risque est d'ailleurs le symbole de la responsabilité sans faute, au point qu'elle est parfois considérée comme se confondant avec elle.

En réalité, elle illustre une hypothèse seulement de responsabilité sans faute ; celle où le dommage est le résultat de la réalisation d'un risque et où le juge administratif ou le législateur ont, pour des raisons diverses, estimé juste ou équitable que l'existence d'un risque de dommage provoque l'institution d'un régime de responsabilité sans faute.

Le fait qu'existe, selon l'expression jurisprudentielle, un « risque spécial » de dommage est de nature à justifier aussi pleinement que possible que la réalisation du risque engendre une responsabilité sans faute. La prise de risque n'étant pas une faute en tant que telle.

Les solutions jurisprudentielles en cause, particulièrement représentatives de la responsabilité pour risque, se rapportent aux dommages qui ont leur origine dans des choses, des méthodes ou des situations dangereuses.

Pour les choses dangereuses, s'il est excessif de penser qu'une chose est dangereuse par le seul fait qu'elle est susceptible de causer ou qu'elle a causé un dommage, il est vrai qu'il y a des degrés dans la dangerosité des choses dangereuses. La liste jurisprudentielle[177] des choses dangereuses comprend tant des biens mobiliers que des ouvrages publics, ainsi que des substances ou produits à risque, tels que les produits sanguins.

À partir de 1956, le caractère dangereux de certaines méthodes a également emporté l'application d'un régime de responsabilité sans faute[178].

---

177 V. arrêt classique dit « du Fort de la Double Couronne », CE, 28 mars 1919, Regnault-Desrosiers, p. RDP 1919, p.239, conclu. Corneille, S 1919.3.25, note Hauriou ; explosion en 1918 d'un stock de munitions de guerre entreposées dans un fort, à la Courneuve. V. aussi CE Ass.21 octobre 1966, SNCF, p.557, AJ 1967, p.37, chron. J.P. Lecat et J. MASSOT, D 1967, p.164, conclu. J. Baudouin, JCP, n ° 15198, note C. Blaevoet/ explosion de Wagons de munitions en gare de Sézanne. S'agissant des fusées utilisées pour le tir des feux d'artifice, le Conseil d'État n'a pas suivi certains tribunaux administratifs qui les avaient jugées suffisamment dangereuses pour justifier une responsabilité sans faute. V. CE 30 mars 1979, Moisan, p. 143, AJ 1979, n° 12, p.29, D 1979, p.552 note L. Richer.

178 V. CE Sect.3 février 1956, Thouzellier, p.49, AJ 1956, 2, p.96, chron. F. Gazier, D 1956, p.597, note J.-M. Auby, 1956 DA, p.51 note F.-P. Bénoit, JCP 1956. n ° 9608, note D. Lévy, RDP 1956, p.854, note M. Waline. L'arrêt limitait le bénéfice de la responsabilité sans faute de l'État en précisant que les méthodes en cause créaient un risque spécial pour les tiers « résidant dans le voisinage » de l'institution. Cette restriction (peu justifiée étant donné les possibilités d'éloignement rapide, notamment en voiture volée ou en stop, et difficile à mettre en œuvre à cause de la relativité de la notion de voisinage) a été abandonnée par le CE 9 mars 1966, Trouillet, p.201, AJ 1966, p.520, note A. de L., JCP 1966, n° 14811, conclu. G. Braibant, note F. Moderne

La responsabilité sans faute liée à l'existence d'un risque spécial de dommage profite enfin aux personnes qui se trouvent placées, en conséquence des obligations qui leur sont faites, dans une situation dangereuse[179].

Dans ce cas aussi, la responsabilité de la collectivité publique peut être admise, alors qu'aucune faute ne peut lui être reprochée, lorsqu'une personne est victime de la proximité d'une chose dangereuse ou encore lorsqu'une personne est victime d'une arme dangereuse utilisée par des agents de la personne publique, ou encore la victime a été placée dans une situation dangereuse par la personne publique[180].

Ainsi, dans l'affaire Desroziers le Conseil d'État constate que les risques étaient accrus par le fait que l'armée procédait régulièrement à la manutention de ces engins dangereux : « Ces opérations effectuées dans des conditions d'organisation sommaire, sous l'empire des nécessités militaires, comportaient des risques excédant les limites de ceux qui résultent normalement du voisinage, et que de tels risques étaient de nature, en cas d'accident survenu en dehors de tout fait de guerre, à engager, indépendamment de toute foute, la responsabilité de l'État »[181]. De même, lorsque lors d'une opération de police, les policiers utilisent leurs armes à feu et blessent un tiers. La responsabilité de l'État à l'égard de ce tiers est engagée sans qu'il y ait à prouver une faute de service[182].

Par ailleurs, celui qui subit un dommage en s'acquittant d'une mission de service public alors qu'il n'est pas fonctionnaire ou agent public, doit bénéficier d'un régime de responsabilité sans faute. La personne publique doit indemniser celui qui a pris un risque pour accomplir une mission lui incombant[183].

---

179 CE. Sect. 19 octobre 1962, Perruche, 555, AJ 1962, p.668, chron M. Gentot et J. Fourré. Une institutrice en état de grossesse fait sa classe (elle n'était pas encore en situation d'obtenir un congé de maternité), alors qu'une épidémie de rubéole sévit dans l'établissement. Elle est ainsi, en raison de ses obligations professionnelles, spécialement exposée à la contagion, en même temps que l'enfant qu'elle porte l'est à un risque sérieux de malformations. Du fait de ce risque, qui s'est malheureusement réalisé, il y'a lieu à responsabilité sans faute de l'État.

180 Michel DEGOFFE : Cours magistral droit administratif édition ellipses 2008 p.328 et s

181 CE 28 mars 1919 Regnault-Desroziers, GAJA 2007. n° 35 « Considérant qu'il résulte de l'instruction que, dés l'année 1915, l'autorité militaire avait accumulé une grande quantité de grenades dans les casemates du fort de la Double-Couronne, situé à proximité des habitations d'une agglomération importante, qu'elle procédait, en outre, constamment à la manutention de ces engins dangereux, en vue d'alimenter rapidement les armées en campagne; que ces opérations effectuées dans des conditions d'organisation sommaires, sous l'empire des nécessités militaires, comportaient des risques excédant les limites de ceux qui résultent normalement du voisinage, et que de tels risques étaient de nature, en cas d'accident survenu en dehors de tout fait de guerre, à engager, indépendamment de toute faute, la responsabilité de l'État ».

182 CE 24 juin 1949 consorts Lecomte, GAJA 2007, n° 63.

183 C. Deffiger, 1946-2006 : « l'arrêt Commune de Saint-Priest-la-plaine, soixante ans après », Mélanges en l'honneur de Jean- François La chaume 2007, p.354.

Il en est de même aussi lorsque les dommages sont causés à l'occasion d'attroupements ou de rassemblements[184].

À côté du risque comme fondement de la responsabilité sans faute, la jurisprudence reconnait aussi la rupture du principe d'égalité des citoyens devant les charges publiques.

Ce régime de responsabilité est retenu dans les cas où, la puissance publique a pris une mesure dont la régularité n'est pas contestée ou n'est pas contestable. Pourtant, cette mesure a pu causer un dommage à une ou plusieurs personnes. Dans cette hypothèse, la responsabilité de l'Administration ne peut pas être engagée pour faute puisque qu'elle n'a fait que prendre une mesure régulière, ou une mesure dont le juge refuse d'apprécier la régularité.

Quatre situations peuvent être retenues : la responsabilité du fait des lois, la responsabilité du fait des conventions internationales, la responsabilité du fait des règlements légaux, la responsabilité du fait des décisions individuelles légales. L'équité impose que cette réparation soit intégrale mais qu'elle n'aille pas au-delà du préjudice effectivement subi.

Au Sénégal, le code des obligations de l'administration a repris le régime de responsabilité sans faute à son article 142 : « les tiers et les usagers ont droit à la réparation du dommage causé par le fonctionnement défectueux du service public. Ce fonctionnement défectueux s'apprécie en tenant compte de la nature du service, des difficultés qu'il rencontre et des moyens dont il dispose.

Les tiers peuvent également obtenir la réparation d'une partie du dommage anormal et spécial qui leur est causé :

a) Par l'intervention d'une loi ou d'un règlement administratif régulier lorsque le législateur n'a pas exclu explicitement toute réparation, et que la mesure, bien que prise dans l'intérêt général, a pour effet d'avantager anormalement un groupe de particuliers et de désavantager gravement les demandeurs ;

b) Par le refus de prêter main forte à l'exécution d'une décision de justice, lorsque ce refus, justifié par des raisons tirées de la sauvegarde de l'ordre public, s'est prolongé pendant une période anormalement longue ».

Selon le Professeur Demba Sy[185] , ce texte appelle au moins deux remarques : non seulement, il exige que le dommage présente certaines caractéristiques, mais en outre, il établit une énumération plus restrictive que dans la jurisprudence administrative française.

Dans tous les cas, le régime de responsabilité sans faute est subordonné à l'existence d'un lien de causalité entre le préjudice subi et une activité de

---

184 CAA Lyon 28 janvier 1999 Ministère de l'intérieur c. /Régie départementale des transporteurs de l'Ain, n° 96LY00995.

185 Demba Sy. Op. cit p.364 et s.

l'Administration. Il s'agit d'un régime de responsabilité plus favorable aux particuliers que le régime de responsabilité pour faute.[186]

Pourtant, c'est sous ce dernier registre que s'inscrit formellement le contentieux de la saisie non fondée effectuée par l'Administration des douanes **(Paragraphe 2)**.

Paragraphe 2 : l'existence d'une saisie non fondée

Aux termes de l'article 397 §2 du code des douanes, les agents qui constatent une infraction douanière ont le droit de saisir tous objets passibles de confiscation, de retenir les expéditions et tous autres documents relatifs aux objets saisis, et de procéder à la retenue préventive des objets affectés à la sureté des pénalités.

La saisie constitue l'acte commun de la procédure douanière, en ce sens qu'elle peut être effectuée par les agents de toute l'Administration[187].

Le droit de saisie et de retenue s'exerce au moment de la constatation des infractions. Le droit de saisie est une mesure préalable à la confiscation des marchandises de fraude ou des moyens de transport, tandis que la retenue des documents a pour but de consigner des moyens de preuve.

Ainsi, ne seront saisis que les objets passibles de confiscation.

La saisie peut avoir lieu sans restriction dans le rayon des douanes, quel que soit le caractère, flagrant ou non, de l'infraction relevée.

En dehors du rayon, la saisie ne peut être effectuée que dans les cas suivants :

- infractions dans les bureaux, entrepôts et autres lieux sous surveillance douanière ;
- infractions flagrantes ;
- découverte inopinée de marchandises dont l'origine frauduleuse ressort manifestement des déclarations de leur détenteur ou de documents probants trouvés en leur possession.

---

186 Demba Sy op. cit. p. 364.

187 La procédure de saisie fut longtemps la seule connue de la Douane. De son résultat dépendait la possibilité d'une poursuite, en vertu du principe « pas de procès-verbal, pas d'action ». Avec l'apparition de la procédure d'enquête, l'importance de la procédure de saisie n'a pas cependant diminué, son domaine d'action demeurant fort large et sa réglementation très précise. Elle a pour raison d'être la constatation de l'infraction grâce à l'appréhension matérielle et directe de la marchandise qui a fait l'objet d'une fraude, et à ce titre elle est toujours appliquée lorsque les objets de fraude peuvent être matériellement saisis. Mais sa portée est beaucoup plus large, dans la mesure où la saisie réelle des marchandises n'est pas une condition de son emploi. À de nombreux points de vue, elle s'apparente fortement à ce que le droit commun appelle l'enquête sur l'infraction flagrante. Elle comporte essentiellement reconnaissance au profit de l'Administration des douanes de certains pouvoirs tant à l'égard des marchandises de fraude qu'à l'égard des personnes soupçonnées d'une fraude douanière.

On peut distinguer deux formes de saisie : la saisie réelle et la saisie fictive.

La saisie est dite réelle lorsqu'elle s'applique sur des marchandises présentes. Dans ce cas, les marchandises et les moyens de transport saisis sont conduits et déposés au bureau de douane le plus proche.

L'Administration, pour éviter toute contestation en cas de restitution, doit faire un état descriptif des objets saisis réellement. Toutefois, selon la jurisprudence, l'absence d'inventaire descriptif n'est pas une cause de nullité du procès-verbal[188].

La saisie est dite fictive lorsqu'elle s'exerce sur les biens qui ont échappé au service des douanes. Elle a pour but d'évaluer l'ampleur de la fraude. Dans la mesure du possible, l'évaluation des biens échappés s'effectue contradictoirement de gré à gré et figure au procès-verbal.

La somme ainsi retenue pourra être invoquée devant le tribunal pour l'application des droits et pénalités. Lorsque les marchandises ne sont pas prohibées, il est offert mainlevée des moyens de transport sous caution ou consignation de la valeur.

Cette offre et la réponse sont mentionnées au procès-verbal.

Cependant, aux termes de l'article 353 du code des douanes : « Les objets saisis ou confisqués ne peuvent être revendiqués par les propriétaires, ni le prix, qu'ils soient consignés ou non, réclamés par les créanciers même privilégiés, sauf leurs recours contre les auteurs de la fraude.

Les délais d'appel, de tierce opposition et de vente expirés, toutes répétitions et actes sont non recevables ».

Les objets passibles de confiscation seront saisis.

Le Code des douanes ainsi renferme un ensemble de dispositions permettant aux agents de saisir ou d'exercer le droit de retenue lorsqu'une marchandise est détenue irrégulièrement dans le territoire douanier.

L'Administration des douanes peut faire cesser cette situation en procédant à une saisie. Elle peut donc conserver la possession de l'objet incriminé entre ses mains avant d'en demander le transfert de propriété au profit de l'État par le biais de la confiscation.

Ce transfert est prononcé par le tribunal sur la base d'un procès-verbal ou d'une requête aux fins de confiscation. Il s'agit là donc d'un ensemble de moyens que la loi reconnaît à l'Administration des douanes pour parvenir à un recouvrement effectif des créances douanières.

L'efficacité du contentieux douanier a pour gage la possibilité de recouvrer effectivement les droits et taxes qui ont été éludés par les comportements de fraude. Mais l'Administration des douanes n'échappe pas aux sanctions.

---

188 Cass. Crim. 24 Avril 1984.

Il peut arriver, dans l'exercice du droit de saisie, que celle-ci soit infondée et que, de surcroît, un délai important se soit déroulé entre la décision de justice la constatant et l'acte de saisie lui-même. Il s'agit là manifestement d'une faute au sens classique du terme : l'administration des douanes a mal agi ; elle s'est comportée comme elle n'aurait dû pas le faire. C'est la faute par action ou par commission[189]. Le préjudice ne se discute point ici.

Il est alors possible d'envisager une indemnisation (**Section 2**).

Section 2 : La réparation du dommage

À la différence de la responsabilité pénale qui tend à l'application d'une peine à laquelle la victime n'est pas en principe intéressée, la responsabilité civile a pour conséquence d'octroyer à la personne lésée un droit ou, plus largement, un avantage qu'elle fera valoir, soit contre le responsable lui-même, soit contre l'assureur de responsabilité de celui-ci.

Mais comment précisément définir cet avantage ? La question est, à vrai dire délicate car les finalités de la responsabilité civile sont plus complexes qu'on ne l'imagine a priori[190].

Incontestablement, en France comme d'ailleurs au Sénégal, le droit de la responsabilité civile est orienté principalement vers la réparation des dommages[191].

On ne saurait donc s'étonner de la place éminente qu'y occupe le principe dit « de la réparation intégrale » **(Paragraphe 1)** qu'il vaudrait mieux désigner comme celui de « l'équivalence entre dommage et réparation », règle admise dans la plupart des systèmes juridiques[192] .

En matière douanière, l'article 378 du code des douanes prévoit un système d'indemnisation spécifique **(Paragraphe 2)**, dérogatoire au droit commun.

---

189 A. BENABENT, Droit civil, les obligations, 12ème édition Montchrestien 2010 p.. 375 et s

190 Geneviève Viney, Patrice Jourdain, Les effets de la Responsabilité : Traité de droit civil, Jacques Ghestin 3e édition, LGDJ, 2011.

191 Cette opposition n'est cependant pas totalement exacte car il existe des peines complémentaires dont l'objet consiste soit à rendre à la victime le bien dont elle a été privée (restitution), soit à faire cesser le trouble dont elle souffre en mettant fin à l'état de choses illicites (fermeture d'établissement, démolition ou mise en conformité d'un immeuble irrégulièrement construit etc.)
V. sur ce point G. Viney, Introduction à la responsabilité, n° 74.

192 V.C. Coutant-Lapalus Le principe de la réparation intégrale en droit privé, PU Aix Marseille, 2002, préface F. Pollaud-Dulian, n° 151 et s ; C. Calfayan, Essai sur la notion de préjudice, Thèse Paris I, 2007, n° 144 et s.

Paragraphe 1 : Le principe de la réparation intégrale

Dans la doctrine française, le bien-fondé de la règle dite de la réparation intégrale n'est que rarement discuté[193].Implicitement, elle fait l'objet d'une approbation unanime et elle est même parfois présentée comme répondant à une exigence fondamentale de justice[194] qui dispenserait de la justifier et ferait apparaître toute dérogation comme une véritable aberration[195].

Madame Coutant-Lapalus y voit une application essentielle de l'idée de « justice corrective »[196].

De fait, cette règle présente un certain nombre d'avantages qui sont incontestables et de première importance.

Elle permet en effet aux victimes d'obtenir une compensation efficace des préjudices subis du fait des tiers. Et ce qui fait sa supériorité, de ce point de vue, par rapport aux méthodes de réparation forfaitaire ou plafonnée, ce n'est pas seulement qu'elle assure une indemnisation plus complète ;c'est aussi qu'elle est plus souple et qu'elle s'adapte donc facilement aux progrès techniques et aux modifications des données sociales de la réparation.

Par exemple, pour le préjudice corporel, le principe de la réparation intégrale permet d'intégrer immédiatement dans la dette du responsable le prix des traitements et des soins qu'autorise le dernier état de la science et des techniques médicales, même si les procédés les plus modernes sont beaucoup plus coûteux que ceux qui étaient pratiqués auparavant.

De même, on peut constater que le principe de la réparation intégrale incite les juges à ajuster l'indemnisation à des situations particulières que ne pourraient pas prendre en considération des formules plus mathématiques et plus rigides.[197]

---

193 V. C. Coutant-Lapalus précité, Le principe de réparation intégrale en droit privé. L'auteur articule son développement autour de la « nécessité » et de la « primauté » de ce principe.

194 C'est le point de vue qui a été soutenu à l'appui d'une réforme du droit des accidents du travail, celui-ci n'offrant à la victime pour l'instant qu'une indemnisation forfaitaire et partielle.
V.Y. Saint Jours, Les anomalies fondamentales de la législation des accidents du travail, Revue. Trim. Dr Saint. Soc. 1985, p.520.

195 V. la préface de la 3è édition de l'ouvrage de MM. Toulemon et Moore, Le Préjudice corporel et moral en droit commun.

196 V. ouvrage précité n° 79 à 86.

197 C'est ainsi, par exemple, que par un jugement du 6 Juillet 1983, le tribunal de grande instance de Paris a décidé que, pour réparer le préjudice physiologique subi par un grand handicapé, il convenait d'abandonner désormais la formule classique de l'indemnisation proportionnelle au pourcentage d'invalidé au profit d'une méthode toute différente. « La situation particulière d'un grand handicapé », a affirmé le tribunal, « exige une indemnisation spécifique pour la période postérieure au jugement. Il est nécessaire de substituer au système habituel d'indemnisation un procédé adapté aux besoins futurs réels du handicapé, pour lui assurer des conditions de survie aussi satisfaisantes que possibles, compte tenu du milieu auquel il appartient. Le droit d'être reconnu à sa famille, de l'installer à

Tout d'abord, il faut bien remarquer que les dommages indemnisables au titre de la responsabilité civile ne se réduisent aucunement aux seules atteintes aux intérêts patrimoniaux.

Le droit positif admet très largement, au moins en France, la réparation sous forme de dommages et intérêts des préjudices moraux, non seulement lorsqu'ils résultent d'une atteinte à l'intégrité corporelle, mais aussi lorsqu'ils consistent en de pures et simples atteintes aux sentiments ou à la personnalité.

Or, les avantages de simplicité et d'objectivité dont le principe de la réparation intégrale peut se réclamer pour l'évaluation des indemnités destinées à couvrir des pertes pécuniaires, ou plus généralement des préjudices ayant un équivalent pécuniaire, disparaissent totalement lorsqu'on prétend l'appliquer aux préjudices non économiques auxquels pourtant la jurisprudence française l'a explicitement étendu[198].

En outre, du point de vue de la stricte justice, il convient d'observer que si la règle de la réparation intégrale est effectivement satisfaisante pour la victime, elle serait, en revanche, pour l'auteur du dommage, dans les cas du moins où elle est mise en jeu à propos d'une responsabilité de plein droit ou même sur la base d'une faute légère, « un enfer de sévérité », si elle n'était pas en fait amortie par l'assurance.

C'est, de toute évidence, l'assurance de responsabilité qui a permis à cette règle d'occuper la place qui est la sienne aujourd'hui[199].

De façon plus générale, ce qu'on peut reprocher à cette règle de la réparation intégrale, du point de vue de la justice individuelle, c'est qu'elle ne tient compte que d'une donnée, l'ampleur du dommage réellement subi.

Elle ne prend en revanche, en considération ni la gravité de la faute commise, ni la nocivité qu'elle révèle, ni les facultés contributives du responsable,

---

domicile si elle l'accepte et l'indemnisation doivent tenir compte des besoins du logement (pièce principale pour lui et pièce pour tierce personne) avec aménagement particulier, matériel spécial, moyen de transport hors du domicile, assistance permanente pour derniers soins, alimentation et entretien nécessaires ». Il est évident que, sans le principe dit « de la réparation intégrale » ; une telle adaptation, qui est humainement et socialement excellente, n'aurait pu être réalisée par un juge.

198 Civ. 2ème 21 février, 1979, Duport et autres, JCP, 1979, IV, p 145-146. Dans cette hypothèse, un capital a été alloué alors que la victime était un enfant atteint d'une invalidité totale et définitive et dont il est constaté que « les chances de survie sont limitées ».

199 V.A. Tunc, RID comp. 1967, p.736 ; du même auteur, Responsabilité civile et assurance in Mélanges en hommage à R. Dekker, p. 343 et s. D'ailleurs certains auteurs estiment que la sévérité des régimes de responsabilité objective est souvent compensée par un plafonnement de la réparation, V. en ce sens, M.-E. Roujou de Boubee. Essai sur la notion de réparation, p.311 à 315.

V. également l'opinion de M. Aubert (D. 1983, ch. P.6). Cet auteur pense qu'un régime de responsabilité du fait des choses rendu très rigoureux par l'élimination de l'exonération par la faute de la victime devrait rompre avec le principe de la réparation intégrale.

ni le profit qu'il tire ou espère tirer de son activité illicite, ni les besoins réels de la victime.

De ce fait, elle conduit parfois à des solutions peu satisfaisantes en équité. Il en est ainsi, par exemple, lorsque l'auteur d'une activité très lucrative, mais nocive, trouve en elle le moyen de se libérer en versant des sommes qu'il passera au compte des profits et pertes mais qui ne seront pas réellement dissuasives.

À l'inverse, dans certains cas, notamment si le dommage était peu prévisible et que le responsable ne l'a pas fait garantir par une assurance ou n'a pu trouver une assurance adaptée, la réparation intégrale pèsera sur lui d'un poids excessif, lorsque le fait qui lui est reproché est anodin et que le préjudice est grave.[200]

En outre, si l'on regarde les choses non pas seulement dans l'optique de la victime, mais d'un point de vue plus général, on peut se demander si le principe dit de « la réparation intégrale » ne professe pas une trop grande différence à l'égard de ce qu'un auteur a appelé « les impératifs budgétaires »[201].

En effet, son application généralisée conduit naturellement dans une civilisation où toute activité productive implique l'emploi de machines relativement dangereuses et débouche sur la livraison de produits susceptibles de causer de graves dommages et où l'organisation sociale crée des risques de nuisance de plus en plus importants, à imposer des charges considérables et difficilement prévisibles à tous ceux qui prennent des initiatives dans un domaine quelconque.

Pour l'instant, en tout cas, le principe de la réparation intégrale occupe une place considérable dans notre droit positif interne[202].

Malgré les objections formulées par certains auteurs,[203] il est aujourd'hui appliqué aussi bien à la responsabilité contractuelle [204]qu'à la responsabilité délictuelle. S'agit-il pour autant d'un principe constitutionnel?

En France, parmi les décisions du Conseil Constitutionnel qui tranchent des questions relatives à la responsabilité civile, la plupart concernent la possibilité, pour le législateur, de supprimer, dans un domaine particulier toute possibilité de mise en jeu de la responsabilité.

200Une enquête faite en 1982 a d'ailleurs montré que « l'obligation d'indemniser la totalité du préjudice fait peur et que le public est persuadé de l'intérêt de prendre en compte l'appréciation de la faute ». V. Le sentiment de la responsabilité, Centre d'études de la responsabilité de l'Université de Tours, notamment la contribution de G. Vermelle, p.31. À la question : « Le montant de la réparation doit-il tenir compte de la gravité de la faute? », 71 % des personnes interrogées ont répondu « oui ».

201 M-E. Roujou de Boubee, op cit. 311 à 315.

202Article 134 du COCC.

203V.C. Coutant-Lapalus, Le principe de la réparation intégrale en droit privé, PU Aix Marseille, 2002, préface F. Polland-Dullan, n° 103 ET S.

204C. Coutant-Lapalus, op.cit., n° 101et 102.

En revanche, d'autres décisions concernent plus directement ce principe[205].

Leur analyse détaillée a permis à Mme Coutant-Lapalus d'affirmer que le « caractère intégral de la réparation semble avoir été écarté du bloc de constitutionnalité »[206] , ce que d'ailleurs elle déplore[207].

Ces principes ont été mis en œuvre notamment à l'occasion de l'examen de la question prioritaire de constitutionnalité soulevée par le Conseil d'État à propos des limites de réparation imposées par l'article 1er de la loi du 4 mars en cas de handicap non révélé par le gynécologue aux parents de l'enfant handicapé[208].

Les conventions internationales imposent elles le respect du principe de la réparation intégrale ?

La 1ère chambre civile de la Cour de cassation a jugé, le 12 mai 2004, à propos des limitations de responsabilité admises en matière de transport aérien par la Convention de Varsovie, que « le principe de réparation intégrale est étranger au respect de l'intégrité de la personne humaine garanti par les articles 2 et 14 de la convention de sauvegarde des droits de l'homme et des libertés fondamentales »[209].

Le principe de réparation intégrale n'est cependant pas absolu. Il connait des infléchissements divers, [210] et parmi ceux-ci on peut citer l'indemnisation forfaitaire prévue par le code des douanes[211].

---

205 C.C., 11 juin 2010, V. le communiqué JCP 2010, 698, la loi « anti-Perruche » au regard de la constitution; J. Sainte-Rose et P. Pedrot, la validation par le conseil constitutionnel du dispositif « anti- Perruche » et du régime de responsabilité des professionnels et établissements de santé, D., 2010, p.2086.

206 C. Coutant-Lapalus, Le principe de réparation intégrale en droit privé, précité

207 C. Coutant-Lapalus op cit. p 125 à 128.

208 La loi « anti-Perruche » au regard de la constitution, C.C. 11 Juin 2010 op.cit

209 Civ.1er, 12 Mai 2004, Bull.civ.I, n° 136, JCP 2004 II 10 030, note C. Legier RDC, 2004, p. 999, note p. Delebecque.

210 La pratique contractuelle est également allée dans le même sens; en effet dans de nombreux contrats, les débiteurs ont pris l'habitude d'insérer des clauses ayant pour objet soit de plafonner l'indemnisation du créancier en cas d'inexécution, soit de la fixer d'avance à un taux forfaitaire, soit même de l'exclure complètement. Or nous savons que les tribunaux ont adopté à l'égard de ces clauses une attitude nuancée qui permet à certaines d'entre elles de s'appliquer effectivement. En outre, il est extrêmement fréquent qu'après la réalisation du dommage, la victime s'entende avec le responsable ou son assureur pour signer une transaction par laquelle elle renonce à une indemnisation complète.

211 Le code CIMA prévoit aussi aux articles 257 à 266 des sections VII et VIII consacrées aux modalités d'indemnisation des préjudices des barèmes mais aussi des plafonds (article. 259, article 229, dernier alinéa) alors que dans le système classique de la responsabilité civile, la réparation doit être intégrale.

Paragraphe 2 : L'indemnisation forfaitaire

La saisie est une atteinte au droit de propriété ; mais elle peut être légalement justifiée par la nécessité publique de la répression de la fraude et le respect de la légalité douanière.

En effet, aux termes des dispositions du Code des douanes, les agents qui constatent une infraction douanière ont le droit de saisir tous objets passibles de confiscation, de retenir les expéditions et tous autres documents relatifs aux objets saisis, et de procéder à la retenue préventive des objets affectés à la sûreté des pénalités.

Lorsque la saisie est autorisée par un magistrat de l'ordre judiciaire, la nécessité publique est présumée.

Tel n'est plus le cas lorsque l'Administration agit de son fait, sans autorisation judiciaire, et qu'elle choisit de mettre en œuvre les pouvoirs qui lui sont reconnus par l'article 301 du code des douanes.

Cette prérogative reconnue à l'Administration des douanes de porter atteinte au droit de propriété de l'auteur de l'infraction douanière est effectuée sans que l'autorité judiciaire ne soit avertie.

Il en va ainsi lorsqu'elle agit sur la base de la constatation de l'infraction douanière ; c'est ce constat, cette appréciation souveraine et unilatérale qui est la base de la saisie. Or, il peut advenir, pour divers motifs, que la saisie effectuée par l'Administration des douanes apparaisse ultérieurement infondée.

Dans ce cas, l'Administration commet un abus de droit qui est sanctionné comme dans tous les autres domaines. La Douane risque ainsi une condamnation à des dommages et intérêts en cas de saisie téméraire et vexatoire, et les actes inutiles ou arbitraires seraient annulés.

En effet, l'objectif de la mise en cause de la responsabilité de l'Administration des douanes est de voir reconnaître le préjudice allégué afin qu'une juste réparation puisse être prononcée.

Il y a lieu peut être de faire un parallèle avec la responsabilité des services fiscaux.

En général, la mise en cause de l'État, en raison des agissements fautifs des services fiscaux constitue un domaine pour lequel la reconnaissance d'une faute ou d'un lien causal entre la faute et le dommage est particulièrement délicate[212].

Ce qui est en cause c'est essentiellement le régime de la responsabilité de l'État du fait de son activité fiscale, exercée en vue, tant de déterminer le montant des impositions, que d'assurer leur recouvrement.

Jusqu'en 1990, cette responsabilité a été subordonnée à l'établissement d'une faute lourde, imputable aux services fiscaux.

---

212 René Chapus : Droit administratif général 15éme édition Montchrestien 2001. P. 1316 et s

On était en droit de mettre en doute le bien-fondé d'une telle exigence, l'activité fiscale étant le fait d'une administration dont les agents ne sont pas bousculés par la nécessité de décisions urgentes et peuvent, par suite, prendre le temps de la réflexion.

Et s'ils se heurtent à des difficultés, sont-elles (de façon générale) d'un autre ordre que celles que rencontrent les agents d'autres administrations, relativement auxquelles la faute simple est suffisante.

L'État de la jurisprudence apparaissait plutôt comme une survivance atténuée, mais, en fait, très peu de l'ancienne irresponsabilité de l'État du fait des actes de puissance publique, laquelle n'a persisté en matière fiscale jusqu'en 1913 que pour laisser la place à un régime de responsabilité pour faute d'une gravité exceptionnelle[213], dans un premier temps, et ensuite pour faute manifeste et d'une particulière gravité[214], avant d'en arriver à l'engagement de la responsabilité par la faute lourde[215].

On pouvait donc en matière fiscale estimer normal que la jurisprudence s'oriente vers une appréciation moins rigoureuse, en la matière, de la faute lourde, ou mieux que (comme en matière de police) elle ne subordonne la responsabilité de l'État à une faute lourde que dans les espèces où le fisc s'était effectivement heurté à de réelles difficultés.

C'est en ce dernier sens que, conformément aux conclusions du commissaire du gouvernement Noel Chahid-Nourai, le Conseil d'État s'est prononcé, par un arrêt[216] qui ne contient aucune proposition de principe, mais dont la rédaction est significative.

L'arrêt énonce que les erreurs relevées, en l'espèce, à la charge de l'Administration fiscale ont été commises lors d'opérations « qui, si elles se rattachent aux procédures d'établissement et de recouvrement de l'impôt, ne comportent pas de difficultés particulières tenant à l'appréciation de la situation des contribuables et sont constitutives d'une faute de nature à engager la responsabilité de l'État »[217].

L'action en responsabilité permet ainsi à son auteur d'obtenir, comme en droit commun, la reconnaissance de l'existence d'un préjudice, puis l'indemnisation du dommage en résultant.

---

213 Illustrant cet état du droit, V, CE 1er juillet 1927, Demoreuil, D 1928.3.21, note L. Trotabas, S 1927.3.105, note hauriou; 24 juin 1953, Briançon, p.317.

214 CE, 30 octobre 1954, Murat, p.566.

215 CE. Sect.21 décembre 1962, Dme Husson- Chiffre, p.701, AJ 1963, p.90, chron. M. Gentot et J. Fourré, D 1963 ? P.558. note j. Lemasurier.

216 CE Sect. 27 juillet 1990, Bourgeois, p.242, AJ 1991, p.346, note R.Debbasch, D 1991. SC. P.287, obs. P. Bon et Terneyre, RFDA 1990, p.899, concl. N. Chahid-Nourai

217 René Chapus : Droit administratif général. Tome 1. 15 édition Montchrestien 2001. P. 1316 et s.

Or en matière douanière, la demande indemnitaire faisant suite à une saisie non fondée présente une certaine particularité par rapport aux règles qui gouvernent la réparation des dommages : c'est la réparation forfaitaire qui prévaut.

Ce régime d'indemnisation est fort ancien. Il est contemporain à la Déclaration des droits de l'Homme et du Citoyen. Son sens en est particulièrement imprégné[218].

L'article 378 du code des douanes énonce que lorsqu'une saisie opérée en vertu de l'article 301 n'est pas fondée, le propriétaire des marchandises a droit à un intérêt d'indemnité, à raison de 1 % par mois de la valeur des objets saisis, depuis l'époque de la retenue jusqu'à celle de la remise ou de l'offre qui lui en a été faite[219].

Ce système de réparation porte atteinte sans nul doute au principe de la réparation intégrale qui voudrait que tout le préjudice soit réparé.

En effet, « le propre de la responsabilité est de rétablir, aussi exactement que possible, l'équilibre détruit par le dommage et de replacer la victime dans la situation où elle se serait trouvée si l'acte dommageable n'avait pas eu lieu »[220].

L'appréciation du fondement de la saisie ne peut être faite que par la juridiction saisie des poursuites douanières et lorsque cette décision est devenue définitive[221].

C'est dire qu'un délai de plusieurs années peut s'écouler entre la saisie initiale et l'appréciation du fondement de la saisie.

Le juge doit, pour octroyer une réparation adéquate, apprécier si celle-ci présente un fondement légal et factuel au moment où il statue; pour autant, il doit rechercher si, à la date où elle a été opérée, la saisie était ou non justifiée.

Doit-on considérer dans ce cas que l'acte de saisie pourvu d'un fondement légal au moment où il a été opéré doit donner lieu à une réparation par le simple constat qu'à la date de la poursuite, ce fondement légal a disparu ?

Après avoir hésité, la jurisprudence française a admis que la mise en jeu de l'indemnisation était subordonnée à la constatation par le juge du caractère infondé de la mesure de saisie au moment où elle a été opérée. Cette position du juge français est plus conforme à la logique de l'indemnisation.[222]

La détermination de la date à laquelle le préjudice doit être évalué peut revêtir aussi une importance particulière, notamment en raison de la possible dépréciation de la monnaie.

---

218 Jean-Marc Fédida, Le contentieux Douanier 1er édition puf 2001. Que sais-je ?, op cit p. 111 et s.
219 Article 378 du code des douanes : Responsabilité de l'administration des douanes
220 Civ. 2ème, 20 Déc 1966, D., 1967, p. 169.
221 Jean-Marc Fédida, Le contentieux douanier. PUF Que sais-je. Op. cit p.112 et s.
222 Jean-Marc Fédida op cit p.112 et s.

Sous réserve de ces précisions, l'indemnisation forfaitaire n'est pas subordonnée à la démonstration d'un préjudice particulier. Celui -ci résulte nécessairement de la saisie infondée. Le demandeur a droit à l'indemnisation, quand bien même n'aurait-il eu aucun usage de la chose retenue sans fondement.

La réparation forfaitaire pourrait certainement se cumuler avec d'autres indemnités si, au-delà de la simple saisie infondée, le propriétaire de la marchandise peut invoquer d'autres préjudices qui y sont cependant rattachés, notamment, la détérioration de la marchandise ou son obsolescence consécutive au temps écoulé.

Mais il reste qu'elle est loin de couvrir l'intégralité du préjudice.

Pourtant, il ne semble pas exister d'arguments décisifs susceptibles de justifier le maintien d'un tel régime d'indemnisation forfaitaire. Les prérogatives accordées à l'Administration doivent également être la contrepartie des garanties que le législateur accorde aux contribuables.

Les prérogatives décrites dans le code des douanes sont un « vestige de l'histoire » et qu'elles ne répondent pas à un régime juridique adapté à son environnement. L'indemnisation forfaitaire relève de ces vestiges.

Le nouveau Code des douanes a raté ici l'occasion de revenir judicieusement aux sources.

Les règles gouvernant la responsabilité civile doivent constituer un cadre protecteur des droits de la victime; elles doivent particulièrement garantir à celle-ci le respect de ses droits et non pas instaurer un autre déséquilibre.

La responsabilité civile des propriétaires de marchandises s'inscrit-elle dans cette démarche?

CHAPITRE II

La responsabilité des propriétaires de marchandises : une application de la responsabilité du fait d'autrui ?

Dans toute forme d'organisation sociale, il est fréquent qu'une personne soit amenée à offrir ses services à autrui et à travailler pour son compte. Mais, dans les sociétés contemporaines, ce phénomène a pris une ampleur particulière en raison de l'expansion spectaculaire du salariat et des différentes formes d'association.

Ce mouvement va en effet de pair avec le développement économique qui exige la concentration de certains moyens matériels et humains au sein de l'unité de production qu'est l'entreprise et conduit donc à une organisation juridique de plus en plus poussée de celle-ci.

De ce fait, il n'est pas rare que l'entrepreneur, qui peut être un individu, mais qui est, de plus en plus souvent, un groupement personnalisé ait à répondre du fait de tous ceux qui, en agissant pour son compte, sont amenés à causer des dommages à autrui[223]. Il s'agit précisément de la responsabilité du fait d'autrui posée par l'article 142 du COCC[224].

En effet, la quasi-totalité des ouvrages de droit civil traitent sous le titre « responsabilité du fait d'autrui » exclusivement les cas de responsabilité prévus spécialement par les articles susvisés : la responsabilité des pères et mères pour le fait de leurs enfants mineurs, celle de l'artisan pour le fait de ses

---

223 Geneviève Viney, Patrice Jourdain, Traité de droit civil : Les conditions de la responsabilité, 3ème édition L.G.D.J, p. 973 et s.

224 Article 142 du COCC. « On est responsable non seulement du dommage que l'on cause par son propre fait, mais encore de celui qui est causé par le fait des personnes dont on doit répondre ».

apprentis, celle de l'instituteur pour le fait de ses élèves et celle du commettant pour le fait de ses préposés[225].

Cette formulation apparemment limitative n'a pas pu cependant éviter, notamment en France, la problématique d'un principe général de responsabilité du fait d'autrui. **(Section 1).**

Au-delà de cet aspect, il faut relever qu'au Sénégal, le COCC envisage sous une formulation assez particulière la responsabilité du commettant : « Les commettants, ou patrons, répondent des dommages causés par une personne soumise à leur autorité, lorsque celle-ci encourt dans l'exercice de ses fonctions une responsabilité à l'égard d'autrui.

Les personnes agissant pour le compte d'une personne morale engagent dans les mêmes conditions la responsabilité de celle-ci » (article 146 du COCC)[226].

C'est ce texte de droit commun qu'il convient de mettre en parallèle avec la réglementation posée par le droit douanier.

C'est l'article 379 du code des douanes qui en est le support : « Les propriétaires des marchandises sont civilement responsables du fait de leurs employés en ce qui concerne les droits, confiscations, amendes et dépens ».

La même disposition existe aussi en droit français[227]. Elle est considérée par certains auteurs[228] comme instituant un régime dérogatoire au droit commun.

---

225 Sur l'évolution de la responsabilité du fait d'autrui en droit français, voir note G. Viney, Vers un élargissement de la catégorie des personnes dont on doit répondre, D.1991, chron. 157; adde R. Legeais. L'évolution de la responsabilité des maîtres et commettants du fait de leur préposé en droit français et allemand, Mel. Jean Savetier 1992 303; Ass. Plen. 29 mars 1991 Consorts Blieck, JCP 1991, II 21 673, concl. Dontenwille, note J. Gestin, D1991 p.324, note C. Larroumet, d.1991, somm; p.324, n° 17 OBS. J.-L. Aubert.

226 On peut relever que l'aliéna 2 de l'article 146 est hors propos, car celui qui agit pour le compte d'une personne morale engage la responsabilité personnelle de la personne morale : il ne s'agit pas d'une responsabilité pour autrui au sens techniquement convenu V. Issa Sayegh, Commentaire de l'article 146 dernière phrase du COCC. Revue EDJA n° 26 p 7 et s.

227 Article 404 du code des douanes français : « Les propriétaires de marchandises sont responsables civilement du fait de leurs employés en ce qui concerne les droits, confiscations, amendes et dépens ».

228 Claude J. Berr Henri Trémeau, op.cit, p. 478. Pour ces auteurs, ce texte peut paraître, à première vue faire double emploi avec le régime de droit commun. Il a pour principal effet d'écarter l'exigence d'un lien entre l'activité délictueuse de l'employé et l'exercice de ses fonctions. La responsabilité civile qui pèse sur le propriétaire des marchandises peut ainsi être engagée sans que l'on ait à établir que l'employé agissait dans l'exercice ou à l'occasion de l'exercice de ses fonctions. En revanche, cette responsabilité ne peut peser que sur le commettant qui est en même temps propriétaire des marchandises. Si cette condition n'était pas remplie, aucune poursuite ne pourrait être engagée. Selon ces auteurs la jurisprudence a ainsi eu l'occasion de retenir cette responsabilité à l'encontre des propriétaires et armateurs de navires, du fait de membres de l'équipage qui avaient opéré le débarquement frauduleux de marchandises considérées comme provisions de bord ou le transport

Pour d'autres au contraire[229], elle ferait plutôt double emploi avec ce dernier.

En tout état de cause, il y'a lieu de relever, en l'occurrence, la spécificité de la responsabilité du propriétaire de marchandises **(Section 2)**.

Section 1 : Le principe général de responsabilité du fait d'autrui

L'existence d'un principe général de responsabilité du fait d'autrui est aujourd'hui d'actualité; mais elle n'est pas apparue ex nihilo; un certain contexte y a contribué **(paragraphe 1)** avant que la consécration ne soit effective **(paragraphe 2).**

Paragraphe 1 : Le contexte

Afin de pouvoir dégager la portée de cette responsabilité, il est indispensable de rappeler comment elle est apparue. L'affirmation, en 1991, d'une règle autonome de responsabilité du fait d'autrui, fondée sur l'aliéna 1384 a surpris fortement la doctrine qui, dans son ensemble, avait accepté de considérer qu'il n'y avait d'exception possible au caractère personnel de la responsabilité civile que dans les hypothèses où la loi l'admettait, c'est-à- dire principalement dans les cas visés par les aliénas 4 et suivants de l'article 1384.

Et pourtant il était prévisible que la question d'un élargissement de ces cas se poserait un jour ou l'autre, soit au législateur, soit à la jurisprudence[230].

C'est à la grande période des initiatives jurisprudentielles en matière de responsabilité civile, c'est- à-dire dans les années 1930, que fut lancée l'idée que l'article 1384 aliéna 1 er pourrait bien contenir non seulement un principe général de responsabilité du fait des choses dont on a la garde, mais aussi un principe général de responsabilité du fait des personnes dont on doit assurer la surveillance[231].

En effet, dans ses conclusions sur l'affaire Jand'heur, le procureur général Matter émit cette hypothèse[232] qui fut également envisagée par Demogue dans son Traité des obligations; Mais c'est à René Savatier que l'on doit le premier plaidoyer véritable en faveur de ce point de vue[233].

Cet auteur montra en effet que la formulation de l'article 1384, aliéna 1er incite de façon pressante, à admettre un parallélisme entre la responsabilité du

---

d'objets en contrebande. (Rouen, 13 Novembre 1974, Doc. Cont., n ° 809; Cass. Crim.5 Mai 1953, préc.)

229 Claude J. Berr et Henri Trémeau, op. cit p. 478 et s.

230 Geneviève Viney Patrice Jourdain : Les conditions de la Responsabilité L.G.D.J 2011. P. 925.

231 Geneviève Viney, Patrice Jourdain. op. cit. p. 926.

232 DP, 1930, p. 57; Gaz. Pal 1930, 1, 393

233 R. Savatier, « La responsabilité générale du fait des choses que l'on a sous sa garde a-t-elle pour pendant une responsabilité générale du fait des personnes dont on doit répondre? », DH, 1933, ch., p. 81.

fait d'autrui et la responsabilité du fait des choses, et que si l'on considère que ce texte n'a pas, en matière de responsabilité du fait des choses, pour seul objet d'annoncer les cas particuliers définis ultérieurement par les articles 1385 et 1386, il ne saurait être maintenu dans ce rôle d'exorde inutile en ce qui concerne la responsabilité du fait d'autrui.

La jurisprudence administrative fut la première à réagir. Le Conseil d'État n'a pas hésité à déroger au principe de la responsabilité pour faute pour consacrer, dans certains cas, une responsabilité objective de la puissance publique, fondée sur la notion de « risque social ».

Il en est ainsi pour la réparation des dommages causés par les mineurs délinquants placés par le juge dans les institutions publiques sous le régime de la liberté surveillée[234] ou par des handicapés mentaux soignés dans des établissements de santé de publics[235].

La jurisprudence civile mit plus de temps à suivre cette orientation, créant ainsi entre les victimes une contrariété de décisions selon que l'auteur du dommage, handicapé mental ou mineur délinquant, était placé dans établissement public ou une institution privée.

Certains juges du fond, s'inspirant des avancées réalisées par la jurisprudence administrative, avaient accepté de déroger au caractère limitatif des cas de responsabilité pour autrui pour engager la responsabilité d'un tiers chargé de la surveillance d'autrui sur le fondement de l'article 1384 aliéna 1er [236].

Ces tentatives ont pendant longtemps été censurées par la Cour de cassation[237], fidèle au caractère limitatif des cas de responsabilité pour autrui prévus par le code.

Cette solution bénéficiait de l'appui constant et autorisé des frères Mazeaud qui, dans les différentes éditions de leur grand Traité de la responsabilité ne cessèrent de combattre l'admission d'un principe général de responsabilité du

234 CE 3 février 1956 Thouzellier, Rec. CE, p.49; 9 mars 1966 (Trouillet), Rec. CE, p. 201, JCP 1966. II. 14 811, concl. G. Braibant, RTD san et soc. 1967, p.168, obs. G. Durry. 26 juillet 2007 n° 292391; 16 juin 2008 n° 285385 : « considérant que la responsabilité de l'État peut être engagée, même sans faute, à raison du risque spécial créé pour les tiers du fait de la mise en œuvre d'une des mesures de liberté surveillée prévues par l'ordonnance du 2 février 1945; que cette responsabilité peut notamment être engagée lorsque, au cours de la phase d'instruction d'une infraction mettant en cause un mineur, le juge d'instruction décide de le placer pendant une période d'épreuve sous le régime de la liberté surveillée »; 13 novembre 2009, n° 306517; 17 mars 2010n ° 315866.

235 CE 13 juillet 1967 (Département de la Moselle), Rec. CE., p. 341, D. 1967, p. 675, note F. Moderne, RDP 1968, p. 392, note M. Waline. 13 mai 1987, Rec. CE, p.172.

236 Infractions commises par des mineurs évadés d'un centre de rééducation privé : Trib. Enf. Dijon, 27 févr 1965, p. 652, obs. R. Rodiére; Trib. Enf. Poitiers, 22 mars 1965, RDSS 1966, p.262, note E. Alfanderi.

237 Civ. 2éme, 15 février 1956, JCP 1956. II. 9654, note R. Rodiére, D.1956, p.410, note E. Blanc; 24 novembre 1976, D.1977, p.595 note C. Larroumet.

fait d'autrui et de défendre une interprétation restrictive des cas énumérés aux aliénas 4 et suivants de l'article 1384[238].

Ces auteurs font remarquer, entre autres, que si l'on admettait un principe général de responsabilité du fait d'autrui, on serait bien embarrassé pour déterminer le régime qu'il conviendrait de lui appliquer, car les différents cas prévus par les alinéas 4 et suivants de l'article 1384 sont soumis à des règles tellement différentes qu'il est impossible de trouver entre eux un dénominateur commun[239].

Il semble en effet que rien n'eût empêché les tribunaux, s'ils l'avaient vraiment voulu, d'affirmer que les « personnes dont on doit répondre » sont précisément celles « dont on a la garde » et de définir la « garde » des personnes par le devoir de surveillance pesant sur ceux qui sont chargés de contrôler des incapables, des délinquants, des malades, etc.

Pourtant, l'élargissement des cas de responsabilité du fait d'autrui semble pouvoir se justifier par les nécessités sociales, avec l'évolution des méthodes d'éducation et de traitement appliquées aux enfants, aux handicapés, aux malades mentaux[240], aux délinquants.

Ces nécessités sociales sont accentuées par une plus grande liberté laissée aux mineurs qui exercent aujourd'hui des activités multiples hors de la famille et de l'école; le développement des expériences d'éducation des inadaptés et même des délinquants en milieu libre multiplient en effet les occasions de dommages causés à des tiers par des enfants ou des adultes soumis à une surveillance particulière en raison de leur état, sans que leurs « gardiens » ne soient exposés à aucun régime particulier prévu par l'article 1384.

Est-il alors juste que les victimes soient réduites à agir contre l'auteur direct, qui est le plus souvent insolvable, ou à démonter la causalité entre la faute de surveillance et le dommage, ce qui soulève généralement de grandes difficultés, et qu'elles fassent ainsi finalement les frais de cette évolution?

Le droit de la réparation ne doit-il pas évoluer pour tenir compte de ces situations nouvelles, comme il a su grâce à l'admission de la responsabilité du fait des choses, s'adapter aux conséquences de l'industrialisation et du machinisme[241].

De même dans le domaine de l'économie, on note également des mutations qui incitent à s'interroger. En effet, dans les relations entre les agents

---

238 Traité de la responsabilité civile, Tome 1 n° 712 à 718.

239 Op. cit

240 V. C. Jonas, « La responsabilité des dommages causés aux tiers par les malades mentaux : évolution et perspectives », RTD sanit, et soc. 1990, p. 1 et s. I. Moreau-Margreve, « Une règle générale de responsabilité délictuelle du fait d'autrui en droit belge? » Mélanges Dalcq Bruxelles, 1994, p.439 et s. spécialement n° 17 et s

241 Geneviève Viney, Patrice Jourdain op. cit. p 927 et s.

économiques, on constate l'apparition de nouveaux rapports de domination qui dépassent de loin le seul cas du lien de préposition.

Ainsi, entre la société mère et ses filiales, entre l'entrepreneur principal et le sous-traitant, entre les grandes firmes industrielles et leur réseau de vendeurs et de distributeurs liés par des contrats de concession, de franchise, il ya là autant de situations qui méritent certainement un autre regard.

Dans ces cas, il existe en effet une relation de dépendance qui n'est pas assimilable au lien qui unit le commettant au préposé mais qui pourrait cependant tout aussi bien justifier une responsabilité pour autrui fondée, comme la responsabilité du commettant, sur l'idée de profit tiré de l'activité d'autrui[242].

Quoi qu'il en soit, il faut constater que la position des frères Mazeaud a recueilli dans l'immédiat l'assentiment à peu prés général de la doctrine et René Savatier s'y rallia lui-même après l'entrée en vigueur de la loi du 5 avril 1937 dans laquelle il crut voir la négation implicite de tout principe général de responsabilité du fait d'autrui[243] .

Par la suite, ni le développement spectaculaire de l'application de l'article 1384, aliéna 1er dans sa fonction de responsabilité du fait des choses, ni l'évolution générale en faveur de l'extension des responsabilités civiles sous l'influence de l'assurance, ni les transformations sociales, économiques et juridiques qui viennent d'être rapidement rappelées, n'ont ébranlé la conviction de la majorité des auteurs qui, jusqu'en 1991, ont considéré que la question était tranchée et qu'elle ne méritait même plus d'être posée[244].

Le paradoxe de cette position doctrinale et jurisprudentielle consiste à occulter la « trahison » opérée depuis longtemps sur l'interprétation de l'article 1384 alinéa 1er.

En effet, dans l'esprit des rédacteurs du Code civil, ce texte n'avait aucune valeur normative propre, ne servant que d'annonce aux différents cas particuliers de responsabilité prévus aux alinéas suivants.

Or la mutation est intervenue avec le célèbre arrêt Teffaine du 18 juin 1896[245], accordant à l'aliéna 1er de l'article 1384 une valeur autonome et propre en matière de responsabilité du fait des choses.

La haute juridiction y a découvert un principe général de responsabilité délictuelle du fait des choses que l'on a sous sa garde, dont elle a précisé le

---

242 V.C. Del- Cont, Propriété économique, dépendance et responsabilité, th. Nice, févr. 1993, publiée en 1997 aux éd. L'Harmattan; F. De Bouard, La dépendance économique née d'un contrat d'intégration en droit des obligations, Thèse précitée, n° 689 et s.

243 Traité de la responsabilité civile, 2ème édition. t. I, n° 255

244 V. les propos très critiques à l'égard de la doctrine du 1er avocat général Dontenwille dans ses conclusions sous l'arrêt Blieck, JCP. 1991. II, 21 673.

245 Civ.18 juin 1896, S. 1897, 1, 17, note P. Esmein, D. 1897, 1, 433, conclu. Sarrut , note R. Salleilles.

régime tout au long du XXe siècle[246], tout en refusant d'en faire autant pour la responsabilité du fait d'autrui [247].

Parallèlement, et pendant ce temps là, dans les systèmes juridiques étrangers, il a pu être constaté une évolution différenciée sur la question.

En ce qui concerne la responsabilité du fait des personnes dont on a le contrôle ou la surveillance, beaucoup de pays en sont tout simplement restés à un système de responsabilité pour faute prouvée : C'est le cas par exemple, des pays du Common Law[248].

Mais en revanche, parmi ceux qui ont adopté un régime de responsabilité pour autrui fondé sur une présomption de faute, il y en a qui ont posé un principe général : le plus connu est l'Allemagne a travers son code civil.

En effet, ce texte contient un paragraphe 832 aux termes duquel : « toute personne légalement tenue d'en surveiller une autre qui, en raison de sa minorité ou de son état intellectuel ou physique, a besoin d'être contrôlée, est tenue de réparer le dommage que la personne surveillée cause à un tiers »[249]. Le droit français a fini par le rejoindre dans une décision remarquable dont on n'a certainement pas encore cerné toutes les potentialités.

Paragraphe 2 : l'évolution consacrée

Cette consécration découle d'un arrêt de l'assemblée pléniére du 29 mars 1991 dit arrêt Blieck[250].

L'importance de la décision mérite un rappel des faits.

En l'espèce, un handicapé mental était placé dans un centre d'aide par le travail géré par une association privée et auquel avait été confié un travail de débroussaillage forestier. Or, pour des raisons de rancune personnelle, ce jeune homme déclencha volontairement, au cours de son travail, un incendie qui détruisit plusieurs centaines d'hectares de forêt.

---

246 V. notamment : La responsabilité du fait des choses, réflexions autour d'un centenaire, F. Leduc (dir.) Economica, 1997; G. Durry, « L'irremplaçable responsabilité du fait des choses », Mélanges F. Terré, Dalloz, 1999, p. 707; F. Chabas, « cent ans d'application de l'article 1384 », RCA juin 2001, p.41.

247 R. Savatier, « La responsabilité générale du fait des choses que l'on a sous sa garde a-t-elle pour pendant une responsabilité générale du fait des personnes dont on doit répondre? », DH, 1933, Chr. P.81 ; procureur général Matter, DP 1930, p.57

248 V. J. – P. Le GALL, Liability for persons under supervision, International Encyclopedia of Comparative Law, vol. xi, Torts, ch.3, n° 18 p 113

249 V., sur le droit allemand, J.-M. Lhuillier, La responsabilité civile, pénale et administrative dans les établissements et services sociaux, th. Poitiers 1996, n° 167 et s

250 Ass. Plén. 29 mars 1991, JCP 1991. II. 2167. Note J. Ghestin, concl. D.H. Dontenwille, D. 1991, p. 324, note C. Larroumet, somm. 324, obs. J.-L. Aubert, G. P. 1992, 2, p.513, note F. Chabas RTD civ. 1991, p. 541, obs. P. Jourdain, p. 312, obs. J. Hausser, RFDA 1991, p. 991, obs. P. Bon. G. Viney, « Vers un élargissement de la catégorie des personnes dont on doit répondre », D. 1991. chr. P. 157; H. Groutel, « Un arrêt (à moitié) historique », RCA 1991, p.1.

Les victimes propriétaires de la forêt en l'occurrence consorts Blieck exercèrent alors une action en responsabilité contre l'association qui gérait le centre et cette action fut accueillie par le tribunal de grande instance de Tulle, sur le fondement d'une faute de surveillance.

Cependant, devant la Cour d'appel de limoges, l'association plaida que l'incendiaire était soumis à un régime de liberté pendant la journée, de telle sorte qu'elle n'avait aucune surveillance à exercer sur lui pendant son travail. De fait les juges d'appel ne relevèrent pas de faute de surveillance mais ils n'en confirmèrent pas moins la condamnation en la fondant sur l'article 1384, aliéna 1er du Code civil.

Les juges de la Cour de Limoges s'appliquèrent-ils à justifier leur position en évoquant le risque créé pour les tiers par l'emploi de méthodes libérales de traitement ainsi que l'existence d'une assurance. La Cour de cassation réunie en assemblée plénière à la demande de la deuxième Chambre civile rejeta en effet le pourvoi formé contre l'arrêt de la Cour de Limoges dont elle approuva donc la solution en s'appuyant sur l'article 1384, aliéna 1er auquel elle reconnut ainsi, pour la première fois, une portée propre en matière de responsabilité du fait d'autrui en ces termes :

« Attendu que l'arrêt relève que le centre géré par l'association était destiné à recevoir des personnes handicapées mentales, encadrées dans un milieu protégé et que » l'auteur de l'incendie « était soumis à un régime comportant une totale liberté de circulation dans la journée; qu'en l'état de ces constatations, d'où résulte que l'association avait accepté la charge d'organiser et de contrôler, à titre permanent, le mode de vie de ce handicapé, la Cour d'appel a décidé, à bon droit, qu'elle devait répondre de celui-ci, au sens de l'article 1384, aliéna 1er du Code civil et qu'elle était tenue de réparer les dommages qu'il avait causés ».

Cette décision s'expliquait par la volonté légitime de prendre en compte les risques particuliers de dommages représentés par les méthodes modernes de traitement en liberté ou semi-liberté des malades mentaux.

Au demeurant, la responsabilité objective qui s'évince de l'arrêt s'harmonise parfaitement avec la jurisprudence administrative qui admettait, depuis quelque temps déjà, sur le fondement du risque social la responsabilité sans faute de l'État pour les dommages causés par des mineurs délinquants ou par des malades mentaux en sortie d'essai ou en placement familial surveillé.

Conformément à l'opinion de la majorité des commentateurs de la décision de l'Assemblée plénière, la Cour de cassation n'a pas entendu poser un principe général de responsabilité du fait d'autrui comparable à celui qu'elle a admis sur la base de l'article 1384 du code civil pour les dommages causés par le fait des choses inanimées[251].

D'ailleurs, sur le fondement de la responsabilité, l'assemblée plénière s'est montrée extrêmement prudente en occultant cette question fondamentale. Alors que la Cour d'appel de Limoges s'était prononcée de façon claire en faveur d'une « présomption de responsabilité », expression qui évoquait, semble-t-il le régime applicable au « gardien » d'une chose, la Cour de cassation s'est contentée, quant à elle, d'approuver l'arrêt d'appel d'avoir jugé que l'association devait « répondre du handicapé », au sens de l'article 1384, aliéna 1er et « qu'elle était tenue de réparer les dommages qu'il avait causés ».

Cette formule est donc aussi neutre que possible. Ce qui est sûr, c'est qu'elle écarte l'exigence de la preuve d'une faute personnelle du « responsable pour autrui ». Sinon le recours à l'article 1384, aliéna 1er n'aurait aucun sens[252].

En tout cas, dans de telles circonstances, la responsabilité répond au souci de faire peser les risques de dommage sur ceux qui disposent du pouvoir d'encadrer l'activité d'autrui, activité dont ils peuvent le cas échéant tirer profit. Elle ressemble plutôt à la responsabilité des commettants du fait de leurs préposés. Si des incertitudes persistent sur le domaine de la responsabilité, son régime semble aujourd'hui mieux établi.

Il est acquis qu'il s'agit d'une responsabilité « de plein droit » ne cédant pas devant la preuve de l'absence de faute du responsable. S'agissant du fait générateur, la Cour de cassation a précisé que la responsabilité des associations sportives ne pouvait être engagée qu'en cas de faute de l'auteur du dommage, caractérisée par une violation des règles du jeu.

La jurisprudence relative à la responsabilité du fait d'autrui fondée sur l'article 1384 aliéna 1er « se laisse difficilement enfermer dans une synthèse rationnelle »[253], de sorte que l'on s'acheminerait vers une casuistique jurisprudentielle. L'aliéna 1er de l'article 1384 serait « un instrument très souple entre les mains du juge » pour lui permettre de reconnaître, là où il estime nécessaire, de nouveaux cas de responsabilité pour autrui[254].

Pour autant, les nouvelles hypothèses consacrées jusqu'à présent sur le fondement de cet article peuvent être regroupées autour de deux grandes idées.

La première consiste à déclarer responsables les personnes ayant reçu pour mission de contrôler le mode de vie de l'auteur direct du dommage. À l'instar

---

251 V. M.BEHAR- TOUCHAIS, « Nouvelles orientations en matière de responsabilité du fait d'autrui » RJDA Bull F. Lefervre, juillet. 1991, p. 487, P. Jourdain, obs. RTD civ. 1991, P.541.

252 Geneviève Viney et Patrice Jourdain. Op. cit. p. 943.

253 J. Mouly, note sous Civ. 2ème, 26 octobre 2006, JCP 2006. II.10004.

254 G. Viney et P. Jourdain, op. cit. p.946 et s.

de la responsabilité parentale, cette première catégorie serait fondée sur l'idée de « garde d'autrui » mineur ou handicapé mental[255].

La seconde consiste à déclarer responsable la personne ayant pour simple mission d'organiser l'activité au cours de laquelle le dommage a été causé. À l'instar de la responsabilité des commettants, cette deuxième catégorie serait fondée sur l'idée d'association à l'activité d'autrui[256].

Par conséquent, l'admission par l'assemblée plénière de la Cour de cassation du principe selon lequel l'alinéa 1er de l'article 1384 pouvait être sollicité pour fonder d'autres cas de responsabilité pour autrui posait un problème quant au régime à appliquer à ces nouvelles responsabilités. Fallait-il les soumettre à l'un ou à l'autre de ces deux régimes dominants ? Pouvait-on éventuellement concevoir certaines d'entre elles comme des responsabilités pour faute présumée ?

La question était discutable. Mais depuis l'arrêt du 19 février 1997, elle ne l'est plus. La 2ème Chambre civile de la Cour de cassation a abandonné, pour la responsabilité des père et mère, le fondement de la présomption de faute et affirmé qu'il s'agit d'une responsabilité de « plein droit »[257], il apparaît que tous les cas de responsabilité pour autrui prévus par l'article 1384 sont destinés à s'aligner sur ce modèle. Par conséquent, à partir du 19 février 1997, il était devenu certain que la responsabilité pour autrui fondée sur l'article 1384 aliéna 1er serait dans tous les cas une responsabilité de plein droit, et la Chambre criminelle a explicitement consacré cette solution en affirmant, le 26 mars 1997 dans plusieurs affaires qui concernaient des foyers de rééducation désignés par le juge de l'assistance, que « les personnes tenues de répondre du fait d'autrui au sens de l'article 1384, aliéna 1er, ne peuvent s'exonérer de la responsabilité de plein droit résultant de ce texte en démontrant qu'elles n'ont commis aucune faute »[258].

Cette responsabilité est donc stricte. Pourtant, il ne s'agit pas d'une garantie automatique, car elle est subordonnée à la preuve d'un fait imputable

255 L. Perdrix, La garde d'autrui, LGDJ, 2010, t.521, préf. G. Viney.

256 M. Marteau-Petit, « La dualité des critères de mise en œuvre de la responsabilité du fait d'autrui », RJ 2002, p.1 et s. ; il est à noter que cette dualité a été reprise par l'avant-projet Catala de réforme du droit des obligations, pour être érigée en principe à l'article 1355 aux termes duquel « on est responsable de plein droit des dommages causés par ceux dont on règle le mode de vie ou dont on organise, encadre ou contrôle l'activité dans son propre intérêt ».

257 Bull. Civ. II, n ° 56, JCP, 1997, II, 22 848, concl. R. kessous, note G. Viney; D., 1997, p.265, note P. Jourdain; Gaz. Pal., 3 oct 1997, note F. Chabas; F. Leduc « La responsabilité des père et mère : changement de nature », Resp. civ et Assur., 1997, ch., n° 9; C. Radé, « Le renouveau de la responsabilité du fait d'autrui », D. ? 19 997 CH. P. 279 obs. D. Mazeaud, D. 1997, somm. Com. p. 290.

258 Crim 26 mars 1997, Bull. crim n° 124.

à l'auteur direct du dommage, et le défendeur dispose de certains moyens de s'exonérer ou de répercuter la charge de la réparation sur autrui.

Finalement, s'il persiste encore des incertitudes sur le champ d'application de la responsabilité du fait d'autrui fondée sur l'article 1384, al. 1er, il n'en reste pas moins que le principe semble être admis avec moins de réticence ; il a évolué et s'est affiné.

Pendant ce temps, le droit sénégalais de la responsabilité du fait d'autrui demeure relativement stable, du moins pour le moment; il connaît toutefois une certaine spécificité en matière douanière avec la responsabilité des propriétaires de marchandises.

Section 2 : La spécificité de la responsabilité des propriétaires de marchandises

II semble nécessaire de mettre en relief quelques éléments de la responsabilité du commettant en droit commun **(Paragraphel)** pour mieux apprécier celle des propriétaires de marchandises **(Paragraphe 2)**

Paragraphe 1 : Les conditions de la responsabilité du commettant en droit commun

L'existence d'une responsabilité propre à l'employeur ou au commettant pour les dommages causés aux tiers par les salariés ou préposés dans l'exercice de leurs fonctions est admise aujourd'hui très largement dans tous les systèmes juridiques issus du droit romain[259]. L'on constate à la fois son extension et sa propension à s'évader du cadre de la responsabilité pour faute personnelle[260].

259 V. G. Eorsi, Private and gouvernemental liability for the torts of employers and organs, International Encyclopedia of comparative Law, vol.XI, ch.4, n° 45 à 119-G.VON Maanen Vicarious liability in European Civil Code, in "Towards a European Civil Code", Ed Ars aequilibri, Nimegue 1994, p.301 et s. Dans les pays socialistes, la responsabilité du fait des dommages causés par les employés incombe en principe aux entreprises publiques pour le compte desquelles ils travaillent. Mais ce n'est pas à proprement parler une responsabilité pour autrui : il s'agit en effet d'une responsabilité directe de l'entreprise. V. aussi. Hadi Slim « Recherches sur la responsabilité du fait d'autrui en droit comparé », in La responsabilité du fait d'autrui. Actualité et évolutions, Actes du colloque organisé par l'Université du Maine le 2 juin 2000, Resp. civ.et Assur, Novembre 2000, n° hors-série p.52 et s. spécialement n° 3 à 11.

260 Cependant, à cet égard, les droits de tradition germanique restent en retrait par rapport aux autres. V. G. Eorsi, op. Cit n° 93à 114. Pour le droit allemand, Mélanges J. Savatier, p. 303 et s. V. également pour le droit suisse, R. Tendler, « Le rapprochement des droits français et suisse en matière de responsabilité des commettants du fait de leurs préposés », RID comp. 1972, p.677 et s.

D'ailleurs, cette évolution n'affecte pas seulement le droit civil. La responsabilité du chef d'entreprise s'est aussi développée de manière tout à fait spectaculaire en droit pénal[261].

Au-delà de cette précision, et si l'on admet que le lien de préposition n'est pas à discuter ici, la responsabilité du commettant suppose aussi un acte dommageable du préposé (**A**) lié aux fonctions **(B)**

A) L'acte dommageable du préposé

Il doit s'agir d'un fait qui présente, en la personne du préposé, les caractères d'un fait générateur de responsabilité.

La jurisprudence[262] traditionnelle subordonne la responsabilité du commettant à la responsabilité personnelle du préposé auteur du dommage.

Le fait dommageable doit être par lui-même susceptible d'engager la responsabilité personnelle du préposé vis-à-vis de la victime. Il en est certainement ainsi lorsque le préposé a commis une faute.

Mais, si la victime doit prouver la faute du préposé pour engager la responsabilité de son commettant, elle n'est pas obligée d'obtenir au préalable la condamnation personnelle du préposé, ni même de la mettre en cause.

Le fondement de la responsabilité du commettant pourrait ainsi être la faute commise par le préposé dans l'exercice de ses fonctions.

Cette faute est définie par l'article 119 du code des obligations civiles et commerciales comme « un manquement à une obligation préexistante de quelque nature qu'elle soit ».

Le législateur sénégalais admet aussi bien la faute subjective, prenant en compte la conscience de l'auteur de l'acte dommageable, que la faute dite objective qui se satisfait de son caractère illicite[263].

---

261 V. J. Julien, « Existe-t-il une responsabilité pénale du fait d'autrui ? » in Resp. Civ et Assur, Novembre 2000, n° spécial hors-série, La responsabilité du fait d'autrui, Actualité et évolutions, p. 36. Cet auteur estime que la responsabilité pénale des personnes morales est toujours une responsabilité pour autrui.

262 Civ, 2ème, 11 mai 1956, D., 1957, p.121 note R. Rodiére ; Civ, 1er, 9 Juin 1993, B I n° 209 ; Civ 2ème Avril 2004, p. 2601, note Y. M. Sérinet, JCP, 2004, II. 10131. Note M. Imbert, RTD civ 2004, p.517 obs. P. Jourdain.

263 Article 119 du COCC : « La faute est un manquement à une obligation préexistante de quelque nature qu'elle soit », article 121 du COCC : « Il n'y a pas de faute si l'auteur du dommage était par son état naturel dans l'impossibilité d'apprécier l'acte. Toutefois, tout acte peut obliger l'auteur du dommage à réparation ou être pris en compte pour l'exonération partielle ou totale prévue au présent titre ». Voir aussi. Ass.plén 9 mai 1984 (arrêts Lemaire et Derguini), D. 1984, p... 525, concl. Cabannes, note F. Chabas, RTD civ.1984, p.508, obs. J. Huet, JCP1984,. II.20255, note N. Dejan de la Batie et 20 256, note P. Jourdain (faute de l'enfant entraînant un partage de responsabilité) ; Civ. 2ème, 18 février 1996, B. II n° 54, D.1996, p 602, note F. Duquene D. 1997, som. 28, obs .D. Mazeaud, RTD civ. 1996. P. 628, obs. P. Jourdain JCP 1996. I. 3985, obs. G. Viney (enfant victime) ; solution réaffirmée pour l'enfant auteur de dommages : Civ. 2ème 12 Décembre 1984, B II, n ° 193,

La faute ainsi entendue est une notion large, générale. Elle a vocation à colorer tous les aspects possibles de la conduite humaine. Il est donc impossible, par hypothèse, d'établir un catalogue limitatif des comportements fautifs du préposé.

On s'est aussi demandé si la responsabilité du préposé ne pouvait être retenue à partir du fait de la chose. Déjà dès 1936, la Cour de cassation avait répondu par la négative en estimant que le préposé ne pouvait être considéré comme gardien de la chose qu'il utilise pour l'exécution de ses fonctions[264].

Cette incompatibilité entre les qualités de préposé et de gardien s'explique par le fait que le préposé est subordonné à son commettant alors que le gardien bénéficie d'un pouvoir effectif et indépendant, d'usage de direction et de contrôle sur la chose.

Une personne ne peut être à la fois préposé et gardien de la chose utilisée pour l'exécution de la mission qui lui est confiée par son commettant.

La solution a par la suite été réaffirmée[265]. Il en résulte que le commettant est seul gardien des choses utilisées par ses préposés dans l'exécution de leur mission[266].

Néanmoins, il semble qu'il puisse en être autrement dès lors que le préposé commet un abus de fonctions. En effet, dans cette hypothèse, il s'affranchit,

---

RTD Civ., 1986, p.119. Obs. Huet. En ce sens la Cour de Cassation française a attendu plus de 15 ans avant d'étendre à l'enfant l'abandon de l'élément subjectif de la faute. Par une série d'arrêts rendus le 9 mai 1984, l'Assemblée plénière a fini par estimer que les juges du fond n'étaient pas tenus de vérifier la capacité de discernement d'un mineur avant de constater sa faute. L'enfant peut commettre des fautes et engager à ce titre sa responsabilité sur le fondement de l'article 1382 du Code Civil, même s'il n'est pas apte, en raison de son âge, à apprécier la portée de ces actes ni à en discerner les conséquences. Longtemps considérée comme l'élément subjectif ou moral de la faute, la faculté de discernement n'est plus aujourd'hui indispensable à la qualification de celle-ci. Voir aussi H. et L. Mazeaud et A. Tunc, Traité théorique et pratique de la responsabilité civile et délictuelle contractuelle, T. I, 6ème édition, 1965, n° 395 et s. H.L et J. Mazeaud et F. Chabas, Leçons de droit civil, T. II, Les obligations, H. Mazeaud « La faute objective et la responsabilité sans faute », D., 1985 chr.13.

264 Civ. 30 Décembre 1936, D.P 1937, I, p.5, Rapp. L. Josserand, note R. Savatier, S. 1937. I, p.137, note Mazeaud.

265 Civ, 2ème, 1er avril 1998, RTD civ., 1998, p. 914, obs. P. Jourdain, RCA 1998, comm., N° 223; 15 Mars 2001, RCA 2001, comm. n° 183, obs. H. Groutel. Adde : M-A. Péano, « L'incompatibilité entre les qualités de gardien et **de** préposé », D. 1991, chr. 51 ; V. cependant : Civ 2ème 5 Décembre 1990, B II n ° 257, RTD civ.1991, P. Jourdain (censurant un arrêt d'appel ayant déclaré responsable un commettant au domicile duquel travaillait un préposé victime, en sa qualité de gardien du fer à repasser utilisé par ce dernier).

266 Il en est ainsi, même lorsque la chose utilisée est la propriété du préposé, le lien de préposition réalisant alors le transfert de garde au profit du commettant : Civ.3é, 24 Janvier 1973, B III n° 72.

en quelque sorte des liens de préposition et récupère sur la chose utilisée des pouvoirs indépendants, aptes à lui faire endosser la qualité de gardien[267].

L'incompatibilité classique entre la garde des choses et le lien de préposition prête cependant à critique depuis que la Cour de cassation française a considéré qu'un enfant en bas âge, privé de discernement, pouvait être gardien d'une chose.

Avec cette jurisprudence[268], la différence de traitement entre le préposé et la personne privée de discernement est, a priori, difficilement justifiable.

C'est pourquoi certains auteurs[269] comprennent mal qu'un « enfant en bas âge voire un aliéné, puisse exercer sur la chose des pouvoirs d'usage de contrôle et de direction suffisamment indépendants pour caractériser la garde, et que le préposé, même le plus qualifié, soit incapable d'assumer de tels pouvoirs ».

Dans ces conditions, en France, un arrêt du 11 avril 2002 permet de se demander si la cour de cassation n'est pas prête à assouplir sa position traditionnelle[270].

En l'espèce, un accident de la circulation avait été causé par le détachement des deux roues et du tambour de frein d'un camion conduit par le préposé d'un transporteur routier.

La Cour de cassation approuve la cour d'appel d'avoir écarté la responsabilité du préposé, au motif que « le propriétaire du camion n'a pas transféré à son préposé, dont il était civilement responsable, la garde des éléments de la structure du véhicule ayant causé le dommage et qu'il était seul tenu de conserver en bon état de fonctionnement »[271].

---

267 Conf infra : le rattachement aux fonctions, adde Civ. 2ème 20 Décembre 1977, D.1978, IR 203, obs. C. Larroumet; 24 janvier 1996, B II n° 6. G.P.1997, D, 2, p.562, obs. M. Nicod.

268 Civ. 2ème 18 décembre 1964 (arrêt Trichard), D.1965, p.191, conclu. Schmelck, note P. Esmein, JCP 1965. II 14304, note N. Dejean de la Bâtie, RTD civ. 1965, p... 351, obs. R. Rodiére; 2 avril 1979, B II n° 121. D.1980, IR p. 37 obs. C. Larroumet (adolescent atteint de trouble mental); la solution fut par la suite consacrée par le législateur et étendue, audelà du fait des choses, à tout fait générateur de responsabilité, notamment à la responsabilité pour faute : aux termes de l'article 489-2 du code civil, dans sa rédaction issue de la loi du 3 janvier 1968, « celui qui a causé un dommage à autrui alors qu'il était sous l'emprise d'un trouble mental, n'en est pas moins obligé à réparation »

269 V.C. Larroumet obs. Civ, 2ème, 20 Décembre 1977, D. 1978, IR 203.

270 Civ. 2ème, 11 Avril 2002, B II, n ° 72, RTD civ.2002, p.519, obs. p. Jourdain, RCA 2002, chr n° 9 par H. Groutel.

271 Il est étrange que la cour de cassation se soit placée, en l'espèce, sur le seul terrain de la garde du véhicule pour apprécier les responsabilités. Le préposé aurait pu, en effet, être condamné, en sa qualité de conducteur du véhicule impliqué dans l'accident, conformément à la loi du 5 juillet 1985, nonobstant la garde de celui-ci. (Mireille Bacache-Gibeili : Les obligations. La Responsabilité Civile extracontractuelle; 2ème édition 2012 Economica p. 274

La référence en l'espèce à la « garde de la structure », conservée par le commettant propriétaire, laisse supposer que la « garde du comportement » pourrait, en revanche, être transférée au préposé[272].

La différence de traitement entre le préposé et la personne privée de discernement pourrait, peut être aussi, s'expliquer par le constat que le préposé agit pour le compte du commettant qui doit seul assumer les risques de son entreprise et qui peut s'assurer en conséquence.

L'incompatibilité des qualités de préposé et de gardien s'inscrit d'ailleurs dans le mouvement général favorable à l'allégement de la responsabilité du préposé, comme en témoigne la jurisprudence française relative à l'immunité de ce dernier agissant dans les limites de sa mission[273].

Dans la mesure où l'on considère le commettant comme un garant de la responsabilité du préposé, il semblerait naturel d'exiger que cette responsabilité soit établie préalablement à l'exercice des poursuites contre le garant.

Et pourtant, les tribunaux n'exigent pas toujours rigoureusement la mise en cause et la condamnation préalable du préposé.

Du moins continuent-ils à imposer la preuve d'un fait ou d'un acte de celui-ci qui serait, par lui-même, susceptible d'engager sa responsabilité personnelle vis-à-vis de la victime s'il avait agi pour son propre compte.

Cependant, le préposé peut voir sa responsabilité personnelle atténuée par les tribunaux. À ce titre, toujours en droit français, les juridictions ont retenu des solutions différentes selon que le commettant est poursuivi devant une juridiction civile ou qu'il l'est devant une juridiction répressive pour garantir les conséquences d'une infraction commise par son préposé.

Devant les juridictions civiles, il est aujourd'hui admis que le demandeur n'a pas à obtenir la condamnation préalable du préposé ni à le mettre en cause

---

272 B. Goldman, La détermination du gardien responsable du fait des choses inanimés, Sirey 1947, préf. P. Roubier; « Garde du comportement et garde de la structure », Mélanges P. Roubier, T. II, 1961, p.51 ; A. Tunc, « Garde du comportement et garde de la structure dans la responsabilité du fait des choses inanimées » : La conception dualiste de la garde se propose de retenir deux définitions distinctes de la garde selon l'origine du dommage. Elle part du constat que le dommage ne trouve pas toujours sa cause dans l'usage qui peut être fait de la chose mais peut résulter exclusivement des caractéristiques internes de celle-ci. Autrement dit, le dommage peut résulter, selon les cas, soit du comportement de la chose soit de la structure. Or, s'il est juste de rendre responsable des dommages qui trouvent leur origine dans le maniement de la chose, la personne titulaire des pouvoirs d'usage de direction et de contrôle, cette responsabilité apparaît en revanche plus critiquable lorsque le dommage ne s'explique que par un vice affectant la structure de celle-ci. C'est justement afin d'alléger la responsabilité de la personne à laquelle le propriétaire d'une chose avait transféré les pouvoirs d'usage de direction et de contrôle que la distinction de la garde de la structure et de la garde du comportement a été élaborée par la doctrine. V aussi sur cette notion F. Dreyfus, La garde de la structure dans la responsabilité du fait des choses inanimées, Th. Paris I, 1980; P. Dupichot, La garde de la structure et la garde du comportement dans la responsabilité civile, Thèse Paris XII. 1984.

273 Cf. infra p.318.

personnellement[274], de telle sorte que, même si la victime ne parvient pas à individualiser, parmi les membres du personnel du commettant, celui qui a été directement à l'origine de son dommage, cette circonstance ne l'empêchera pas de se faire indemniser par l'employeur sur le fondement de l'article 1384, aliéna 5.

En revanche, elle ne pourra pas, dans ce cas, exercer son action devant la juridiction répressive. En effet, si la chambre criminelle de la Cour de cassation admet constamment que les juridictions répressives, lorsqu'elles sont saisies de poursuites pénales contre un préposé, peuvent elles-mêmes condamner le commettant à garantir les conséquences civiles de l'infraction, c'est à la condition que celles-ci aient été préalablement constatées[275].

Il faut donc que le préposé soit mis en cause personnellement et condamné pénalement.

Toutefois, le juge n'est pas tenu de condamner civilement le préposé pour justifier la condamnation civile du commettant. Si la demande de dommages et intérêts n'est adressée qu'au commettant, la juridiction répressive ne condamnera personnellement que celui-ci et ne pourra pas se déclarer incompétente[276].

Est-il toujours nécessaire d'établir une « faute » du préposé ?

Beaucoup d'auteurs l'affirment et nombre d'arrêts paraissent consacrer cette exigence[277].

Pourtant, il semble bien que cette question appelle des réponses nuancées car elle ne se pose pas dans les mêmes termes en matière contractuelle qu'en matière extracontractuelle.

Dans le domaine contractuel, ce qui est essentiel, c'est d'établir que le fait du préposé réalise l'inexécution de l'obligation assumée par le commettant.

C'est donc la qualification de l'obligation du commettant notamment au regard de la distinction entre obligations de moyens et obligations de résultat, qui permet de déterminer si la faute du préposé est nécessaire ou non[278]. Elle ne l'est que s'il s'agit d'une obligation de moyens.

En revanche, en dehors du domaine contractuel, ce qui importe, si l'on conçoit la responsabilité du commettant comme une garantie de la

---

274 V. Civ. 2ème 21 avril 1966, Bull. civ, 1966, II, n° 454. V. également Chambéry, 24 mars 1981, D., 1983, IR, p. 260, note Alaphillipe et Karaquillo; Limoges, 17 Sept.1992, D., 1993, somm, 333, obs. J. Mouly.

275 Crim., 17 Déc.1970, JCP, 1971, IV, p.23; Crim., 17 Mai 1976, D., 1977, p.650. Rapport le courtier; obs. G. Durry, RTD civ. 1977, p. 135.

276 V.Crim. 26 Oct. 1982, Bull. crim., n ° 233, p.636.

277 V. notamment Civ., 15 Mars 1956, JCP, 1956, II, 9297. note P. Esmein; Civ. 2ème, 11 mai 1956, D., 1957, p.121, note Rodiére; Civ. lére 9 juin 1993, Bull.Civ., II n° 209, p.146; Civ, 2ème, 8 avril 2004; JCP, G, 2004, II, 10 131, note Mickael Imbert, RTD civ. 2004, p.517, obs. P. Jourdain.

278 V. H.et L. Mazeaud, Traité, t. I, 6ème éd., par A. Tunc, n° 1002.- E. Becqué, art. Pré. p.302.-Renaud, op.cit, p.84 et s. G. Baumet, op.cit., t II, 274 et s.

responsabilité du préposé, c'est d'établir un fait ou un acte du préposé qui aurait été susceptible d'engager la responsabilité de celui-ci s'il avait agi pour son propre compte.

La responsabilité du commettant suppose aussi qu'un lien soit établi entre l'acte dommageable du préposé et les fonctions exercées.

B) Le rattachement de l'acte aux fonctions du préposé

Tous les systèmes juridiques qui connaissent un régime spécial de responsabilité patronale pour le fait des préposés limitent le domaine de cette responsabilité aux dommages qui sont réalisés soit « dans les fonctions » exercées au service du commettant, soit, au moins, « à l'occasion de ses fonctions »[279].

À cet égard, le droit sénégalais ne fait pas exception puisque l'article 146 du COCC précise que « les commettants ou patrons répondent des dommages causés par une personne soumise à leur autorité, lorsque celle-ci encourt dans l'exercice de ses fonctions une responsabilité à l'égard d'autrui. Les personnes agissant pour le compte d'une personne morale engagent dans les mêmes conditions la responsabilité de celle-ci ».

Ce lien est pris en compte même lorsqu'il n'est qu'apparent : « le commettant est encore responsable lorsque le préposé a agi, au moins apparemment, dans l'exercice de ses fonctions » (article 147 COCC).

Et il est généralement admis que cette condition s'applique même dans les cas où la responsabilité du commettant est prévue par un texte particulier qui ne l'exige pas expressément.[280]

Or, en France surtout, les tribunaux[281] ont éprouvé de très sérieuses difficultés pour déterminer concrètement quelles sont, parmi les activités du préposé, celles qui sont suffisamment liées aux fonctions que lui a confiées le commettant pour engager, en cas de dommage, la responsabilité de celui-ci.

Sans nul doute une tendance extensive s'est-elle manifestée à peu près partout, mais elle est restée inégalement accentuée selon les pays, ce qui laisse subsister aujourd'hui des différences sensibles entre les droits nationaux.

---

279 C'est notamment la formule employée par l'article 127 du code libanais des obligations et des contrats : « Les maîtres et commettants sont responsables du dommage causé par le fait illicite de leurs domestiques ou préposés dans les fonctions ou à l'occasion des fonctions auxquelles ils les ont employés ». V. G. Eorsi. Pour le droit anglais, V.R.W.M.Dias and B. S. Markesinis, Tort Law, 2éme éd, p. 388 et s; pour les droits anglo-américains, on admet généralement qu'il s'agit d'une question de fait réglée au cas par cas, V. R. Dias et B. S. Markesinis, Tort Law, p. 389; Flemming, The Fleming, The Law of torts, éd 1992, p.377.

280 H. et L. Mazeaud, Traité, t. I, 6ème éd., par A. Tunc, n° 953 et 957 à 960.

281 V. les travaux de l'Association H. Capitant de 1977 sur l'abus de pouvoirs et les fonctions, notamment le rapport général de G. Michaelides-Nouaros, p.16 et s. et les rapports belges par R.-O. Dalcq, p.3 et s.

Sous le bénéfice de ces observations, il reste que le fait du préposé doit être causé dans l'exercice de ses fonctions.

Le problème est donc de déterminer quels sont les actes du préposé suffisamment liés aux fonctions pour engager, en cas de dommages, la responsabilité du commettant.

Autrement dit, il s'agit de préciser les facteurs de rattachement de l'acte aux fonctions.

L'acte qui n'est pas rattaché aux fonctions constitue un abus de fonctions et ne devrait pas, en principe, engager la responsabilité du commettant à l'égard de la victime.

En droit français, la notion d'abus de fonctions a connu des définitions diverses et successives et a longtemps divisé la jurisprudence[282].

À partir des années 1950, cette divergence a opposé les chambres de la Cour de cassation. Pour la deuxième chambre civile, constituait un abus de fonctions l'acte accompli dans un intérêt personnel au préposé, étranger à l'intérêt de l'employeur[283].

Elle adoptait ainsi, comme facteur de rattachement de l'acte aux fonctions, un facteur purement subjectif. Seul importait le but poursuivi par le préposé, l'intérêt qui le poussait à agir.

À l'opposé, la chambre criminelle retenait des facteurs de rattachement plus objectifs. L'acte du préposé restait rattaché aux fonctions même s'il avait été accompli dans un intérêt personnel, du moment qu'il avait été simplement facilité par l'exercice de celles-ci.

À titre d'exemple, n'abusait pas de ses fonctions le préposé qui utilisait, au moment du dommage, les moyens matériels fournis par son employeur[284].

Le 9 mars 1960, les chambres réunies donnèrent raison à la deuxième chambre civile en approuvant une cour d'appel d'avoir écarté la responsabilité d'un commettant à l'occasion d'un accident causé par son préposé qui s'était emparé du véhicule de son employeur à des fins personnelles[285].

La motivation de l'arrêt manquant cependant de netteté, la chambre criminelle refusa de s'incliner[286].

Par un arrêt du 10 juin 1977, l'Assemblée plénière affirma dans des termes plus explicites que « le commettant n'est pas responsable du dommage causé

---

282 Sur cette évolution V : N. Molfessis Etudes offertes à M. Gobert, p.512.

283 Civ., 2ème, 14 Juin, 1957, D., 1958, p.53, note R. Savatier.

284 Crim., 20 Mars 1958, Bull. Crim. n° 280.

285 Ch. Réunies, 9 Mars 1960, D., 1960, p.329, note R. Savatier, JCP 1960, II. 11 559. note R. Rodiére.

286 Crim.21 Novembre 1971, D 1973, p. 21 note C. Larroumet.

par le préposé qui utilise sans autorisation, à des fins personnelles, le véhicule à lui confié pour l'exercice des fonctions[287].

L'Assemblée plénière n'ayant pas posé de principe général et ayant simplement visé le cas particulier de l'emprunt abusif de véhicule, la chambre criminelle resta fidèle à sa position classique dans toutes les autres hypothèses d'abus de fonctions.[288]

Voulant définitivement mettre fin à cette contrariété de jurisprudence, l'Assemblé plénière intervint à nouveau, dans un arrêt du 17 juin 1983, pour affirmer dans des termes plus généraux que « les dispositions de l'article 1384 aliéna 5 ne s'appliquent pas au commettant en cas de dommages causés par le préposé qui, agissant sans autorisation, à des fins étrangères à ses attributions, s'est placé hors des fonctions auxquelles il est employé »[289].

Cet arrêt fut, semble-t-il, vain. Il a en effet reçu de la doctrine deux interprétations distinctes. Pour certains, l'abus de fonctions serait caractérisé en présence de deux conditions cumulatives : la poursuite par le préposé d'une fin personnelle, étrangère à ses attributions, et l'absence d'autorisation de l'acte du commettant.

Le fait pour le préposé de se placer, selon les termes de l'arrêt, « hors des fonctions auxquelles il est employé », ne serait qu'une conséquence nécessaire des deux premières conditions[290].

Pour d'autres, il n'y aurait abus de fonction qu'en présence de trois conditions cumulatives. Il conviendrait d'ajouter aux deux précédentes une condition autonome supplémentaire, le fait pour le préposé de se placer « hors des fonctions auxquelles il est employé »[291].

Cette troisième condition aurait donc une valeur propre et ne serait pas uniquement une redondance ou la conséquence des deux premières.

Ces vicissitudes jurisprudentielles et doctrinales ne semblent plus être d'actualité, même si on ne peut écarter de nouveaux soubresauts.

Au Sénégal, l'option du législateur est assez particulière, en ce sens que l'abus de fonction n'est pas, en soi, cause d'exclusion de la responsabilité du commettant. En effet, aux termes de l'article 148 : « En cas d'abus de fonction,

---

287 Ass.plén 10 Juin 1977, D.1977, p. 465. note C. Larroumet., JCP, 1977, II. 18730. concl. Gulphe.

288 Crim.3 Mai et 18 Juin 1979, D., 1980, IR p. 36, obs. C. Larroumet; 30 avril 1980, RTD civ 1980, p.115, obs. G. Durry.

289 Ass. Plén, 17 juin 1983, D., 1984, p.134, note Denis, JCP 1983, II.20120. Cloncl. Sadon, note F. Chabas, RTD civ.1983, p.749, obs. G. Durry : en l'espèce, un chauffeur avait utilisé le véhicule mis à sa disposition par l'employeur pour détourner à son profit une cargaison de fuel. Se sentant suivi, il avait déversé le fuel dans une carrière, provoquant une pollution des eaux. L'action des communes victimes de la pollution contre le commettant est rejetée, l'abus de fonctions étant en l'espèce caractérisé

290 C. Larroumet, D.1984, p.170.

291 G. Durry, RTD civ.1984, p.315.

un lien de causalité ou de connexité avec l'exercice des fonctions suffit à rendre le commettant responsable ».

Cette disposition consacre, sans aucun doute, une permissivité plus accentuée dans la mise en jeu de la responsabilité du commettant.

La responsabilité du commettant est retenue même en cas d'abus de fonction[292] . Il suffit qu'il y ait un « lien de causalité ou de connexité avec les fonctions ».

Finalement, en droit sénégalais, la combinaison des articles 146,147 et 148 du COCC fait ressortir que la responsabilité du commettant risque presque toujours d'être acquise. Le droit sénégalais n'a pas encore connu l'évolution du droit français.

Le préposé continue à engager la responsabilité de son commettant, même lorsqu'il n'agit plus en vue d'atteindre le but que lui a assigné ce dernier, dès lors, soit qu'il agit aux temps et lieu du travail, soit qu'il emploie les moyens qui ont été mis à sa disposition[293].

C'est d'ailleurs ce que semble retenir la cour d'appel de Dakar dans son arrêt du 18 janvier 1988[294].

Les faits de l'espèce méritent succinctement d'être rappelés : atteinte depuis 5 ans d'une psychose maniaco-dépressive, la jeune Tabara Dia âgée de 18 ans a été admise en réanimation à l'hôpital, le 17 août 1984, pour avoir tenté de mettre fin à ses jours, après un grave accident de la circulation dont elle venait d'être victime.

Le 19 août 1984 au matin, elle révélait à sa mère qu'elle avait été violée la veille au soir par le garçon de salle Moussa AW qui, sur ordre d'une infirmière, devait l'emmener satisfaire un besoin naturel.

---

292 Article 147 du COCC. Ces dispositions ont reçu une application dans la jurisprudence sénégalaise dans l'affaire opposant la Senelec à un de ses préposés qui a suspendu sans motif légitime la fourniture d'électricité à un abonné. La cour de Cassation a retenu la responsabilité de la société commettante. Cass. Civ., n° 32 du 7Fev.2002 AGS c/ Senelec.

293 La jurisprudence de la Cour d'appel de Dakar paraît bien être en ce dernier sens. Dans une affaire où le chauffeur d'une entreprise avait provoqué un accident en utilisant la voiture dont il était le conducteur « pour se rendre à son domicile à Pikine à des fins strictement personnelles » alors qu'il « avait pour mission permanente de garer le véhicule sur le parking de la Mission dès son service terminé ». Le commettant, qui plaidait l'abus de fonction pour échapper à sa responsabilité a été débouté au motif que : « Si l'abus de fonction et même la désobéissance du préposé sont certains, l'utilisation du véhicule par un chauffeur regagnant son domicile à la fin de la journée de travail ne constitue pas en soi un acte si exceptionnel ni une fin si personnelle qu'il dût être complètement se détacher de la fonction au point d'anéantir le rapport de préposition » : Cour d'Appel de Dakar arrêt n° 311 du 27 Juin 1980, U.A.P. et Mission Aide et Coopération C/Dame Samb et Entente sénégalaise, inédit.

294 Quelques réflexions à propos de l'arrêt de la Cour d'Appel de Dakar du 18 janvier 1988 : faute du commettant et abus de fonction du préposé, V. Amsatou Sow Sidibé, note, Annales africaines 1989 , 1990 , 1991 p. 239 et s.

Le père de Tabara Dia porta plainte avec constitution de partie civile, au nom de sa fille décédée en cours d'instance, et produisit un certificat médical concluant au viol. Le tribunal correctionnel de Dakar, dans un jugement en date du 24 mai 1985, a déclaré Moussa Aw coupable de viol sur la mineure Tabara Dia.

Le jugement déclarait, en outre, l'État français et l'Hôpital Principal de Dakar civilement responsables, et la Compagnie d'Assurances, la Préservatrice Foncière, tenue de garantir le paiement de l'indemnité réparatrice. Le prévenu, les civilement responsables et la compagnie d'assurance ont interjeté appel de la décision du tribunal correctionnel devant la Cour d'appel de Dakar, Chambre correctionnelle. Les appelants demandent l'infirmation de la décision du tribunal correctionnel.

Ils soutiennent en outre que la victime étant décédée en cours d'instance, son père ne peut plus réclamer que la réparation de son pretium doloris, les préjudices esthétiques et d'agrément étant personnels et intransmissibles et l'I.P.P disparaissant du fait du suicide de la victime.

Quant à la partie civile et le Ministère public, ils réclament la confirmation du jugement attaqué. Pour notre propos, seule la question relative à la responsabilité de l'Hôpital Principal du fait de son préposé nous intéresse.

Face à cette question, la solution de la Cour d'Appel de Dakar ne prête guère à équivoque. Elle admet que la responsabilité de l'Hôpital Principal est « une contrepartie de sa liberté de choix de son préposé et du devoir de contrôle et de surveillance qu'il contracte de ce fait vis-à-vis des tiers dans l'exécution des tâches confiées à ce dernier ».

La motivation de cette décision est erronée, car elle laisse apparaître que pour les juges du fond, si le commettant est responsable, c'est parce qu'il aurait mal choisi ou mal surveillé son préposé ; ce qui est n'est point conforme à la philosophie aujourd'hui admise par tous : la responsabilité du commettant est une responsabilité objective.

Mais en adoptant une telle démarche la Cour consacre une conception extensive de la responsabilité du commettant vis-à-vis de son préposé.

Ainsi pour la Cour d'appel, même en cas de viol, le commettant est responsable. Certainement parce que, ce viol aurait « un lien de causalité ou de connexité avec les fonctions » pour avoir eu lieu dans l'enceinte de l'hôpital, de surcroît commis par un garçon de salle.

En droit douanier, même s'il n'existe pas une jurisprudence identique, l'article 379 du code des douanes semble admettre une solution différente ; la responsabilité civile qui pèse sur le propriétaire des marchandises peut être engagée sans que l'on ait à établir que l'employé agissait dans l'exercice ou à l'occasion de l'exercice de ses fonctions[295].

Sous ce regard, La responsabilité du commettant est une responsabilité indirecte, pour autrui. Bien plus, le commettant n'est pas autorisé à s'exonérer en rapportant la preuve de son absence de faute[296].

La responsabilité du propriétaire de marchandises peut difficilement recouper le schéma ainsi décrit.

Paragraphe 2 : La responsabilité du propriétaire de marchandises

Aux termes de l'article 379 du code des douanes : « Les propriétaires des marchandises sont civilement responsables du fait de leurs employés en ce qui concerne les droits, confiscations, amendes et dépens ».

L'analyse du régime mis en place pourrait permettre une meilleure perception ; dans cette perspective, il est possible de se prononcer sur la mise en cause du préposé qui constitue un préalable **(A)** avant d'envisager la possibilité d'éventuels recours **(B).**

A) La mise en cause du préposé

La rédaction de l'article 379 du code des douanes laisse supposer que la responsabilité du commettant dépend de la détention de marchandises par le préposé, d'autant plus que le détenteur de ces marchandises est réputé responsable.

Il est d'abord donc nécessaire que le préposé ait détenu des marchandises ; mais de quelles marchandises s'agit-il ?

---

295 Claude J. Berr Henri Trémeau op.cit p. 478, Article 392 du code des douanes français « 1. Le détenteur de marchandises de fraude est réputé responsable de la fraude.
Toutefois, les transporteurs publics ne sont pas considérés, eux et leurs préposés ou agents, comme contrevenants, lorsque, par une désignation exacte et régulière de leurs commettants, ils mettent l'administration en mesure d'exercer utilement des poursuites contre les véritables auteurs de la fraude ». En droit sénégalais comme en droit français, la responsabilité pénale à laquelle est assujetti le détenteur est encourue par le seul fait de la découverte des objets litigieux sans que l'Administration soit tenue d'établir à sa charge un acte de participation personnelle à la fraude. La responsabilité pénale du détenteur résulte de la présomption à son encontre d'une faute ou négligence constituée par un défaut de surveillance. (Cass. Crim., 5 Janvier 1982 : Doc. Cont., n ° 1705 ; 25 Janvier 1982, Massamba Mikissi, Bull. n° 28)

296 En revanche, la responsabilité des père et mère du fait de leurs enfants mineurs a longtemps été fondée sur une présomption de faute, jusqu'au revirement opéré par l'arrêt Bertrand le 19 février 1997 (D.1997, p.265, note P. Jourdain, JCP 1997. II.22848. note G. Viney). Les parents étaient donc autorisés à s'exonérer en rapportant la preuve de leur absence de faute de surveillance ou d'éducation. Le droit sénégalais n'a pas connu la même évolution : la responsabilité parentale est encore une responsabilité pour faute présumée

Il a déjà été précisé[297] que la notion de marchandises ne fait l'objet d'aucune définition légale, elle est l'œuvre de la jurisprudence qui l'interprète de façon large.

L'article 379 du code des douanes ne fait aucune précision sur la nature des marchandises détenues par le préposé. Mais, il faut entendre ici les marchandises prohibées objet de l'infraction.[298]

La marchandise prohibée est celle dont l'importation est interdite à quelque titre que ce soit, ou dont l'importation est soumise à l'accomplissement d'une formalité quelconque.[299]

En droit commun, la responsabilité objective du fait des choses, fondée sur l'article 137 du COCC bénéficie d'un domaine très large[300]. À cet égard, il n y a pas lieu de distinguer selon que la chose était inerte ou en mouvement au moment de la production du dommage[301]. De même, il n'y a pas lieu de distinguer selon que la chose est entrée ou non en contact avec la personne ou les biens de la victime[302] ; ou que la chose soit dangereuse ou actionnée par la main.[303]

---

297 Cf supra p. 84.
298 Cf supra p. 84.
299 Article 21 du code des douanes « 1. Pour l'application du présent code, sont considérées comme prohibées toutes marchandises dont l'importation ou l'exportation est légalement interdite à quelque titre que ce soit, ou soumise à des restrictions, à des règles de qualité, de conditionnement ou à des formalités particulières.
2. Lorsque l'importation ou l'exportation n'est permise que sur présentation d'une autorisation, licence, certificat, ou tous autres documents, la marchandise est prohibée si elle n'est pas accompagnée d'un titre régulier, ou si elle est présentée sous le couvert d'un titre non applicable… ». Les articles 22, 23,24 prévoient aussi d'autres types de prohibitions relatives à la protection des marques, de la propriété intellectuelle et des marchandises d'origine.
300 Cour d'Appel de Dakar n° 384 du 14 juin 1984 IRANSEN c/ARMEMENT DONG KANG « La notion de chose vise aussi bien l'objet animé (véhicule par exemple) que l'objet inanimé tel que le carburant et les produits inflammables dont le déversement a entrainé la propagation d'un incendie ».
301 Civ.19 Février 1941, DC 1941, p.85 note Flour, GAJC, n° 200, obs. F. Terré et Y. Lequette (chute d'une cliente d'un établissement de bains sur une canalisation d'eau chaude); Civ. 2ème, 26 Avril 1990, B II, n° 79(débordement d'un étang provoquant une inondation)
302 Civ. 2ème, 5 Juin 1991, D.1992, p.409, note C. Lapoyade-Deschamps (sonnerie d'un portique de contrôle automatique qui se déclenche à tort, causant un dommage moral au client); 10 Juin 2004, B II, n° 293, RCA 2004; Comm. n° 2535 (navire ayant déclenché des vagues causant la noyade d'une personne)
303 Cour d'Appel de Dakar n° 69 du 12 Avril 1974 MGFA c/ FRANCHI « La responsabilité du fait des choses peut être engagée, que la chose soit ou non actionnée par la main de l'homme, qu'elle ait ou non un vice inhérent à sa nature et susceptible de causer un dommage, la responsabilité étant rattachée à la garde de la chose et non à la chose elle-même ».

Depuis la célèbre affaire Jand'heur[304] qui constitue l'une des étapes essentielles de la construction jurisprudentielle de la responsabilité du fait des choses, les différentes tentatives de limiter la liste des choses susceptibles d'engager la responsabilité du gardien ont été explicitement repoussées par la jurisprudence.

Presque dans tous les cas, la victime peut engager la responsabilité du gardien de la chose à l'origine de son dommage[305]. Et on sait que le préposé ne peut être gardien de la chose du commettant[306]. En tout état de cause, il suffit que la chose ait contribué à la réalisation du dommage, peu importe, à cet égard, qu'elle ait été inerte ou en mouvement[307].

En droit douanier, la chose n'a pas à jouer un quelconque rôle causal; il suffit qu'elle soit détenue par le préposé. C'est la chose détenue elle-même qui constitue l'objet du délit, ou encore le rôle passif de la chose.

Par ailleurs, la responsabilité civile qui pèse sur le propriétaire des marchandises peut être engagée sans que l'on ait à établir que l'employé agissait dans l'exercice ou à l'occasion de l'exercice de ses fonctions[308].

Ensuite : « Le détenteur de marchandises de fraude est réputé responsable de la fraude » (article 369). Le terme « réputé » renvoie manifestement à une présomption; Mais on peut se demander quelle est la nature de cette présomption ?

Il existe plusieurs variétés de présomptions.

---

304 Chambres réunies 13 Février 1930, DP, 1930, 1, p.57. ; Note G. Ripert, Rapport, Le Marc Hadour, S.1930, 1.P.121, note P. Esmen; L. Josserand. Dans cette espèce, un enfant avait été renversé et blessé par un camion. Sa mère s'était placée sur le terrain de l'article 1384, aliéna 1 pour demander réparation du dommage au gardien du camion. La Cour d'appel de Besançon refusa de faire droit à cette demande au motif que, la chose étant au moment du dommage « actionnée par la main de l'homme », seul l'article 1382 du Code civil pouvait s'appliquer. Un pourvoi fut formé contre cet arrêt qui fut cassé par la Chambre civile le 21 février 1927 au motif qu'il n'est pas nécessaire de distinguer pour appliquer l'article 1384 aliéna 1, selon que la chose est ou non actionnée par la main de l'homme. Mais la Cour d'appel de Lyon refusa de s'incliner devant la décision de la Chambre civile et rendit une décision conforme à celle de la Cour de Besançon. Un nouveau pourvoi ayant été formé, les Chambres réunies statuèrent le 13 février 1930, affirmant catégoriquement que, « pour l'application de la présomption qu'elle édicte, la loi ne distingue pas selon que la chose qui a causé le dommage était ou non actionnée par la main de l'homme ».

305 Même si l'hypothèse n'est pas très fréquente, le fait de la chose peut être retenu en présence d'une chose inerte qui n'est pas entrée en contact avec la victime : CA Colmar, 28 Janvier 2004, JCP 2004, IV. 2593, (positionnement anormal d'un panneau publicitaire pouvant perturber la vue des automobilistes).

306 Cf supra 312.

307 R. Houin, l'inertie de la chose et l'acceptation des risques sont-elles des causes d'exonération de la présomption de l'article 1384 al 1 du Code civil, RTD civ 1939; A. Peytel, Gaz. Pal., 1941, 1, Doc., p. 81.

308 M.T. Rives-Lange Contribution à l'étude de la responsabilité des maîtres et commettants, JCP 1970 I. 2309.

Les présomptions se définissent comme des conséquences que la loi tire d'un fait connu pour aboutir à un fait inconnu. Il s'agit, en d'autres termes d'une dispense de preuve.

On distingue plus précisément deux sortes de présomptions légales.

Les présomptions simples qui sont fondées sur la vraisemblance et destinées à remédier à la difficulté d'une preuve directe. Elles sont par conséquent susceptibles d'être renversées par la preuve contraire : elles sont réfragables. L'effet de la présomption se limite à un simple renversement de la charge de la preuve en même temps qu'à un déplacement de son objet.

Les présomptions absolues par contre ne sont pas susceptibles de preuve contraire : elles sont irréfragables. Il ne s'agit plus de renversement de la charge de la preuve, mais de dispense définitive de preuve ; cette présomption ne peut être combattue par une preuve contraire.

La présomption peut aussi être mixte ; c'est lorsqu'elle admet la preuve contraire mais dans les conditions établies par la loi.

Enfin, la présomption peut aussi être le fruit d'un simple raisonnement logique : c'est la présomption du fait de l'homme.

Les présomptions sont nécessaires lorsque la preuve est difficile ou impossible à rapporter, ou pour des raisons de sécurité ou d'efficacité.

L'article 369 dans l'aliéna 2 est certainement une présomption mixte parce qu'il permet pour certains la possibilité d'apporter une preuve contraire : « Toutefois les transporteurs publics ne sont pas considérés, eux et leur préposés ou agents, comme contrevenants, lorsque, par une désignation exacte et régulière de leurs commettants, ils mettent l'Administration en mesure d'exercer utilement des poursuites contre les auteurs de la fraude ». Dans tous les autres cas, le salarié détenteur de marchandises est considéré comme responsable de la fraude.

C'est une autre illustration de la sévérité du droit douanier que semble justifier l'efficacité recherchée dans la mise en œuvre de la responsabilité. L'utilisation de l'expression « exercer utilement des poursuites », qui d'ailleurs ne fait l'objet d'aucune définition légale participe de cette efficacité.

Au-delà de ces conditions de mise en jeu de la responsabilité du propriétaire de marchandises, il est aussi possible de relever quelques différences avec le droit commun au niveau des recours éventuels.

B) Les recours éventuels issus de la responsabilité du commettant propriétaire des marchandises

Une fois que la responsabilité du commettant propriétaire des marchandises est retenue, quels sont les recours susceptibles d'être exercés ?

C'est le recours du commettant contre le préposé qui a le plus souvent retenu l'attention ; mais la victime a toujours eu la possibilité de poursuive le préposé. Ce que le droit douanier permet en plus, c'est d'envisager le recours du préposé contre son commettant.

En droit français, le recours du commettant contre le préposé a connu une évolution qui mérite d'être rappelée.

Dans la mesure où l'on considère le commettant comme un garant de la responsabilité du préposé, il semblerait naturel d'exiger que cette responsabilité soit établie préalablement à l'exercice des poursuites contre le garant.

Et pourtant, les tribunaux n'exigent pas toujours rigoureusement la mise en cause et la condamnation préalable du préposé. Du moins continuent-ils à imposer la preuve d'un fait ou d'un acte de celui-ci qui serait, par lui-même, susceptible d'engager sa responsabilité personnelle vis-à-vis de la victime s'il a agi pour son propre compte.

Il est ainsi possible de constater, en doit commun, que la responsabilité civile du commettant prime sur celle du préposé lorsque ce dernier est intervenu dans l'acte dommageable.

Le commettant est responsable parce qu'il joue un rôle de garant au profit des victimes. Cette garantie profite-t-elle aussi au préposé ?

La plupart des formations de la Cour de cassation, notamment les 1er et 2éme Chambres civiles et la Chambre criminelle ont toujours affirmé que la garantie incombant au commettant ne profite qu'à la victime et non au préposé[309].

Elles en ont tiré les conséquences en admettant, d'une part, que si la victime poursuit et fait condamner le commettant sur le fondement de l'article 1384, aliéna 5, celui-ci peut ensuite exercer un recours contre le préposé, auteur direct du dommage pour récupérer toutes les sommes qu'il a été amenées à verser à ce titre[310].

La personne lésée dispose toujours d'une action contre le préposé, tenu à son égard in solidum avec le commettant qui lui-même ne peut jamais être mis en cause par son employé[311].

Autrement dit, le commettant était considéré comme tenu de garantir la dette du préposé vis-à-vis de la victime, mais cette garantie ne profitait pas au préposé qui restait, au moins en principe, seul tenu d'endosser la charge définitive et intégrale de l'indemnisation[312].

---

309 Crim., 19 Oct 1982, JCP, 1983, IV, p.4-Civ., 2é, 28 Oct. 1987, Bull. Civ., II, n° 214, p. 119.

310 Civ., 28 Janv.1955, D., 1955, p.449, note R. Savatier; Civ.1er, 20 Mars 1979, D., 1980, p.29, note C. Larroumet; Civ.1ere, 25 Nov, 1992, Bull. civ I, n° 292, p.191, resp.civ.et assur., 1993.obs. H. Groutel.

311 Civ.1ère, 6 Oct. 1971, RGAT, 1972, p.376; Crim., 15 Avr. 1972, JCP, 1972, IV, p.132; Civ, 2é, 6 Févr.1974, D., 1974, p.409, note P. Le Tourneau.

312 Geneviève Viney et Patrice Jourdain, Traité de droit civil, 3éme édition, 2011 : les conditions de la responsabilité p. 1014, 1015 et s. L.G.D.J.

D'ailleurs, un courant doctrinal, législatif et jurisprudentiel plus favorable au préposé s'est toujours développé en faveur d'un adoucissement de la condition du préposé[313].

Les partisans de cette thèse soutiennent que l'admission de la responsabilité du préposé ne tient pas compte de la situation du préposé qui est généralement un salarié travaillant pour le compte de son employeur, lequel a seul la maîtrise d'ensemble de l'activité dommageable.

Par conséquent, il a la possibilité de l'organiser de manière à prévenir les risques de dommages.

Est-il juste, dans ces conditions, que le préposé supporte dans tous les cas intégralement les conséquences des dommages causés, même par des fautes légères, dans le cadre des fonctions qu'il exerce au service et au profit d'autrui ?

La comparaison avec le droit administratif n'est d'ailleurs pas pour dissiper ce doute : on sait en effet que les fonctionnaires et agents publics ne répondent personnellement que de certaines fautes dites « personnelles » ou « détachables des fonctions » qui sont particulièrement graves, mais que la simple « faute de service », qui est beaucoup plus fréquente, est garantie par l'Administration[314].

On ne saurait donc s'étonner que, dès 1970, il ait été proposé d'admettre que l'employeur soit tenu de prendre en charge à titre définitif la responsabilité encourue vis-à-vis des tiers pour les fautes « ordinaires » ou « simples » que le préposé commet à l'occasion de l'exercice de ses fonctions, la responsabilité personnelle dudit préposé ne subsistant que dans l'hypothèse d'une « faute lourde »[315].

Tout d'abord, il est symptomatique de constater que les recours des commettants contre les préposés n'ont cessé de se raréfier au point de tomber pratiquement en désuétude.

D'abord, l'article L.121-12 du Code des assurances, qui ne fait que reprendre la formule de l'article 36 de la loi du 13 juillet 1930 sur le contrat d'assurance, interdit à l'assureur d'exercer un recours contre les préposés de son assuré, sauf à prouver leur « malveillance », c'est-à-dire leur faute intentionnelle.

Par conséquent, chaque fois que le commettant est assuré pour sa responsabilité civile et que l'assureur a été amené à indemniser la victime, aucun recours ne sera normalement exercé contre le préposé.

---

313 M. T. Rives-Lange, « Contribution à l'étude de la responsabilité des maitres et commettants », JCP. 1970, 1,2309, V. dans le même sens, l'opinion exprimée par A. Tunc in H. et L. Mazeaud. Traité, t. I, 6ème éd., n° 927.

314 V.G. Cornu, Etude comparée de la responsabilité délictuelle en droit privé et en droit public, th. Paris, 1951, p.58 et s.

315 M. T. Rives-Lange., 1970, 1, 2309.

En outre, il importe de souligner que, dès le 27 novembre 1958[316], la chambre sociale de la Cour de cassation a admis que la responsabilité contractuelle du salarié vis-à-vis de son employeur est subordonnée à la preuve d'une « faute lourde équipollente au dol ».

Cette solution, qui a été confirmée constamment par la suite[317], implique donc que, dans les rapports contractuels, le salarié n'a pas à répondre de ses fautes simples ni même de ses fautes graves, car la Chambre sociale a adopté une conception très étroite de la faute lourde susceptible d'engager la responsabilité du salarié, qui est pratiquement identifiée à la faute intentionnelle.

Mais la première Chambre civile de la Cour de cassation a réaffirmé, après 1958, que le commettant peut exercer un recours intégral contre le préposé sans avoir à prouver la « faute lourde » de celui-ci et qu'il suffit pour cela, d'établir une faute ordinaire.[318]

On a parfois cherché à expliquer cette solution par le caractère subrogatoire du recours du commettant qui justifierait l'exclusion du régime spécial de la responsabilité contractuelle, seule affectée par l'exigence de la faute lourde, mais l'argument paraît excessivement technique et la solution n'en est pas moins difficilement compatible avec la position affirmée par la Chambre sociale[319].

Cependant, depuis longtemps, différents signes permettaient de constater que l'attitude de sévérité adoptée par les chambres civiles et la Chambre criminelle de la Cour de cassation à l'égard du préposé était contestée et fortement ébranlée.

Cette position des deux Chambres a connu un revirement de la part de la Cour de Cassation en 1993[320], revirement qui a été confirmé à travers l'arrêt

---

316 Soc., 27 Nov., 1958, D., 1959, p.. 20, note R. Lindon; S.. 1959. P.33.; JCP, 1959. II, 11 143, note Brethe de la Gressaye.

317 Soc., 19 Nov., 1959, D.1960, p.74 note R. Lindon.

318 Civ. 1ère, 20 Mars 1979, D. 1980, p.. 29. Note C. Larroumet.

319 V.C. Larroumet, note D. 1980, p. 29. D'ailleurs ce désaccord résulte nettement de l'arrêt : Civ. 2éme, 13 Nov. 1964, D. 1965, p.346; JCP, 1965, II, 14 110, qui a affirmé l'inutilité de la preuve d'une faute lourde pour justifier la responsabilité du salarié vis-à-vis de son employeur dans une hypothèse où celle-ci était engagée directement pour un dommage causé à l'employeur lui-même. V. également Civ. 2éme, 27 juin 1974 Consorts T., JCP, 1974, IV, p.296.

320 L'arrêt Société des parfums Rochas, Com., 12 Octobre 1993 : dans cette affaire, la société des parfums Rochas, qui se plaignait d'avoir été victime d'actes de concurrence déloyale et d'utilisation illicite de sa marque, avait assigné à la fois la Sté Vallières, sa concurrente, et deux préposés de celle-ci, dont l'un était un voyageur-représentant-placier et l'autre le responsable d'une antenne régionale. La demanderesse établissait que ces deux préposés avaient directement concouru à l'exécution des actes illicites dont elle demandait réparation. La Cour d'appel accueillit l'action exercée contre la Sté Vallières, mais repoussa celles qui avaient été dirigées contre les préposés.
La Sté des parfums Rochas forma alors un pourvoi en cassation, en s'appuyant sur la jurisprudence traditionnelle des Chambres civiles de la Cour de Cassation, selon laquelle « le

Costedoat rendu par l'Assemblée plénière de la Cour de Cassation le 25 février 2000[321] :

« Attendu que n'engage pas sa responsabilité à l'égard des tiers le préposé qui agit sans excéder les limites de la mission qui lui a été impartie par le commettant »

On y a donc vu là une reprise très nette de la position prise par la Chambre commerciale en 1993, même si les termes employés sont quelque peu différents, toute allusion à la « faute personnelle » étant absente de l'arrêt de l'Assemblée plénière.

Cette jurisprudence a été illustrée à nouveau par un arrêt de la 2ème Chambre civile du 18 mai 2000[322] qui a approuvé la Cour d'appel d'avoir exonéré le préposé au motif que la faute reprochée à celui-ci demeurait dans les limites des relations de travail et qu'aucune faute personnelle n'était démontrée.

En droit français, c'est donc aujourd'hui l'admission de l'irresponsabilité civile du préposé pour les dommages causés par certaines fautes qui est retenue.

Depuis que l'arrêt Costedoat a posé le principe de l'immunité du préposé fautif, on s'est demandé si la responsabilité du commettant ne devait pas être désormais considérée comme une responsabilité directe, c'est-à-dire une

---

lien de subordination du préposé, s'il permet que sa responsabilité soit garantie à l'égard de la victime par celle de son commettant, ne l'exonère en rien des conséquences personnelles de cette responsabilité ». Mais la chambre commerciale rejeta ce moyen au motif que la Cour d'appel, ayant relevé que les préposés « avaient agi dans le cadre de la mission qui leur était impartie par leur employeur et qu'il n'était pas établi qu'ils en avaient outrepassé les limites »…., avait pu déduire de ces constatations qu'aucune faute personnelle susceptible d'engager leur responsabilité n'était caractérisée à l'encontre de ces préposés dans la réalisation de l'acte dommageable », ce qui suffisait à exclure leur responsabilité.. Par cet arrêt, la Chambre commerciale a donc pris le contre-pied des positions adoptées jusque-là par la Cour de Cassation en limitant la responsabilité du préposé au seul cas où il a commis une « faute personnelle ».

321 L'arrêt Costedoat de l'assemblée plénière de la cour de Cassation du 25 février 2000 : pour l'exécution d'un traitement herbicide de leurs rizières, des agriculteurs s'étaient adressés à la Sté Gyrafrance qui s'était engagée à répandre les produits par hélicoptère. Ce traitement ayant été réalisé un jour de vent assez fort, les herbicides atteignent les fonds voisins, endommageant des végétaux. Les propriétaires de ces fonds exercèrent une action en responsabilité contre plusieurs personnes, en particulier la Sté Gyrafrance et le pilote de d'hélicoptère, préposé de cette dernière. La cour d'appel retint les responsabilités de tous les défendeurs. L'un des pourvois en cassation critiqua la condamnation du pilote-préposé. Il fut accueilli au visa des articles 1382 et 1384, al. 5 du Code civil par un motif de principe placé en tête de l'arrêt : « Attendu que n'engage pas sa responsabilité à l'égard des tiers le préposé qui agit sans excéder les limites de la mission qui lui a été impartie par le commettant ».

322 Bull.civ., II. n ° 84, JCP, 2000, I. 280, n° 19 et 20. Obs. G. Viney.

responsabilité qui serait engagée en dépit de l'absence de responsabilité de l'auteur direct du dommage, le préposé[323] . La réponse semblait affirmative.

Comme on l'a relevé, l'effacement du « primo responsable » semblait postuler l'avènement des responsabilités directes en lieu et place des responsabilités indirectes, en lieu et place des responsabilités traditionnelles du fait d'autrui[324].

La responsabilité du préposé est désormais « absorbée » par celle du commettant. Devant une responsabilité directe, la responsabilité du commettant n'est plus une « responsabilité de garantie », mais accède au statut de « responsabilité substituée ».

Or selon certains auteurs, pareille responsabilité directe ne peut plus être analysée en une responsabilité pour autrui mais devient une responsabilité personnelle[325]. Une autre partie de la doctrine estime au contraire que la véritable responsabilité pour autrui ne peut être qu'une responsabilité indirecte[326].

C'est cette dernière orientation que l'on semble retrouver en droit sénégalais.

La responsabilité du commettant n'efface pas celle du préposé, et le commettant peut intenter une action récursoire contre son préposé pour obtenir le remboursement de ce qu'il a dû payer à la victime.

En effet, l'article 149 du COCC prévoit : «la responsabilité du commettant n'exclut pas celle du préposé. Tous deux sont solidairement responsables du dommage causé, et le civilement responsable peut exercer un recours contre son préposé».

---

323 Une approche plus restrictive estime qu'il n'y a de responsabilité directe que lorsque l'acte dommageable a simplement joué un rôle causal, sans pour autant avoir été fautif. L'auteur direct du dommage échappe à sa responsabilité, non pas parce qu'il bénéficie d'une immunité, mais parce qu'il n'a commis aucune faute. La responsabilité du répondant est alors engagée par la simple preuve du fait causal de l'auteur du dommage, ce qui permet de pousser un cran plus loin le caractère direct de la responsabilité pour autrui. Il en est ainsi en droit positif de la responsabilité des parents du fait de leurs enfants (J.C.Saint Pau, « La responsabilité du fait d'autrui est-elle devenue une responsabilité personnelle et directe ? », RCA 1998, Chr, 22, P. Jourdain : « La responsabilité du fait d'autrui à la recherche de ses fondements », Mélanges Lapoyade-Deschamps, 2003 p.67 : L'auteur distingue la responsabilité « directe », indépendante de tout fait générateur imputable à l'auteur du dommage, et la responsabilité « unique » du répondant nécessitant la preuve d'un fait générateur de responsabilité imputable à la personne garantie).

324 Ph. Brun, « L'évolution des régimes particuliers de responsabilité du fait d'autrui », in La responsabilité du fait d'autrui, actualité et évolutions, RCA, Nov., 2000, p.10.

325 Ph. Brun, « Le nouveau visage de la responsabilité du fait d'autrui », Mélanges Lapoyade-Deschamps, 2003, p.10; G. Viney, « La responsabilité personnelle du préposé », Mélanges Lapoyade-Deschamps, p.83 « La responsabilité du commettant cesse d'être une responsabilité pour autrui, elle devient directe et personnelle »

326 M. Poumaréde, « L'avènement de la responsabilité civile du fait d'autrui », Mélanges Le Tourneau, 2008, p.839 étude 10; les deux auteurs divergent cependant quant à la question de savoir s'il faut exiger à l'origine du dommage une faute (Mouly) ou se contenter d'un simple fait causal anormal (Poumaréde).

En matière de responsabilité civile, il est admis depuis longtemps qu'en raison de l'unité du préjudice, la victime peut demander à n'importe quel coobligé un paiement pour le tout, puisque ces derniers sont tenus in solidum[327].

Le commettant et le préposé étant coobligés, la victime pourra poursuivre l'un ou l'autre pour le tout ou les deux à la fois. Et si c'est le commettant qui est poursuivi et condamné, il a légalement le droit de se retourner contre son préposé.

En droit douanier un texte semblable existe, même s'il ne règle pas les modalités d'application. En effet, l'article 381 du code des douanes prévoit expressément que « Les condamnations contre plusieurs personnes pour un même fait de fraude sont solidaires, tant pour les pénalités pécuniaires tenant lieu de confiscation que pour l'amende et les dépens ».

Dès lors, pour l'application des dispositions de l'article 379 du code des douanes instituant la responsabilité du commettant du fait du préposé, les tribunaux peuvent mettre en œuvre le principe de la solidarité posé par l'article 381 du code des douanes.

En revanche, en cas d'insolvabilité du préposé, il paraît nécessaire d'obliger le commettant à garantir son préposé, quitte à ce qu'il puisse se retourner contre lui après paiement. Dans ce cas, la victime pourrait demander au commettant un paiement pour le tout.

Il faudrait donc prévoir d'une part que la victime puisse agir en paiement contre le commettant pour le tout, et d'autre part que si elle agit contre le préposé, elle ne pourra obtenir de lui qu'un paiement à hauteur de sa propre faute.

La responsabilité des commettants s'explique ainsi par l'idée de garantie des victimes contre l'insolvabilité des préposés. En effet, le plus souvent les dommages causés sont hors de proportion avec les capacités de remboursement de ces derniers.

Dans la mesure où l'on considère le commettant comme un garant de la responsabilité du préposé, il semblerait naturel d'exiger que cette responsabilité soit établie préalablement à l'exercice des poursuites contre le garant.

Et pourtant, les tribunaux n'exigent pas toujours rigoureusement la mise en cause et la condamnation préalable du préposé. Du moins continuent-ils à imposer la preuve d'un fait ou d'un acte de celui-ci qui serait, par lui-même, susceptible d'engager sa responsabilité personnelle vis-à-vis de la victime s'il a agi pour son propre compte.

Le commettant est responsable parce qu'il joue un rôle de garant au profit des victimes.

---

327 Cass. Civ., 4 Décembre 1939, D. 1941, jur. p.124. Admettant déjà la solidarité entre le commettant et le préposé, V. Cassreq. 22 Juillet 1891, D. 1892, 1 p. 335; S., 1892, 1, p. 569.

Cette garantie profite-t-elle aussi au préposé ?

Il nous semble ici difficilement possible de transposer la jurisprudence française sur l'immunité du préposé[328].

Par contre, il n'est pas exclu que le préposé en matière douanière puisse exercer un recours contre son commettant, indépendamment de toute solidarité.

Le préposé a en effet manifestement subi un préjudice du fait de son commettant : sa responsabilité a été retenue pour avoir détenu des marchandises appartenant à son commettant. Il a pu être de bonne foi, c'est-à-dire dans l'ignorance que les marchandises étaient frauduleuses, et on ne lui donne pas la possibilité de rapporter la preuve contraire.

Le lien entre ce préjudice et la détention des marchandises ne peut non plus se discuter. Dès lors, rien ne semble s'opposer à ce que le préposé puisse solliciter du juge civil ou pénal une réparation du préjudice causé par son commettant.

C'est peut-être là aussi une ultime spécificité ?

---

328 Cf. supra, p.331.

Conclusion

DE LA DEUXIÈME PARTIE

Hors du droit pénal, le droit douanier connaît une fortune plus modeste. Il reste toujours adossé au droit commun, mais sans une très grande ambition.

En matière de recouvrement des créances, les facilités reconnues au droit douanier sont peu inédites : elles renvoient essentiellement aux garanties prévues par le droit communautaire issu de l'OHADA, notamment avec les sûretés personnelles et les sûretés réelles. Et c'est certainement sur le droit du cautionnement qu'il a pu être constaté, au niveau de la jurisprudence et de la loi, un certain débordement que l'orthodoxie peut réprouver.

Dans la même perspective, au niveau de la responsabilité, l'Administration des douanes ne semble faire prévaloir aucune prétention, voire, aucune velléité de propagation : elle épouse pratiquement tous les contours classiques de la responsabilité administrative lorsque, dans l'exécution de sa mission, par sa faute ou non, elle est amenée à causer à autrui un dommage. Tout au plus, y a- t- il lieu de relever la modicité de l'indemnité forfaitaire encas de saisie non fondée, ou l'éventualité du recours du préposé contre son commettant, propriétaire des marchandises.

Finalement, malgré les spécificités relevées, ici et là, il est possible de convenir qu'il n'existe pas en réalité ni confrontation, ni opposition, entre le droit commun et le droit douanier. Il s'agit plutôt d'une collaboration à parfaire en essayant de rapprocher celui-ci de celui-là, dans la limite des exigences de compatibilité.

Conclusion générale

Tout au long de ce travail, il a été constaté que le droit douanier est un droit protéiforme qui intéresse à la fois les opérateurs du commerce extérieur et les simples particuliers.

Il se singularise également par la particularité de son contentieux marqué par des règles exorbitantes du droit commun. La conception douanière de l'infraction est en effet très éloignée de celle du droit commun.

Contrairement au droit pénal général qui exige la réunion de trois éléments pour asseoir une infraction, en droit douanier, l'infraction présente une physionomie particulière.

La place de l'élément intentionnel est très mince. C'est à cette analyse que conduisait l'ancien Code de 1987. Avec l'avènement du nouveau code des douanes, issu de la loi 2014-10 du 28 février 2014, il n'y pas eu de rupture, même si le juge peut aujourd'hui octroyer aux délinquants des circonstances atténuantes dans les cas visés à l'article 347/2 du Code des douanes.

Sur cette question, le législateur sénégalais a été inspiré par son homologue français. Mais cette modification apportée au code des douanes sénégalais a contribué à l'émergence de nouvelles interrogations[329].

N'y a t-il pas là une volonté chez le législateur de 2014 de donner à l'infraction douanière une certaine coloration morale? On ne peut occulter cette lecture, si l'on sait que les circonstances atténuantes ont un aspect purement subjectif.

---

329 Élisabeth Natarel, Construction communautaire et mutations du Droit National : Le code des douanes français en question, Université Paul Cézanne-Aix-Marseille III, Centre d'Etudes Fiscales, PUAM, 2004, p. 224. Cet auteur affirme que la réforme du code des douanes français sur l'intention donne au juge répressif désormais la possibilité de tenir compte de la bonne foi du contrevenant, cette appréciation relevant dorénavant de son pouvoir souverain. Cette évolution reste toutefois incomplète; il incombe en effet à celui qui invoque cette cause d'exonération de responsabilité d'en rapporter la preuve. Malgré cela, et sans que l'on en saisisse toujours les raisons, l'alignement du délit douanier sur le délit de droit commun reste encore illusoire et le débat sur l'intention en matière douanière n'est pas clos. Ces mêmes préoccupations sont constatées dans la réforme de l'intention dans l'infraction douanière au Sénégal.

Désormais la personne du délinquant est prise en considération, elle n'est plus indifférente comme autrefois. La jurisprudence de demain servira certainement d'étalon de mesure.

S'agissant de la preuve des infractions douanières, il faut relever que l'Administration des douanes bénéficie d'une position privilégiée. Elle peut utiliser à la fois les voies offertes par le droit commun et les règles aménagées par le Code des douanes, notamment celles relatives aux procès-verbaux.

Il faut encore souligner la persistance de la sévérité des sanctions qui éloigne de l'idée de proportionnalité, malgré le souci d'indulgence du législateur de 2014.

En matière de responsabilité pénale, l'originalité du système, c'est de pouvoir se satisfaire de l'imputation de l'infraction à l'auteur apparent. C'est une conception très large de la responsabilité qui est ainsi consacrée. En outre, l'existence d'un ensemble de présomptions de responsabilité et la notion d'« intérêt à la fraude » participent tout autant de cette philosophie.

Il aurait été aussi plus judicieux de mieux clarifier la classification des infractions douanières.

Tous ces éléments conjugués avec les limites qui affectent le pouvoir d'appréciation du juge peuvent laisser croire à un schéma de neutralisation de la responsabilité du droit commun.

Le même constat peut être fait hors du droit pénal, notamment lorsque l'Administration des douanes opère une saisie non fondée, ou essaie d'engager la responsabilité des propriétaires de marchandises. Lorsqu'il s'agit de recouvrer les droits et taxes, et autres pénalités, la Douane a à sa disposition des sûretés qui, parfois, la favorisent davantage que celles du droit commun.

Certes, le droit douanier n'en reste pas moins un droit ouvert, surtout qu'il ne devrait point pouvoir opérer contra pactum, contre les normes communautaires.

En effet, par sa nature, le droit communautaire possède une force attractive à laquelle l'ordre juridique interne -fût-il le droit douanier- ne peut s'opposer.

L'effort d'harmonisation fait par le législateur est, à cet égard, relativement timide. Il traduit une option à minima.

En effet, le code des douanes communautaire a un champ d'application bien limité : il vise les formalités liées au dédouanement, aux régimes économiques douaniers, etc. Or, les normes issues de l'OHADA, de l'UEMOA et de la CEDEAO ont une portée beaucoup plus large. Le caractère spécial de la loi douanière ne saurait servir de prétexte pour déroger à leur application.

Le respect de ces dernières découle de notre qualité d'État membre. Le droit douanier, quelle que puisse être sa finalité, ne pourrait continuer à s'éloigner de l'orthodoxie juridique, notamment face aux normes internationales, communautaires et même nationales.

En définitive, s'il peut paraître aujourd'hui surréaliste et hasardeux de pouvoir envisager de réformer la réforme, on ne peut s'interdire de croire que le législateur s'est arrêté au milieu du gué, car la philosophie qui lui a servi de support reste encore à être exploitée. L'adaptation du droit douanier est toujours à poursuivre.

POSTFACE

La douane est un phénomène universel aussi ancien que les Etats qui l'ont tous adopté pour protéger leurs frontières intérieures – ce fut le cas de la gabelle en France, célèbre impôt intérieur sur le sel - et extérieures. Avec l'évolution les missions de la douane se sont diversifiées un peu partout dans le monde pour répondre à des préoccupations principalement fiscales mais également de protection de la santé, de l'environnement, des espèces menacées de disparition, de lutte contre les contrefaçons etc… Pourtant le droit douanier reste largement méconnu, y compris des professionnels concernés comme les juristes en général, les magistrats, les avocats et les professionnels du commerce international.

Le Sénégal n'échappe pas à ce constat puisque le droit douanier n'est toujours pas enseigné à l'université tandis que les agents des douanes ont leurs propres structures de formation ce qui crée une sorte de rupture d'égalité des armes lorsque surgit un contentieux.

L'ouvrage de Malick FAYE constitue alors une très appréciable contribution à la connaissance du droit douanier sénégalais et de ses particularités. La démarche de l'auteur est résolution critique, elle intéressera aussi bien les professionnels concernés, même à titre épisodique, par le phénomène du dédouanement – ils sont nombreux – mais également les étudiants et les universitaires d'une manière générale.

L'expérience du colonel des douanes Malick FAYE est fort appréciable en raison de sa pratique du contentieux douanier devant les juridictions sénégalaises ce qui ne l'empêche nullement de porter un regard indépendant sur l'évolution du droit douanier sénégalais notamment à la faveur de la réforme récente du code des douanes du Sénégal en vue de l'adaptation aux normes communautaires de l'UEMOA.

Jean PANNIER
Docteur en droit
Avocat au barreau de Paris
Professeur de droit douanier

Bibliographie

1. Ouvrages généraux

Afschrift T., *Traité de la preuve en droit fiscal,* éd. Larcier, 2004, 530 pages.

Albiges C. et Dumont-Lefrant M.-P., *Droit des sûretés,* 4ème édition, Dalloz, 1999.

Anoukaha F., *Le droit des sûretés dans l'Acte Uniforme OHADA,* Presses Universitaires de Yaoundé, 1998.

Bacache-Gibeili M., *Les obligations : la responsabilité civile extracontractuelle,* Traité de droit civil, 2ème éd., Economica, Tome 5, Sous la direction de Larroumet C., 2012.

Batiffol et Lagarde, *Droit international privé,* tome II, 7ème éd., n° 512-2 ; **E. fohrer,** La prise en considération des normes étrangères, LGDJ, 2008, n° 281.

Berr C. et Tremeau H., *Le droit douanier communautaire et national,* Paris, Economica, 2001.

Berr C., *Introduction au droit douanier,* Paris, Economica, 2008.

Bouloc B. et Matsopoulou H., *Droit pénal général et procédure pénale,* 11ème édition, Sirey, 2011.

Bourassin M., Bremond V. et Jobard-Bachelier M.-N., *Droit des sûretés,* 4ème édition, Sirey, 2014.

Brisaud J., *Manuel d'histoire de droit privé,* Edition De Brocard, 1935.

Cachard O., *Droit du commerce international,* LGDJ, 2ème éd., 2011.

Carpentier V., *Guide pratique du contentieux douanier,* Paris, Litec, 1996.

Chapus R., *Droit administratif général,* Tome 1, 15ème édition, Montchrestien, 2001.

Colin A. et Capitant H., *Cours élémentaire de droit civil,* Dalloz, 10ème éd., 1948.

Conte P. et Du Chambo P.M., *Droit pénal général,* 7ème éd., Armand Colin, 2004.

Delmas-Marty M., *Droit pénal des affaires,* tome 2, PUF, 3ème éd., 1990

Dreyer E., *Droit pénal général,* 2ème éd., 2012

Fedida J.-M., *Le contentieux douanier*, Que sais-je, PUF, 2001.

Franchimant M., Jacobs A. et Mersset A., *Manuel de procédure pénale*, 3ème édition, Larcier 2009.

Garraud R., *Traité théorique et pratique d'instruction criminelle et de procédure pénale,* Sirey, 1907, tome 1.

Huiqing Cheng, *Les études du droit douanier et son exécution*, China Customs Press, 1ère édition, 2009.

Jeandidier W., *Droit pénal des affaires,* Dalloz, 2013

Jourdain P., *Les principes de la responsabilité civile*, 8ème édition, Dalloz, 2012.

Koechlin H. F., *La responsabilité de l'Etat en dehors des contrats de l'an VII,* 1873, Etude de jurisprudence, LGDJ, 1957.

Le Gunehec F. et Desportes F., *Droit pénal général*, Economica-corpus, 2009.

Le Tourneau P., Bloch. C ; Guettier. C ; Giudicelli A ; Julien. J ; Krajeski. D ; Poumaréde M., *Droit de la Responsabilité et des contrats*, 8éme éd., Dalloz 2010.

Mordant De Massiac B. et Soulard C., *Code des douanes,* Litec, 2002.

Nazario M., *Cours de contentieux douanier général,* Fasc. I, p.53 et s.

Pannier J., Recueil de jurisprudence douanière 1990-2010, Édition Economica 2010

Petit B., *Introduction générale au droit,* 5ème édition, Presse Universitaire de Grenoble, 2004.

Planiol M. et Ripert G., *Traité pratique de droit civil*, 2ème éd., Paris, 1952-1962.

Planiol M., *Traité élémentaire de droit civil,* Paris, LGDJ, 1900-1901, 3 Vol.

Pradel J., *Droit pénal général*, 18ème éd., Cujas, 2010.

Rassat M.-L., *Droit pénal général,* 2ème éd., ellipses, 2006.

Soulard C., *Guide pratique du contentieux douanier,* Litec, 2008.

Soyer J.-C., *Droit pénal et procédure pénale*, 21ème édition, LGDJ, lextenso éditions, 2011.

Stefani G., Levasseur G. et Bouloc B., *Procédure pénale*, Précis Dalloz, 17ème éd., 2000.

Tosi J.-P., *Le droit des obligations au Sénégal,* Tome XXVI, LGDJ, 1981.

Vedel G. et Delvolve P., *Droit administratif*, tome 1, PUF, 1992.

Villey M. et Jourdain P., *Les conditions de la responsabilité,* 3ème édition, LGDJ, 2005.

Viney G. et Jourdain P., *Les effets de la responsabilité : Traité de droit civil,* LGDJ, 3ème éd., 2011.

Ouvrages spécialisés

Albert J. L., *Douane et droit douanier : Question judiciaires,* PUF, 2013.

Aynès A., *Le droit de rétention, unité ou pluralité,* Economica, 2005, préface de Larroumet C.

Bénéjat M., La *responsabilité pénale professionnelle,* Volume 111, édition Dalloz, 2012.

Benoit-Renaudin C., *La responsabilité du préposé,* LGDJ, 2010

Blais M.-C., *La solidarité. Histoire d'une idée,* Gallimard, 2007.

Boulan F., *La transaction douanière, Études de droit pénal douanier,* Paris, PUF, 1968.

Brouillard J.-P., *Les nullités de procédure : des procédures pénales et civiles comparées,* Dalloz, 1996.

Camara B., *Le contentieux douanier au Sénégal. Réflexion sur la place du juge dans le traitement des infractions douanières,* publié à compte d'auteur, 2008.

Chappuis R., *La solidarité/ L'éthique des relations humaines,* PUF, Collection « Que sais-je », n° 3485, 1999.

Colin A., Capitant H. et Julliot M. de la Mondière, *Cours élémentaires de droit civil français,* tome 2, Dalloz, 1935.

Cornu G., *Vocabulaire juridique,* PUF, 2011.

Coutant-Lapalus V. C., *Le principe de la réparation intégrale en droit privé,* P.U. Aix Marseille, 2002.

Crocq P., *Propriété et garantie,* LGDJ, 1995.

De Hert P., *Le droit au silence des suspects et témoins,* Vigiles, 1999, n° 2, p.20.

Debouy C., *Le droit français de la responsabilité administrative : métamorphose ou permanence ?,* CJEG, 1997.

Delmas-Marty M., *La convention européenne de sauvegarde des droits de l'homme et le droit pénal de fond,* in Mél. Levasseur, Gaz. Pal.- Litec, 1992.

Denis J.B., *La distinction du droit pénal général et du droit pénal spécial,* LGDJ, 1977.

Dione Alioune., Le droit douanier à l'épreuve des réseaux informatiques, édition ITCIS 2008.

Dobkine M., *La transaction en matière pénale,* Dalloz, 1994.

Duez P., *La responsabilité de la puissance publique en dehors des contrats,* Dalloz, 1996.

Durkheim E., *De la division du travail social,* PUF, 1987.

Essaid M., *La présomption d'innocence,* Rabat, éd. Laporte, 1971.

Fattweis A.-L., *La charge de la preuve en droit pénal belge et la présomption d'innocence, les droits de la défense en matière pénale*, Ed. du jeune barreau de Liège, 1985.
Geny F., *Science et technique en droit privé positif : nouvelle contribution à la critique de la méthode juridique*, tome III, Paris, Sirey, 1921.
Girard C., *Culpabilité et silence en droit comparé,* L'Harmattan, 1997.
Goldman B., *La détermination du gardien responsable du fait des choses inanimées*, Sirey, 1947.
Guettier C., *La responsabilité administrative*, LGDJ. 1996.
Jennard S., *Les transformations de l'ordonnancement juridique douanier,* L.G.D.J, Lextenso éditions 2011.
Kaczmarck L., *La responsabilité pour fait normal : étude critique pour son originalité en matière civile extracontractuelle,* Publibook, 2012.
Kutty F., *L'impartialité du juge en procédure pénale,* Larcier, 2005.
Lecat J. J. et Marly P., *Le nouveau droit OHADA,* CMS, Bureau Francis Lefèvre, Juin 2011.
Lecocq P. et Lewalle P., *Contrainte, limitation et atteinte à la proprieté,* Larcier, 2005.
Legeais D., *Sûretés et garanties du crédit,* 8ème éd., LGDJ, 2011.
Marcou G., *Les mutations du droit de l'administration en Europe, pluralisme et convergence,* L'Harmattan, 1995.
Marguenaud J.-P., *L'influence de la Convention européenne des droits de l'homme sur le droit français,* LGDJ, Lille, 1996.
Maugue C. et Stahl J.-H., *La question prioritaire de constitutionnalité,* Dalloz, 2ème éd., 2013.
Maureau J., *La responsabilité administrative,* PUF (Que sais-je), 2ème éd., 1995.
Natarel E., *Construction communautaire et mutations du droit national : Le code des douanes français en question,* Presses Universitaires d'Aix – Marseille (PUAM), 2004, p.325 et s.
Neel B., *Les pénalités fiscales et douanières,* Economica, 1989.
Normand J., *Le juge et le litige,* Paris, LGDJ, 1965.
Paillet M., *La responsabilité administrative,* Dalloz, 1996.
Pannier J., *Douanes et changes,* Litec, 1990.
Parizot R., *La responsabilité pénale à l'épreuve de la criminalité organisée : le cas symptomatique de l'association de malfaiteurs et du blanchiment en France et en Italie,* LGDJ, 2012.
Pougoue P. G. et ElongoY. R. K., *Introduction critique à l'OHADA,* Presses Universitaires d'Afrique, 2008.
Ravillard P., *La répression des infractions douanières dans le grand marché intérieur,* Thèse publié aux éditions GLN-JOLY, 1992.

Renuci J. F., *Le droit pénal économique,* Masson/Armand Colin, 1995.

Robert J.-H., *Les investigations des fonctionnaires investis de certaines fonctions de police judiciaire,* in Mélanges, **Vitu A.**, Cujas, 1989.

Roland H. et Boyer L., *Adages du droit français,* Litec, 1992.

Rougevin-Baville M., *La responsabilité administrative,* Hachette-Sup (Les Fondamentaux), 1992.

Schmidt D. et Schmidt D., *Le contentieux douanier et des changes,* Dalloz, 1992.

Simler P. et Delebecque P., *Droit civil : Les sûretés- La publicité foncière,* 6ème éd., Précis Dalloz, 2012.

Simler P., *Cautionnement, garanties autonomes, garanties indemnitaires,* Litec, 4ème éd., 2008.

T'kint F., *Sûretés et principes généraux du droit de poursuite des créanciers,* 4ème éd. Larcier, 2004.

Tessier G., *Responsabilité de la puissance publique,* Répertoire Becquet, tome 23, 1906.

Touré Pape Assane, *Le Traitement de la Cybercriminalité devant le juge : L'exemple du Sénégal,* L'Harmattan, 2014.

Valkemer C., *La tromperie dans l'administration de la preuve pénale,* Larcier, 2000.

Viney G., *Le déclin de la responsabilité individuelle,* LGDJ, Bibliothèque de droit privé, 1965.

Articles

Brun P., *L'évolution des régimes particuliers de la responsabilité du fait d'autrui, actualité et évolutions,* RCA, Novembre 2000, p.10.

Brun P., *Le nouveau visage de la responsabilité du fait d'autrui,* Mélanges Lapoyade-Deschamps, 2003, p.10.

Culioli M., Le *recel commis par le passager connaissant la provenance frauduleuse du véhicule utilisé,* Rev. Sc. Crim., 1973, p.81, V. n° 16 et 17.

Delmas Marty M. et autres, *La matière pénale au sens de la CEDH, flou ou droit pénal,* Rev. Sc. Crim., 1987, p.819.

Diouf N., *Procès pénal et droits de l'homme : l'exemple du Sénégal,* Revue de l'Association Sénégalaise de Droit Pénal, Juillet-Décembre 1995, p.1 et s.

Domingo B., Douane, frontière et sécurité, R.I. crim. pol. tech., 1998, p.488.

Du Jardin J., *La justice pénale et ses antinomies,* Rev. Dr. Pen., 1975-1976, p.201-202

Fall N., *Le droit pénal africain à travers le système sénégalais,* EDJA, 2003.

Famchon Y. M., *De la retenue préventive, lors de la constatation d'une infraction par les agents des douanes, des objets affectés à la sûreté des pénalités,* Gaz. Pal., 1986, 1 doctrine, p.15

Gassin R., *Études de Droit pénal douanier,* Annales de la Faculté de droit et de sciences économiques d'Aix-en-Provence, PUF, 1968.

Gaudu V. F., *La responsabilité civile du prêteur de main-d'œuvre,* Dalloz, 1988,

Gomez J.-R., *Analyse critique de l'avant-projet d'acte uniforme portant organisation des sûretés dans les Etats membres de l'OHADA,* Penant n° 825, Septembre-Décembre 1997, p.262.

Issa Sayegh J., *Le classement des sûretés. La distribution du prix des biens du débiteur entre les créanciers en droit sénégalais,* Revue EDJA, n° 14, p.3 et s.

Kutty F., *L'étendue du droit au silence en procédure pénale,* Rev. Dr Pen., 2000, p.309-334.

Legeais D., *Le cautionnement à première demande,* Mélanges Levasseur, p.84.

Lepointe G., *L'évolution de la responsabilité administrative dans la France du XIXème siècle,* Rev. Hist. Dr. Fr. et étranger, 1959, p.214.

Letourneau P., *De l'allègement de l'obligation de renseignement ou de conseil,* Dalloz, 1987, Chron. 1010.

Lucas de Leyssac C., *L'obligation de renseignement dans les contrats,* in L'information en Droit privé, LGDJ, 1978.

Martin-Serf A., *L'interprétation extensive des sûretés réelles en droit commercial,* RTD com., 1980.

Mayer D., *L'apport du droit constitutionnel au droit pénal en France,* RSC, 1988, p.439.

Michoud L., *De la responsabilité de l'État à raison des fautes de ses agents,* RDP, 1895, p.401.

Natalelli M., *La constatation et la preuve des infractions douanières,* in Études de droit pénal douanier, sous la direction de **Gassin R.**, PUF, 1968.

Ndiaye I. Y., *Le cautionnement dans l'acte uniforme : Un contrat défiguré ou revigoré ?,* Revue Sénégalaise de Droit des Affaires, n° 1, Janvier-Juin, 2003, p.8 et suivants.

Ndiaye I. Y., *Réflexion sur le droit du cautionnement OHADA,* Revue Sénégalaise de Droit des Affaires, n° 5-6-7-8/ 2005-2006, p.62 et s.

Neel B., *L'intérêt de la fraude,* La semaine juridique, Édition générale, n ° 21, 23 Mai 1990.

NkouMvondo P., *L'information de la caution dans le nouveau droit des sûretés des Etats africains,* inédit, Université de Ngaoundéré, Cameroun, 1999.

Pannier J., *Droit pénal douanier et des changes : l'application de la loi dans le temps,* Rev. sc. crim., 1991, N° 2, p. 296.

Pannier J., *L'action pour l'application des sanctions douanières devant les juridictions répressives,* Gaz. Pal. 1994, 1. doct. 144.

Pannier J., *La preuve en matière douanière,* Recueil Dalloz, 2009, n ° 23, Études et commentaires, Chronique Douane., 1552-1555.

Pannier J., *La retenue douanière en « question »,* Décision N° 2010-32, QPC du 22 septembre 2010, Gaz. Pal., 10-12 octobre 2010.

Pannier J., *Le casse-tête du remboursement des droits de douane*, D., 2010, Études, p. 1648.

Pannier J., *Le contentieux douanier des visites domiciliaires,* Gaz. Pal., 25-26 novembre 2009, p.11.

Pannier J., *Le droit de communication de l'administration des douanes,* Revue de Droit Bancaire et de la Bourse, N° 13, mai-juin 1989, pp. 101-103.

Pannier J., *Les abus de la présomption de contrebande du Code des douanes. « Droit pénal »,* juin 2009. Etude 12.

Pannier J., *Les nullités de procédure en matière douanière,* Gaz. Pal. 1989, 1. doct. 131.

Pannier J., *« Les pouvoirs d'investigation des agents des douanes »,* Gaz. Pal., 1992 1er semestre, p.7

Pannier J., *Les pouvoirs d'investigation des agents des douanes, Première partie : le droit de visite des marchandises, des moyens de transports et des personnes,* Gaz. Pal., 1992 1 doct.7

Pardoel D., *Les obligations d'information de la caution,* Petites Affiches, 3 Juillet 2001, n° 131, p.120 et s.

Pouboul C., *Le particularisme de la responsabilité pénale douanière,* in Études de droit pénal douanier, sous la direction de **Gassin R.**, 1968.

Poumarède M., *L'avènement de la responsabilité civile du fait d'autrui,* Mélanges **P. Le Tourneau,** Dalloz, 2007.

Roubier P., *Garde du comportement et garde de la structure,* Mélanges **Roubier P.,** TII, 1961.

Saint Jours V.Y., *Les anomalies fondamentales de la législation des accidents de travail,* Rev. Trim. Sanit. Soc., 1985, p.520.

Sakho A. et Ndiaye I. Y., *Pratiques des garanties de crédit,* Revue Africaine de Banque, 1998.

Savatier J., *Contribution à une étude juridique de la profession libérale,* Dix ans de conférence d'agrégation, Études de droit commercial offertes à **Hamel J.,** Dalloz, 1961.

Sayegh J. I., *Le nouveau droit des garanties de l'OHADA,* ohada.com./Doct. P.9.

Simler P., *Le juge et la caution : Excès de rigueur ou excès d'indulgence ?,* JCP, Ed. N, 1986, I. 169.

Stibon, *L'origine des défenses faites aux juges*, la vie de la douane, Mars, 1979.

Storck M., *Les accessoires de la dette principale cautionnée,* Petites Affiches, 4 Septembre 1987, p.4 et s.

Urbino-Soulier F., *L'évolution de la jurisprudence de la chambre criminelle de la cour de cassation sur l'application des dispositions répressives du code des douanes,* Gaz. Pal., 1987, 1.750

Vermelle G., *Du droit pénal général reconfiguré par le droit pénal spécial,* in Droit pénal à l'aube du 3ème millénaire, Mélanges offerts à Jean Pradel, Paris, Cujas, 2006.

Villey M., *Esquisse historique sur le mot responsable,* Archives de philosophie du droit, XXII, 1977.

Viney G., *La responsabilité, Archives de philosophie du droit,* 1990, p.215.

Waline J., *L'évolution de la responsabilité extracontractuelle des personnes publiques,* EDCE, n° 46, 1995, p.459

Wattier I., *Le droit de garder le silence, le droit de ne pas contribuer à sa propre incrimination et le droit à l'assistance de son avocat,* Rev. Dr. Pen., 1996, p.960-967.

Yassui T., *Etude de l'environnement douanier 2012,* Document de recherche de l'OMD, n° 23, Juin 2012.

Thèses et mémoires

Boulan F., *La transaction en droit privé positif,* Thèse de doctorat en Droit privé, Aix-Marseille 2, 1971, dact. 484.

Calfayan C., *Essai sur la notion de préjudice,* Thèse de doctorat, Paris I, 2007, p.144 et s.

Cornu V.G., *Etude comparée de la responsabilité délictuelle en droit privé et en droit public,* Thèse de doctorat, Paris, 1951, p.58 et s.

Cren R., *Poursuites et sanctions en droit pénal douanier,* Thèse de doctorat en Droit privé, spécialité Droit pénal, soutenue le 16 Novembre 2011 à l'Université Panthéon-Assas.

Dreyfus F., *La garde de la structure dans la responsabilité du fait des choses inanimées,* Thèse de doctorat, Paris I, 1980.

Dupichot P., *La garde de la structure et la garde du comportement dans la responsabilité civile,* Thèse de doctorat, Paris XII, 1984.

Motulsky H., *Principes d'une réalisation méthodique du droit privé,* Thèse de doctorat, Lyon, 1948, p.48 et s.

Ollier O., *Etudes historiques et juridiques des cas de rétention légale,* Thèse de doctorat, Toulouse, 1984.

Rideau-Valentini S., *Contribution à l'étude des particularismes de la matière pénale,* Thèse de doctorat en Droit privé et science criminelle, Université de Nice-Sophia Antipolis, 1999, p.13 et s.

Samb D., *Le règlement juridictionnel des litiges douaniers : Analyse des décisions rendues par le juge Sénégalais,* Mémoire de fin d'études ENA, 2005.

Rapports, Colloques et Interviews

Cissé M. M., *Extrait de l'interview paru dans le quotidien Le soleil,* 11 et 12 Juin 2012.

Rapport FONDAFIP (Association pour la Fondation Internationale de Finances Publiques), Paris, Juin 2009.

Slim H., *Recherche sur la responsabilité du fait d'autrui en Droit comparé,* in la responsabilité du fait d'autrui. Actualités et évolutions, actes du colloque organisé par l'Université du Maine, le 2 Juin 2000. Resp. civ. Et Assur., Novembre 2000, n° Hors série, p.52 et s.

Torreli M., *La frontière et le droit international* : Actes du colloque, Les Alpes-Maritimes et la frontière, de 1960 à nos jours, Centre d'Histoire du Droit, 1990.

Textes

À -Législation sénégalaise

Loi 63-62 du 10 Juillet 1963, relative à la partie générale du Code des Obligations Civiles et Commerciales (COCC).

Loi 65-60 du 21 Juillet 1965, portant code pénal sénégalais.

Loi 74-48 du 18 Juillet 1974, portant code des douanes, JORS du 26 Août 1974.

Décret n° 85-863 du 9 Août 1985 organisant la profession de commissaire en douane au Sénégal

Loi 28-47 du 28 Décembre 1987, portant code des douanes sénégalaises (abrogée).

Ordonnance 94-29 du 28 Février 1994, relative au contentieux des infractions, au contrôle des changes, ratifiée par la loi 94-54 du 24 Mai 1994.

Loi 94-63 du 22 Août 1994, sur les prix, la concurrence et le contentieux économique.

La Constitution sénégalaise du 22 Janvier 2001.

Loi 2004-09 du 6 Février 2004 relative à la lutte contre le blanchiment de capitaux.

Loi 2006-16 du 30 Juin 2006, modifiant la loi 65-61du 19 Juillet 1965, portant Code de Obligations de l'Administration.

Loi 2012-31 du 31 Décembre 2012, portant code général des impôts.

Loi 2014-10 du 28 Février 2014, portant code des douanes sénégalaises

Loi 2014-12 du 28 Février 2014 portant réglementation des changes

B -Législation française

Code des douanes national et communautaire, 8ème édition, Lexis Nexis, 2014, commenté par Brieuc de Mordant de Massiac et Christophe Soulard.

Loi 77-1453du 2 Décembre 1977, accordant des garanties de procédure aux contribuables en matière fiscale et douanière, JORF, JCP, 1978, III, 46 645.

Loi de finances rectificative, pour 2002-1576 du 30 Décembre 2002, JORF de Décembre 2002.

Loi du 28 pluviôse, an VII.

Loi du 9 floréal, an VII.

Ordonnance de Louis XIX, Roi de France et de Navarre, donnée à Versailles le 22 Juillet 1861.

C -Législation communautaire

Acte additionnel 04-96/CM/UEMOA du 10 Mai 1996, instituant un régime tarifaire préférentiel transitoire des échanges au sein de l'UEMOA.

Règlement 02-97/CM/UEMOA du 28 Novembre 1997, portant adoption du Tarif Extérieur Commun de l'UEMOA, modifié par le Règlement 02-2000/CM/UEMOA du 29 Juin 2000, modifiant et complétant l'article 8 du Règlement 02-97/CM/UEMOA.

Règlement 09-98/CM/UEMOA, relatif aux relations financières extérieures des Etats membres de l'UEMOA, modifié par le Règlement 09-2010.

Règlement 05-99/CM/UEMOA du 6 Août 1999, portant valeur en douane des marchandises.

Règlement 09-2001/CM/UEMOA du 9 Novembre 2001, portant adoption du code des douanes de l'UEMOA.

Directive 02-2009/CM/UEMOA, portant modification de la Directive 02-98/CM/UEMOA du 22 Décembre 1998, portant harmonisation des législations des Etats membres en matière de Taxe sur la Valeur Ajoutée.

Directive 03-2009/CM/UEMOA, portant modification de la Directive 03-98/CM/UEMOA du 22 Décembre 1998, portant harmonisation des législations des Etats membres en matière de droits d'accises.

Jurisprudence

A -Jurisprudence sénégalaise

C.A Dakar, 9 Janvier 1970, Mor Diaw, Annales Africaines, 1973, p.235.

C.A. Dakar, 9 Avril 1971, Douane c/ Abdou Rajack Ndiaye.

C.A. Dakar, n° 115, du 14 Juin 1974.

T.R. de Dakar, 12 Février 1977, Babacar Kébé dit Ndiouga, Penant, 1978.

C.A. Dakar, n° 311, du 27 Juin 1980, U.A.P. et Mission Aide et Coopération c/ Dame Samb et Entente sénégalaise, inédit.

C.A. Dakar Ch. Civ et com. du 18 février 1983, État du Sénégal contre Hértiers Abdou Lô, EDJA Juillet-Aout 1987 p 12.

C.A. Dakar, 9 Avril 1989, Cheikh Mohamed Fadel Kâne et autres.

T.R. de Dakar, 19 Mai 1989, EDJA, n° 19, p.14 et s.

C.C. sénégalais du 23 Juin 1993, EDJA, note El Hadj Mbodj.

T.R. de Dakar, 11 Novembre 1993, Ministère public et Administration des douanes c/ le Sieur Korban et autres.

C.A. Dakar, 25 Mai 1994, Ministère public et Administration des douanes c/ Abdel Korban.

T.R. Dakar, 12 Avril 1999, Ministère public et Administration des douanes c/ Tampasse Faye, Ramzi Saleh.

T.R. de Dakar, 31 Janvier 2001, Ministère public et Administration des douanes c/ Amed Chaoui et Ibrahima Marega.

T.R. de Dakar, 23 Août2001, Administration des douanes et Ministère public c/ le Sieur Lanakiev Roumineg et autres.

Civ., n° 32, du 7 Février 2002, AGCS c/ SENELEC.

T.R. de Tamba, Audience du 4 Mai 2005.

T.R. de Thies, 12 Novembre 2012, Ministère public et Bertrand Touly c/ Cheikh Luc Nicolai, Abdou Khadre Kébé, Pape Massiré Gueye Thiam, Djibril Diop et Mamadou Lamine Mbaye.

B -Jurisprudences française et internationale

Crim., 15 Mars 1810, Bull. crim, n° 27.

Crim. 31 Août 1832, S. 1833.1.241.

CE, 28 Mai 1838, Mathon, p.284.

CE, 6 Décembre 1855, Rothschild, p.707, D1853.3.34., S1856.2.508.

CE, 13 Janvier 1865, Payerne, S 1865.2.20.

Crim. 16 Mars et 11 Mai 1872, Bull. crim. N° 68 et 113.

TC, 8 Février 1873, Blanco, 1er Suppl., p.61, David, D 1873.3.17, conclu. S 1873.2.153.

TC, 30 Juin 1873, Pelletier, GAJA, n° 2.

CE, 29 Mai 1903, Le Berre, p.141, S1904.3.121.

Crim. 11 Avril 1908, D.P., 1908, 1. 261.

Civ., 13 Novembre 1912, D.P., 1913, 1, 433, notes de Loynes.

CE, 26 Juillet 1918, Epoux Lemonnier, GAJA, n° 36.

Crim., 20 Juin 1924, D.P., 1925, Jur. pér., p.93.

Civ., 30 Décembre 1936, D.P., 1937, I, p.5, Rapport Josserand L., note Savatier R., S. 1937, I, p.137.

Crim. 24 Juin 1948, Doc. Cont., n ° 834.

Ch. Réun., 1er Août 1949, JCP, II, 5033.

Crim., 13 Février 1952, Doc. Cont., n° 990, Angers, 27 Novembre 1952, Doc. Cont., n ° 1021.
Civ., 10 Juin 1952, Doc. Cont., n ° 1055.
Crim., 8 Janvier 1953, Doc. Cont., n ° 1032.
Civ., 28 Janvier 1955, D., 1955, p.449, note Savatier R.
Civ., 15 Mars 1956, JCP, 1956, II 9297, note Esmein P.
Civ. 2ème, 11 Mai 1956, D., 1957, p.121, note Rodière R.
Civ. 2ème, 11 Mai 1956, D., 1957, p.121, note Rodière R.
Civ. 2ème, 14 Juin 1957, D., 1958, p.53, note, Savatier R.
Crim., 20 Mars 1958, Bull. crim., n° 280.
Civ. 1ère, 17 Juillet 1958, D.1958, 619.
Crim., 19 Janvier 1960, Bull. crim., n° 29.
Crim. 3 Mars 1960, B. 142.
Ch. Reun., 9 Mars 1960, D., 1960, p.329, note Savatier R., JCP, 1960, note Rodière R.
Crim., 29 Mars 1960, Bull. crim. n° 176.
Crim., 6 Mars 1963, B. 105.
CE, 2 Novembre 1963, Dame Barthelemy, p.548.
Crim. 19 Février 1964, Bull. Crim., n° 58.
Crim., 15 Mai 1964, D., 1964, 1. 195, note Mazard.
Civ. 2ème, 18 Décembre 1964, D., 1965, p.191, Concl. Schmelck, note Esmein P., JCP, 1965.
Crim., Ass.plén., 5 Avril 1966, Bull. crim., n° 3.
Civ. 2ème, 21 Avril 1966, Bull. civ., 1966, II, n° 454.
Crim., 16 Juillet 1966, JCP, 1968, II. 15 330, note Bigot J.
Civ. 2ème, 20 Décembre 1966, D., 1967, p.169.
Crim., 5 Janvier 1967, D., 1967, p.393, note Mazard.
Com. 21 Janvier 1969, Bull. civ. IV, n° 20, Douanes et changes, p.289.
Com., 11 Juin 1969, D., 1970, 244, note Bihr P.
Com., 3 Février 1970, Bull. civ, n ° 40.
Crim. 17 Décembre 1970, JCP, 1971, IV, p.23.
Civ. 2ème, 24 Février 1971, B II, n° 62.
Crim., 19 Mars 1971, B. 112.
Crim. 6 Mai 1971, Bull. crim., n° 139.
Crim., 21 Novembre 1971, D., 1973, p.21, note Larroumet C.
Crim., 15 Avril 1972, B. 124.
Crim. 3 Novembre 1972, Bull. crim., n° 320.
Crim. 5 Avril 1973, Bull. crim., n° 177.
Civ., 29 Novembre 1973, D., 1974, p.194.
Crim. 29 Novembre 1973, Bull. Crim., n° 70.
Civ. 3ème, 23 Avril 1974, Bull. civ., III, n° 164.

Civ. 3ème, 23 Janvier 1975, Bull. civ., III, n° 69.
Crim., 17 Mai 1976, D.1977, p.650.
Crim.17 Mai 1976, D., 1977, p.650, Rapport Lecourtier.
Civ. 3ème, 25 Octobre 1976, Bull. civ., III, n° 368.
CJCE, 15 décembre 1976, Aff. 41/76, Donckerwolke, Rec., P.I-1921.
CJCE, 02 Février 1977, Aff. 50/75, Amsterdam Bulb/ Produkts chapvoor Siegerwassen, Rec., p. 137.
Ass. plén., 10 Juin 1977, D.1977, p.465, note Larroumet C., JCP, 1977, II. 18 730, Concl. Gulphe.
Civ. 2ème, 20 Décembre 1977, D., 1978, IR, 203, obs. Larroumet C.
Crim., 13 Mars 1978, D.1979, 200, note Berr C.J., Rapp., obs. Vitu, Rev. Sc. Crim., 1979, 326.
Crim., 23 Mars 1978, B. 16.
Civ. 2ème, 21 Février 1979, Duport et autres, JCP, 1979, IV, p.145-146.
Civ., 6 Mars 1979, Défrénois, 1980, 590, note Aubert J.-L.
Crim., 12 Mars 1979, Douane c/Buffet. Cont., n ° 1655.
Civ. 1ère, 20 Mars 1979, D., 1980, p.29, note Larroumet C.
CJCE, 28 Mars 1979, Aff. 179/78, Rivoira, Rec., P.1147.
Crim., 9 Mai 1979, n° 168.
Crim., 3 Mai et 18 Juin 1979, D., 1980, IR, p.36, obs., Larroumet C.
Crim., 5 Novembre 1979, Direction Générale des Douanes et droits indirects, JCP, 1980, IV, p.24.
Crim., 5 Novembre 1981, n° 81-92, p.385, Paquiem, Bull. crim., n° 297.
Crim. 25 Janvier 1982, Bull. crim. n° 28.
Crim., 19 Octobre 1982, JCP, 1983, IV, p.4.
Crim., 26 Octobre 1982, Bull. crim. n° 233, p.636.
Com., 17 Novembre 1982, D., 1983, 527, note Contamine-Raynaud M., JCP, 1984, II, note Delebecque P. et Mouly V.
Com., 17 Novembre 1982, D., 1983, p.527, note Contamine-Raynaud M., JCP, 1984, II, note Delebecque P. et Mouly C.
Crim., 21 Février 1983, JCP, Édition E, 1984, ADG 13487, n° 30.
Crim., 19 Mai 1983, B.150, RSC, 1984.314, obsVitu et 723, obs. Larguier.
Ass. plèn., 17 Juin 1983, D., 1983, D., 1984, p.134, note, Denis, JCP, 1983, II. 20 120, Concl. Sadon, note Chabas F., RTD, Civ., 1983, p.749, Obs. Durry G.
Ass. plèn., 9 Mai 1984, D., 1984, p.525, note Chabas F., JCP, 1984.
Crim., 12 Novembre 1985, Douane c/ Din Ebongue, Bull. crim. n° 850 et Doc. Cont., n ° 1760, 25 Mai 1987.
Civ. 1er Juillet 1995, S. 1936.1.30.
Com., 4 Février 1986, D., 1986, Comm., 451, obs. Laynes.
Com., 4 Février 1986, D., 1987, Somm., 451, obs. Laynes.

Crim., 28 Avril 1986, Bull. Crim., n° 142.
Civ. 1ère, 27 Mai 1986, B. I, n° 134.
Cass. Com., 22 juillet 1986, JCP, 1987, II, 20 855, note Pannier J.
Cass. Crim., 6 Avril 1987, Gaz. Pal., 1988.2. 573, note Pannier J.
Civ. 2ème, 28 Octobre 1987, Bull. Civ., II, n° 214, p.119.
Com., 14 Juin 1988, Bull. Civ., IV, n° 199.
CEDH, Salabiaku c/ France, 7 Octobre 1988.
Crim., 19 Décembre 1988, JCP, 1989, II, note Pannier.
Civ. 2ème, 11 Octobre 1989, Bull. civ. II, n° 175.
Ass. plén., 2 Février 1990, Arrêts n° 88-58.724 et 88-86.577, Bull. crim. n° 61.
CEDH, 24 Avril 1990, Dalloz, 1990, p.353, note Pradel.
Crim., 8 Octobre 1990, Andréani, Bull. crim. n° 334.
Com., 12 Février 1991, JCP, G, 1991, II, 21 754, note Delebecque P., RTD civ., 1991, 371, note Bandrac M.
Com., 12 Février 1991, JCP, G, II, 21 754, note Delebecque P., RTD civ., 1991, 371, note Baudrac M.
Com., 7 Janvier 1992, Bull. civ., I, n° 10.
Crim. 5 Mars 1992, Bull. crim., n° 101, JCP, 1993, II.22013, note Chabas F., RTD, civ. 1993, p.137.
Civ. 1ère, 25 Novembre 1992, Bull. civ., n ° 292, p.191.
Crim., 9 Décembre 1992, n° 92-80.540, Bull. crim. n° 412.
Com., 23 Février1993, Cray Resarch.
Crim. 14 Mars 1993, Bull. crim., n° 78.
Com., 25 Mai 1993, JCP, 1993, II, 22 147, note Croze H.
Civ. 1er, 9 Juin 1993, B.I., n° 209.
Civ. 1ère, 9 Juin 1993, Bull. civ. II, n° 209, p.146.
Civ. 2ème, 3 Novembre 1993, Bull. civ. 5 Novembre 2008, n° 07-17-357.
Com., 8 Février 1994, Bull. civ. IV, n ° 56
CEDH, 24 Février 1994, Aff. 3/1993/398/476 B.C./France, JCP, 1995, II, 22 372, note Frommel S.N.
Civ., 1ère, 30 Mars, 1994, JCP, E, 1994, 761.
Com., 17 Mai 1994, JCP, G, 1994, IV, 1804.
Com., 11 Avril 1995, D., 1995, 559, note Picod Y.
CEDH, 8 Juin 1995, D., 1996, Somm., p.197, note Renuci J.-F.
Civ. 1er Juillet 1995, S. 1936.1.30.
Com. 28 Mai 1996, Bull., Joly, 1996, 919, obs. Delebecque P. ; RTD civ., 1997, 185, obs. Bandrac M.
Civ. 1ère, 1er Décembre 1996, Bull. civ., I, n ° 430, Défrénois, 1997, 409, obs Grimaldi M.
Civ. 3ème, 22 Janvier 1997, JCP, E, 1997, I, 673, n° 14, obs. Délebecque P.
Crim., 6 Février 1997, Bull. crim. n° 51.

Crim., 19 Février 1997, n° 96-82, p.377, Bull. crim. n° 67.
Civ. 3ème, 12 Mars 1997, JCP, E, 1998, p.176, obs.Simler P.
Com., 22 Avril 1997, RTD civ. 1998, 152, obs. Bandrac M. ; RTD com., 1997, 489, obs. Cabrilac M.
Crim., 15 Mai 1997, B.C., n° 187, RSC, 1998, p.97, obs., Bouloc B.
Com., 20 Mai 1997, RJDA, 10/97, n° 1263.
Com., 17 Juin 1997, JCP, E, 1997, II, 1007, note Legeais.
Civ. 1ère, 1er Juillet 1997, D.1998, note Laynes.
Crim., 11 Octobre 1997, Bull.crim., n° 348, p.1127.
Civ. 1ère, 25 Novembre 1997, JCP, E, 1998, p.1594, obs. Simler P. ; RTD civ., 1998, 154, obs. Crocq P. ; RTD com., 1998, 185, obsCabrilac M.
Civ. 3ème, 14 Janvier 1998, JCP, E, 1998, p.298, note Morvau et p.1596, obs. Simler P.
Civ. 2ème, 1er Avril 1998, RTD civ. 1998, p.914, obs. Jourdain P., RCA 1998.
Com., 9 Juin, 1998, RJDA, 10/98, n° 1141
Civ 1ère, 17 Novembre 1998, JCP, G, 1999, I, 116, n° 4, obs., Simler P.
Civ. 1ère, 23 Février 1999, JCP, E, 1582, n° 2, obs. Simler P.
Com., 16 Mars 1999, JCP, 1999, 1ère partie, n° 156, obs. Simler P., Édition E, 1999, p.10555 et s. obs. Legeais D.
Ass. plén., 4 Juin 1999, JCP, E, 1999, 1026, note Béhar –Touchas M.
Civ. 3ème, 23 Juin 1999, Bull. civ. III, n° 150
Crim., 26 Janvier 2000, Bull. crim. n° 46, Droit pénal 2000, Comm., n° 95.
Com., 27 Juin 2000, Bull. civ., IV, n° 131.
Civ. 3ème, 28 Juin 2000, Bull. civ. III, n° 132.
CJCE, 26 Septembre 2000, Aff. C-23/99, Commission c/France, Rec., P.I.-7653, RDUE, 4/2000, p.946.
Com., 17 Novembre 2000, R.D. bancaire et fin. Novembre-Décembre 2000, p.352, obs. D.L.
Crim., 29 Novembre 2000, Bull. crim. n° 356, RTD com., p.350, note Bouloc B.
Com., 25 Avril 2001, JCP, E, 2001, 1277, note Legeais.
Com., 25 Avril 2001, JCP, E, 2001, 1279, note Legeais D.
Civ. 1ère, 6 Novembre 2001, JCP, E, 2001, 1982, D., 2001, 3615, R.D. bancaire et fin. Janvier 2002, Comm., 8, obs. D.L. ; RTD com., 2002, 143, obs. M.C.
Civ. 3ème, 28 Novembre 2001, R.D. bancaire et fin. Mars-Avril 2002, Comm., 58, obs.Cierles A.
Civ. 1ère, 9 Avril 2002, Bull.civ., n° 114.
Civ. 2ème, 11 Avril 2002, B II, n ° 72, RTD civ., 2002, p.519, obs. Jourdain P., RCA, 2002, Chr., n° 9, par Groutel H.
Com., 11 Juin 2002, D.2002, 2470, JCP, E, 2002, 1337, note Remery J.-P.
Civ. 3ème, 23 Octobre 2002, Bull. Civ. 3, n° 209.

Civ. 1ère, 29 Octobre 2002, JCP 2002, p.2175, obsLegeais D.
CCJA, n° 007, 24 Avril 2003, Sté. D'ivoire TELECOM c/ Sté. PUBLISTAR, www.ohada.com, Jo-03-193, note anonyme.
C.A. Paris, 25 Avril 2003, R.D. bancaire et fin. Octobre 2003, Comm., 188, obs. A.C.
Civ. 2ème, Avril 2004, p.2601, note Sérinet Y.M., JCP, 2004, II.
Civ., 2ème, 8 Avril 2004, JCP, G, 2004, II, 10 131, note Mickael Imbert, RTD civ. 2004, p.517, obs. Jourdain P.
Civ. 1ère, 12 Mai 2004, Bull.civ.I, n° 136, JCP, 2004, II. 10030.
CCJA, n ° 21, 17 Juin 2004, SDV Côte d'Ivoire c/ Sté. RIAL TRADING.
CCJA, n° 030, 4 Novembre 2004, Sté. GITMA c/ Sté. SAMEX.
Com., 11 Janvier et 8 Février 2005, R.D. bancaire et fin. Mai-Juin 2005, Comm., 82, b.d.
Civ. 3ème, 11 Mai 2005, RTD CIV., 2005, 590, obs. Mestre J. et Fages B., R.D. bancaire et fin. Juillet-Août 2005, Comm., 126, b. d.
C.A., Caen, 2 Février 2006, D., 2006, p.2016, note, Raoul Corneil G.
Civ. 3ème, 15 Février 2006, Bull. civ. III, n° 35.
CEDH, 24 Juillet 2008, Kononove c/Lettonie, §15.
Civ. 2ème, 23 Octobre 2008, R.D. bancaire et fin. Novembre-Décembre 2009, Comm., 170, obs. D.L.
Com., 12 Novembre 2008, R.D. bancaire et fin. Janvier-Février 2009, Comm., 3, obs. D.L.
CEDH, 20 Janvier 2009, Sud Fondi Sarl et ass. c/ Italie, §108.
Com., 26 Mai 2010, R.D. bancaire et fin, Comm., 136, obs. D.L.
Com., 26 Mai 2010, R.D.bancaire et fin. Comm.136, obs. D.L.
C.C., 11 Juin 2010, JCP, 2010, p.698.

Webographie

Kalieu Y., *La mention manuscrite dans le cautionnement* OHADA, ohada.com/doct. 2013.10.04 d.032.
www.ohada.com
www.uemoa.int ou www.uemoa.org
www.douanes.sn

Table des matières

DEUXIÈME PARTIE

LE DROIT DOUANIER HORS DU DROIT PÉNAL

Le Sénégal
aux éditions L'Harmattan

Dernières parutions

SECONDE (LA) GUERRE MONDIALE VÉCUE D'EN BAS AU SÉNÉGAL
Historisation populaire et connexions individuelles
Touré Abdoulaye - Préface de Dominique Veillon
Les tirailleurs sénégalais ont été nombreux à s'être sacrifiés sans avoir été récompensés à leur juste valeur. Mais on passe assez vite sur l'effort de guerre consenti sur place, du vécu de la population locale et des difficultés auxquelles elle a dû faire face. Cet ouvrage restitue la quotidienneté des gens d'en bas en privilégiant l'oralité. L'auteur est allé à la rencontre de paysans et de citadins qui ont vécu cette période tragique, et démontre l'importance et l'apport des sources orales dans un pays africain engagé dans une guerre métropolitaine.
(Coll. Harmattan Sénégal, série La Librairie Universitaire - Thèses & essais, 33.00 euros, 318 p.)
ISBN : 978-2-296-99903-9, ISBN EBOOK : 978-2-336-36337-0

ÉDUCATION (L') DU JEUNE SÉRÈRE NIOMINKA
Sarr Mamadou Lamine - Préface de Raphaël Ndiaye
L'éducation du jeune sérère Niominka est intégrée dans un espace-temps déterminé où, à l'aide d'une pédagogie active, chaque moment de la vie du jeune sérère est mis à profit pour apprendre. Les terrains d'application sont les champs, le troupeau, les pirogues, le Mbudd, la tournée de lutte et enfin le Ndutt, la case de l'homme. L'auteur arpente ici les âges du vécu Niominka, de la naissance à 90 ans, qu'on soit homme ou femme, et décrit avec précision les étapes de ces chantiers-écoles.
(20.00 euros, 200 p.)
ISBN : 978-2-296-99901-5, ISBN EBOOK : 978-2-336-36279-3

PHILOSOPHIE « SAUVAGE »
La vie a de longues jambes
Kane Abdoulaye Elimane
«Le vécu dont je tire ce récit est mon expérience d'homme vivant avec une maladie chronique, l'asthme, dont les périodes alternées de crise et de rémission me donnèrent envie d'extrapoler sur le thème plus large du plaisir et de la douleur. Entre-temps, mes enfants, qui n'ont presque rien connu de la vie au Fouta, qui m'ont vu m'engager politiquement, revinrent plusieurs fois à la charge pour me suggérer d'écrire sur la famille, sur mon expérience d'enseignant et d'homme politique, sur les hommes et les femmes qui m'ont marqué.»
(Coll. Harmattan Sénégal, série Mémoires et biographies, 40.00 euros, 430 p.)
ISBN : 978-2-296-99896-4, ISBN EBOOK : 978-2-336-36306-6

50 ANS DE CULTURES NOIRES AU SÉNÉGAL (1960-2010)
Tamba Moustapha, Blin Myriam Odile – Préface d'Abdoulaye Elimane Kane
Cette étude est triplement circonscrite : dans l'espace, un état des lieux portant sur la culture et les arts au Sénégal ; dans le temps, 1960-2010, soit cinquante ans, une durée propice à des bilans et évaluations ; et aux acteurs dans leur diversité, institutions publiques, centralisées et décentralisées, entrepreneurs, administrateurs culturels et producteurs. La question centrale explicite ou en filigrane demeure celle de l'existence ou non d'une politique culturelle.
(27.00 euros, 268 p.)
ISBN : 978-2-296-99904-6, ISBN EBOOK : 978-2-336-36256-4

SAINT-LOUIS DU SÉNÉGAL LE LIVRE EN FÊTE
Cercle des écrivains et poètes de Saint-Louis
Sous la direction de Sy Alpha Amadou
Créé dans les années 1990, le Cercle des écrivains et poètes de Saint-Louis organise régulièrement des manifestations culturelles d'envergure. Pour avoir réussi, par trois fois, à tenir un salon international sénégalais du livre hors de Dakar, le Cercle a cru utile de partager cette expérience. Outre cette sorte de bilan d'étape, des hommes de culture d'ici et d'ailleurs ont accepté de consigner sur papier leurs témoignages et sentiments au sujet de la toute dernière édition de la Fête du livre.
(12.00 euros, 110 p.)
ISBN : 978-2-296-99891-9, ISBN EBOOK : 978-2-336-35966-3

SENGHOR SANS LE SUPERLATIF
Touré Birama Diadji - Préface du président Abdou Diouf
9 octobre 1996, le monde entier à travers sa plus grande représentation culturelle, l'UNESCO, a célébré le 90e anniversaire de Léopold Sédar Senghor, académicien et ancien Président de la République du Sénégal. Le Président du Sénégal Abdou Diouf avait déclaré qu'il voulait «une célébration sobre, mais digne». L'événement a toutefois débordé les lignes de confinement pour prendre une grande ampleur avec notamment le nom de Senghor scellé dans l'Histoire...
(Coll. Harmattan Sénégal, 11.50 euros, 100 p.)
ISBN : 978-2-296-99900-8, ISBN EBOOK : 978-2-336-36220-5

POUVOIRS ET MÉDIAS AU SÉNÉGAL ET AILLEURS
Fall Karim
Au Sénégal, sous le régime du parti unique, les médias d'État aux ordres ont le monopole de l'information. Le quadripartisme initié en 1974 change cet état de choses, entraînant un pluralisme médiatique qui met au grand jour la connivence entre médias d'État et pouvoirs politique, religieux et économique. L'alternance démocratique de 2000 aboutit finalement à l'explosion de médias privés et de partis politiques. Face au pouvoir, quel comportement les médias doivent-ils avoir au Sénégal et en Afrique ?
(Coll. Études africaines, 28.00 euros, 272 p.)
ISBN : 978-2-336-30376-5, ISBN EBOOK : 978-2-336-36149-9

GESTION DES ACTIVITÉS PUBLIQUES ET PRIVÉES EN MILIEU AFRICAIN
L'exemple du Sénégal
Sous la direction de Mbaye F. Diallo, Fatou S. Sall, Anne M. Seck
Préface de Bassirou Tidjani – Postface de Birahim Gueye
Cet ouvrage aurait pu s'intituler A la recherche d'autres dimensions de l'évolution de la société sénégalaise à partir des sciences de gestion. Même si la société sénégalaise n'a pas atteint le niveau de développement social et économique attendu par ses populations, il n'y a pas eu de stagnation. Voici un ouvrage qui fait le lien entre l'entreprise et la société, révélant de multiples opportunités de recherche pour les spécialistes en sciences de gestion, notamment ceux qui demeurent convaincus que la responsabilité sociale de l'entreprise n'est pas que la maximisation de ses gains.
(21.00 euros, 204 p.)
ISBN : 978-2-343-04915-1, ISBN EBOOK : 978-2-336-36143-7

POUVOIR POLITIQUE ET ESPACE RELIGIEUX AU SÉNÉGAL
Diagne Mountaga
Peu d'études font l'analyse de la portée politique des espaces religieux. Pourtant, en s'y intéressant, on peut mener un regard empirique et sociohistorique du politique. Dans trois communautés (Mourides, Tidjanes-Niassènes et Layennes) et trois espaces religieux (Touba, Médina Baye et Cambérène), au Sénégal, nous observons les interactions entre divers acteurs qui génèrent du capital social et symbolique pour assurer la gouvernance.
(Coll. Études africaines, 30.00 euros, 288 p.)
ISBN : 978-2-343-03690-8, ISBN EBOOK : 978-2-336-35862-8

RÉVOLUTION (LA) DE 1914 AU SÉNÉGAL
ou L'élection au Palais Bourbon du député Blaise Diagne
(de son vrai nom Galaye Mbaye Diagne) – Tome 1
Thiam Iba Der
En mai 1914, les Quatre Communes du Sénégal colonial sont le théâtre d'un événement d'une particulière importance, marqué par l'élection, au Palais Bourbon, de Blaise Diagne, dont le nom véritable est Galaye Mbaye Diagne. C'était la première fois qu'une colonie française d'Afrique au Sud du Sahara élisait un député noir pour la représenter au Parlement. C'est l'une des étapes de cette histoire captivante que le Professeur Iba Der Thiam retrace dans cet ouvrage.
(Coll. Harmattan Sénégal, 39.00 euros, 408 p.)
ISBN : 978-2-296-99878-0, ISBN EBOOK : 978-2-336-35856-7

JOLFO (LE) OU WOLOF SENEGALENSIS
Origine et héritages
Niasse Ahmed Khalifa
Ils sont nombreux les intellectuels qui, aujourd'hui, situent le foyer originel du peuple et de la langue wolof en Égypte. Récusant cette thèse en s'appuyant à la fois sur l'histoire, la tradition orale et même la linguistique, l'auteur soutient que le wolof que parlait Djolof MBengue, jolfo à ses débuts, n'était que du mandingue mâtiné de pulaar. L'ouvrage informe également sur les brassages des principales ethnies du Sénégal à travers la dynamique de la langue wolof.
(25.00 euros, 244 p.)
ISBN : 978-2-296-99874-2, ISBN EBOOK : 978-2-336-35708-9

IMAGINAIRE (L') SAINT-LOUISIEN
(Domou Ndar à l'épreuve du temps)
Sy Alpha Amadou
Ce livre, tout en mettant en évidence la limite de toute délimitation mécanique entre patrimoines matériel et immatériel, participe au travail de sensibilisation sur la nécessité de sauvegarder le trésor culturel monumental de Saint-Louis. Dans le même mouvement, l'auteur compose un hymne fraternel en faveur de la mutualisation de toutes les énergies, expériences et intelligences afin de cesser de conjuguer le rayonnement de la vieille ville portuaire uniquement au passé.
(13.00 euros, 112 p.)
ISBN : 978-2-296-99889-6, ISBN EBOOK : 978-2-336-35962-5

SÉNÉGAL : OÙ VA LA RÉPUBLIQUE ?
Approche critique, autocritique et prospective de la Seconde Alternance
Ndiaye Malick
Les vérités sur la Seconde Alternance doivent venir de la propre capacité critique et autocritique des acteurs et protagonistes qui ont élu le président de la Coalition Macky 2012 à plus de 65 % des suffrages. Deux ans après, cette véritable Révolution Citoyenne tangue outrageusement et va droit dans le mur. Le plus tôt la nouvelle élite de pouvoir prendra un compte exact de la situation pour y remédier, le mieux ce sera pour cette expérience que l'Afrique observe et que le monde adoube.
(Coll. Cours Nouveau, 38.00 euros, 368 p.)
ISBN : 978-2-343-04333-3, ISBN EBOOK : 978-2-336-35542-9

COMPRENDRE LES INVESTISSEMENTS AU SÉNÉGAL
Entre subsistance, profit, paraître et consentement social
Oudiane Pascal - Préface du Pr Seydi Ababacar Dieng
Quel est le rapport à l'investissement des Sénégalais ? C'est la préoccupation de départ de l'auteur devant le constat d'une économie en retard ou en mal de performance. Cet ouvrage repose sur les résultats d'enquêtes et d'analyses réalisées dans la ruralité et l'urbanité sénégalaises auprès de ménages, d'entreprises et de l'administration publique pour y prélever les comportements des auteurs et acteurs d'investissements.
(44.00 euros, 458 p.)
ISBN : 978-2-296-99877-3, ISBN EBOOK : 978-2-336-35523-8

MÉDIAS ET LAÏCITÉ AU SÉNÉGAL
Missehoungbe Pierre-Paul
Préface de Paul-Marie Fidèle Chango
Quels sont les enjeux du rapport entre la majorité musulmane et les minorités religieuses dans un état laïc comme le Sénégal ? Les médias jouent un grand rôle dans l'animation de l'espace public et peuvent influer sur les différentes tendances religieuses. Tout en promouvant le pluralisme religieux, la maîtrise de la religion dans la sphère publique préserva la laïcité de l'État.
(Coll. Croire et savoir en Afrique, 17.00 euros, 166 p.)
ISBN : 978-2-343-01348-0, ISBN EBOOK : 978-2-336-35447-7

LIRE ET RELIRE SEMBÈNE OUSMANE
Diagne Ismaïla
L'auteur décrit ici l'univers romanesque et cinématographique de Sembène Ousmane, sous toutes ses coutures. À travers les multiples extraits de Ceddo, de Guelwar ou encore des Bouts de bois de Dieu, il dissèque l'architecture des œuvres de ce cador de l'engagement et nous détaille avec brio sa conception de l'écriture. Par ce livre, l'auteur permet à l'Afrique de redécouvrir ses grands hommes.
(Harmattan Sénégal, 23.00 euros, 226 p.)
ISBN : 978-2-296-99873-5, ISBN EBOOK : 978-2-336-35397-5

DE LA SIGNARE À LA DIRIYANKÉ SÉNÉGALAISE
Trajectoires féminines et visions partagées
Lo Aissata Kane
Ce livre tente de cerner le contenu de l'identité signare (du portugais senhora) et sur quoi repose l'unicité de son modèle. Voici donc exploitée l'histoire des genres de l'espace sénégambien des XVIIIe et XIXe siècle. Au XXe siècle, un groupe de femmes, les Diriyankés, qui se distinguent par leur prestance dans la société sénégalaise d'aujourd'hui, se réapproprient leur héritage.
(Coll. Harmattan Sénégal, 30.00 euros, 290 p.)
ISBN : 978-2-296-99863-6, ISBN EBOOK : 978-2-336-35247-3

CARNETS POLITIQUES DU SÉNÉGAL
Regard critique sur la décennie post-alternance
Mbacké Gueye Cheikh
Modèle de démocratie en Afrique, le Sénégal aura pourtant à lutter, dans la décennie succédant à l'alternance politique du 19 mars 2000, contre les démons de la politique politicienne qui plombent les avancées démocratiques et mettent en péril les acquis. Les institutions de la République sont désacralisées et les principes de bonne gouvernance en permanence foulés au pied. Cet essai retrace l'itinéraire de cette période et offre des perspectives concernant l'assainissement et le perfectionnement de la pratique politique et démocratique.
(20.00 euros, 202 p.)
ISBN : 978-2-296-99870-4, ISBN EBOOK : 978-2-336-35307-4

GÉOPOLITIQUE (LA) DE L'ÉMIGRATION SÉNÉGALAISE EN FRANCE ET AUX ÉTATS-UNIS
Kante Seydou
L'émigration sénégalaise offre un intéressant exemple d'analyse des migrations internationales. Ce livre, s'appuyant sur une étude comparative de l'émigration sénégalaise vers deux pays de destination (la France et les États-Unis), montre que les déterminants de l'émigration sénégalaise combinent facteurs migratoires classiques et nouvelles logiques migratoires.
(Coll. Études africaines, 31.50 euros, 308 p.)
ISBN : 978-2-343-02967-2, ISBN EBOOK : 978-2-336-35173-5

L'HARMATTAN ITALIA
Via Degli Artisti 15; 10124 Torino

L'HARMATTAN HONGRIE
Könyvesbolt ; Kossuth L. u. 14-16
1053 Budapest

L'HARMATTAN KINSHASA
185, avenue Nyangwe
Commune de Lingwala
Kinshasa, R.D. Congo
(00243) 998697603 ou (00243) 999229662

L'HARMATTAN CONGO
67, av. E. P. Lumumba
Bât. – Congo Pharmacie (Bib. Nat.)
BP2874 Brazzaville
harmattan.congo@yahoo.fr

L'HARMATTAN GUINÉE
Almamya Rue KA 028, en face
du restaurant Le Cèdre
OKB agency BP 3470 Conakry
(00224) 657 20 85 08 / 664 28 91 96
harmattanguinee@yahoo.fr

L'HARMATTAN MALI
Rue 73, Porte 536, Niamakoro,
Cité Unicef, Bamako
Tél. 00 (223) 20205724 / +(223) 76378082
poudiougopaul@yahoo.fr
pp.harmattan@gmail.com

L'HARMATTAN CAMEROUN
BP 11486
Face à la SNI, immeuble Don Bosco
Yaoundé
(00237) 99 76 61 66
harmattancam@yahoo.fr

L'HARMATTAN CÔTE D'IVOIRE
Résidence Karl / cité des arts
Abidjan-Cocody 03 BP 1588 Abidjan 03
(00225) 05 77 87 31
etien_nda@yahoo.fr

L'HARMATTAN BURKINA
Penou Achille Some
Ouagadougou
(+226) 70 26 88 27

L'HARMATTAN SÉNÉGAL
10 VDN en face Mermoz, après le pont de Fann
BP 45034 Dakar Fann
33 825 98 58 / 33 860 9858
senharmattan@gmail.com / senlibraire@gmail.com
www.harmattansenegal.com

L'HARMATTAN BÉNIN
ISOR-BENIN
01 BP 359 COTONOU-RP
Quartier Gbèdjromèdé,
Rue Agbélenco, Lot 1247 I
Tél : 00 229 21 32 53 79
christian_dablaka123@yahoo.fr

644840 - Mars 2016
Achevé d'imprimer par

1livre.com
du rêve à la réalité !

www.ingramcontent.com/pod-product-compliance
Lightning Source LLC
LaVergne TN
LVHW011447061026
849535LV00004BA/984